北京市住房和城乡建设
管理政策法规汇编

（2013 年）

北京市住房和城乡建设委员会　编

中国建筑工业出版社

图书在版编目（CIP）数据

北京市住房和城乡建设管理政策法规汇编（2013 年）/
北京市住房和城乡建设委员会编 . —北京：中国建筑工业出
版社，2015.7

ISBN 978-7-112-18296-1

Ⅰ . ①北… Ⅱ . ①北… Ⅲ . ①建筑工程－文件－汇
编－北京市－2013②房地产管理－文件－汇编－北京市－
2013③建筑法－汇编－北京市－2013④房地产法－汇编－
北京市－2013 Ⅳ . ① D927.102.297.9② D927.102.181.9

中国版本图书馆 CIP 数据核字（2015）第 164412 号

责任编辑：赵晓菲
责任校对：张　颖　关　健

北京市住房和城乡建设管理政策法规汇编
(2013 年)
北京市住房和城乡建设委员会　编

*

中国建筑工业出版社出版、发行（北京西郊百万庄）
各地新华书店、建筑书店经销
北京京点图文设计有限公司制版
北京云浩印刷有限责任公司印刷

*

开本：787×960 毫米　1/16　印张：27¾　字数：527 千字
2016 年 6 月第一版　2016 年 6 月第一次印刷
定价：**68.00** 元
ISBN 978-7-112-18296-1
(27310)

前　言

为落实政务公开要求，推进普法工作，方便机关干部和企业、群众查阅文件，按照市住房城乡建设委依法行政和政风行风建设方案，我们编辑了此汇编。

本书收录了2013年1月～2013年12月国务院、住房和城乡建设部等部委，以及市政府、市住房城乡建设委等有关部门制发的法规文件共78件。

为方便使用，此汇编按照建设市场管理、人员执业资格管理、工程质量管理、施工安全管理、建筑节能和材料管理、科技村镇建设管理、房屋市场管理、房屋登记管理、房屋安全和设备管理、房屋征收管理、物业管理、房地产开发管理、住房保障管理、住房制度改革等进行了分类。

由于涉及面广，工作量大，时间紧迫，编写人员水平和经验有限，汇编中不足之处祈望指正，以便及时更正。

北京市住房和城乡建设委员会法制处

二〇一五年一月

目　录

一、建设市场管理

二、建筑业企业管理

三、人员执业资格管理

四、工程建设管理

五、工程质量管理

六、施工安全管理

七、建筑节能和材料管理

八、科技村镇建设管理

九、房屋市场管理、房地产开发管理

十、房屋登记管理

十一、房屋安全和设备管理

十二、房屋征收管理

十三、物业管理

十四、住房保障管理

十五、行政审批改革

十六、法制建设

一、建设市场管理

电子招标投标办法

中华人民共和国国家发展和改革委员会
中华人民共和国工业和信息化部
中华人民共和国监察部
中华人民共和国住房和城乡建设部　　　　令
中华人民共和国交通运输部
中华人民共和国铁道部
中华人民共和国水利部
中华人民共和国商务部

第 20 号

为了规范电子招标投标活动，促进电子招标投标健康发展，国家发展改革委、工业和信息化部、监察部、住房城乡建设部、交通运输部、铁道部、水利部、商务部联合制定了《电子招标投标办法》及相关附件，现予发布，自 2013 年 5 月 1 日起施行。

发展改革委主任　张　平　　　　　工业和信息化部部长　苗　圩
监 察 部 部 长　马　馼　　　　　住房城乡建设部部长　姜伟新
交通运输部部长　杨传堂　　　　　铁 道 部 部 长　盛光祖
水 利 部 部 长　陈　雷　　　　　商 务 部 部 长　陈德铭

2013 年 2 月 4 日

第一章 总 则

第一条 为了规范电子招标投标活动,促进电子招标投标健康发展,根据《中华人民共和国招标投标法》、《中华人民共和国招标投标法实施条例》(以下分别简称招标投标法、招标投标法实施条例),制定本办法。

第二条 在中华人民共和国境内进行电子招标投标活动,适用本办法。

本办法所称电子招标投标活动是指以数据电文形式,依托电子招标投标系统完成的全部或者部分招标投标交易、公共服务和行政监督活动。

数据电文形式与纸质形式的招标投标活动具有同等法律效力。

第三条 电子招标投标系统根据功能的不同,分为交易平台、公共服务平台和行政监督平台。

交易平台是以数据电文形式完成招标投标交易活动的信息平台。公共服务平台是满足交易平台之间信息交换、资源共享需要,并为市场主体、行政监督部门和社会公众提供信息服务的信息平台。行政监督平台是行政监督部门和监察机关在线监督电子招标投标活动的信息平台。

电子招标投标系统的开发、检测、认证、运营应当遵守本办法所附《电子招标投标系统技术规范》(以下简称技术规范)。

第四条 国务院发展改革部门负责指导协调全国电子招标投标活动,各级地方人民政府发展改革部门负责指导协调本行政区域内电子招标投标活动。各级人民政府发展改革、工业和信息化、住房城乡建设、交通运输、铁道、水利、商务等部门,按照规定的职责分工,对电子招标投标活动实施监督,依法查处电子招标投标活动中的违法行为。

依法设立的招标投标交易场所的监管机构负责督促、指导招标投标交易场所推进电子招标投标工作,配合有关部门对电子招标投标活动实施监督。

省级以上人民政府有关部门对本行政区域内电子招标投标系统的建设、运营,以及相关检测、认证活动实施监督。

监察机关依法对与电子招标投标活动有关的监察对象实施监察。

第二章 电子招标投标交易平台

第五条 电子招标投标交易平台按照标准统一、互联互通、公开透明、安全高效的原则以及市场化、专业化、集约化方向建设和运营。

第六条　依法设立的招标投标交易场所、招标人、招标代理机构以及其他依法设立的法人组织可以按行业、专业类别，建设和运营电子招标投标交易平台。国家鼓励电子招标投标交易平台平等竞争。

第七条　电子招标投标交易平台应当按照本办法和技术规范规定，具备下列主要功能：

（一）在线完成招标投标全部交易过程；

（二）编辑、生成、对接、交换和发布有关招标投标数据信息；

（三）提供行政监督部门和监察机关依法实施监督和受理投诉所需的监督通道；

（四）本办法和技术规范规定的其他功能。

第八条　电子招标投标交易平台应当按照技术规范规定，执行统一的信息分类和编码标准，为各类电子招标投标信息的互联互通和交换共享开放数据接口、公布接口要求。

电子招标投标交易平台接口应当保持技术中立，与各类需要分离开发的工具软件相兼容对接，不得限制或者排斥符合技术规范规定的工具软件与其对接。

第九条　电子招标投标交易平台应当允许社会公众、市场主体免费注册登录和获取依法公开的招标投标信息，为招标投标活动当事人、行政监督部门和监察机关按各自职责和注册权限登录使用交易平台提供必要条件。

第十条　电子招标投标交易平台应当依照《中华人民共和国认证认可条例》等有关规定进行检测、认证，通过检测、认证的电子招标投标交易平台应当在省级以上电子招标投标公共服务平台上公布。

电子招标投标交易平台服务器应当设在中华人民共和国境内。

第十一条　电子招标投标交易平台运营机构应当是依法成立的法人，拥有一定数量的专职信息技术、招标专业人员。

第十二条　电子招标投标交易平台运营机构应当根据国家有关法律法规及技术规范，建立健全电子招标投标交易平台规范运行和安全管理制度，加强监控、检测，及时发现和排除隐患。

第十三条　电子招标投标交易平台运营机构应当采用可靠的身份识别、权限控制、加密、病毒防范等技术，防范非授权操作，保证交易平台的安全、稳定、可靠。

第十四条　电子招标投标交易平台运营机构应当采取有效措施，验证初始录入信息的真实性，并确保数据电文不被篡改、不遗漏和可追溯。

第十五条　电子招标投标交易平台运营机构不得以任何手段限制或者排斥潜在投标人，不得泄露依法应当保密的信息，不得弄虚作假、串通投标或者为弄虚作假、串通投标提供便利。

第三章　电子招标

第十六条　招标人或者其委托的招标代理机构应当在其使用的电子招标投标交易平台注册登记，选择使用除招标人或招标代理机构之外第三方运营的电子招标投标交易平台的，还应当与电子招标投标交易平台运营机构签订使用合同，明确服务内容、服务质量、服务费用等权利和义务，并对服务过程中相关信息的产权归属、保密责任、存档等依法作出约定。

电子招标投标交易平台运营机构不得以技术和数据接口配套为由，要求潜在投标人购买指定的工具软件。

第十七条　招标人或者其委托的招标代理机构应当在资格预审公告、招标公告或者投标邀请书中载明潜在投标人访问电子招标投标交易平台的网络地址和方法。依法必须进行公开招标项目的上述相关公告应当在电子招标投标交易平台和国家指定的招标公告媒介同步发布。

第十八条　招标人或者其委托的招标代理机构应当及时将数据电文形式的资格预审文件、招标文件加载至电子招标投标交易平台，供潜在投标人下载或者查阅。

第十九条　数据电文形式的资格预审公告、招标公告、资格预审文件、招标文件等应当标准化、格式化，并符合有关法律法规以及国家有关部门颁发的标准文本的要求。

第二十条　除本办法和技术规范规定的注册登记外，任何单位和个人不得在招标投标活动中设置注册登记、投标报名等前置条件限制潜在投标人下载资格预审文件或者招标文件。

第二十一条　在投标截止时间前，电子招标投标交易平台运营机构不得向招标人或者其委托的招标代理机构以外的任何单位和个人泄露下载资格预审文件、招标文件的潜在投标人名称、数量以及可能影响公平竞争的其他信息。

第二十二条　招标人对资格预审文件、招标文件进行澄清或者修改的，应当通过电子招标投标交易平台以醒目的方式公告澄清或者修改的内容，并以有效方式通知所有已下载资格预审文件或者招标文件的潜在投标人。

第四章　电子投标

第二十三条　电子招标投标交易平台的运营机构，以及与该机构有控股或者管理关系可能影响招标公正性的任何单位和个人，不得在该交易平台进行的招标项目中投标和代理投标。

第二十四条　投标人应当在资格预审公告、招标公告或者投标邀请书载明的电子招标投标交易平台注册登记，如实递交有关信息，并经电子招标投标交易平台运营机构验证。

第二十五条　投标人应当通过资格预审公告、招标公告或者投标邀请书载明的电子招标投标交易平台递交数据电文形式的资格预审申请文件或者投标文件。

第二十六条　电子招标投标交易平台应当允许投标人离线编制投标文件，并且具备分段或者整体加密、解密功能。

投标人应当按照招标文件和电子招标投标交易平台的要求编制并加密投标文件。

投标人未按规定加密的投标文件，电子招标投标交易平台应当拒收并提示。

第二十七条　投标人应当在投标截止时间前完成投标文件的传输递交，并可以补充、修改或者撤回投标文件。投标截止时间前未完成投标文件传输的，视为撤回投标文件。投标截止时间后送达的投标文件，电子招标投标交易平台应当拒收。

电子招标投标交易平台收到投标人送达的投标文件，应当即时向投标人发出确认回执通知，并妥善保存投标文件。在投标截止时间前，除投标人补充、修改或者撤回投标文件外，任何单位和个人不得解密、提取投标文件。

第二十八条　资格预审申请文件的编制、加密、递交、传输、接收确认等，适用本办法关于投标文件的规定。

第五章　电子开标、评标和中标

第二十九条　电子开标应当按照招标文件确定的时间，在电子招标投标交易平台上公开进行，所有投标人均应当准时在线参加开标。

第三十条　开标时，电子招标投标交易平台自动提取所有投标文件，提示招标人和投标人按招标文件规定方式按时在线解密。解密全部完成后，应当向所有投标人公布投标人名称、投标价格和招标文件规定的其他内容。

第三十一条　因投标人原因造成投标文件未解密的，视为撤销其投标文件；因投标人之外的原因造成投标文件未解密的，视为撤回其投标文件，投标人有权要求责任方赔偿因此遭受的直接损失。部分投标文件未解密的，其他投标文件的开标可以继续进行。

招标人可以在招标文件中明确投标文件解密失败的补救方案，投标文件应按照招标文件的要求作出响应。

第三十二条　电子招标投标交易平台应当生成开标记录并向社会公众公布，但依法应当保密的除外。

第三十三条　电子评标应当在有效监控和保密的环境下在线进行。

根据国家规定应当进入依法设立的招标投标交易场所的招标项目，评标委员会成员应当在依法设立的招标投标交易场所登录招标项目所使用的电子招标投标交易平台进行评标。

评标中需要投标人对投标文件澄清或者说明的,招标人和投标人应当通过电子招标投标交易平台交换数据电文。

第三十四条 评标委员会完成评标后,应当通过电子招标投标交易平台向招标人提交数据电文形式的评标报告。

第三十五条 依法必须进行招标的项目中标候选人和中标结果应当在电子招标投标交易平台进行公示和公布。

第三十六条 招标人确定中标人后,应当通过电子招标投标交易平台以数据电文形式向中标人发出中标通知书,并向未中标人发出中标结果通知书。

招标人应当通过电子招标投标交易平台,以数据电文形式与中标人签订合同。

第三十七条 鼓励招标人、中标人等相关主体及时通过电子招标投标交易平台递交和公布中标合同履行情况的信息。

第三十八条 资格预审申请文件的解密、开启、评审、发出结果通知书等,适用本办法关于投标文件的规定。

第三十九条 投标人或者其他利害关系人依法对资格预审文件、招标文件、开标和评标结果提出异议,以及招标人答复,均应当通过电子招标投标交易平台进行。

第四十条 招标投标活动中的下列数据电文应当按照《中华人民共和国电子签名法》和招标文件的要求进行电子签名并进行电子存档:

(一)资格预审公告、招标公告或者投标邀请书;

(二)资格预审文件、招标文件及其澄清、补充和修改;

(三)资格预审申请文件、投标文件及其澄清和说明;

(四)资格审查报告、评标报告;

(五)资格预审结果通知书和中标通知书;

(六)合同;

(七)国家规定的其他文件。

第六章 信息共享与公共服务

第四十一条 电子招标投标交易平台应当依法及时公布下列主要信息:

(一)招标人名称、地址、联系人及联系方式;

(二)招标项目名称、内容范围、规模、资金来源和主要技术要求;

(三)招标代理机构名称、资格、项目负责人及联系方式;

（四）投标人名称、资质和许可范围、项目负责人；

（五）中标人名称、中标金额、签约时间、合同期限；

（六）国家规定的公告、公示和技术规范规定公布和交换的其他信息。

鼓励招标投标活动当事人通过电子招标投标交易平台公布项目完成质量、期限、结算金额等合同履行情况。

第四十二条 各级人民政府有关部门应当按照《中华人民共和国政府信息公开条例》等规定，在本部门网站及时公布并允许下载下列信息：

（一）有关法律法规规章及规范性文件；

（二）取得相关工程、服务资质证书或货物生产、经营许可证的单位名称、营业范围及年检情况；

（三）取得有关职称、职业资格的从业人员的姓名、电子证书编号；

（四）对有关违法行为作出的行政处理决定和招标投标活动的投诉处理情况；

（五）依法公开的工商、税务、海关、金融等相关信息。

第四十三条 设区的市级以上人民政府发展改革部门会同有关部门，按照政府主导、共建共享、公益服务的原则，推动建立本地区统一的电子招标投标公共服务平台，为电子招标投标交易平台、招标投标活动当事人、社会公众和行政监督部门、监察机关提供信息服务。

第四十四条 电子招标投标公共服务平台应当按照本办法和技术规范规定，具备下列主要功能：

（一）链接各级人民政府及其部门网站，收集、整合和发布有关法律法规规章及规范性文件、行政许可、行政处理决定、市场监管和服务的相关信息；

（二）连接电子招标投标交易平台、国家规定的公告媒介，交换、整合和发布本办法第四十一条规定的信息；

（三）连接依法设立的评标专家库，实现专家资源共享；

（四）支持不同电子认证服务机构数字证书的兼容互认；

（五）提供行政监督部门和监察机关依法实施监督、监察所需的监督通道；

（六）整合分析相关数据信息，动态反映招标投标市场运行状况、相关市场主体业绩和信用情况。

属于依法必须公开的信息，公共服务平台应当无偿提供。

公共服务平台应同时遵守本办法第八条至第十五条规定。

第四十五条 电子招标投标交易平台应当按照本办法和技术规范规定，在任一电子招标投标公共服务平台注册登记，并向电子招标投标公共服务平台及时提供本办法第四十一条规定的信息，以及双方协商确定的其他信息。

电子招标投标公共服务平台应当按照本办法和技术规范规定，开放数据接口、公布接口要求，与电子招标投标交易平台及时交换招标投标活动所必需的信息，以及双方协商确定的其他信息。

电子招标投标公共服务平台应当按照本办法和技术规范规定，开放数据接口、公布接口要求，与上一层级电子招标投标公共服务平台连接并注册登记，及时交换本办法第四十四条规定的信息，以及双方协商确定的其他信息。

电子招标投标公共服务平台应当允许社会公众、市场主体免费注册登录和获取依法公开的招标投标信息，为招标人、投标人、行政监督部门和监察机关按各自职责和注册权限登录使用公共服务平台提供必要条件。

第七章　监督管理

第四十六条　电子招标投标活动及相关主体应当自觉接受行政监督部门、监察机关依法实施的监督、监察。

第四十七条　行政监督部门、监察机关结合电子政务建设，提升电子招标投标监督能力，依法设置并公布有关法律法规规章、行政监督的依据、职责权限、监督环节、程序和时限、信息交换要求和联系方式等相关内容。

第四十八条　电子招标投标交易平台和公共服务平台应当按照本办法和技术规范规定，向行政监督平台开放数据接口、公布接口要求，按有关规定及时对接交换和公布有关招标投标信息。

行政监督平台应当开放数据接口，公布数据接口要求，不得限制和排斥已通过检测认证的电子招标投标交易平台和公共服务平台与其对接交换信息，并参照执行本办法第八条至第十五条的有关规定。

第四十九条　电子招标投标交易平台应当依法设置电子招标投标工作人员的职责权限，如实记录招标投标过程、数据信息来源，以及每一操作环节的时间、网络地址和工作人员，并具备电子归档功能。

电子招标投标公共服务平台应当记录和公布相关交换数据信息的来源、时间并进行电子归档备份。

任何单位和个人不得伪造、篡改或者损毁电子招标投标活动信息。

第五十条　行政监督部门、监察机关及其工作人员，除依法履行职责外，不得干预电子招标投标活动，并遵守有关信息保密的规定。

第五十一条　投标人或者其他利害关系人认为电子招标投标活动不符合有关规定的，通过相关行政监督平台进行投诉。

第五十二条　行政监督部门和监察机关在依法监督检查招标投标活动或者处理投诉时，通过其平台发出的行政监督或者行政监察指令，招标投标活动当事人和电子招标投标交易平台、公共服务平台的运营机构应当执行，并如实提供相关信息，协助调查处理。

第八章 法律责任

第五十三条 电子招标投标系统有下列情形的，责令改正；拒不改正的，不得交付使用，已经运营的应当停止运营：

（一）不具备本办法及技术规范规定的主要功能；

（二）不向行政监督部门和监察机关提供监督通道；

（三）不执行统一的信息分类和编码标准；

（四）不开放数据接口、不公布接口要求；

（五）不按照规定注册登记、对接、交换、公布信息；

（六）不满足规定的技术和安全保障要求；

（七）未按照规定通过检测和认证。

第五十四条 招标人或者电子招标投标系统运营机构存在以下情形的，视为限制或者排斥潜在投标人，依照招标投标法第五十一条规定处罚：

（一）利用技术手段对享有相同权限的市场主体提供有差别的信息；

（二）拒绝或者限制社会公众、市场主体免费注册并获取依法必须公开的招标投标信息；

（三）违规设置注册登记、投标报名等前置条件；

（四）故意与各类需要分离开发并符合技术规范规定的工具软件不兼容对接；

（五）故意对递交或者解密投标文件设置障碍。

第五十五条 电子招标投标交易平台运营机构有下列情形的，责令改正，并按照有关规定处罚：

（一）违反规定要求投标人注册登记、收取费用；

（二）要求投标人购买指定的工具软件；

（三）其他侵犯招标投标活动当事人合法权益的情形。

第五十六条 电子招标投标系统运营机构向他人透露已获取招标文件的潜在投标人的名称、数量、投标文件内容或者对投标文件的评审和比较以及其他可能影响公平竞争的招标投标信息，参照招标投标法第五十二条关于招标人泄密的规定予以处罚。

第五十七条 招标投标活动当事人和电子招标投标系统运营机构协助招标人、投标人串通投标的，依照招标投标法第五十三条和招标投标法实施条例第六十七条规定处罚。

第五十八条 招标投标活动当事人和电子招标投标系统运营机构伪造、篡改、损毁招标投标信息，或者以其他方式弄虚作假的，依照招标投标法第五十四条和招标投标法实施条例第六十八条规定处罚。

第五十九条 电子招标投标系统运营机构未按照本办法和技术规范规定履行初始录入信息验证义务，造成招标投标活动当事人损失的，应当承担相应的赔偿责任。

第六十条 有关行政监督部门及其工作人员不履行职责，或者利用职务便利非法干涉电子招标投标活动的，依照有关法律法规处理。

第九章 附 则

第六十一条 招标投标协会应当按照有关规定，加强电子招标投标活动的自律管理和服务。

第六十二条 电子招标投标某些环节需要同时使用纸质文件的，应当在招标文件中明确约定；当纸质文件与数据电文不一致时，除招标文件特别约定外，以数据电文为准。

第六十三条 本办法未尽事宜，按照有关法律、法规、规章执行。

第六十四条 本办法由国家发展和改革委员会会同有关部门负责解释。

第六十五条 技术规范作为本办法的附件，与本办法具有同等效力。

第六十六条 本办法自 2013 年 5 月 1 日起施行。

建筑工程施工发包与承包计价管理办法

中华人民共和国住房和城乡建设部令

第 16 号

《建筑工程施工发包与承包计价管理办法》已经第 9 次部常务会议审议通过，现予发布，自 2014 年 2 月 1 日起施行。

住房城乡建设部部长　姜伟新

2013 年 12 月 11 日

第一条　为了规范建筑工程施工发包与承包计价行为，维护建筑工程发包与承包双方的合法权益，促进建筑市场的健康发展，根据有关法律、法规，制定本办法。

第二条　在中华人民共和国境内的建筑工程施工发包与承包计价（以下简称工程发承包计价）管理，适用本办法。

本办法所称建筑工程是指房屋建筑和市政基础设施工程。

本办法所称工程发承包计价包括编制工程量清单、最高投标限价、招标标底、投标报价，进行工程结算，以及签订和调整合同价款等活动。

第三条　建筑工程施工发包与承包价在政府宏观调控下，由市场竞争形成。

工程发承包计价应当遵循公平、合法和诚实信用的原则。

第四条　国务院住房城乡建设主管部门负责全国工程发承包计价工作的管理。

县级以上地方人民政府住房城乡建设主管部门负责本行政区域内工程发承包计价工作的管理。其具体工作可以委托工程造价管理机构负责。

第五条　国家推广工程造价咨询制度，对建筑工程项目实行全过程造价管理。

第六条　全部使用国有资金投资或者以国有资金投资为主的建筑工程（以下简称国有资金投资的建筑工程），应当采用工程量清单计价；非国有资金投资的建筑工程，鼓励采用工程量清单计价。

国有资金投资的建筑工程招标的，应当设有最高投标限价；非国有资金投资的建筑工程招标的，可以设有最高投标限价或者招标标底。

最高投标限价及其成果文件，应当由招标人报工程所在地县级以上地方人民政府住房城乡建设主管部门备案。

第七条 工程量清单应当依据国家制定的工程量清单计价规范、工程量计算规范等编制。工程量清单应当作为招标文件的组成部分。

第八条 最高投标限价应当依据工程量清单、工程计价有关规定和市场价格信息等编制。招标人设有最高投标限价的，应当在招标时公布最高投标限价的总价，以及各单位工程的分部分项工程费、措施项目费、其他项目费、规费和税金。

第九条 招标标底应当依据工程计价有关规定和市场价格信息等编制。

第十条 投标报价不得低于工程成本，不得高于最高投标限价。

投标报价应当依据工程量清单、工程计价有关规定、企业定额和市场价格信息等编制。

第十一条 投标报价低于工程成本或者高于最高投标限价总价的，评标委员会应当否决投标人的投标。

对是否低于工程成本报价的异议，评标委员会可以参照国务院住房城乡建设主管部门和省、自治区、直辖市人民政府住房城乡建设主管部门发布的有关规定进行评审。

第十二条 招标人与中标人应当根据中标价订立合同。不实行招标投标的工程由发承包双方协商订立合同。

合同价款的有关事项由发承包双方约定，一般包括合同价款约定方式，预付工程款、工程进度款、工程竣工价款的支付和结算方式，以及合同价款的调整情形等。

第十三条 发承包双方在确定合同价款时，应当考虑市场环境和生产要素价格变化对合同价款的影响。

实行工程量清单计价的建筑工程，鼓励发承包双方采用单价方式确定合同价款。

建设规模较小、技术难度较低、工期较短的建筑工程，发承包双方可以采用总价方式确定合同价款。

紧急抢险、救灾以及施工技术特别复杂的建筑工程，发承包双方可以采用成本加酬金方式确定合同价款。

第十四条 发承包双方应当在合同中约定，发生下列情形时合同价款的调整方法：

（一）法律、法规、规章或者国家有关政策变化影响合同价款的；

（二）工程造价管理机构发布价格调整信息的；

（三）经批准变更设计的；

（四）发包方更改经审定批准的施工组织设计造成费用增加的；

（五）双方约定的其他因素。

第十五条 发承包双方应当根据国务院住房城乡建设主管部门和省、自治区、直辖市人民政府住房城乡建设主管部门的规定，结合工程款、建设工期等情况在合同中约定预付工程款的具体事宜。

预付工程款按照合同价款或者年度工程计划额度的一定比例确定和支付，并在工程进度款中予以抵扣。

第十六条 承包方应当按照合同约定向发包方提交已完成工程量报告。发包方收到工程量报告后，应当按照合同约定及时核对并确认。

第十七条 发承包双方应当按照合同约定，定期或者按照工程进度分段进行工程款结算和支付。

第十八条 工程完工后，应当按照下列规定进行竣工结算：

（一）承包方应当在工程完工后的约定期限内提交竣工结算文件。

（二）国有资金投资建筑工程的发包方，应当委托具有相应资质的工程造价咨询企业对竣工结算文件进行审核，并在收到竣工结算文件后的约定期限内向承包方提出由工程造价咨询企业出具的竣工结算文件审核意见；逾期未答复的，按照合同约定处理，合同没有约定的，竣工结算文件视为已被认可。

非国有资金投资的建筑工程发包方，应当在收到竣工结算文件后的约定期限内予以答复，逾期未答复的，按照合同约定处理，合同没有约定的，竣工结算文件视为已被认可；发包方对竣工结算文件有异议的，应当在答复期内向承包方提出，并可以在提出异议之日起的约定期限内与承包方协商；发包方在协商期内未与承包方协商或者经协商未能与承包方达成协议的，应当委托工程造价咨询企业进行竣工结算审核，并在协商期满后的约定期限内向承包方提出由工程造价咨询企业出具的竣工结算文件审核意见。

（三）承包方对发包方提出的工程造价咨询企业竣工结算审核意见有异议的，在接到该审核意见后一个月内，可以向有关工程造价管理机构或者有关行业组织申请调解，调解不成的，可以依法申请仲裁或者向人民法院提起诉讼。

发承包双方在合同中对本条第（一）项、第（二）项的期限没有明确约定的，应当按照国家有关规定执行；国家没有规定的，可认为其约定期限均为 28 日。

第十九条 工程竣工结算文件经发承包双方签字确认的，应当作为工程决算的依据，未经对方同意，另一方不得就已生效的竣工结算文件委托工程造价咨询企业重复审核。发包方应当按照竣工结算文件及时支付竣工结算款。

竣工结算文件应当由发包方报工程所在地县级以上地方人民政府住房城乡建设主管部门备案。

第二十条 造价工程师编制工程量清单、最高投标限价、招标标底、投标报价、工程结算审核和工程造价鉴定文件，应当签字并加盖造价工程师执业专用章。

第二十一条　县级以上地方人民政府住房城乡建设主管部门应当依照有关法律、法规和本办法规定，加强对建筑工程发承包计价活动的监督检查和投诉举报的核查，并有权采取下列措施：

（一）要求被检查单位提供有关文件和资料；

（二）就有关问题询问签署文件的人员；

（三）要求改正违反有关法律、法规、本办法或者工程建设强制性标准的行为。

县级以上地方人民政府住房城乡建设主管部门应当将监督检查的处理结果向社会公开。

第二十二条　造价工程师在最高投标限价、招标标底或者投标报价编制、工程结算审核和工程造价鉴定中，签署有虚假记载、误导性陈述的工程造价成果文件的，记入造价工程师信用档案，依照《注册造价工程师管理办法》进行查处；构成犯罪的，依法追究刑事责任。

第二十三条　工程造价咨询企业在建筑工程计价活动中，出具有虚假记载、误导性陈述的工程造价成果文件的，记入工程造价咨询企业信用档案，由县级以上地方人民政府住房城乡建设主管部门责令改正，处1万元以上3万元以下的罚款，并予以通报。

第二十四条　国家机关工作人员在建筑工程计价监督管理工作中玩忽职守、徇私舞弊、滥用职权的，由有关机关给予行政处分；构成犯罪的，依法追究刑事责任。

第二十五条　建筑工程以外的工程施工发包与承包计价管理可以参照本办法执行。

第二十六条　省、自治区、直辖市人民政府住房城乡建设主管部门可以根据本办法制定实施细则。

第二十七条　本办法自2014年2月1日起施行。原建设部2001年11月5日发布的《建筑工程施工发包与承包计价管理办法》（建设部令第107号）同时废止。

关于做好建筑企业跨省
承揽业务监督管理工作的通知

建市〔2013〕38 号

各省、自治区住房城乡建设厅，直辖市建委（建交委），北京市规委，新疆生产建设兵团建设局：

为推动建立统一开放、公平竞争的建筑市场秩序，促进建筑企业持续健康发展，现就进一步做好建筑企业（包括工程勘察、设计、施工、监理、招标代理，下同）跨省承揽业务监督管理工作通知如下：

一、各级住房城乡建设行政主管部门应当严格执行国家相关法律、法规，给予外地建筑企业与本地建筑企业同等待遇，严禁设置地方壁垒。不得对外地企业设立审批性备案和借用备案名义收取费用；不得强制要求外地企业在本地注册独立子公司、分公司；不得强行扣押外地备案企业和人员的相关证照资料；不得要求企业注册所在地住房城乡建设主管部门或其上级主管部门出具相关证明等。

二、实行备案的各省（区、市）住房城乡建设主管部门应当随时接收外地企业备案材料，即时办理备案手续，仅限于对企业营业执照、企业资质证书、企业安全生产许可证、企业驻本地办公场地租赁（或产权）证明、企业法定代表人签署的企业驻本地的业务负责人授权委托书进行备案复核。

三、省（区、市）住房城乡建设主管部门应当将已备案的外地企业信息及时通报本地区各级住房城乡建设主管部门，备案信息应当及时向社会公开。省内各级建设主管部门不得要求已在本省办理过登记备案手续的企业重复备案。

四、省（区、市）住房城乡建设主管部门应当结合建筑市场监管的实际情况，调整监管思路，创新监管机制，在简化备案手续的同时，加大对备案企业市场行为的动态监管力度。对允许其他单位或个人以本单位名义承揽业务，以任何方式同不具备资质、资格条件的单位或个人合作承揽业务，拖欠工程款和农民工工资，围标串标、转包和违法分包，超越资质等级承揽业务等违法违规行为和发生质量安全事故的企业依法予以查处。

五、省（区、市）住房城乡建设主管部门应当加强对本地区各级主管部门跨省备案管理工作的指导和监督，对在市场准入、招标投标等方面设立不合理条件排斥或限制外地企业承揽业务的，上级主管部门应当予以制止，并责令其限期改正，逾期仍未改正的，上级主管部门应当予以通报批评。

六、省（区、市）住房城乡建设主管部门应对所有本地和外地的建筑企业建立信用档案，积极推动本地区建筑市场监管信息系统建设，通过市场和现场的两场监管联动，实施跟踪管理。工程项目所在地县级及以上地方建设主管部门应当依法查处本区域跨省企业和个人在承揽业务中的违法违规行为，并将违法事实、处理结果或处理建议通过省（区、市）住房城乡建设主管部门及时告知该企业注册地省（区、市）住房城乡建设主管部门。对于重大违法违规行为，按照有关规定由省（区、市）住房城乡建设主管部门报送住房城乡建设部，作为不良行为信息向社会公布，并按有关规定严肃查处。

中华人民共和国住房和城乡建设部

2013 年 3 月 15 日

关于印发《关于执行 2012 年〈北京市房屋修缮工程计价依据——预算定额〉的规定》的通知

京建法〔2013〕4 号

各有关单位：

根据《关于颁发 2012 年（北京市房屋修缮工程计价依据——预算定额）的通知》（京建发〔2012〕537 号）的精神，我市自 2013 年 4 月 1 日起执行 2012 年《北京市房屋修缮工程计价依据——预算定额》。为配合 2012 年《北京市房屋修缮工程计价依据——预算定额》的执行，现将《关于执行 2012 年（北京市房屋修缮工程计价依据——预算定额）的规定》印发给你们，请遵照执行。

特此通知。

附件：《关于执行 2012 年＜北京市房屋修缮工程计价依据——预算定额＞的规定》

北京市住房和城乡建设委员会

2013 年 3 月 31 日

附件：

关于执行 2012 年《北京市房屋修缮工程
计价依据——预算定额》的规定

一、2012 年《北京市房屋修缮工程计价依据——预算定额》（以下简称 2012 年房修定额）执行时间

（一）2013 年 4 月 1 日（含）以后，凡在北京市行政区域内新开工的房屋修缮工程，应按 2012 年房修定额执行。

（二）2013 年 4 月 1 日以前施工总承包、专业承包工程已进入招标程序或依法已签订工程施工合同的工程，仍按 2005 年《北京市房屋修缮工程预算定额》、《北京市房屋修缮工程间接费及其他费用定额》、相关配套管理文件的规定及双方签订的施工合同执行。专业分包合同的计价依据按总承包合同中计价依据要求执行。

二、工程造价计价程序

（一）直接费：由直接工程费和措施费组成。其公式为：

直接费＝直接工程费＋措施费

1. 直接工程费：是指施工过程中消耗的构成工程实体的各项费用，包括人工费、材料费、机械费，其公式为：

直接工程费＝人工费＋材料费＋机械费

2. 措施费：是指为完成工程项目施工，发生于该工程施工前准备和施工过程中非工程实体项目的费用，其公式为：

措施费＝措施费1＋措施费2

其中：措施费1包括模板、脚手架工程的搭拆，按租赁或摊销费用计入不完全价。

措施费2为其他措施费，包括安全文明施工费，夜间施工费，冬雨季施工费，二次搬运费，临时设施费，施工困难增加费，原有建筑物、设备、陈设、高级装修及文物保护费，高台建筑增加费，超高增加费，施工排水、降水费。计算公式为：

土建、古建筑工程：措施费2＝直接工程费×相应费率

安装工程：措施费2＝人工费×相应费率

（二）企业管理费：指建筑安装企业组织施工生产和经营管理所需的费用，其公式为：

土建、古建筑工程：企业管理费＝直接费×相应费率

安装工程：企业管理费＝人工费（含措施费中人工费）×相应费率

（三）利润：指施工企业完成所承包工程获得的盈利，其公式为：

土建、古建筑工程：利润＝（直接费＋企业管理费）×相应费率

安装工程：利润＝［人工费（含措施费中人工费）＋企业管理费］×相应费率

（四）规费：是指政府和有关权力部门规定必须缴纳的费用。其公式为：

规费＝人工费（含措施费中人工费）×相应费率

（五）税金：是指国家税法规定的应计入房屋修缮工程造价内的营业税、城市维护建设税、教育费附加及地方教育附加等，其公式为：

税金＝（直接费＋企业管理费＋利润＋规费）×相应费率

（六）工程造价：由直接费、企业管理费、利润、规费、税金组成，其公式为：

工程造价＝直接费＋企业管理费＋利润＋规费＋税金

三、定额基价与市场价的调整规定

2012 年房修定额中的人工、材料、机械等价格和以"元"形式出现的费用均为定额编制期的市场价格，在编制房屋修缮工程招标控制价或标底、投标报价、工程预算、工程结算时，应全部实行当期市场价格。

最高投标限价视同招标控制价。

四、措施项目及费用标准的规定

（一）措施费：按照建办〔2005〕89 号《关于印发〈建筑工程安全防护、文明施工措施费用及使用管理规定〉的通知》精神，其他措施费项目中的安全文明施工费（含临时设施费）应单独列出；按照京建发〔2011〕206 号《北京市建设工程造价管理暂行规定》，安全文明施工费（含临时设施费）不得作为竞争性费用。

（二）企业管理费：在编制招标控制价或标底时，企业管理费应按现行费率标准执行；在编制投标报价时，可根据企业的管理水平和工程项目的具体情况自主报价，但不得影响工程质量安全成本。

2012 年房修定额企业管理费中的职工教育经费中已包含一线生产工人教育培训费，一线生产工人教育培训费占企业管理费费率的 1.55%，在编制招标控制价或标底、投标报价、工程结算时不得重复计算。

各专业定额中的现场管理费费率是施工企业内部核算的参考费率，已包括在企业管理费费率中；工程质量检测费费率是计算检测费时的参考费率，已包括在现场管理费费率中；企业内部核算或计算检测费时应以直接费（或人工费）为基数计算。在编制招标控制价或标底、投标报价、工程结算时不得重复计算。

（三）规费：应按本市现行费率标准计算，并单独列出，不得作为竞争性费用。费率由建设行政主管部门适时发布，进行调整。

（四）利润：在编制招标控制价或标底时，利润应按现行定额费率标准执行。

（五）税金：应按现行定额费率标准计算，不得作为竞争性费用。

五、风险范围及幅度的约定

招标文件及合同中应明确风险内容及其范围、幅度，不得采用无限风险、所有风险或类似语句规定风险范围及幅度。主要材料和机械以及人工风险幅度在 ±3% ～ ±6% 区间内约定。

（一）风险幅度变化确定原则

1. 基准价：招标人应在招标文件中明确投标报价的具体月份为基准期，与基准期对应的市场价格为基准价。

基准价应以《北京工程造价信息》（以下简称造价信息）中的市场信息价格为依据确定。造价信息价格中有上、下限的，以下限为准；造价信息价格缺项时，应以发包人、承包人共同确认的市场价格为依据确定。

2. 施工期市场价格应以发包人、承包人共同确认的价格（以下简称确认价格）为准。若发包人、承包人未能就共同确认价格达成一致，可以参考施工期的造价信息价格。

3. 风险幅度的计算：

（1）当承包人投标报价中的单价低于基准价时，施工期市场价的涨幅以基准价为基础确定，跌幅以投标报价为基础确定涨（跌）幅度超过合同约定的风险幅度值时，其超过部分按超过风险幅度调整原则的规定执行。

（2）当承包人投标报价中的单价高于基准价时，施工期市场价的跌幅以基准价为基础确定，涨幅以投标报价为基础确定涨（跌）幅度超过合同约定的风险幅度值时，其超过部分按超过风险幅度调整原则的规定执行。

（3）当承包人投标报价中的单价等于基准价时，施工期市场价的涨（跌）幅度以基准价为基础确定，涨（跌）幅度超过合同约定的风险幅度值时，其超过部分按超过风险幅度调整原则的规定执行。

（二）超过风险幅度调整原则

1. 发包人、承包人应当在施工合同中约定市场价格变化幅度超过合同约定幅度的单价调整办法，可采用加权平均法、算术平均法或其他计算方法。

2. 主要材料和机械市场价格的变化幅度小于或等于合同中约定的价格变化幅度时，不做调整；变化幅度大于合同中约定的价格变化幅度时，应当计算超出变化幅度部分的价格差额，其价格差额由发包人承担或受益。

3. 人工市场价格的变化幅度小于或等于合同中约定的价格变化幅度时，不做调整；变化幅度大于合同中约定的价格变化幅度时，应当计算全部价格差额，其价格差额由发包人承担或受益。

4. 人工费价格差额不计取规费；人工、材料、机械计算后发生的价格差额只计取税金。

六、暂估价的调整

（一）材料（设备）暂估价：在编制招标控制价或标底、投标报价时，应按招标人列出的暂估价计入单价；编制竣工结算时，材料（设备）暂估价若是招标采购的，应按中标价调整；若为非招标采购的，应按发、承包双方最终确认的材料（设备）单价调整。材料（设备）暂估价价格差额只计取税金。

（二）专业分包工程暂估（结算）价：应包括专业分包工程施工所发生的直

接工程费、措施费、企业管理费、利润、规费、税金等全部费用。

附表一：房屋修缮（土建、古建筑）工程预算计价程序表
附表二：房屋修缮（土建、古建筑）工程结算计价程序表
附表三：房屋修缮（安装）工程预算计价程序表
附表四：房屋修缮（安装）工程结算计价程序表

附表一：

房屋修缮（土建、古建筑）工程预算计价程序表

序号	费用项目	计算公式	金额（元）
1	直接工程费	1.1+1.2+1.3	
1.1	人工费		
1.2	材料费		
1.2.1	其中：材料（设备）暂估价		
1.3	机械费		
2	措施费	2.1+2.2	
2.1	措施费1		
2.1.1	其中：人工费		
2.2	措施费2	1×相应费率	
2.2.1	其中：人工费		
3	直接费	1+2	
4	企业管理费	3×相应费率	
5	利润	(3+4)×相应费率	
6	规费	(1.1+2.1.1+2.2.1)×相应费率	
6.1	其中：农民工工伤保险费		
7	税金	(3+4+5+6)×相应费率	
8	专业工程暂估价		
9	工程造价	3+4+5+6+7+8	

房屋修缮（土建、古建筑）工程结算计价程序表

序号	费用项目	计算公式	金额（元）
1	直接工程费	1.1+1.2+1.3	
1.1	人工费		
1.2	材料费		
1.2.1	其中：材料（设备）暂估价		
1.3	机械费		
2	措施费	2.1+2.2	
2.1	措施费1		
2.1.1	其中：人工费		
2.2	措施费2	1×相应费率	
2.2.1	其中：人工费		
3	直接费	1+2	
4	企业管理费	3×相应费率	
5	利润	（3+4）×相应费率	
6	规费	（1.1+2.1.1+2.2.1）×相应费率	
6.1	其中：农民工工伤保险费		
7	人工费、材料（设备）费、机械费价差合计		
8	税金	（3+4+5+6+7）×相应费率	
9	专业工程结算价		
10	工程造价	3+4+5+6+7+8+9	

房屋修缮（安装）工程预算计价程序表

序号	费用项目	计算公式	金额（元）
1	直接工程费	1.1+1.2+1.3	
1.1	人工费		
1.2	材料费		
1.2.1	其中：材料（设备）暂估价		
1.3	机械费		
2	措施费	2.1+2.2	

序号	费用项目	计算公式	金额（元）
2.1	措施费1		
2.1.1	其中：人工费		
2.2	措施费2	1.1×相应费率	
2.2.1	其中：人工费		
3	直接费	1+2	
4	企业管理费	（1.1+2.1.1+2.2.1）×相应费率	
5	利润	（1.1+2.1.1+2.2.1+4）×相应费率	
6	规费	（1.1+2.1.1+2.2.1）×相应费率	
6.1	其中：农民工工伤保险费		
7	税金	（3+4+5+6）×相应税率	
8	专业工程暂估价		
9	工程造价	3+4+5+6+7+8	

附表四：

房屋修缮（安装）工程结算计价程序表

序号	费用项目	计算公式	金额（元）
1	直接工程费	1.1+1.2+1.3	
1.1	人工费		
1.2	材料费		
1.2.1	其中：材料（设备）暂估价		
1.3	机械费		
2	措施费	2.1+2.2	
2.1	措施费1		
2.1.1	其中：人工费		
2.2	措施费2	1.1×相应费率	
2.2.1	其中：人工费		
3	直接费	1+2	
4	企业管理费	（1.1+2.1.1+2.2.1）×相应费率	
5	利润	（1.1+2.1.1+2.2.1+4）×相应费率	
6	规费	（1.1+2.1.1+2.2.1）×相应费率	
6.1	其中：农民工工伤保险费		
7	人工费、材料（设备）费、机械费差价合计		
8	税金	（3+4+5+6+7）×相应税率	
9	专业工程结算价		
10	工程造价	3+4+5+6+7+8+9	

关于印发《关于执行 2012 年〈北京市建设工程计价依据——预算定额〉的规定》的通知

京建法〔2013〕7 号

各有关单位：

根据《关于颁发 2012 年〈北京市建设工程计价依据——预算定额〉的通知》（京建发〔2012〕538 号）的精神，我市自 2013 年 7 月 1 日起执行 2012 年《北京市建设工程计价依据——预算定额》。为配合 2012 年《北京市建设工程计价依据——预算定额》的执行，现将《关于执行 2012 年〈北京市建设工程计价依据——预算定额〉的规定》印发给你们，请遵照执行。

特此通知。

附件：《关于执行 2012 年〈北京市建设工程计价依据——预算定额〉的规定》

北京市住房和城乡建设委员会

2013 年 4 月 11 日

附件：

关于执行 2012 年《北京市建设工程计价依据——预算定额》的规定

一、2012 年《北京市建设工程计价依据——预算定额》（以下简称 2012 年预算定额）执行时间

（一）2013 年 7 月 1 日（含）起，凡在北京市行政区域内新建、扩建、整体更新改造及复建的房屋建筑与装饰工程、通用安装工程、市政工程、园林绿化工程、城市轨道交通工程、仿古建筑工程、构筑物工程，应按 2012 年预算定额执行。

（二）2013 年 7 月 1 日以前施工总承包工程、专业承包的房屋建筑和市政基础设施工程已进入招标程序或依法已签订工程施工合同的工程,仍按 2001 年《北京市建设工程预算定额》、相关配套管理文件的规定及双方签订的施工合同执行。专业分包施工合同的计价依据按总承包施工合同中计价依据的要求执行。

二、建筑安装工程费用组成

（一）定额综合单价

1. 定额综合单价应由预算单价（人工费、材料费、机械费之和）、企业管理费、利润及风险费用构成。其中预算单价应按本规定的第三条执行。

清单综合单价可由一个或几个定额综合单价组成。

2. 分部分项工程和按分部分项计价的措施项目应采用定额综合单价计价。

（二）建筑安装工程费用组成

建筑安装工程费用由分部分项工程费、措施项目费、其他项目费、规费和税金五部分组成。

1. 2012 年预算定额中的分部分项工程费是指各专业预算定额各章节（措施项目章节除外）费用合计金额。

2. 2012 年预算定额中的措施项目费是指各专业预算定额措施项目章节费用合计金额。措施项目费应根据工程具体情况,依据工程施工组织设计或施工方案合理确定相关费用,预算定额中的措施项目可作为计价的参考依据。预算定额中不包括二次搬运费、冬雨季施工增加费、夜间施工增加费、已完工程及设备保护费,发生时应另行计算。

（1）二次搬运费是指是指因施工场地条件限制而发生的材料、构配件、半成品等一次运输不能到达堆放地点,必须进行二次或多次搬运所发生的费用。

（2）冬雨季施工增加费是指在冬季或雨季施工需增加的临时设施、防滑、排除雨雪,人工及施工机械效率降低等费用。

（3）夜间施工增加费是指因夜间施工所发生的夜班补助费、夜间施工降效、夜间施工照明设备摊销及照明用电等费用。

（4）已完工程及设备保护费是指竣工验收前,对已完工程及设备采取的必要保护措施所发生的费用。

3. 其他项目费包括总承包服务费、计日工、暂估价、暂列金额等内容。

材料（设备）暂估单价应按招标人在其他项目清单中列出的单价计入定额综合单价。材料（设备）暂估价中的损耗率应按预算定额损耗率执行。

4. 规费是指按国家法律、法规规定,根据北京市政府相关部门规定必须缴纳或计取的,应计入建筑安装工程造价的费用。2012 年预算定额中的规费包括:住房公积金、基本医疗保险基金、基本养老保险费、失业保险基金、工伤保险基金、残疾人就业保障金、生育保险七项费用。应按投标期人工市场价计算出的人工费作为取费基数。费率由建设行政主管部门适时发布，进行调整。

5. 税金是指国家税法规定的应计入建筑安装工程造价内的营业税、城市维护建设税、教育费附加及地方教育费附加。

（三）规费、安全文明施工费不得低于预算定额费率标准，应单独列出，不得作为竞争性费用。

三、预算单价的确定

2012 年预算定额中的人工、材料、机械等价格和以"元"形式出现的费用均为定额编制期的市场预算价格，在编制建设工程招标控制价或标底、投标报价、工程预算、工程结算时，应全部实行当期市场预算价格。

四、招标控制价或标底的编制

（一）招标控制价应依据 2012 年预算定额和相关计价办法及《北京工程造价信息》或参照市场价格进行编制。

（二）招标人列出的暂估价应按北京市住房和城乡建设委员会"关于进一步规范北京市房屋建筑和市政基础设施工程施工发包承包活动的通知（京建发〔2011〕130 号）"文件中第十条规定执行。

（三）定额综合单价中的企业管理费、利润应按现行定额费率标准执行。

（四）招标控制价应按分部分项工程费、措施项目费、其他项目费、规费和税金五部分公布相应合计金额。

（五）标底编制应合理考虑市场竞争因素，参照上述办法执行。

（六）最高投标限价视同于招标控制价。

五、投标报价编制

（一）投标人应根据企业定额或参照 2012 年预算定额进行报价，定额综合单价中应考虑风险费用。

（二）定额综合单价中的利润为可竞争费用，企业管理费可根据企业的管理水平和工程项目的具体情况自主报价，但不得影响工程质量、安全、成本。

六、风险范围及幅度的规定

招标文件及合同中应明确风险内容及其范围、幅度，不得采用无限风险、所有风险或类似语句规定风险范围及幅度。主要材料和机械以及人工风险幅度在 ±3% ～ ±6% 区间内约定。

（一）风险幅度变化确定原则

1. 基准价：招标人应在招标文件中明确投标报价的具体月份为基准期，与基准期对应的主要材料和机械以及人工市场价格为基准价。

基准价应以《北京工程造价信息》（以下简称造价信息）中的市场信息价格为依据确定。造价信息价格中有上、下限的，以下限为准；造价信息价格缺项时，应以发包人、承包人共同确认的市场价格为依据确定。

2. 施工期市场价应以发包人、承包人共同确认的价格为准。若发包人、承包人未能就施工期市场价格达成一致，可以参考施工期的造价信息价格。

3. 风险幅度的计算：

（1）当承包人投标报价中的主要材料和机械以及人工单价低于基准价时，施工期市场价的涨幅以基准价格为基础确定，跌幅以投标报价为基础确定，涨（跌）幅度超过合同约定的风险幅度值时，其超过部分按第六、（二）条的规定执行。

（2）当承包人投标报价中的主要材料和机械以及人工单价高于基准价时，施工期市场价跌幅以基准价格为基础确定，涨幅以投标报价为基础确定，涨（跌）幅度超过合同约定的风险幅度值时，其超过部分按第六、（二）条的规定执行。

（3）当承包人投标报价中的主要材料和机械以及人工单价等于基准价时，施工期市场价涨（跌）幅度以基准价格为基础确定，涨（跌）幅度超过合同约定的风险幅度值时，其超过部分按第六、（二）条的规定执行。

（二）超过风险幅度的调整原则

1. 发包人、承包人应当在施工合同中约定市场价格变化幅度超过合同约定幅度的单价调整办法，可采用加权平均法、算术平均法或其他计算方法。

2. 主要材料和机械市场价格的变化幅度小于或等于合同中约定的价格变化幅度时，不做调整；变化幅度大于合同中约定的价格变化幅度时，应当计算超过部分的价格差额，其价格差额由发包人承担或受益。

3. 人工市场价格的变化幅度小于或等于合同中约定的价格变化幅度时，不做调整；变化幅度大于合同中约定的价格变化幅度时，应当计算全部价格差额，其价格差额由发包人承担或受益。

4. 人工费价格差额不计取规费；人工、材料、机械计算后的价格差额只计取税金。

七、竣工结算

工程竣工后，承包人应按合同约定向发包人提交竣工结算书，发包人应按合同约定进行审核。

（一）材料（设备）暂估价的调整办法

编制竣工结算时，材料（设备）暂估价若是招标采购的，应按中标价调整；若为非招标采购的，应按发、承包双方最终确认的材料（设备）单价调整。材料（设备）暂估价价格差额只计取税金。

（二）专业工程结算价

专业工程结算价中应包括专业工程施工所发生的分部分项工程费、专业施工的措施项目费、规费、税金等全部费用。

八、其他有关说明

（一）2012 年预算定额企业管理费中的职工教育经费中已包括一线生产工人教育培训费，一线生产工人教育培训费占企业管理费费率的 1.55%，在编制招标控制价或标底、投标报价、工程结算时不得重复计算。

（二）各专业定额中的现场管理费费率是施工企业内部核算的参考费率，已包括在企业管理费费率中；工程质量检测费费率是计算检测费时的参考费率，已包括在现场管理费费率中；企业内部核算或计算检测费时应以预算价（或人工费）为基数计算，在编制招标控制价或标底、投标报价、工程结算时不得重复计算。

附表一　招标控制价或标底、投标报价计算程序表
附表二　结算计算程序表
附表三　定额综合单价计算程序表（以预算单价为基数）
附表四　定额综合单价计算程序表（以人工费为基数）
附表五　材料（设备）暂估价汇总表
附表六　材料（设备）暂估价结算汇总表

附表一　招标控制价或标底、投标报价计算程序表

序号	项目		计算式
1	分部分项工程费		
1.1	其中	人工费	
1.2		材料（设备）暂估价	
2	措施项目费		

序号	项目			计算式
2.1	其中	人工费		
2.2		安全文明施工费		
3	其他项目费			
3.1		总承包服务费		
3.2	其中	计日工		
3.2.1		其中	人工费	
3.3		专业工程暂估价		
3.4		暂列金额		
4	规费			（1.1+2.1+3.2.1）×相应费率
5	税金			（1+2+3.1+3.2+4）×相应费率
6	合计			1+2+3+4+5

注：1.计算规费时，以人工费为计取基数的工程，2.1人工费中不包括安全文明施工费中的人工费。

2.此表可根据工程具体情况增加项目。

附表二　结算计算程序表

序号	项目			金额（元）
1	分部分项工程费			
1.1	其中	人工费		
2	措施项目费			
2.1	其中	人工费		
2.2		安全文明施工费		
3	其他项目费			
3.1	其中	总承包服务费		
3.2		计日工		
3.2.1		其中	人工费	
4	规费			（1.1+2.1+3.2.1）×相应费率
5	人工费、材料（设备）费、机械费差价合计			
6	税金			（1+2+3+4+5）×相应费率
7	合计			1+2+3+4+5+6

注：1.计算规费时，以人工费为计取基数的工程，2.1人工费中不包括安全文明施工费中的人工费。

2.此表可根据工程具体情况增加项目。

附表三 定额综合单价计算程序表（以预算单价为基数）

序号	项目	计算式
1	预算单价	人工费+材料费+机械费
2	企业管理费	1×相应费率
3	利润	（1+2）×相应费率
4	定额综合单价	1+2+3

附表四 定额综合单价计算程序表（以人工费为基数）

序号	项目	计算式
1	预算单价	人工费+材料费+机械费
1.1	其中：人工费	
2	企业管理费	1.1×相应费率
3	利润	（1.1+2）×相应费率
4	定额综合单价	1+2+3

附表五 材料（设备）暂估价汇总表

序号	材料（设备）名称、规格、型号	单位	数量	损耗率（%）	暂估单价（元）	合价（元）	备注

注：表中损耗率按各专业定额执行。

附表六　材料（设备）暂估价结算汇总表

序号	材料（设备）名称、规格、型号	单位	数量	损耗率（%）	暂估单价（元）	确认单价（元）	单价差额（元）	合计差额（元）	备注

注：表中损耗率按各专业定额执行。

关于公布招标投标规范性文件清理结果的通知

京建法〔2013〕9 号

机关各处室、各直属事业单位，各区县住房城乡建设委（房管局），东城、西城区住房城市建设委，开发区建设局（房地局），各有关单位：

为落实《国务院办公厅转发发展改革委法制办监察部关于做好招标投标法实施条例贯彻实施工作意见的通知》（国办发〔2012〕21 号）、市政府办公厅《转发市发展改革委市政府法制办市监察局关于贯彻落实招标投标法实施条例工作意见的通知》（京政办发〔2012〕36 号）文件，根据《中华人民共和国招标投标法实施条例》，我委对由我委制发的招标投标方面规范性文件进行了清理。现将清理结果公布如下：

我委共清理 17 件规范性文件，其中决定保留 12 件，决定废止 3 件，拟修改 2 件，具体文件名称见附件。

本通知自发布之日起实施。

特此通知。

附件：1.《决定保留的规范性文件目录》
　　　2.《决定废止的规范性文件目录》
　　　3.《拟修改的规范性文件目录》

北京市住房和城乡建设委员会

2013 年 4 月 27 日

附件1:

决定保留的规范性文件目录（12件）

序号	文件号	颁布日期	颁布单位	文件标题
1	京国土房管拆〔2003〕306号	2003-4-16	北京市国土资源和房屋管理局	关于本市拆迁项目实行招投标管理的通知
2	京国土房管物〔2003〕848号	2003-9-25	北京市国土资源和房屋管理局	北京市国土资源和房屋管理局《关于印发〈北京市物业管理招标投标办法〉的通知》
3	京建法〔2004〕540号	2004-9-13	北京市建设委员会、北京市园林局	关于加强城市园林绿化项目招标投标社会监督管理及有关事项的通知
4	京建市〔2007〕1136号	2007-11-1	北京市建设委员会	关于印发《北京市建设工程招标投标社会监督暂行办法》的通知
5	京建市〔2008〕641号	2008-10-5	北京市建设委员会	关于建设项目招标代理机构及其从业人员动态监督管理暂行办法的意见
6	京建发〔2011〕130号	2011-3-31	北京市住房和城乡建设委员会	关于进一步规范北京市房屋建筑和市政基础设施工程招标投标工作的通知
7	京建法〔2011〕12号	2011-10-12	北京市住房和城乡建设委员会	关于进一步加强和规范建设工程招标投标的通知
8	京建法〔2011〕21号	2011-11-3	北京市住房和城乡建设委员会	关于贯彻执行《关于进一步规范北京市房屋建筑和市政基础设施工程施工发承包活动的通知》有关问题的通知
9	京建法〔2012〕5号	2012-3-21	北京市住房和城乡建设委员会	关于加强房屋建筑抗震节能综合改造工程招标管理工作的意见
10	京建法〔2012〕6号	2012-3-21	北京市住房和城乡建设委员会、北京市规划委员会、北京市财政局	关于印发《北京市房屋建筑抗震节能综合改造工程施工承包人名册管理办法》、《北京市房屋建筑抗震节能综合改造工程施工单位合格承包人名册》的通知
11	京建法〔2012〕7号	2012-3-21	北京市住房和城乡建设委员会	关于印发《北京市房屋建筑抗震节能综合改造工程施工总承包人名册管理办法》、《北京市房屋建筑抗震节能综合改造工程施工监理单位合格承包人名册》的通知
12	京建法〔2012〕27号	2012-11-28	北京市住房和城乡建设委员会、北京市发展和改革委员会	关于印发《北京市建设工程施工综合定量评标办法（试行）》的通知

附件 2：

决定废止的规范性文件目录（3 件）

序号	文件号	颁布日期	颁布单位	文件标题
1	京建市〔2007〕38 号	2007-1-12	北京市建设委员会	关于电梯企业在京分支机构参与建设工程设备标有关规定的通知
2	京建市〔2008〕340 号	2008-5-30	北京市建设委员会	关于优化招投标管理事项办理时限的通知
3	京建市〔2009〕53 号	2009-1-23	北京市建设委员会	关于实施《北京市房屋建筑和市政基础设施工程施工招标文件示范文本》的通知

附件 3：

拟修改的规范性文件目录（2 件）

序号	文件号	颁布日期	颁布单位	文件标题
1	京建法〔2007〕101 号	2007-1-25	北京市建设委员会	关于印发《关于加强建设工程材料设备采购的招标投标管理的若干规定》的通知
2	京建市〔2008〕688 号	2008-10-23	北京市建委员会	关于施行《北京市房屋建筑和市政基础设施工程招标投标活动投诉处理办法》的通知

关于进一步规范市、区（县）两级建设工程
招标投标监督和施工许可管理的通知

京建发〔2013〕103 号

各区县住房城乡建设委，东城、西城区住房城市建设委，经济技术开发区建设局、各有关单位：

为深入贯彻落实《国务院办公厅转发监察部等部门关于深入推进行政审批制度改革意见的通知》（国办发〔2008〕115 号）精神，巩固中央工程建设领域专项治理工作成果，进一步规范我市房屋建筑和市政基础设施工程（以下简称"建设工程"）招标投标监督和施工许可管理市、区（县）两级分工，按照职责法定、权责一致、重心下移、强化监管的原则，经市住房和城乡建设委员会（以下简称"市住房城乡建设委"）研究决定，明确市、区（县）两级建设监管部门分级管理的工程范围。现将有关事项通知如下：

一、区、县住房城乡建设委在市住房城乡建设委指导、监督下，具体实施区、县级审核立项（含核准、备案）的建设工程项目（中央在京单位、驻京部队、市属单位、外商投资的建设工程项目及超高层建筑除外）的招标投标监管、施工许可审批工作。

二、北京经济技术开发区（亦庄）、昌平区沙河高教园区、昌平区未来科技城、房山区良乡高教园区、中关村国家自主创新示范区核心区、通州新城"一核五区"、雁栖湖生态发展示范区内的建设工程，以及集中建设的政策性住房（中央单位、市属单位集资建房项目除外）项目和既有建筑节能专项改造、抗震节能综合改造工程（中央在京单位、驻京部队项目除外）项目，以及经市政府决定的其他项目，分别由工程所在地的区（县）住房城乡建设部门负责实施监管。

三、市、区（县）住房城乡建设部门应当切实履行职责，依法对所辖项目实施监管。

1. 区（县）住房城乡建设部门应当严格按照《中华人民共和国招标投标法》、《中华人民共和国招标投标法实施条例》、《北京市招标投标条例》以及相关配套法规的规定，办理上述工程项目的招投标监管事项。

2. 区（县）住房城乡建设部门办理施工、监理和重要材料设备招标备案、施工许可审批等手续，必须在全市统一的建设工程电子化招标投标监管交易平台及市住房城乡建设委工程项目审批综合办公平台上操作运行，不得在系统外违规操作。

3. 区（县）住房城乡建设部门应当做好办公场所、设备、人员的配置和岗位培训，经市住房城乡建设委相关职能部门综合验收通过后方可开展工作。

4. 区（县）住房城乡建设部门应当做好档案管理、保存，以及保密工作；建立

专门的档案室保存相关档案资料，并做好数据统计工作；保密工作按相关规定执行。

5.区（县）住房城乡建设部门应当加强施工许可审批、质量安全监督、合同履约检查、资质管理等方面的联动，形成立体监督体系，发挥施工现场与建筑市场"两场联动"机制的作用；加大查处违法违规工程和各种违法违规行为的力度，预防质量安全事故的发生。

6.市住房城乡建设委将依照《中华人民共和国行政许可法》等相关法律法规规定，对区（县）住建委做出的审批及其他监督管理事项进行指导、检查，对违反施工许可审批和招投标监管等法律法规和本通知规定的行为进行纠正。情节严重的，报送纪检监察部门，并依法依规追究相关单位和人员的责任；造成不良社会后果的，收回相关区（县）招标投标和施工许可管理权。

四、市、区（县）住房城乡建设委将建设工程电子化招标投标平台接入到市、区（县）监察局电子行政监察系统，接受市、区（县）监察局对建设工程招投标监管工作的实时监督。

五、本通知自2013年2月20日起施行。市住房城乡建设委此前实施管理职责分工的文件与本通知内容不符的，按本通知规定执行。

北京市住房和城乡建设委员会

2013 年 2 月 18 日

关于转发住房城乡建设部　财政部
《关于印发〈建筑安装工程费用项目组成〉的通知》

京建发〔2013〕399号

各有关单位：

为适应深化工程造价计价改革的需要，引导市场合理确定并有效控制工程造价，现将住房城乡建设部 财政部《关于印发〈建筑安装工程费用项目组成〉的通知》（建标〔2013〕44号）转发你们，同时，结合2012年《北京市建设工程计价依据——预算定额》、《关于执行2012年〈北京市建设工程计价依据——预算定额〉的规定》（京建法〔2013〕7号）以及本市实际情况，补充如下规定，请一并遵照执行。

一、已执行2001年《北京市建设工程预算定额》的工程，其建筑安装工程费用项目组成，仍按照2001年《北京市建设工程预算定额》及其相关规定执行。

二、执行2012年《北京市建设工程计价依据——预算定额》的工程：

（一）人工费由基本工资、辅助工资、工资性质津贴、交通补助和劳动保护费五项内容组成。

（二）预算定额水费的单价中，已包含工程污水排放费。

（三）企业管理费中的工程质量检测费，是依据现行规范及文件规定，委托方委托检测机构对建筑材料、构件和建筑结构、建筑节能鉴定检测所发生的检测费。不包括对地基基础工程、建筑幕墙工程、钢结构工程、电梯工程、室内环境等所发生的专项检测费用，对此类检测发生的费用，由建设单位在工程建设其他费用中列支。

本通知自发布之日起施行。

特此通知。

附件：住房城乡建设部　财政部《关于印发〈建筑安装工程费用项目组成〉的通知》（建标〔2013〕44号）

北京市住房和城乡建设委员会　北京市财政局
2013年8月9日

住房城乡建设部　财政部关于印发
《建筑安装工程费用项目组成》的通知

建标〔2013〕44 号

各省、自治区住房城乡建设厅、财政厅，直辖市建委（建交委）、财政局，国务院有关部门：

为适应深化工程计价改革的需要，根据国家有关法律、法规及相关政策，在总结原建设部、财政部《关于印发〈建筑安装工程费用项目组成〉的通知》（建标〔2003〕206 号）（以下简称《通知》）执行情况的基础上，我们修订完成了《建筑安装工程费用项目组成》（以下简称《费用组成》），现印发给你们。为便于各地区、各部门做好发布后的贯彻实施工作，现将主要调整内容和贯彻实施有关事项通知如下：

一、《费用组成》调整的主要内容：

（一）建筑安装工程费用项目按费用构成要素组成划分为人工费、材料费、施工机具使用费、企业管理费、利润、规费和税金（见附件1）。

（二）为指导工程造价专业人员计算建筑安装工程造价，将建筑安装工程费用按工程造价形成顺序划分为分部分项工程费、措施项目费、其他项目费、规费和税金（见附件2）。

（三）按照国家统计局《关于工资总额组成的规定》，合理调整了人工费构成及内容。

（四）依据国家发展改革委、财政部等9部委发布的《标准施工招标文件》的有关规定，将工程设备费列入材料费；原材料费中的检验试验费列入企业管理费。

（五）将仪器仪表使用费列入施工机具使用费；大型机械进出场及安拆费列入措施项目费。

（六）按照《社会保险法》的规定，将原企业管理费中劳动保险费中的职工死亡丧葬补助费、抚恤费列入规费中的养老保险费；在企业管理费中的财务费和其他中增加担保费用、投标费、保险费。

（七）按照《社会保险法》、《建筑法》的规定，取消原规费中危险作业意外伤害保险费，增加工伤保险费、生育保险费。

（八）按照财政部的有关规定，在税金中增加地方教育附加。

二、为指导各部门、各地区按照本通知开展费用标准测算等工作，我们对原《通知》中建筑安装工程费用参考计算方法、公式和计价程序等进行了相应的修改完善，统一制订了《建筑安装工程费用参考计算方法》和《建筑安装工程计价程序》（见附件3、附件4）。

三、《费用组成》自2013年7月1日起施行，原建设部、财政部《关于印发〈建筑安装工程费用项目组成〉的通知》（建标〔2003〕206号）同时废止。

附件：1. 建筑安装工程费用项目组成（按费用构成要素划分）
　　　2. 建筑安装工程费用项目组成（按造价形成划分）
　　　3. 建筑安装工程费用参考计算方法
　　　4. 建筑安装工程计价程序
　　　（略）

中华人民共和国住房和城乡建设部
中华人民共和国财政部
2013 年 3 月 21 日

关于发布《北京市建筑施工总承包企业市场行为信用评价标准》(2013版)的通知

京建发〔2013〕532 号

各区、县住房城乡建设委，东城、西城区住房城市建设委，经济技术开发区建设局，各省（市）驻京建管处、各集团（总公司）、各有关单位：

2012 年，我委印发了《北京市建筑施工总承包企业及注册建造师市场行为信用评价管理办法》（京建法〔2012〕26 号）。结合施工总承包企业市场行为信用评价运行情况及各方意见，我委对施工总承包企业市场行为信用评价标准进行了修订。修订后的《北京市建筑施工总承包企业市场行为信用评价标准》(2013版）于 2014 年 1 月 1 日起正式生效，现印发给你们，请遵照执行。

附件：北京市建筑施工总承包企业市场行为信用评价标准（2013 版）

北京市住房和城乡建设委员会

2013 年 11 月 14 日

关于做好《电子招标投标办法》
贯彻实施工作的指导意见

发改法规〔2013〕1284号

国务院各部门、各直属机构，各省、自治区、直辖市及计划单列市、副省级省会城市、新疆生产建设兵团发展改革委、工信委（经委）、住房城乡建设厅（建委、局）、交通厅（局）、水利厅（局）、商务厅（局），各铁路局，民航各地区管理局，各计划单列企业集团：

《电子招标投标办法》（以下简称《办法》）已经国家发展改革委、工业和信息化部、监察部、住房城乡建设部、交通运输部、原铁道部、水利部、商务部联合发布，并于2013年5月1日起实施。现就做好贯彻实施工作提出以下意见。

一、充分认识《办法》贯彻实施的重要意义

完善电子招标投标制度，充分发挥信息技术在提高招标采购透明度，节约资源和交易成本，解决招标投标领域突出问题方面的独特优势，是落实党的十八大关于大幅提升信息化水平、推动信息化和工业化深度融合要求的一项重要举措，也是落实中央惩治和预防腐败长效机制建设的一项重要任务。《办法》在总结我国实践经验和存在问题的基础上，规划了电子招标投标的系统架构，确立了互联互通的技术规范，建立了信息集约的共享机制，提供了交易安全的制度保障，创新了监督管理的方式方法，为电子招标投标活动提供了制度保障。做好《办法》贯彻实施，对促进招标采购市场的健康发展、推动政府职能转变、推进生态文明和党风廉政建设，具有重要意义。各级人民政府有关部门要高度重视，采取有效措施抓好落实。

二、贯彻实施《办法》的基本要求

（一）坚持统筹规划与分步实施相结合。电子招标投标市场发展的最终目标，是在全国范围内推动建立起由交易平台、公共服务平台、行政监督平台构成，分类清晰、功能互补、互联互通的电子招标投标系统，实现所有招标项目全过程电子化。鉴于全面建成满足各类采购需求的电子招标投标系统不可能一蹴而就，《办法》没有对实行电子招标投标的项目范围及其环节作出强制要求，留由各地方各部门和有关市场主体根据实际情况分阶段逐步实施。

（二）坚持政府引导与市场调节相结合。各级人民政府有关部门要按照中央关于机构改革和职能转变的要求，从发展规划、技术标准、交易规则、安全保障、公共服务等方面，积极引导市场主体采用电子化方式进行招标投标活动。在此过程中，要妥善处理好政府与市场的关系，充分发挥市场在资源配置中的基础性作用，在交易平台的建设运营和选择使用等方面，鼓励平等竞争，提高效率、改善服务。

（三）坚持统一规范与鼓励创新相结合。在电子招标投标系统由不同主体分散建立的情况下，《办法》通过统一技术和数据接口标准以及信息交换要求，为实现电子招标投标系统的互联互通和信息共享提供了制度保障。各部门、地方和有关市场主体应当严格执行有关规定，切实消除技术壁垒，避免形成信息孤岛。与此同时，要充分考虑信息技术快速发展的实际，将统一规范的要求严格限定在保证交易安全和消除技术壁垒的范围内，为技术创新留出足够空间。

（四）坚持提高效率和确保安全相结合。为最大限度地发挥电子招标的效率优势，有必要减少管理环节，优化交易流程，提倡全部交易过程的电子化。但是，提高效率需要以行为规范和交易安全为前提。为此，要按照《办法》和技术规范要求设置身份识别、权限监控、局部隔离、离线编辑、加密解密、操作记录、信息留痕、存档备份以及系统检测、认证等安全制度。

三、广泛深入地开展宣传培训

各级人民政府有关监督管理部门要充分利用广播、电视、报纸、网络等多种媒体，采取专家解读、问题解答、实践动态、知识竞赛等方式，广泛宣传《办法》；组织本部门、本系统从事招标投标监督管理的人员进行专门培训或者结合有关招标投标业务进行培训，并将《办法》学习培训纳入考核内容。招标人、投标人、招标代理机构要将《办法》的学习作为提高员工业务素质的一项基础性工作，进一步规范招标投标行为和招标代理行为。电子招标投标系统建设、运营、检测、认证等机构和相关从业人员要认真学习《办法》及技术规范，确保系统安全规范高效便捷。组建评标专家库的省级人民政府和国务院有关部门，要对评标专家进行集中培训。有关行业组织要立足服务，加大宣传力度，组织开展会员单位的培训。各种培训不得以营利为目的，不得乱收费，确保培训质量。

四、加快交易平台的建设应用步伐

（一）引导各类主体有序建设运营交易平台。建设满足各类采购需求的交易平台，是推进电子招标投标的基础和前提。依法设立的招标投标交易场所、招标人、招标代理机构以及其他依法设立的法人组织可以按行业专业类别，以及市场化、专业化、集约化方向，建设运营交易平台。鼓励一次性采购以及采购规模小、采购频率低的单位选择使用第三方建设运营的交易平台，促进交易平台适度规模经营，避免低水平重复建设和无序竞争。

（二）依法合规建设运营交易平台。交易平台要坚持标准统一、互联互通、公开透明、安全高效的原则，在功能设置、技术标准、安全保障、运营管理等方面严格执行《办法》及技术规范，经检测和第三方认证并在公共服务平台上免费注册登记后投入运营。交易平台应当保持技术中立，不得限制或者排斥符合技术规范的工具软件与其对接。交易平台应当以在线完成招标投标交易为主，可以兼具部分公共服务功能。在《办法》颁布实施前已经建成运营的电子招标投标系统，要按照《办法》和技术规范要求进行改造，其中兼具部分公共服务和行政监督功能的交易平台，应按照管办分开的原则将交易功能和行政监督功能分由不同主体负责。交易平台运营机构应当严格遵守招标投标规定，不得以任何手段为弄虚作假、串通投标等违法违规行为提供便利，不得泄露招标投标活动应当保密的信息。

（三）交易平台平等竞争。各交易平台运营机构应当通过规范经营、科学管理、技术创新、优质服务和合理收费提高市场占有率，其经营范围不得因建设主体、所处行业地区，以及所有制的不同而有所限制或歧视。除按照《办法》进行检测认证和注册登记外，任何单位和个人不得对交易平台的建设运营设置或变相设置行政许可或备案。

五、积极推动公共服务平台建设

（一）加快公共服务平台建设。电子招标投标的持续健康发展，对借助公共服务平台实现资源共享、打破技术壁垒、提高交易透明度、加强信息集成等提出了迫切要求。设区的市级以上地方人民政府发展改革部门会同有关部门，按照政府主导、共建共享、公益服务的原则，推动建立本地区统一的公共服务平台。公共服务平台原则上分为国家、省和市三个层级，具备条件的地方可推动建立全省统一、终端覆盖市县的公共服务平台。公共服务平台的功能设置、安全保障、运营管理要严格执行《办法》和技术规范。已经建成或者准备建设的具有部分公共服务功能的电子招标投标系统，要按照《办法》和技术规范要求进行改造，为市场主体提供相应服务。公共服务平台经检测认证后投入运营，但不得具备交易功能。

（二）实现各平台之间的互联互通。下一层级的公共服务平台应当与上一层级的公共服务平台连接并注册登记，交易平台应当选择任一公共服务平台注册登记。交易平台与公共服务平台之间，不同层级的公共服务平台之间，应当按照《办法》规定及时交互有关信息，最终形成以交易平台为基础，以公共服务平台为枢纽，以行政监督平台为保障，互联互通的电子招标投标系统网络。

（三）探索形成可持续运营的机制。在立足公益服务这一基本定位下，要结合本地区实际情况，按照"政府主导、共建共享、公益服务"的原则建设运营公共服务平台，确保公共服务的及时、全面和可持续。公共服务平台要妥善处理好与交易平台、行政监督平台的关系，拓宽信息来源渠道，不断充实并及时更新有关信息，夯实服务基础。

六、加强和改进行政监管

（一）明确执法主体。推行电子招标投标对加强和改进行政监督提出了新的要求。各级行政监督部门、监察机关按照规定的职责分工，依法查处电子招标投标活动中的违法行为。省级以上人民政府有关部门按照职责分工，对本行政区域内电子招标投标系统的建设、运行，以及相关检测、认证活动实施监督。

（二）建设行政监督平台。有关行政监督部门、监察机关要结合电子政务建设，按照《办法》要求建设行政监督平台，明确监管事项、监管流程和监管要求。交易平台、公共服务平台应当向行政监督部门、监察机关开放监管通道。已经建成的行政监督平台，要根据《办法》以及将要发布的行政监督平台技术规范进行改造。行政监督平台已经嵌入交易平台的，要保证在线监督的独立性和公正性，允许通过检测认证的其他交易平台和公共服务平台与其对接，不得限制或排斥。

（三）推动在线监管。各级行政监督部门和监察机关要逐步减少使用纸质载体的监督管理方式，取消违法设置的行政审批和核准环节，加强与项目审核、财政资金拨付、项目实施、合同管理等环节的联动，以行政监督的无纸化推动招标投标全流程的电子化，最大限度地发挥电子招标投标节约成本、提高效率、促进公开的优势。

七、抓紧完善相关制度机制

（一）尽快制定配套规定。电子招标投标是成长性和创新性很强的新兴领域，做好贯彻落实工作，需要不断完善配套制度，健全相关机制。当前，国家发展改革委要会同有关部门，起草制定电子招标投标系统检测认证办法，明确检测认证的主体、标准和程序；起草制定公共服务平台管理办法，明确公共服务范围、提供方式，进一步界定各方权利义务关系，加强信息集成、共享和再利用；编制出台公共服务平台和行政监督平台技术规范，明确基本功能、信息资源库、数据编码规则、系统接口、技术支撑与保障要求等。各地区各部门要对不适应电子招标投标的法规规章和规范性文件进行清理，增强规定的统一性和适用性。

（二）健全以信息为基础的机制建设。电子招标投标为进一步提高采购透明度提供了技术支撑。除依法应当公开的政府信息、项目交易信息外，鼓励公布不涉及商业、技术秘密的招标文件、投标文件，以及项目完成质量、期限、结算金额等履约信息。通过最大限度的公开保证竞争的公平公正。充分发挥公共服务平台信息整合功能，做好全国或者本地区、本行业数据统计利用，分析预警招标投标违法行为，增强监管的针对性、前瞻性和有效性。在推动招标投标信息在全国范围内联动共享的同时，加强信用体系建设，不断健全奖优罚劣的信用机制。

八、确保贯彻实施工作落到实处

（一）制定贯彻落实方案。为尽快实现全部招标项目全过程电子化的目标，省级发展改革部门要会同有关部门，结合本地实际研究制定贯彻落实方案，科学规划公共服务平台建设模式、建设步骤、推进措施和各阶段要求，于2013年9月报国家发展改革委。

（二）开展创新示范。国家发展改革委会同有关部门，选择若干工作基础较好的省市和单位，作为推进电子招标投标的创新示范点，以点带面，不断提高电子招标投标的广度和深度。

（三）加强协调配合。推行电子招标投标是一项系统工程，需要各部门密切配合。发展改革部门要发挥好指导协调作用，加强统筹规划和沟通协调，在发展目标、综合性政策、技术标准等方面，充分听取各方面意见，凝聚共识，形成合力。各有关部门按照职责分工，做好贯彻落实和监督执法工作。

国家发展改革委
工业和信息化部
住房城乡建设部
交通运输部
水利部
商务部
2013年7月3日

二、建筑业企业管理

关于中关村国家自主创新示范区高新技术企业
申请建筑业企业资质有关事项的通知（试行）

京建法〔2013〕21号

各区县住房城乡建设委，东城、西城区住房城市建设委，经济技术开发区建设局，各分园管委会，各有关单位：

为推动我市建筑业产业结构优化升级，按照高新技术企业的特点和发展规律，根据相关政策和法规，现就中关村国家自主创新示范区内的高新技术企业申请建筑业企业资质有关事项通知如下：

一、注册在中关村国家自主创新示范区、符合下列条件的高新技术企业可以申请与其高新技术相适应的建筑业企业资质：

（一）具有"高新技术企业证书"或"中关村高新技术企业证书"，且其高新技术与建设工程领域有紧密联系的企业；或经北京市住房和城乡建设委员会（以下简称市住房城乡建设委）、中关村科技园区管理委员会（以下简称中关村管委会）认定的在建设工程领域高新技术应用方面具有完全自主知识产权发明专利或者主导高新技术应用国家标准、行业标准等编制工作的企业；

（二）成立3年以上；财务状况近两年连续盈利，且依法纳税。

企业申请与其高新技术无关的其他建筑业企业资质时，不适用本通知。

二、鼓励注册在中关村国家自主创新示范区范围内的建筑业企业应用高新技术，促进建筑业产业结构优化升级，推动高新技术产业与传统产业融合发展。

三、高新技术企业申请由市住房城乡建设委实施的与其高新技术相适应的建筑业企业资质许可时：

（一）企业初次申请且具备条件时，可以直接申请二级资质；

（二）企业主项资质为专业承包的，可以申请与其高新技术相适应的施工总承包资质；

（三）企业主项资质为施工总承包的，申请的与其高新技术相适应的专业承包资质等级不受限制；

（四）企业申请晋升资质等级时，其高新技术相适应的业绩可以采用同一技术指标申报，但业绩总数应符合资质标准规定的数量要求；

（五）企业作为技术指导单位的合法工程业绩可以作为代表工程业绩申报。

四、高新技术企业申请资质前，应按申报渠道向建设主管部门提交资质申请意向报告及以下资料：

（一）高新技术企业证书、发明专利证书、国家标准、行业标准、国家级工法参编证明材料等；

（二）营业执照；

（三）近两年经审计的企业年度财务报表；

（四）注册地税务部门出具的上年度营业税和所得税的纳税证明；

（五）企业作为技术指导单位的工程项目的相关资料和证明。

企业作为技术指导单位的工程项目是指企业以其自有高新技术与建设单位、施工单位签订技术指导合同，指导有资质的建筑业企业施工完成并验收合格的工程项目。其证明资料包括企业与建设单位、施工单位签订的技术指导合同、工程施工合同的中标通知书、工程施工合同备案证明、竣工验收文件以及申请企业对施工单位实施技术指导的施工过程文件。

五、市住房城乡建设委收到企业的申请报告后，会同中关村管委会、企业注册所在地区（县）住房城乡建设委组织有关专家对申请企业的高新技术水平及其与建设工程领域的关联度进行评估。

评估工作应当自收到企业申请意向报告之日起 30 日内完成，通过评估的企业可正式提出资质申请。

六、企业申请资质获得批准后，市住房城乡建设委在资质证书上标注可以承揽与其高新技术相适应的工程范围。

七、市住房城乡建设委、区（县）住房城乡建设委定期对高新技术建筑业企业开展资质专项核查，核查结果不达标的，限期整改，整改后复查仍不达标的，依法撤回其相应资质。

八、本通知自 2014 年 1 月 1 日起试行。

北京市住房和城乡建设委员会　中关村科技园区管理委员会

2013 年 12 月 2 日

关于建筑业企业资质及注册人员部分
许可事项委托区县办理的通知

京建发〔2013〕538号

各区县住房城乡建设委，东城、西城区住房城市建设委，经济技术开发区建设局、各有关单位：

为贯彻落实国务院、北京市人民政府简政放权有关要求，进一步推进我市住房城乡建设系统行政审批制度改革，提高审批效率，更好地服务办事群众，经北京市住房和城乡建设委员会（以下简称"市住房城乡建设委"）研究决定，将建筑业企业资质及注册人员部分许可事项委托区（县）住房和城乡建设主管部门办理，现将有关情况通知如下：

一、各区（县）在市住房城乡建设委指导、监督下，具体实施工商注册在辖区范围内的建筑业企业的叁级施工总承包资质、叁级专业承包资质、特种专业承包不分等级资质、劳务分包资质相关的新设立、增项、重新核定以及建筑业企业资质日常变更事项的受理、审批、发证工作。

以下事项的办理按照原审批流程执行：

1. 公路交通工程专业承包不分等级资质、城市轨道交通专业承包不分等级资质等需报住房城乡建设部审批的；

2. 民航、水利、交通、信息产业、电力、消防等涉及专业部门联合审批的；

3. 各大集团所属企业如北京建工集团有限公司、北京城建集团有限责任公司等总公司及其所属各公司申请上述资质的；

4. 央企申请资质日常变更的。

二、各区（县）在市住房城乡建设委指导、监督下，具体负责工商注册在辖区范围内的建筑业企业中二级建造师变更注册的审批工作，跨区（县）变更的，须经原区（县）建设主管部门同意后，由调入地区（县）建设主管部门审批。办结后将《区（县）建设主管部门二级建造师（含临时）变更注册审批汇总表》报市住房城乡建设委备案。

三、市、区（县）住房和城乡建设主管部门应当切实履行职责，依法对所辖事项开展行政审批工作。

1. 区（县）住房和城乡建设主管部门应当严格按照《中华人民共和国行政许

可法》（中华人民共和国主席令第 7 号）、《建筑业企业资质管理规定》（建设部令第 159 号）、《注册建造师管理规定》（建设部令第 153 号）以及相关规定和《北京市住房城乡建设系统审批业务操作手册》、《关于对〈北京市二级建造师注册实施办法〉部分条款修改的通知》（京建科教〔2009〕508 号）规定的工作流程，办理上述建筑业企业资质及注册人员审批事项。

2.区（县）住房和城乡建设主管部门办理建筑业企业资质审批等手续，必须在市住房城乡建设委综合办公平台上操作运行，不得在系统外违规操作，系统外违规操作的，审批结果无效。

3.区（县）住房和城乡建设主管部门应当做好建设工程审批大厅办公场所、设备、人员的配置并接受市住房城乡建设委岗位培训，经市住房城乡建设委相关职能部门综合验收通过后方可开展工作。

4.区（县）住房和城乡建设主管部门应当建立专门的档案室保存相关档案资料，做好档案管理、保存和数据统计工作，并按相关规定做好保密工作。

5.区（县）住房和城乡建设主管部门应加强空白证书、防伪贴和印章管理，市住房城乡建设委综合服务中心根据各区（县）业务量定期发放空白资质证书，证书上加盖市住房城乡建设委公章，同时打印证书编码，各接受委托的区县，应刻制行政审批专用章，发证时要在发证单位栏加盖行政审批专用章。各区县应制定完善的证书发放、撤销、销毁制度，并建立证书发放台账，定期领取空白证书时，应将上次证书使用情况备案。

6.市住房城乡建设委将依照有关法律法规规定，对区（县）住房和城乡建设主管部门做出的审批及其他监督管理事项进行指导、检查，对违法行为进行纠正。情节严重、造成不良社会后果的，报送纪检监察部门，并依法追究相关单位和人员的责任。

四、本通知自 2013 年 12 月 1 日起施行。

北京市住房和城乡建设委员会

2013 年 11 月 21 日

关于发布《北京市建筑业企业违法违规行为记分标准》(2013版)的通知

京建发〔2013〕572号

各区县住房城乡建设委，东城、西城区住房城市建设委，经济技术开发区建设局，各集团（总公司）：

为进一步加强对本市建筑市场的监督作用，根据《北京市建筑业企业资质及人员资格动态监督管理暂行办法》（京建法〔2007〕825号）的规定，结合近几年建设工程领域法律法规的变化，我委组织对原《北京市建筑业企业违法违规行为记分标准》（2011版）进行了修订，修订后的《北京市建筑业企业违法违规行为记分标准》（2013版）定于2014年1月1日起正式生效，现印发给你们，并请遵照执行。

附件：北京市建筑业企业违法违规行为记分标准（2013版）（略）

北京市住房和城乡建设委员会
2013年12月12日

三、人员执业资格管理

关于做好取得建造师
临时执业证书人员有关管理工作的通知

建办市〔2013〕7 号

各省、自治区住房城乡建设厅,直辖市建委(建设交通委),国务院有关部门建设司,新疆生产建设兵团建设局,总后营房部工程局,中央管理的企业,有关行业协会:

为加强对取得建造师临时执业证书人员的管理,现将有关问题通知如下:

一、已取得建造师临时执业证书的人员,年龄不满 60 周岁且按要求参加继续教育并进行延续注册的,可参照《注册建造师执业管理办法(试行)》的规定继续担任施工单位项目负责人。其延续注册、变更注册、执业管理和继续教育等,参照注册建造师制度的有关规定执行。临时执业证书注销的,不予办理重新注册。

二、符合条件的取得建造师临时执业证书的人员,应在 2013 年 12 月 31 日前按要求参加继续教育并向单位所在地住房城乡建设主管部门提出延续注册申请。没有申请延续注册的,自 2014 年 1 月 1 日起,不得再担任施工单位项目负责人,2013 年 2 月 27 日(含)前已经担任施工单位项目负责人的可执业至该项目竣工。

对于近五年内负有较大及以上质量安全事故责任或有严重违法违规行为的人员,不予延续注册;近五年内负有一般质量安全事故责任或有一般违法违规行为或信用档案中有其他不良行为记录的人员,应提供相关主管部门出具的整改情况的相应材料。

三、自 2013 年 2 月 28 日(含)起,各级住房城乡建设主管部门不再将取得建造师临时执业证书的人员作为建筑业企业资质管理认可的注册建造师。

中华人民共和国住房和城乡建设部办公厅
2013 年 2 月 22 日

关于规范建筑施工特种作业人员
安全作业培训工作的通知

京建法〔2013〕3 号

各区、县住房城乡建设委，东城、西城区住房城市建设委，经济技术开发区建设局，各施工企业，各有关培训单位：

为规范建筑施工特种作业人员的安全作业培训工作，提高特种作业人员安全作业技能水平，促进建筑施工安全生产，依据《安全生产法》、《建设工程安全生产管理条例》、《建筑起重机械安全监督管理规定》（建设部令第 166 号）、《关于印发〈建筑施工特种作业人员管理规定〉的通知》（建质〔2008〕75 号）及相关规定，北京市住房和城乡建设委员会（以下简称：市住房城乡建设委）就规范建筑施工特种作业人员安全作业培训工作有关事宜，通知如下：

一、建筑施工特种作业人员是从事可能对本人、他人及周围设备设施的安全造成重大危害作业的人员，必须按照国家有关规定经专门的安全作业培训，通过安全技术理论知识和实际操作技能考核，取得建筑施工特种作业操作资格证书，方可上岗作业。

二、市住房城乡建设委依法组织、指导并监督北京市建筑施工特种作业人员安全作业培训、考核、发证工作。

三、从事建筑施工特种作业人员培训的单位应具备相应的资质条件和培训能力。市住房城乡建设委按照建筑施工安全作业培训工作需要，选择推荐符合条件的培训单位，并择优推荐承担相关工种财政补贴培训任务的定点培训单位。

四、建筑施工特种作业人员培训单位及用人单位应当加强规范管理，建立建筑施工作业人员档案，做好申报、培训、考核等相关组织工作和日常检查工作。

五、经选择推荐的培训单位要按照《关于规范住房城乡建设委及所属单位培训办班行为的通知》（京建发〔2010〕226 号）规定，严格按培训大纲要求及培训计划组织培训活动，规范培训办班行为，确保培训质量。

六、本办法自 2013 年 5 月 1 日开始实行。

特此通知。

北京市住房和城乡建设委员会
2013 年 3 月 26 日

四、工程建设管理

关于加快保障性住房开工有关问题的通知

京建法〔2013〕14 号

各区县住房城乡建设委、东、西城住房城市建设委、亦庄开发区建设局：

为加快保障性住房建设，简化建设审批流程，经我委研究，并已报市政府批准，现就加快保障性住房开工有关问题通知如下：

一、本通知适用于集中建设和配套建设保障性住房项目，对于配套建设保障性住房项目，仅适用于保障房部分涉及楼座的开工建设。

二、保障性住房项目建设主体同时具备房地产开发一级资质和总承包特级资质的，依据《关于加快办理住宅项目行政审批手续的通知》（京建工〔2008〕16 号）的有关要求，可直接自行施工，不再另行招标施工企业。

三、保障性住房项目具备以下条件时，即可进行施工总承包招标工作：

1. 项目已列入年度保障性住房建设计划；

2. 项目规划方案已经确定，土地具备进场条件；

3. 已取得市或区县施工许可管理部门同意的意见。

四、如不具备上述施工总承包招标条件，具备项目规划意见书等条件的，可先行进行土方工程招标和监理招标。

五、工程开工之前，建设主体必须按有关规定办理质量和安全监督手续，未办理手续的严禁开工。工程监理必须同时到位。建设单位必须同时负责按要求落实主要道路及场地硬化、施工围挡、土堆覆盖、车辆冲洗等扬尘治理的各项要求；同时要抓紧确定施工总承包企业，尽早进行后续的基础施工，确保无缝衔接。区县住房城乡建设委质量、安全监督管理部门要严格落实各项监管措施，重点监控先行进行土方招标的工程，做好风险防控。

六、保障性住房项目可参照《关于加强房屋建筑抗震节能综合改造工程招标投标管理工作的意见》（京建法〔2012〕5 号）中的有关规定，简化招标投标手续，缩短审批时限。

七、各区县住房城乡建设委负责建立保障性安居工程信用体系，依法记录参建的开发企业、施工总承包和土方施工企业的优良及失信行为信息，建立和完善保障性安居工程建设守信奖励、失信惩戒的长效机制。

北京市住房和城乡建设委员会

2013 年 7 月 15 日

五、工程质量管理

关于印发《北京市房屋建筑和市政基础设施工程安全质量状况评估管理办法（暂行）》的通知

京建法〔2013〕2号

各区、县住房城乡建设委，东城、西城区住房城市建设委，经济技术开发区建设局，各建设单位、施工单位、监理单位、检测机构、预拌商品混凝土企业、混凝土预制构件企业，各有关单位：

为进一步提高我市房屋建筑和市政基础设施工程安全质量管理水平，依据《北京市人民政府办公厅关于印发全面规范本市建筑市场进一步强化建设工程质量安全管理工作意见的通知》（京政办发〔2011〕46号）等有关规定，北京市住房和城乡建设委员会制定了《北京市房屋建筑和市政基础设施工程安全质量状况评估管理办法（暂行）》，现印发给你们，请认真贯彻执行。

特此通知。

附件：《北京市房屋建筑和市政基础设施工程安全质量状况评估管理办法（暂行）》

北京市住房和城乡建设委员会

2013年2月25日

附件：

北京市房屋建筑和市政基础设施工程
安全质量状况评估管理办法（暂行）

第一条 为加强我市房屋建筑和市政基础设施工程安全质量管理，推动工程参建各方自主落实主体责任，构建自律与竞争机制，实现精细化、差别化监管，进一步提高我市房屋建筑和市政基础设施工程安全质量管理水平，依据国家和本市有关规定，制定本办法。

第二条　本办法所称房屋建筑和市政基础设施工程（以下简称"建设工程"）安全质量状况评估是指在本市范围内从事工程建设活动的建设、施工、监理单位以及检测机构、预拌商品混凝土企业、混凝土预制构件企业（以下简称"各单位"）依据评估指标对其安全质量管理状况进行评价的行为。

第三条　安全质量状况评估（以下简称"评估"）工作应遵循"实事求是、客观公正、量化评价、动态管理"的原则。

第四条　评估指标依据有关法律、法规、规章、规范性文件和工程建设标准制定，包括安全、质量和绿色施工管理三个方面。

第五条　评估工作应通过北京市房屋建筑和市政基础设施工程安全质量状况评估信息平台（以下简称"评估信息平台"）开展。

评估信息平台登录网址为：www.bjjs.gov.cn。各单位通过建设网办事大厅登录，市、区县建设主管部门通过市住房城乡建设委综合办公门户登录。

第六条　建设工程开工后 7 日内，建设、施工、监理项目部应将建设工程基本信息上传至评估信息平台，并及时进行更新。

第七条　建设、施工、监理项目部应对建设工程分别开展月度自评，并在当月 25 日前将评估信息上传至评估信息平台。

第八条　建设、施工、监理单位应对其本市范围内所辖建设工程开展季度评估，并在当季末月 27 日前将评估信息上传至评估信息平台。

第九条　检测机构、预拌商品混凝土企业、混凝土预制构件企业应开展季度自评，并在当季末月 27 日前将评估信息上传至评估信息平台。

第十条　各单位应对其评估信息的真实性、合法性、有效性负责，根据评估结果加强管理，并对发现的安全质量问题及时进行整改。

第十一条　市、区县建设主管部门应加强对各单位评估工作的指导和监督，并依据执法检查情况，结合评估结果实施差别化监管。

对各单位在评估工作中存在弄虚作假行为的，市、区县建设主管部门应约谈企业相关负责人，并予以通报。

第十二条　安全质量状况评估结果与建筑市场行为信用评价实施联动。

第十三条　本办法自 2013 年 4 月 1 日起施行。

关于进一步加强预拌混凝土质量监督管理工作的通知

京建发〔2013〕161 号

各区、县住房城乡建设委,东城、西城区住房城市建设委,经济技术开发区建设局:

为贯彻落实市住房城乡建设委《关于加强预拌混凝土生产使用管理的若干意见》(京建法〔2011〕3 号),进一步规范预拌混凝土质量监督管理工作,现将有关事项通知如下:

一、各区县住房城乡建设委要认真落实预拌混凝土搅拌站混凝土生产质量日常监督管理的监管责任,进一步提高重视程度,将监管责任分解细化,明确到责任部门和责任人,并于 4 月 20 日前将责任部门、联系人员及电话上报(详见附件)。

二、各区县住房城乡建设委要进一步加大预拌混凝土质量监督执法力度,对问题多发的企业、问题易发的重点环节开展重点整治,每半年应对行政区域内的预拌混凝土企业至少进行一次质量监督执法检查,及时查处预拌混凝土搅拌站违法违规行为,进一步推动企业主体责任落实,促进全市预拌混凝土企业质量管理水平提升。

三、为提高区县质量监督管理工作效能和监管人员业务素质,市住房城乡建设委将继续组织开展全市预拌混凝土监督执法人员业务培训,分批组织各区县执法人员进行实地执法活动,并会同区县每季度联合开展质量专项检查,快速提升全市混凝土质量监督执法工作能力。

四、市住房城乡建设委每季度召开一次预拌混凝土质量监督执法联席工作会,各区县住房城乡建设委通报质量监督执法情况,市住房和城乡建设委分析存在问题,提出工作措施。

五、市住房城乡建设委将各区县开展预拌混凝土质量监督执法工作的情况纳入考核内容,对未认真履行预拌混凝土监督管理职责的区县进行约谈,同时将有关情况通报区县政府部门。因未认真履行预拌混凝土监督管理职责,造成严重后果的,依据有关法律法规的规定追究有关人员责任。

特此通知。

附件:各区县预拌混凝土质量监管工作联系表

2013 年 3 月 29 日

附件：

各区县预拌混凝土质量监管工作联系表

序号	区县	预拌混凝土质量监管部门	部门联系人	电话

关于转发《住房城乡建设部关于加强预拌混凝土质量管理工作的通知》的通知

京建发〔2013〕310 号

各区（县）住房城乡建设委，东城、西城区住房城乡建设委，经济技术开发区建设局，各集团总公司，各有关单位：

为进一步加强预拌混凝土质量管理，现将《住房城乡建设部关于加强预拌混凝土质量管理工作的通知》转发给你们，并结合我市实际，提出如下工作措施，请严格贯彻落实。

一、强化预拌混凝土企业资质管理

预拌混凝土企业要严格执行企业资质管理的有关规定，切实加强预拌混凝土生产管理，确保预拌混凝土质量。预拌混凝土企业应具有相应资质，且在资质许可范围及资质证书注明的生产地点从事预拌混凝土生产经营活动。预拌混凝土企业不得出租、出借或者以其他形式非法转让企业资质证书；不得允许其他企业或个人以本企业的名义生产、供应预拌混凝土。未取得资质的预拌混凝土企业不得以其他企业的名义生产、供应预拌混凝土。

预拌混凝土企业设立分站，且分站已通过绿色达标的应按《北京市预拌混凝土专业承包企业分站资质管理办法》的要求于 2013 年 10 月 1 日之前办理资质变更手续。取得相应资质的分站应在资质许可范围及资质证书注明的生产地点从事生产经营活动。未取得相应资质的分站不得向建设工程供应预拌混凝土。

二、加强预拌混凝土的采购、使用管理

施工单位应当加强预拌混凝土的采购和使用管理，不得采购无资质预拌混凝土企业或分站生产的预拌混凝土，确保预拌混凝土施工质量。在签订预拌混凝土买卖合同前，施工单位应当会同监理单位对预拌混凝土企业的资质进行核验，并对预拌混凝土生产地点、生产条件、技术质量保障能力等进行实地考查，尤其是查验预拌混凝土实际生产地点是否与企业资质证书注明的生产地点相一致。

特此通知。

2013 年 6 月 28 日

附件:

住房城乡建设部关于加强预拌
混凝土质量管理工作的通知

建质〔2013〕84 号

各省、自治区住房城乡建设厅,直辖市建委(建交委、规委),新疆生产建设兵团建设局:

近期,一些地方违反工程建设相关法律法规和技术标准,违规生产、使用不合格预拌混凝土,甚至使用不合格的海砂、麻刚沙生产预拌混凝土,给工程质量安全带来隐患。为进一步规范预拌混凝土生产和使用行为,确保建筑工程质量,现就加强预拌混凝土质量管理工作通知如下:

一、高度重视预拌混凝土质量管理工作

预拌混凝土是涉及建筑工程结构安全的重要材料,违规生产、使用不合格预拌混凝土,会直接影响建筑工程质量和结构安全,危害人民群众生命财产安全。各级住房城乡建设主管部门和预拌混凝土生产、使用等有关单位应进一步提高认识,高度重视预拌混凝土质量,积极采取有效措施,加强监督,强化预拌混凝土生产和使用过程管理,坚决遏制生产和使用不合格预拌混凝土的违法违规行为,保障人民群众生命财产安全。

二、切实保证预拌混凝土生产质量

预拌混凝土生产企业应建立健全生产管理制度、产品质量保证体系和产品质量跟踪制度,严格执行有关法律法规和技术标准。加强原材料进场检验和质量控制,建立完善原材料采购管理制度和原材料使用台账,实现原材料使用的可追溯。禁止使用不合格原材料,严格按照现行《普通混凝土配合比设计规程》JGJ 55、《混凝土质量控制标准》GB 50164 和《预拌混凝土》GB/T 14902 等标准规范生产、运输预拌混凝土。加强预拌混凝土出厂检验,按规定提供预拌混凝土发货单和出厂合格证,保证预拌混凝土产品质量。

三、加强预拌混凝土施工过程质量控制

预拌混凝土施工必须严格按照国家标准规范进行，严禁使用不合格预拌混凝土。设计单位应根据建筑工程设计使用年限和混凝土结构暴露的环境类别，严格按照现行《混凝土结构设计规范》GB 50010 等技术标准进行混凝土结构设计。施工单位应严格按照现行《混凝土质量控制标准》GB 50164 及相关技术标准的要求，加强施工现场预拌混凝土质量控制，建立预拌混凝土进场检验和使用台账，严格执行进场验收、坍落度检测和抗压、抗渗强度等见证取样检验制度。严格控制预拌混凝土坍落度，严禁在泵送和浇筑过程中随意加水，严格按照有关规定进行浇筑施工和养护，确保预拌混凝土施工质量。监理单位应认真履行监理职责，对预拌混凝土试块现场取样、留置、养护和送检过程进行见证，对施工单位使用预拌混凝土的情况进行监督，督促施工单位落实质量控制措施。工程质量检测单位应严格按照相关技术标准规范检验，提供真实、准确的检验数据，对检验不合格的预拌混凝土应按要求及时反馈委托检验单位，并及时向当地住房城乡建设主管部门报告，严格禁止不合格预拌混凝土用于建筑工程。

四、加大预拌混凝土质量监督管理力度

各级住房城乡建设主管部门要把加强预拌混凝土质量监督管理作为一项长期性、基础性的重点工作来抓，逐步建立和完善监管信息平台，加强对预拌混凝土生产企业及工程建设、施工、监理、检测等单位的监管，加大不合格预拌混凝土生产企业的市场清出力度，对违反规定生产、运输、使用预拌混凝土以及检测数据弄虚作假的行为要依法严肃查处。各地要建立健全不合格企业曝光机制，定期向社会公布质量不合格的预拌混凝土生产企业名单。要重点加强对建筑用砂的使用监管，严禁使用超标海砂及麻刚沙等不合格建筑用砂拌制混凝土，严防氯离子含量超标等质量不合格的预拌混凝土用于建筑工程，确保建筑工程质量。

中华人民共和国住房和城乡建设部
2013 年 5 月 24 日

关于推行《北京市建设工程质量检测委托合同》
示范文本的通知

京建发〔2013〕327 号

各区、县住房城乡建设委，东城、西城区住房城市建设委，经济技术开发区建设局建委，各区、县工商分局，各建设、施工、监理、检测单位：

为贯彻《中华人民共和国合同法》、《建设工程质量检测管理办法》等法律法规，进一步规范检测市场行为，保护合同当事人的合法权益，市住房城乡建设委与市工商局在总结过去合同管理经验的基础上，制定了《北京市建设工程质量检测委托合同》示范文本。现就有关问题通知如下：

一、《北京市建设工程质量检测委托合同》适用于本市行政区域内委托单位和检测单位之间委托建设工程质量检测服务。

二、委托单位与工程质量检测机构不得再行订立背离合同实质性内容的其他协议。同时，各区县住房城乡建设委要加强对合同履约情况的监督检查，不断规范当事人的行为。

三、合同当事人使用示范文本，可以登录"北京工商网"（www.baic.gov.cn）、"北京建设网"（www.bjjs.gov.cn）、"首都之窗"网（www.beijing.gov.cn）下载。

四、《北京市建设工程质量检测委托合同》示范文本自 2013 年 9 月 1 日起正式实施。示范文本推行使用中发现的问题，请及时向市住房城乡建设委、市工商局反馈。

附件：《北京市建设工程质量检测委托合同》（略）

北京市住房和城乡建设委员会　北京市工商行政管理局

2013 年 6 月 24 日

关于调整建筑工程室内环境质量检测机构
备案管理的通知

京建发〔2013〕467 号

各区、县住房城乡建设委，东城、西城区住房城市建设委，经济技术开发区建设局，北京建设工程质量检测和房屋建筑安全鉴定行业协会，各建筑工程室内环境质量检测机构，各建设、施工、监理单位，各有关单位：

为落实国务院关于政府机构改革和职能转变的精神，强化行业自律，使行业协会商会真正成为提供服务、反映诉求、规范行为的主体。依据《建设工程质量管理条例》、《关于加强建筑工程室内环境质量管理的若干意见》（建办质〔2002〕17 号）和《北京市人民政府关于取消和下放 246 项行政审批项目的通知》（京政发〔2013〕26 号，以下简称《通知》）等法规、文件要求，现就调整本市建筑工程室内环境质量检测机构备案管理的有关事项通知如下：

一、按《通知》要求，取消本市建筑工程室内环境质量检测机构备案。北京市住房和城乡建设委员会 2009 年印发的《北京市建筑工程室内环境质量检测机构备案管理办法》的通知（京建质〔2009〕287 号）同时废止。

二、为规范室内环境检测机构市场行为，保证建筑工程质量和居民身体健康，并充分发挥行业协会的管理和自律作用，在取消建筑工程室内环境质量检测机构备案后，北京建设工程质量检测和房屋建筑安全鉴定行业协会（以下简称协会）应加强对建筑工程室内环境质量检测机构的行业管理，对其设备、人员和质量管理体系实施动态行业管理，定期向社会发布动态管理情况和名录，防止出现管理脱节。具体管理办法由协会制定。

三、协会要把建筑工程室内环境质量检测机构的行业管理作为一项重要工作，严格按照有关文件规定的要求，制定切实有效的管理办法，逐步完善对检测机构的日常动态管理机制，抓实抓好行业管理工作。

四、在本市从事室内环境检测的各建筑工程室内环境质量检测机构应当服从协会管理，认真执行国家有关检测标准，出具准确、真实的室内环境检测报告，作为工程竣工验收的依据。

五、协会在行业动态管理工作中发现检测机构存在严重违法违规行为的，应及时报告北京市住房和城乡建设委员会、北京市质量技术监督局等相关部门。

2013 年 10 月 9 日

关于工程监理企业及人员动态监管
积分处理有关事宜的通知

京建发〔2013〕556 号

各区、县住房城乡建设委，东城、西城区住房城市建设委，经济技术开发区建设局，各工程监理单位，市建设监理协会：

为在全市范围内进一步加强对工程监理企业及人员的动态监管工作，根据《北京市工程监理企业资质及人员资格动态监督管理办法》（京建发〔2011〕183 号）规定（以下简称《监管办法》），现就有关事宜通知如下：

一、按照《监管办法》规定，落实对企业及人员违法违规行为的处理

（一）市住房城乡建设委每季度末对当前年度积分达到 20 分（含 20 分）以上的企业进行通报批评，并对企业负责人进行约谈，同时，要求其参加专业学习和考核。

（二）市住房城乡建设委对当前年度积分达到 10 分的总监理工程师和达到 6 分的监理工程师进行约谈，并要求其参加专业学习和考核。

二、按照《监管办法》要求，组织对有关人员进行学习、考核

（一）市住房城乡建设委委托市建设监理协会，落实对上述人员的学习考核工作。市建设监理协会应制定学习考核办法，并建立相应的管理制度，报市住房城乡建设委主管部门备案。原则上，企业负责人集中学习的时间不得少于半天；总监理工程师、监理工程师集中学习的时间不得少于 2 天。同时，市建设监理协会要做好学习期间的各项管理工作，对参加学习人员到课情况要进行登记、汇总，并定期报送市住房城乡建设委主管部门。

（二）学习考核期间市住房城乡建设委将进行抽查，发现存在管理缺位、不遵守有关制度的行为将责令改正。

特此通知。

附件：1. 北京市工程监理企业负责人约谈通知书（略）
　　　2. 北京市工程监理企业总监理工程师、监理工程师约谈通知书（略）

2013 年 11 月 27 日

关于修订《北京市建设工程质量检测机构及人员违法违规行为记分标准》的通知

京建发〔2013〕558号

各区、县住房城乡建设委，东城、西城区住房城市建设委，经济技术开发区建设局，各工程质量检测机构，各有关单位：

为进一步加强对本市工程质量检测机构的监督管理，规范工程质量检测行为，结合近几年新出台的规范性文件，根据《北京市建设工程质量检测机构资质及人员动态监督管理办法》（京建质〔2008〕775号），对《北京市建设工程质量检测机构及人员违法违规行为记分标准》内容进行了修订，修订后的《北京市建设工程质量检测机构及人员违法违规行为记分标准（2013版）》共24条，涉及资质管理6条、检测工作9条、检测管理9条。

本通知自2014年1月1日起执行。

附件：北京市建设工程质量检测机构及人员违法违规行为记分标准

2013年11月27日

附件：

北京市建设工程质量检测机构及人员违法违规行为记分标准

行为类别	不良行为代码	违法违规行为描述	行为认定依据	处罚处理依据	处罚处理	记分标准			
						检测机构	机构负责人	技术负责人	检测人员
资质管理	GQJC101001	检测机构超出资质范围从事检测活动	《建设工程质量检测管理办法》第四条第三款	《建设工程质量检测管理办法》第二十九条第一款第(一)项	责令改正，可并处1万元罚款	2	1	1	—
					责令改正，可并处1~3万元罚款	3	2	2	—
					责令改正，可并处3万元罚款	4	3	3	—
资质管理	GQJC101002	检测机构隐瞒有关情况或者提供虚假材料申请资质	《建设工程质量检测管理办法》第二十七条	《建设工程质量检测管理办法》第二十七条	警告，1年之内不得申请资质	2	1	—	—
资质管理	GQJC101003	检测机构涂改、倒卖、出租、出借或者以其他方式非法转让资质证书	《建设工程质量检测管理办法》第十条	《建设工程质量检测管理办法》第二十九条第一款第(二)项	责令改正，可并处1万元罚款	2	1	—	—
					责令改正，可并处1~3万元罚款	3	2	—	—
					责令改正，可并处3万元罚款	4	3	—	—

行为类别	不良行为代码	违法违规行为描述	行为认定依据	处罚处理依据	处罚处理	记分标准			
						检测机构	机构负责人	技术负责人	检测人员
资质管理	GQJC101004	专业技术人员、设备、工作场所、技术管理和质量保证体系不符合相应检测机构资质标准	《建设工程质量检测管理办法》第四条第二款	《建设工程质量检测管理办法》第九条、《北京市建设工程质量检测管理规定》第三十一条	责令限期改正 1万元罚款	2	1	1	—
					逾期不改，撤回相应质资证书	—	—	1	—
资质管理	GQJC101005	检测机构未取得相应的质量检测证书，承担规定的质量检测业务	《建设工程质量检测管理办法》第四条第三款	《建设工程质量检测管理办法》第二十六条	责令改正，可并处 1万元罚款	2	1	1	—
					责令改正，可并处 1~3万元罚款	3	2	2	—
					责令改正，可并处 3万元罚款	4	3	3	—
资质管理	GQJC201001	技术负责人职称不符合要求	《北京市建设工程质量检测管理规定》第七条第三款	《北京市建设工程质量检测管理规定》第三十一条	责令限期改正，	2	1	1	—
					逾期不改正或整改不合格的，撤回应质资证书	—	—	1	—
检测工作	GQJC102001	检测机构转包检测业务	《建设工程质量检测管理办法》第十七条	《建设工程质量检测管理办法》第二十九条第一款第（八）项	责令改正，可并处 1万元罚款	2	1	—	—
					责令改正，可并处 1~3万元罚款	3	2	—	—
					责令改正，可并处 3万元罚款	4	3	—	—

行为类别	不良行为代码	违法违规行为描述	行为认定依据	处罚处理依据	处罚处理	检测机构	机构负责人	技术负责人	检测人员
检测工作	GQIC102002	检测机构未按照国家有关工程建设强制性标准进行检测	《建设工程质量检测管理办法》第二十九条第一款第（六）项	《建设工程质量检测管理办法》第二十九条第一款第（六）项	责令改正，可并处1万元罚款	3	1	3	3
					责令改正，可并处1～3万元罚款	4	2	4	4
					责令改正，可并处3万元罚款	5	3	5	5
检测工作	GQIC102003	检测机构伪造检测数据，出具虚假检测报告或鉴定结论	《建设工程质量检测管理办法》第三十条	《建设工程质量检测管理办法》第三十条	警告，并处3万元罚款	9	3	3	3
检测工作	GQIC202001	检测机构使用不符合要求的仪器设备进行检测	《北京市建设工程质量检测管理规定》第三十四条第一款第（一）项	《北京市建设工程质量检测管理规定》第三十四条第一款第（一）项	责令改正	2	1	1	1
检测工作	GQIC202002	检测机构检测环境条件不满足相关检测要求	《北京市建设工程质量检测管理规定》第三十四条第一款第（二）项	《北京市建设工程质量检测管理规定》第三十四条第一款第（二）项	责令改正	2	1	1	1
检测工作	GQIC202003	检测机构未按规定上传检测数据	《北京市建设工程质量检测管理规定》第三十四条第一款第（三）项	《北京市建设工程质量检测管理规定》第三十四条第一款第（三）项	责令改正	2	1	1	1

行为类别	不良行为代码	违法违规行为描述	行为认定依据	处罚处理依据	处罚处理	记分标准			
						检测机构	机构负责人	技术负责人	检测人员
检测工作	GQJC202004	检测机构未按照有关技术标准及规定进行检测	《北京市建设工程质量检测管理规定》第三十四条第一款第（四）项	《北京市建设工程质量检测管理规定》第三十四条第一款第（四）项	责令改正	3	—	1	1
检测工作	GQJC202005	检测机构未按照有关规定对样品和见证记录进行确认	《北京市建设工程质量检测管理规定》第十四条	《北京市建设工程质量检测管理规定》第三十四条第一款第（五）项	责令改正	1	1	—	—
检测工作	GQJC202006	检测机构未按照有关技术标准及规定留置试样	《北京市建设工程质量检测管理规定》第十九条	《北京市建设工程质量检测管理规定》第三十四条第一款第（六）项	责令改正	1	1	—	1
检测管理	GQJC103001	检测机构未按规定在检测报告上签字盖章	《建设工程质量检测管理办法》第十四条第一款	《建设工程质量检测管理办法》第二十九条第（五）项	责令改正，可并处1万元罚款	2	1	1	1
					责令改正，可并处1～3万元罚款	3	2	2	2
					责令改正，可并处3万元罚款	4	3	3	3
检测管理	GQJC103002	检测机构使用不符合条件的检测人员	《建设工程质量检测管理办法》第二十二条第一款第（三）项	《建设工程质量检测管理办法》第二十九条第（三）项	责令改正，可并处1万元罚款	2	1	—	—
					责令改正，可并处1～3万元罚款	3	2	—	—
					责令改正，可并处3万元罚款	4	3	—	—

行为类别	不良行为代码	违法违规行为描述	行为认定依据	处罚处理依据	处罚处理	检测机构	机构负责人	技术负责人	检测人员
							记分标准		
检测管理	GQJC103003	检测机构未按规定上报发现的违法违规行为和涉及结构安全检测结果的不合格事项	《建设工程质量检测管理办法》第十九条	《建设工程质量检测管理办法》第二十条第一款第（四）项	责令改正，可并处1万元罚款	2	1	1	1
检测管理	GQJC103004	检测机构档案资料管理混乱，造成检测数据无法追溯	《建设工程质量检测管理办法》第二十条	《建设工程质量检测管理办法》第二十条第一款第（七）项	责令改正，可并处1万元罚款	3	2	2	2
					责令改正，可并处1~3万元罚款	3	2	2	2
					责令改正，可并处3万元罚款	4	3	3	3
					责令改正，可并处1万元罚款	2	1	1	1
					责令改正，可并处1~3万元罚款	3	2	2	2
					责令改正，可并处3万元罚款	4	3	3	3
检测管理	GQJC203001	检测机构检测能力验证或验证复核审结果离群	《北京市建设工程质量检测管理规定》第三十四条第一款第（七）项	《北京市建设工程质量检测管理规定》第三十四条第一款第（七）项	责令改正	1	1	—	—
检测管理	GQJC203002	检测机构未按规定报送检测合同信息	《关于加强北京市建设工程质量检测管理工作的通知》	《关于加强北京市建设工程质量检测管理工作的通知》	责令改正	1	1	—	—

75

行为类别	不良行为代码	违法违规行为描述	行为认定依据	处罚处理依据	处罚处理	记分标准			
						检测机构	机构负责人	技术负责人	检测人员
检测管理	GQJC203003	检测机构未按规定报送地基基础、主体结构、钢结构检测业务	《关于加强北京市建设工程质量检测管理工作的通知》	《关于加强北京市建设工程质量检测管理工作的通知》	责令改正	1	1	—	—
检测管理	GQJC203004	检测机构未通过检测系统出具检测报告	《北京市建设工程质量检测管理规定》第二十条	《北京市建设工程质量检测管理规定》第二十条	责令改正	1	1	1	—
检测管理	GQJC203005	检测机构未按规定对混凝土试件试压和钢筋（含焊接与机械连接）拉伸实行视频监控	《关于加强北京市建设工程质量检测管理工作的通知》	《关于加强北京市建设工程质量检测管理工作的通知》	责令改正	1	1	—	—

六、施工安全管理

关于印发《房屋市政工程生产安全事故报告和查处工作规程》的通知

建质〔2013〕4 号

各省、自治区住房城乡建设厅，直辖市建委（建交委），新疆生产建设兵团建设局：

为进一步规范和改进房屋市政工程生产安全事故报告和查处工作，落实事故责任追究制度，防止和减少事故发生，我部制定了《房屋市政工程生产安全事故报告和查处工作规程》。现印发给你们，请遵照执行。

中华人民共和国住房和城乡建设部

2013 年 1 月 14 日

房屋市政工程生产安全事故报告和查处工作规程

第一条 为规范房屋市政工程生产安全事故报告和查处工作，落实事故责任追究制度，防止和减少事故发生，根据《建设工程安全生产管理条例》、《生产安全事故报告和调查处理条例》等有关规定，制定本规程。

第二条 房屋市政工程生产安全事故，是指在房屋建筑和市政基础设施工程施工过程中发生的造成人身伤亡或者重大直接经济损失的生产安全事故。

第三条 根据造成的人员伤亡或者直接经济损失，房屋市政工程生产安全事故分为以下等级：

（一）特别重大事故，是指造成 30 人以上死亡，或者 100 人以上重伤，或者 1 亿元以上直接经济损失的事故；

（二）重大事故，是指造成 10 人以上 30 人以下死亡，或者 50 人以上 100 人以下重伤，或者 5000 万元以上 1 亿元以下直接经济损失的事故；

（三）较大事故，是指造成 3 人以上 10 人以下死亡，或者 10 人以上 50 人以下重伤，或者 1000 万元以上 5000 万元以下直接经济损失的事故；

（四）一般事故，是指造成 3 人以下死亡，或者 10 人以下重伤，或者 100 万元以上 1000 万元以下直接经济损失的事故。

本等级划分所称的"以上"包括本数，所称的"以下"不包括本数。

第四条 房屋市政工程生产安全事故的报告，应当及时、准确、完整，任何单位和个人对事故不得迟报、漏报、谎报或者瞒报。

房屋市政工程生产安全事故的查处，应当坚持实事求是、尊重科学的原则，及时、准确地查明事故原因，总结事故教训，并对事故责任者依法追究责任。

第五条 事故发生地住房城乡建设主管部门接到施工单位负责人或者事故现场有关人员的事故报告后，应当逐级上报事故情况。

特别重大、重大、较大事故逐级上报至国务院住房城乡建设主管部门，一般事故逐级上报至省级住房城乡建设主管部门。

必要时，住房城乡建设主管部门可以越级上报事故情况。

第六条 国务院住房城乡建设主管部门应当在特别重大和重大事故发生后 4 小时内，向国务院上报事故情况。

省级住房城乡建设主管部门应当在特别重大、重大事故或者可能演化为特别重大、重大的事故发生后 3 小时内，向国务院住房城乡建设主管部门上报事故情况。

第七条 较大事故、一般事故发生后，住房城乡建设主管部门每级上报事故情况的时间不得超过 2 小时。

第八条 事故报告主要应当包括以下内容：

（一）事故的发生时间、地点和工程项目名称；

（二）事故已经造成或者可能造成的伤亡人数（包括下落不明人数）；

（三）事故工程项目的建设单位及项目负责人、施工单位及其法定代表人和项目经理、监理单位及其法定代表人和项目总监；

（四）事故的简要经过和初步原因；

（五）其他应当报告的情况。

第九条 省级住房城乡建设主管部门应当通过传真向国务院住房城乡建设主管部门书面上报特别重大、重大、较大事故情况。

特殊情形下确实不能按时书面上报的，可先电话报告，了解核实情况后及时书面上报。

第十条 事故报告后出现新情况，以及事故发生之日起 30 日内伤亡人数发生变化的，住房城乡建设主管部门应当及时补报。

第十一条 住房城乡建设主管部门应当及时通报事故基本情况以及事故工程项目的建设单位及项目负责人、施工单位及其法定代表人和项目经理、监理单位及其法定代表人和项目总监。

国务院住房城乡建设主管部门对特别重大、重大、较大事故进行全国通报。

第十二条　住房城乡建设主管部门应当按照有关人民政府的要求，依法组织或者参与事故调查工作。

第十三条　住房城乡建设主管部门应当积极参加事故调查工作，应当选派具有事故调查所需要的知识和专长，并与所调查的事故没有直接利害关系的人员参加事故调查工作。

参加事故调查工作的人员应当诚信公正、恪尽职守，遵守事故调查组的纪律。

第十四条　住房城乡建设主管部门应当按照有关人民政府对事故调查报告的批复，依照法律法规，对事故责任企业实施吊销资质证书或者降低资质等级、吊销或者暂扣安全生产许可证、责令停业整顿、罚款等处罚，对事故责任人员实施吊销执业资格注册证书或者责令停止执业、吊销或者暂扣安全生产考核合格证书、罚款等处罚。

第十五条　对事故责任企业或者人员的处罚权限在上级住房城乡建设主管部门的，当地住房城乡建设主管部门应当在收到有关人民政府对事故调查报告的批复后15日内，逐级将事故调查报告（附具有关证据材料）、有关人民政府批复文件、本部门处罚建议等材料报送至有处罚权限的住房城乡建设主管部门。

接收到材料的住房城乡建设主管部门应当按照有关人民政府对事故调查报告的批复，依照法律法规，对事故责任企业或者人员实施处罚，并向报送材料的住房城乡建设主管部门反馈处罚情况。

第十六条　对事故责任企业或者人员的处罚权限在其他省级住房城乡建设主管部门的，事故发生地省级住房城乡建设主管部门应当将事故调查报告（附具有关证据材料）、有关人民政府批复文件、本部门处罚建议等材料转送至有处罚权限的其他省级住房城乡建设主管部门，同时抄报国务院住房城乡建设主管部门。

接收到材料的其他省级住房城乡建设主管部门应当按照有关人民政府对事故调查报告的批复，依照法律法规，对事故责任企业或者人员实施处罚，并向转送材料的事故发生地省级住房城乡建设主管部门反馈处罚情况，同时抄报国务院住房城乡建设主管部门。

第十七条　住房城乡建设主管部门应当按照规定，对下级住房城乡建设主管部门的房屋市政工程生产安全事故查处工作进行督办。

国务院住房城乡建设主管部门对重大、较大事故查处工作进行督办，省级住房城乡建设主管部门对一般事故查处工作进行督办。

第十八条　住房城乡建设主管部门应当对发生事故的企业和工程项目吸取事故教训、落实防范和整改措施的情况进行监督检查。

第十九条　住房城乡建设主管部门应当及时向社会公布事故责任企业和人员的处罚情况，接受社会监督。

第二十条　对于经调查认定为非生产安全事故的，住房城乡建设主管部门应当在事故性质认定后 10 日内，向上级住房城乡建设主管部门报送有关材料。

第二十一条　省级住房城乡建设主管部门应当按照规定，通过"全国房屋市政工程生产安全事故信息报送及统计分析系统"及时、全面、准确地报送事故简要信息、事故调查信息和事故处罚信息。

第二十二条　住房城乡建设主管部门应当定期总结分析事故报告和查处工作，并将有关情况报送上级住房城乡建设主管部门。

国务院住房城乡建设主管部门定期对事故报告和查处工作进行通报。

第二十三条　省级住房城乡建设主管部门可结合本地区实际，依照本规程制定具体实施细则。

第二十四条　本规程自印发之日起施行。

北京市建设工程施工现场管理办法

北京市人民政府令

第 247 号

《北京市建设工程施工现场管理办法》已经 2013 年 4 月 11 日市人民政府第 6 次常务会议审议通过,现予公布,自 2013 年 7 月 1 日起施行。

市长 王安顺

2013 年 5 月 7 日

第一章 总 则

第一条 为加强建设工程施工现场管理,保障安全生产和绿色施工,依据《建设工程安全生产管理条例》以及有关法律、法规,结合本市实际情况,制定本办法。

第二条 在本市行政区域内的建设工程施工现场(以下简称"施工现场")进行施工活动以及对施工活动的管理,适用本办法。

本办法所称施工活动包括房屋建筑和市政基础设施工程的新建、改建、扩建和拆除活动,抢险救灾工程除外。

水利、铁路、公路、园林绿化、电信等专业工程的施工活动,法律、法规另有规定的,从其规定。

第三条 市建设行政主管部门负责本市施工现场监督管理工作,区县建设行政主管部门负责本辖区内施工现场监督管理工作。

城市管理综合执法部门负责有关施工现场扬尘污染、施工噪声污染行政执法工作。

规划、交通、市政市容、公安、安全生产、环境保护、质量监督、水务等部门按照各自职责对施工现场进行监督管理。

第四条 农民自建低层住宅施工活动的监督管理由乡镇人民政府、街道办事处参照本办法进行管理,建设行政主管部门负责对农民自建低层住宅施工活动的技术指导工作。

第五条 建设行政主管部门及相关部门应当加强对施工现场的监督管理工

作，建立施工现场监督检查工作制度，组织开展绿色安全工地创建活动。

建设单位、施工单位、监理单位应当根据施工现场管理要求，按照各方主体责任，做好施工现场管理工作。

第六条 任何单位和个人都有权举报施工现场违法行为。建设行政主管部门及相关部门应当建立举报制度，并根据职责对举报及时调查、处理。

第二章 安全施工

第七条 施工现场安全管理应当坚持安全第一、预防为主，建设单位、施工单位、监理单位应当建立健全安全生产责任制，加强施工现场安全管理，消除事故隐患，防止伤亡和其他事故发生。

第八条 建设单位应当加强施工现场管理，履行下列责任：

（一）依法选定施工单位和监理单位；

（二）组织协调建设工程参建各方的施工现场管理工作；

（三）设立专门安全管理机构；

（四）按照国家有关规定及时支付安全防护、文明施工措施费，并督促施工单位落实安全防护和绿色施工措施。

第九条 施工现场的安全管理由施工单位负责。建设工程实行总承包和分包的，由总承包单位负责对施工现场统一管理，分包单位负责分包范围内的施工现场管理。建设单位直接发包的专业工程，专业承包单位应当接受总承包单位的现场管理，建设单位、专业承包单位和总承包单位应当签订施工现场管理协议，明确各方责任。

因总承包单位违章指挥造成事故的，由总承包单位负责；分包单位或者专业承包单位不服从总承包单位管理造成事故的，由分包单位或者专业承包单位承担主要责任。

第十条 施工单位的主要负责人全面负责施工单位安全生产。施工单位的项目负责人负责施工现场的安全生产，履行现场管理职责。

施工单位应当根据规定在施工现场设置安全生产管理机构或者配备专职安全生产管理人员。

第十一条 监理单位应当按照规定在施工现场配备与工程相适应并具备安全管理知识和能力的安全监理人员。

监理单位应当核验施工单位资质、安全生产许可证和特种作业人员上岗资格证书等，并依法审核施工组织设计中的安全技术措施和专项施工方案。

第十二条 进入施工现场的管理人员和施工作业人员应当达到岗位管理和技

能操作的要求，按照规定持证上岗，并应当经过安全生产培训，未经培训的，不得上岗作业。

第十三条　施工单位应当严格按照建筑业安全作业规程和标准、施工方案以及设计要求进行施工，并按照本市有关施工现场消防安全管理的规定，建立健全用火用电管理制度。

施工中需要高处作业和动火作业的，施工单位应当按照本市规定和国家标准进行，出现五级以上风力时，应当停止作业。

第十四条　施工单位应当建立施工现场安全生产、环境保护等管理制度，在施工现场公示，并应当制定应急预案，定期组织应急演练。

第十五条　施工单位应当按照规定编制施工组织设计文件，并按照施工组织设计文件进行施工。施工组织设计文件应当包括安全生产和绿色施工现场管理措施。

施工单位应当编制拆除施工方案，并按照拆除施工方案进行施工。

第十六条　建设单位应当在建设工程施工前向施工单位提供相关的地下管线、相邻建筑物和构筑物、地下工程的有关资料。建设单位因建设工程需要，向有关部门或者单位查询有关资料时，有关部门或者单位应当及时提供。

建设工程施工前，施工单位应当会同地下管线权属单位制定管线专项防护方案，确保地下管线、相邻建筑物和构筑物、地下工程和特殊作业环境的安全。施工中施工单位应当采取相应的地下管线防护措施，仍不能确保管线安全或者施工安全的，建设单位应当会同地下管线权属单位对管线进行改移或者采取其他措施。

第十七条　危险性较大的分部分项工程施工前，施工单位应当按照规定编制专项施工方案并按照方案组织实施；达到国家规定规模标准的，专项施工方案应当经专家论证。

按照规定需要验收的，施工单位应当组织进行验收，验收合格的，方可进入下一道工序。

第十八条　总承包单位负责对进入施工现场的大型施工机械进行统一管理，依法审核相关企业资质、人员资格、检测报告和专项方案。

提供大型施工机械的单位应当对进入施工现场的设备做好日常维护保养，按照规定进行检测，每月进行不少于一次的检查，并做好记录。大型施工机械应当按照作业标准和规程要求进行施工作业，任何单位不得违章指挥。

第十九条　建筑起重机械租赁单位应当向市建设行政主管部门进行备案，并提交下列材料：

（一）营业执照；

（二）建筑起重机械设备登记编号；

（三）建筑起重机械司机特种作业操作资格证书；

（四）符合作业要求的设备维修、存放场地证明；

（五）机械设备管理人员情况；

（六）安全生产管理制度和岗位责任制度。

市建设行政主管部门应当建立本市建筑起重机械租赁单位信用信息管理平台，对租赁单位备案情况及其信用信息进行公示，并实行动态管理。

施工单位应当在施工中选择租赁信用良好的租赁单位的建筑起重机械。

第二十条 施工现场发生事故时，施工单位应当采取紧急措施减少人员伤亡和财产损失，并按照规定及时向有关部门报告。

施工现场发现文物、古化石或者爆炸物以及放射性污染源等，施工单位应当保护好现场并按照规定及时向有关部门报告。

第三章 绿色施工

第二十一条 施工单位应当按照国家和本市有关绿色施工管理规定，做好节地、节水、节能、节材以及保护环境工作。

第二十二条 新建、改建、扩建建设项目严格限制施工降水。确需要进行降水的，施工单位应当按照规定组织专家论证审查，取得排水许可，并依法缴纳地下水资源费。

第二十三条 施工现场应当根据绿色施工规程的要求，采取下列措施：

（一）建设工程开工前，建设单位应当按照标准在施工现场周边设置围挡，施工单位应当对围挡进行维护。市政基础设施工程因特殊情况不能进行围挡的，应当设置警示标志，并在工程危险部位采取防护措施。

（二）施工单位应当对施工现场主要道路和模板存放、料具码放等场地进行硬化，其他场地应当进行覆盖或者绿化；土方应当集中堆放并采取覆盖或者固化等措施。建设单位应当对暂时不开发的空地进行绿化。

（三）施工单位应当做好施工现场洒水降尘工作，拆除工程进行拆除作业时应当同时进行洒水降尘。

（四）施工单位对可能产生扬尘污染的建筑材料应当在库房存放或者进行严密遮盖；油料存放应当采取防止泄漏和防止污染措施。

第二十四条 施工现场出入口应当设置冲洗车辆设施。车辆清洗处及搅拌机前台应当设置沉淀池，清洗搅拌机和运输车辆的污水，应当综合循环利用，或者经沉淀处理并达标后排入公共排水设施以及河道、水库、湖泊、渠道。

第二十五条 施工现场应当设置密闭式垃圾站用于存放建筑垃圾，建筑垃圾清理应当搭设密闭式专用垃圾通道或者采用容器吊运，严禁随意抛撒。施工现场建筑垃圾的消纳和运输按照本市有关垃圾管理的规定处理。

第二十六条　本市禁止现场搅拌混凝土。

由政府投资的建设工程以及在本市规定区域内的建设工程，禁止现场搅拌砂浆；其中，砌筑、抹灰以及地面工程砂浆应当使用散装预拌砂浆。

其他建设工程在施工现场设置砂浆搅拌机的，应当配备降尘防尘装置。

第二十七条　在噪声敏感建筑物集中区域内，夜间不得进行产生环境噪声污染的施工作业。因重点工程或者生产工艺要求连续作业，确需在 22 时至次日 6 时期间进行施工的，建设单位应当在施工前到建设工程所在地的区县建设行政主管部门提出申请，经批准后方可进行夜间施工，并公告施工期限。未经批准或者超过批准期限，施工单位不得进行夜间施工。

第二十八条　进行夜间施工的，建设单位应当会同施工单位做好周边居民工作，并采取有效的噪声污染防治措施，减少对周边居民生活影响。

进行夜间施工产生噪声超过规定标准的，对影响范围内的居民由建设单位给予经济补偿。具体补偿办法由建设行政主管部门会同发展改革、环境保护等部门制定，补偿办法应当包括补偿范围、补偿标准的确定原则、争议救济途径等内容。

建设单位应当委托环境保护监测机构测定夜间施工噪声影响范围，并会同相关居民委员会或者物业服务单位确定应当给予补偿的户数。建设单位应当与居民签订补偿协议。

第二十九条　施工现场的各类生活设施，应当符合消防、通风、卫生、采光等要求，安全使用燃气，防止火灾、煤气中毒、食物中毒和各种疫情的发生。

热水锅炉、炊事炉灶、取暖设施等禁止使用燃煤。

第四章　法律责任

第三十条　违反本办法第十二条规定，未经安全生产培训上岗作业的，由建设行政主管部门依据《中华人民共和国安全生产法》和《建设工程安全生产管理条例》进行处理。

第三十一条　违反本办法第十三条规定，未严格按照建筑业安全作业规程或者标准进行施工，造成事故隐患的，由建设行政主管部门责令改正，可处 1000 元以上 1 万元以下罚款；情节严重的，处 1 万元以上 3 万元以下罚款。未严格按照规定和标准要求进行动火作业的，由公安机关消防机构责令改正，处 1 万元以上 3 万元以下罚款。

第三十二条　违反本办法第十五条第一款规定，施工组织设计文件未包括安全生产或者绿色施工现场管理措施的，由建设行政主管部门责令改正，处 1000

元以上 5000 元以下罚款。

违反本办法第十五条第二款规定，未编制拆除施工方案或者未按照拆除施工方案进行施工的，由建设行政主管部门责令改正，处 1000 元以上 5000 元以下罚款；情节严重造成严重后果的，处 1 万元以上 3 万元以下罚款。

第三十三条 违反本办法第十六条第二款规定，未采取专项防护措施的，由建设行政主管部门依据《建设工程安全生产管理条例》进行处理；因未采取改移或者其他措施，造成管线损坏的，由建设行政主管部门对建设单位处 1 万元以上 5 万元以下罚款，情节严重的，处 5 万元以上 10 万元以下罚款。

第三十四条 违反本办法第十七条第二款规定，未按照规定组织验收的，由建设行政主管部门责令改正，处 1 万元以上 3 万元以下罚款。

第三十五条 违反本办法第十八条第二款规定，未按照规定进行检查和维护保养的，由建设行政主管部门责令改正，处 1000 以上 5000 元以下罚款。

第三十六条 违反本办法第二十三条规定，未按照规定采取措施或者采取措施不当的，由城市管理综合执法部门责令改正，处 2000 元以上 1 万元以下罚款；情节严重的，处 1 万元以上 2 万元以下罚款。

第三十七条 违反本办法第二十四条规定，未设置冲洗车辆设施的，由城市管理综合执法部门责令改正，处 1000 元以上 1 万元以下罚款。

第三十八条 违反本办法第二十五条规定，未设置密闭式垃圾站、未搭设密闭式专用垃圾通道或者未采用容器吊运的，由城市管理综合执法部门责令改正，处 1000 元以上 1 万元以下罚款。

第三十九条 违反本办法第二十六条第一款、第二款规定，现场搅拌混凝土、砂浆或者未按照规定使用散装预拌砂浆的，由建设行政主管部门责令改正，处 1 万元以上 5 万元以下罚款；情节严重的，处 5 万元以上 10 万元以下罚款。

违反本办法第二十六条第三款规定，未配备降尘防尘装置的，由城市管理综合执法部门责令改正，处 1000 元以上 1 万元以下罚款；情节严重的，处 1 万元以上 3 万元以下罚款。

第四十条 违反本办法第二十七条规定，施工单位未经批准或者超过批准期限进行夜间施工的，由城市管理综合执法部门责令改正，处 1 万元以上 3 万元以下罚款。

第五章 附 则

第四十一条 本办法自 2013 年 7 月 1 日起施行。2001 年 4 月 5 日市人民政府发布的《北京市建设工程施工现场管理办法》同时废止。

关于在建设工程施工现场推广使用远程
视频监控系统的通知

京建法〔2013〕17 号

各区、县住房城乡建设委，东城、西城区住房城市建设委，经济技术开发区建设局，各建设单位、施工单位，各有关单位：

根据《北京市人民政府关于印发北京市 2013 ～ 2017 年清洁空气行动计划的通知》（京政发〔2013〕27 号）要求，进一步提升施工现场管理水平，通过远程视频监控系统，落实建设单位、施工单位的现场管理主体责任，加大政府监督执法力度，严格按照《绿色施工管理规程》实现绿色施工和渣土运输规范化管理，市住房城乡建设委决定在全市建设工程施工现场推广使用远程视频监控系统（简称"视频监控系统"）。现就实施工作通知如下：

一、责任主体

建设单位为安装视频监控系统的责任主体，承担安装视频监控系统费用及管理责任。摄像头提供单位按照合同约定负责摄像头的维修保养。总承包单位、专业承包单位要为摄像头的安装提供必要的场地及技术支持，积极配合视频监控系统的安装工作。施工单位应做好摄像头的保护工作，确保设备不被人为破坏。

施工现场视频监控系统的相关费用列入安全文明施工费，确保本单位施工现场安装使用视频监控系统。

二、安装范围和时间

从发文之日起，符合以下条件之一的施工现场应当安装视频监控系统。

（一）本市行政区域内所有在施的且建筑面积 5000 平方米以上的土石方工程以及地铁工程施工现场，2013 年年底前全部安装完毕。

（二）东城区、西城区、朝阳区、海淀区、石景山区、丰台区、经济技术开发区以及其他区（县）城区范围内和市、区（县）住房城乡建设委有其他规定的在施、新开的房屋建筑及市政基础设施工程的施工现场，2014 年年底前全部安装完毕。建筑面积在 5000 平方米以下或者投资额在 1000 万元以下、室内装修改造工程以及距竣工时间不足 2 个月的工程除外。

三、视频监控系统的建设

（一）视频监控系统的构成

视频监控系统由系统平台及前端（摄像头）组成，系统平台可分别设在市、区（县）住房城乡建设委及各集团总公司、各施工单位、各项目经理部。

（二）技术支持

市住房城乡建设委通过招标确定广东新视野信息科技有限公司负责建设全市统一的建筑工地视频监控系统平台，并开发相应的软件。为了降低成本并方便管理，同时通过招标确定广东新视野信息科技有限公司、深圳市科瑞电子有限公司、富盛科技股份有限公司三家单位负责提供系统前端（摄像头）设备。

（三）系统前端（摄像头）安装

施工现场摄像头的安装应符合以下要求：

1. 摄像头选用。为实现摄像头与视频监控系统平台的良好兼容，施工现场安装的摄像头必须满足视频监控系统平台的技术要求（附件1）。建设单位向市住房城乡建设委招标确定的三家提供系统前端（摄像头）设备的单位租用或购买摄像头，并通过3G网络接入全市统一的视频监控系统平台，3G信号弱的地区可选用光缆传输。

2. 安装数量。（1）土方施工阶段的建设工程：每个渣土运输车辆出入口应安装一个球形摄像头和一个车牌抓拍设备，并在场内其他位置高处至少安装一个球形摄像头。（2）有土方施工的地铁工程：每个渣土运输车辆出入口应安装一个球形摄像头和一个车牌抓拍设备。（3）结构及装修施工阶段的房屋建筑工程：施工现场每个出入口应安装一个枪形摄像头，同时施工现场应在高处或者塔吊上安装球形摄像头。（4）市政基础设施工程：应在主要作业区域至少安装一个球形摄像头。

施工现场摄像头安装的具体位置和数量由区（县）住房城乡建设委安全监督人员与建设单位或施工单位商定，确保能监控整个施工现场。

3. 信息报送。凡在安装范围内的房屋建筑和市政基础设施工程，建设单位或者施工单位应在摄像头安装前10天与摄像头提供单位联系视频监控系统安装事宜，完成安装调试后，建设单位或者施工单位应填写《北京市施工现场视频监控系统安装信息表》（附件2），报项目所在地区（县）住房城乡建设委安全监督机构。

四、视频监控系统的使用

目前，通过全市招标已经建立了视频监控系统平台，该平台具有对施工现场实时视频监控和对进出现场的渣土运输车辆进行拍照的功能，市、区（县）住房城乡建设委、集团总公司及施工单位使用统一分配的账号密码即可登录"视频监控系统平台"。各集团总公司、各施工单位应安排专人，通过视频监控系统平台对所属施工现场绿色施工（包括渣土运输）及安全生产可视情况进行查看，发现问题立即整改。

市、区（县）住房城乡建设委安全监督机构应安排人员，通过视频监控系统平台对辖区内施工现场绿色施工（包括渣土运输）及相关安全生产可视情况进行查看。对于发现的问题，应责令整改，必要时安排监督人员去现场检查。同时视频监控系统也可作为市、区（县）住房城乡建设委安全监督机构对工地实施差别化监管的依据。

五、监督管理

（一）各区（县）住房城乡建设委应制定工作方案，积极推进视频监控系统的安装工作。建设单位、施工单位应充分认识安装使用视频监控系统的重要性和必要性，积极主动推进视频监控系统的安装和接入工作，并与摄像头提供单位签订租赁（或购买）、维护合同，明确各方责任和义务。

（二）建设单位、施工单位如存在蓄意破坏设备或干扰视频监控系统正常使用行为的，区（县）住房城乡建设委责令停工整改，视频监控系统恢复运行后方可正常施工；情节严重的，市住房城乡建设委将进行全市通报批评，并对责任主体依法予以记分处理、暂停招投标资格。

（三）市、区（县）住房城乡建设委要结合日常监督检查对施工现场视频监控系统的安装和运行情况进行监督检查，发现未安装视频监控系统的，应责令整改。对拒不安装或使用视频监控系统的，市、区（县）住房城乡建设委按照有关规定对责任单位进行处理。建设单位办理施工许可证时，市、区（县）住房城乡建设委应告知施工现场应安装视频监控系统。

（四）目前已试点安装视频监控系统的海淀、怀柔、房山、经济技术开发区等区（县），仍按区（县）住房城乡建设委的具体要求继续实施，并做好与市住房城乡建设委视频监控系统平台对接工作。对于已经安装了摄像头并能满足对整个施工现场的监控要求，且能接入市、区（县）住房城乡建设委视频监控系统平台的施工现场，原则上不再安装新的摄像头。

特此通知。

附件：1. 摄像头技术要求
　　　2. 北京市施工现场视频监控系统安装信息表

北京市住房和城乡建设委员会

2013 年 10 月 30 日

附件1：

摄像头技术要求

1. 设备需要向平台全面开放 SDK 接口，保证平台的接入。

2. 支持 H.264 编码，图像能连续传输，网络不好时自动调整码率，没有时间跳跃现象，并能够免费提供 SDK 供集成平台调用，并支持其他编码方式的扩展。流媒体访问协议：支持 RTSP、HTTP、HTTPS；流媒体传输协议：支持 UDP－Unicast、UDP－MultiCast、TCP/IP。

3. 支持 SD 卡存储，采用流式录像存储格式，意外掉电录像文件不丢失；采用高码流，4CIF 或 Dl 分辨率图像的本地存储。实现工地 15 天存储。

4. 内置 3G 模块，支持 EVDO、TD-SCDMA、WCDMA 3G 网络；前端设备不需要固定 IP 地址和域名等机制可以接入到管理平台；支持报警抓拍功能，并联动平台；支持 OSD 叠加及水印（WATER-MARK）技术。

5. 枪形摄像机功能：PAL 制式，1/3"EXviewHAD CCD，水平解析度 480TVL以上，红外夜视。

6. 高速球机功能：采用密封防水机壳设计，内置制冷设备，自动检测温度：1/4″EXviewHAD CCD，18 倍光学变焦。

云台	水平旋转范围	0～360度连续
	水平转速	0.1～280度/秒（根据镜头变倍倍数自动调整）
	垂直旋转范围	0.1～180度自动翻转
	垂直转速	0.1～180度/秒（根据镜头变倍倍数自动调整）

7. 抓拍设备。实现车牌抓拍功能。实现对工地渣土车辆的报警抓拍功能。通过对渣土车的触发产生报警，实现摄像机联动进行车牌抓拍。

附件2：

北京市施工现场视频监控系统安装信息表

工程名称				项目类型	
工程地点				所属区县	
规模		开工日期		形象进度	
建设单位			负责人及手机电话		
总承包单位			负责人及手机电话		
专业承包单位			负责人及手机电话		
摄像头提供单位			负责人及手机电话		
视频系统安装日期			工期		
备注					

注：项目类型主要填写房屋建筑工程、市政基础设施工程。

关于印发《北京市建设工程施工现场监督协管员管理暂行办法》的通知

京建发〔2013〕37 号

各区（县）住房城乡建设委、财政局，各有关单位：

现将《北京市建设工程施工现场监督协管员管理暂行办法》印发给你们，请结合实际，依照执行。

特此通知。

附件：北京市建设工程施工现场监督协管员管理暂行办法

北京市住房和城乡建设委员会　北京市财政局

2012 年 12 月 25 日

附件：

北京市建设工程施工现场监督协管员管理暂行办法

一、总则

第一条　为加强本市建设工程的监督管理，规范建筑市场行为，保障人民群众生命和财产安全，维护施工人员的合法权益，依据《中华人民共和国建筑法》、《北京市安全生产条例》等法律法规，结合本市实际，制定本办法。

第二条　本办法所指建设工程施工现场监督协管员（以下简称"协管员"）是由区、县建设行政主管部门聘用的负责协助监督执法人员开展施工现场安全、建筑劳务管理、建设市场管理等方面的监督检查工作的人员。

第三条　本市协管员的招聘、培训、考核、管理及经费保障适用本办法。

二、工作原则及部门管理职责

第四条 本市协管员工作，实行属地负责的原则。由所在区县建设行政主管部门统一组织、协调、推进。

本市协管员资金，实行定额补助的原则。市级参照以前年度补助标准对各区县协管员经费实行定额补助。

第五条 北京市住房和城乡建设委员会（以下简称"市住房城乡建设委"）负责全市协管员统一协调及管理工作。

北京市财政局（以下简称"市财政局"）就全市协管员经费进行定额补助。

区县建设行政主管部门负责协管员的招聘、培训和考核工作。区县建设行政主管部门统一对协管员进行岗前安全生产法律法规、安全生产知识和建筑劳务管理、建设市场管理法律法规培训，经考试合格后持证上岗。

区县财政局负责结合本区县协管员工作开展情况，及时安排并拨付工作经费，并对协管员经费使用情况进行管理和监督。

三、协管员工作职责及要求

第六条 区县建设行政主管部门聘用的协管员应当具备下列基本条件：

（一）拥护中国共产党的领导，热爱社会主义；

（二）遵纪守法，品行端正；

（三）年龄为18周岁以上、55周岁以下，身体条件允许的可适当放宽；

（四）具备一定的专业知识、现场经验、业务能力，责任心强；

（五）区县建设行政主管部门所要求的其他条件。

第七条 协管员工作职责包括：

（一）负责检查所协管工程参建单位安全管理体系运行情况；

（二）负责检查所协管工程实体安全防护情况；

（三）在检查过程中，对所协管工程参建单位违反国家建筑工程安全生产相关法律法规和工程建设强制性标准的行为，以及工程实体存在安全问题和隐患的，予以口头警告、纠正或制止，填写《施工现场监督协管员检查记录》（见附件），并及时向主管监督执法人员报告；

（四）对照建筑市场及劳务管理监督检查评定标准进行检查，对不合格的工地，及时向主管监督执法人员报告；

（五）检查所协管工程是否遵守建设工程招投标管理规定、参建各方合同签订及履约情况、发承包行为情况、执业人员履职情况，发现问题及时向主管监督执法人员报告；

（六）编写检查工作日志，定期编制协管员工作报告，汇总所协管工作开展情况，上报主管监督执法人员；

（七）做好区县建设行政主管部门交办的其他工作。

协管员不具备行政处罚权。

第八条　协管员必须严格遵守纪律，坚守工作岗位，认真履行职责，不得监管与其有利害关系单位参建的工程。

第九条　协管员违反国家法律、法规或存在以下行为之一的，将予以解聘。需承担民事、刑事责任的，依法处理。

（一）利用岗位职责之便，向参建单位或个人索要钱物、谋求个人私利或为他人违法、违规行为提供方便的；

（二）违反保密规定的；

（三）无正当理由拒不服从工作安排，或贯彻执行监督工作措施不力，出现严重失误的；

（四）违反区县建设行政主管部门其他规定的。

因协管员个人行为给区、县建设行政主管部门造成损失的，区、县建设行政主管部门可依法追究其相应责任。

四、协管员专项经费保障

第十条　协管员专项经费保障总体原则及方式

协管员所需经费按照责权一致的原则，纳入区县财政预算统一安排，由市财政予以定额补助。

市财政根据市住房城乡建设委测算的各区县协管员人数规模及资金情况确定对各区县协管员专项经费的补助规模。今后市财政按照此规模每年将协管员专项经费通过专项转移支付的方式拨付至各区县财政局，各区县财政部门按规定可统筹用于开展协管员工作。

第十一条　协管员专项经费标准

（一）参照 2013 年市级部门预算编报指南中其他聘任人员工资标准及市住房城乡建设委按照工程开复工面积、协管员用工现状的测算结果，市级定额补助标准为 31650 元／人／年。以后年度协管员经费具体发放标准，由各区县结合本区其他各类协管员的经费标准，以及国家有关劳动用工政策自行制定，超出市财政定额补助部分由区县自行解决；

（二）各区县可结合本区实际确定需要招聘的协管员人数。

第十二条　管理与监督

（一）协管员专项经费实行财政专项管理，专款专用。年度终了由各区、县建设行政主管部门按规定向区县财政局报送专项资金使用情况；

（二）协管员专项经费的使用，必须严格按照本办法规定支付，凡违反规定随意开支，或提成、截留、挪用专项资金的，一经发现，将追究有关单位和人员的责任。必要时市财政有权追回所拨付协管员专项经费；

（三）协管员专项经费的管理、使用接受财政、审计部门的指导、检查和监督。

第十三条 区县建设行政主管部门对协管员的工作情况实行月考核和年考核制度，考核实行外部企业反馈与内部民主评议相结合的动态管理考核机制，并根据考核结果实施奖惩。考核结果及年终协管员工作情况总结于次年 1 月 10 日前报市住房城乡建设委（一式三份）。

第十四条 本规定从 2013 年 1 月 1 日起执行。《关于印发〈北京市建设工程施工现场监督协管员管理办法（试行）〉的通知》（京建法〔2007〕241 号）和《关于实施建设工程施工现场监督协管员制度有关事项的通知》（京建施〔2007〕141 号）即行废止。

附件：

施工现场监督协管员检查记录

编号：_____

工程名称：_____地址：_____

建设单位：_____现场负责人：_____联系电话：_____

施工单位：_____现场负责人：_____联系电话：_____

施工许可证号：_____建筑面积：_____结构类型：_____

层数：_____形象进度：_____开工日期：_____预计竣工日期：_____

经抽查，施工现场存在以下主要问题：_____

_____

_____

_____

_____

_____

_____

整改意见及要求：_____

_____

_____

整改合格后，由_____复查确认后，方可继续施工或进行下一道工序。

受检单位负责人（签名）_____　　　　　监督协管员（签名）_____

监理单位负责人（签名）_____　　　　　监督协管员（签名）_____

　　　　　年　　月　　日　　　　　　　　　　　年　　月　　日

关于转发《住房城乡建设部办公厅关于贯彻落实〈国务院安委会关于进一步加强安全培训工作的决定〉的实施意见》的通知

京建发〔2013〕172 号

各区、县住房城乡建设委，东城、西城区住房城市建设委，经济技术开发区建设局，各集团、总公司，各有关单位：

为了进一步加强建筑安全培训工作，现将《住房城乡建设部办公厅关于贯彻落实〈国务院安委会关于进一步加强安全培训工作的决定〉的实施意见》（建办质〔2013〕13 号）印发给你们，请你们高度重视、认真学习，切实做好建筑安全培训的各项工作。

特此通知。

附件：《住房城乡建设部办公厅关于贯彻落实〈国务院安委会关于进一步加强安全培训工作的决定〉的实施意见》（建办质〔2013〕13 号）

北京市住房和城乡建设委员会

2013 年 4 月 9 日

附件：

住房城乡建设部办公厅关于贯彻落实《国务院安委会关于进一步加强安全培训工作的决定》的实施意见

建办质〔2013〕13 号

各省、自治区住房城乡建设厅，直辖市建委（建交委），新疆生产建设兵团建设局：

为认真贯彻落实《国务院安委会关于进一步加强安全培训工作的决定》（安委〔2012〕10 号，以下简称《决定》），进一步落实建筑安全培训责任，完善建筑安全培训制度，确保建筑安全培训质量，提高建筑企业安全生产水平，提升建筑安全监管效能，促进建筑安全生产形势持续稳定好转，现结合住房城乡建设系统实际，提出以下实施意见。

一、充分认识建筑安全培训重要意义

（一）高度重视《决定》宣传贯彻工作。《决定》从落实党的十八大精神、贯彻科学发展观、实施安全发展战略的高度，进一步强调安全培训工作的重要地位和作用，提出了新形势下安全培训工作的总体思路、工作目标和一系列政策措施，是当前和今后一个时期加强全国安全培训工作的纲领性文件。各地住房城乡建设主管部门一定要认真学习好、宣传好、贯彻落实好，切实把建筑安全培训工作摆上更加突出位置。

（二）提高建筑安全培训工作重要性认识。实践表明，加强建筑安全培训工作，是落实党的十八大精神，深入贯彻科学发展观，实施安全发展战略的内在要求；是强化建筑施工企业安全生产基础建设，提高建筑施工企业安全管理水平和从业人员安全素质，提升建筑安全监管效能的重要途径；是防止违章指挥、违规作业和违反劳动纪律行为，减少建筑生产安全事故，保障人民群众生命财产安全的源头性、根本性举措。各地住房城乡建设主管部门要进一步提高认识，按照《决定》的工作部署，全面推进建筑安全培训工作。

二、明确建筑安全培训工作总体要求

（三）建筑安全培训工作总体思路。各地住房城乡建设主管部门要牢固树立"培训不到位是重大安全隐患"的意识，以落实持证上岗和先培训后上岗制度为核心，以落实建筑施工企业安全培训主体责任、提高建筑安全培训质量为着力点，重点加强对建筑施工企业主要负责人、项目负责人、专职安全生产管理人员（以下简称建筑施工"三类人员"）、建筑施工特种作业人员、建筑施工作业人员和建筑安全监管人员的安全培训，预防和减少建筑生产安全事故，促进建筑安全生产形势持续稳定好转。

（四）建筑安全培训工作目标。到"十二五"时期末，建筑施工"三类人员"和建筑施工特种作业人员 100% 持证上岗，以班组长、新工人、农民工为重点的建筑施工作业人员 100% 培训合格后上岗，建筑安全监管机构人员 100% 持行政执法证上岗，建筑安全培训基础保障能力和建筑安全培训质量得到明显提高。

三、全面落实建筑安全培训责任

（五）落实企业安全培训主体责任。建筑施工企业是建筑安全培训的责任主体，要将建筑安全培训纳入企业发展规划，从人力、物力、财力等各方面保障建筑安全培训工作。要加强对建筑施工"三类人员"、建筑施工特种作业人员的年度安全培训和继续教育，尤其要重视加强对建筑施工现场作业人员的安全知识和安全技能培训，建立健全人员安全培训档案。

（六）落实政府部门安全培训监管和安全监管人员培训职责。各地住房城乡建设主管部门要统筹指导本地区建筑安全培训工作，健全建筑安全培训制度，统一培训大纲和考核标准，加强培训机构管理，强化建筑安全培训监督检查。要减少对培训班的直接参与，由办培训向管培训、管考试、监督培训转变。要组织实施建筑安全监管人员教育培训，提高建筑安全监管人员专业素质和行政执法水平。

（七）强化安全培训和考试机构质量保障责任。承担建筑安全培训的机构要担负起保证建筑安全培训质量的主要责任，完善教学设施、加强师资队伍建设，严格培训管理。承担建筑施工"三类人员"和特种作业人员考试的机构，要严格实行教考分离制度，建立考试档案，加强考务管理，切实做到考试不合格不发证。

四、严格执行建筑安全培训管理制度

（八）严格执行关键岗位持证上岗制度。建筑施工企业要严格落实建筑施工"三类人员"、建筑施工特种作业人员持证上岗制度。建筑施工"三类人员"必须经住房城乡建设主管部门考核合格取得安全生产考核合格证书后，方可担任相应职务；建筑施工特种作业人员必须经住房城乡建设主管部门考核合格取得建筑施工特种作业人员操作资格证书后，方可上岗从事相应作业。各地住房城乡建设主管部门要依法做好建筑施工"三类人员"、建筑施工特种作业人员考核发证工作，严格执行证书延期继续教育制度。

（九）严格执行作业人员先培训后上岗制度。建筑施工企业要严格落实三级教育培训制度，对新职工进行至少32学时的安全培训，每年进行至少20学时的再培训。建筑施工作业人员进入新的岗位或者新的施工现场前，必须接受安全教育培训，未经教育培训或教育培训不合格的人员，不得上岗作业。建筑施工企业在采用新技术、新工艺、新设备、新材料时，应当对作业人员进行相应的安全教育培训。

（十）完善师傅带徒弟制度。建筑施工企业对于首次取得建筑施工特种作业操作资格证书的人员，应当在其上岗前安排不少于3个月的实习操作；对于安全培训合格的新职工，应当在其上岗前安排不少于1个月的实习。实习期间，应在经验丰富的师傅指导下进行施工作业。要组织签订师徒协议，建立师傅带徒弟激励约束机制。

（十一）完善建筑安全监管人员持证上岗制度。建筑安全监管人员要经执法资格培训考试合格，持有效行政执法证上岗。各级住房城乡建设主管部门要组织开展建筑行政执法、建筑安全法律法规和安全技术标准等知识培训，加强对建筑安全监管人员继续教育。

五、大力推进建筑安全培训基础建设

（十二）完善安全培训考核大纲和培训教材。各地住房城乡建设主管部门要定期制定、修订建筑施工"三类人员"、建筑施工特种作业人员的培训大纲和考核标准，根据建筑安全生产实际情况和发展需要，不断充实培训考核内容。要鼓励行业组织、企业和培训机构编写针对性、实效性强的建筑施工作业人员安全生产应知应会知识读本，建立建筑生产安全事故案例库，制作警示教育片等影像资料。

（十三）保证安全培训投入。建筑施工企业应当在职工培训经费和项目安全费用中足额列支建筑安全培训经费，完善建筑安全培训经费保障机制。要研究探索从建筑意外伤害保险中安排一定资金，用于事故预防和建筑安全培训工作。

（十四）强化安全培训师资队伍建设。建筑安全培训机构应当选聘一线管理、技术人员担任兼职教师，建立健全培训教师考核制度，定期组织培训教师继续教育，不断提高培训教师水平，逐步完善培训师资库。

（十五）加强安全培训机构建设。各地住房城乡建设主管部门要科学规划建筑安全培训机构建设，严格管理建筑安全培训机构，定期公布合格培训机构名单，接受社会监督。特、一级建筑施工企业应当逐步建立标准化建筑安全培训基地，保证本单位从业人员安全教育培训需要。鼓励建筑施工企业采取企企联合、校企联合等方式组织开展安全培训，将职业资格培训和安全培训有机结合，确保企业安全教育培训到位。

六、注重建筑安全培训效果和质量

（十六）加强施工现场安全培训。各地住房城乡建设主管部门要积极推动具备条件的工程项目建立农民工业余学校，强化建筑施工作业人员日常安全教育培训。建筑施工企业要严格落实施工项目安全技术交底和班前安全教育制度，有针对性地说明施工现场风险源、控制措施及应急处置方案，提高作业人员安全防范意识和现场处置能力。要加强项目班组长培训，提高班组长现场安全管理水平和现场安全风险管控能力。

（十七）完善安全培训考试体系。建筑安全培训机构要建立安全培训需求调研、培训计划备案、培训效果评估等制度，加强建筑安全培训全过程管理。各地住房城乡建设主管部门要健全建筑安全培训考试制度，建立建筑安全培训考试信息管理系统。要完善建筑施工"三类人员"、建筑施工特种作业人员考试题库，加强考试监督，严格考试纪律，依法严肃处理考试违纪行为。

七、切实加强建筑安全培训监督检查

（十八）加大安全培训执法力度。各地住房城乡建设主管部门要将建筑安全培训纳入日常的监督检查内容，重点加强对建筑施工企业及施工项目建筑施工"三类人员"、建筑施工特种作业人员持证上岗和建筑施工作业人员先培训后上岗情况的监督检查，强化对建筑安全培训机构的管理，定期通报建筑安全培训问题企业和问题培训机构名单。

（十九）严肃追究安全培训责任。对应持证未持证或者未经培训就上岗的建筑施工作业人员，一律先离岗、培训持证后再上岗；逾期未改正的，依法暂扣或吊销建筑施工企业安全生产许可证。对存在不按大纲培训、不按标准考核，以及乱培训、乱办班、乱收费等行为的建筑安全培训和考试机构，一律依法严肃处理。

各地住房城乡建设主管部门要按照《决定》精神和本实施意见的要求，结合本地区实际，认真组织实施建筑安全培训工作，不断强化建筑安全生产基础，推动建筑行业的科学发展和安全发展。

住房城乡建设部办公厅

2012 年 3 月 23 日

七、建筑节能和材料管理

关于印发《北京市水泥聚合物加固砂浆施工及验收技术导则》的通知

京建发〔2013〕313 号

各区、县住房城乡建设委，东城、西城区住房城市建设委，经济技术开发区建设局，各建设、施工、监理单位，各有关单位：

近年来，用水分散性或水溶性聚合物改性水泥配制而得的水泥聚合物加固砂浆应用于砌体结构工程取得了良好的效果，有效地提高了砌体结构加固工程质量和施工效率，并改善了施工环境质量。为保证水泥聚合物砂浆用于砌体结构加固工程质量，规范水泥聚合物砂浆加固工程施工和验收，市住房城乡建设委组织制定了《北京市水泥聚合物加固砂浆施工及验收技术导则》，现印发给你们，请各单位结合施工现场实际，认真贯彻执行。

特此通知。

附件：《北京市水泥聚合物加固砂浆施工及验收技术导则》（略）

北京市住房和城乡建设委员会

2013 年 7 月 2 日

关于取消建材供应备案后续工作的通知

京建发〔2013〕457 号

各区县住房城乡建设委、东城、西城区住房城市建设委、经济技术开发区建设局，各有关单位：

依据 2013 年 8 月 27 日《北京市人民政府关于取消和下放 246 项行政审批项目的通知》（京政发〔2013〕26 号），我市撤销建材供应备案行政管理事项。为落实市政府决定，做好工作衔接，现将有关事项通知如下：

一、自 2013 年 8 月 27 日起，市和区县住房城乡建设管理部门不再受理建材供应备案申请。其中，2013 年 8 月 27 日之前已经受理的，相关业务不再继续开展，请市和区县住房城乡建设管理部门向申报企业做好解释工作。

二、自本通知公布之日起，本市建材供应备案信息全部下网，企业申报窗口关闭。

三、各建材采购和使用单位应按照相关法律法规进一步健全建材采购和使用管理制度，严格控制建设工程使用的材料质量，对采购和使用的材料质量负责；市和区县住房和城乡建设管理部门应按照相关法律法规加强建材质量监控和建材使用管理，转变管理理念，创新管理机制，保证建设工程材料质量。

北京市住房和城乡建设委员会
2013 年 9 月 16 日

关于印发《北京市施工现场材料
管理工作导则（试行）》的通知

京建发〔2013〕536 号

各有关单位：

　　为加强本市建设工程材料（以下简称材料）的使用管理，提高建设、施工单位的现场材料管理水平，促进材料的合理利用，根据《建设工程质量管理条例》等有关法律法规，市住房城乡建设委制定了《北京市施工现场材料管理工作导则（试行）》（以下简称：工作导则），请贯彻执行。各单位可参照本工作导则，结合本单位实际制定具体的管理制度，但不得低于本工作导则要求。执行中有何问题和建议，请及时告知我委建筑节能与建筑材料管理办公室（联系电话：59958943）。

附件：北京市施工现场材料管理工作导则（试行）

北京市住房和城乡建设委员会

2013 年 11 月 17 日

附件：

北京市施工现场材料管理工作导则（试行）

北京市住房和城乡建设委员会　编制

1　总　则

　　1.1 为规范北京市施工现场材料的管理，提高施工现场材料管理水平，使材料管理更好地服务于工程质量安全，实现材料合理消耗，促进节能减排和环境保护，根据《中华人民共和国建筑法》、《建设工程质量管理条例》等有关法律法规和有关材料产品标准、设计施工规范，制定本工作导则。

1.2 本工作导则适用于本市建设工程（指各类房屋建筑及其附属设施和与其配套的线路、管道、设备的安装工程；房屋装饰装修工程；轨道交通工程，不适用于市政基础设施工程）施工现场材料的管理。

1.3 本工作导则所称材料，是建设工程使用的各类建筑材料、设备和建筑构配件的统称。

1.4 除执行本工作导则外，施工现场材料管理应符合有关标准和规程的规定。

1.5 施工单位应设置材料专职管理部门，负责贯彻落实国家和本市材料管理的有关标准和规定，组织施工现场材料管理人员专业培训，对在施项目的材料管理工作进行监督指导。

1.6 施工单位派驻施工现场项目管理机构的材料岗位管理人员（试验管理员、材料员）应持有省级建设行政主管部门颁发的岗位证书，负责组织材料的进场验收、进场复验、见证取样送检、采购备案和出入库管理等工作，并明确各自管理的环节和职责。其中：承接建筑面积 2 万平方米以上建筑工程的，应至少派驻 3 名（含）以上；承接建筑面积 2 万平方米以上装修工程的，应至少派驻 2 名（含）以上；承接轨道交通工程的，每个项目应至少派驻 3 名（含）以上。

2 材料的采购

2.1 施工现场材料的管理坚持"谁采购，谁负责；谁使用，谁负责"的原则。施工单位对施工现场材料使用管理负总责，并监督指导各分包单位的现场材料管理；各分包单位负责分包范围内现场材料使用管理，并将材料采购信息报总包单位；工程监理单位按照法定职能和合同约定，对施工现场材料管理负相应监理责任。

涉及施工质量的结构材料及重要的功能性材料、设备，应当由施工单位采购。按照合同约定，建筑材料、建筑构配件和设备由施工单位采购的，建设单位不得指定生产厂、供应商。因建设单位指定生产厂、供应商，或直接采购涉及施工质量的结构材料及重要的功能性材料、设备，造成建设工程质量缺陷或施工安全事故的，建设单位应当承担相应责任。

2.2 施工单位应在施工前制定材料采购、进场计划。计划应详细，具有可操作性，为材料的进场复验、见证取样送检、加工预留合理时间。

2.3 涉及施工质量的结构及重要的功能性材料，施工单位应当与材料供应单位签订《建筑材料采购合同》。不得向非法人组织或个人购买涉及结构和重要的功能性材料，包括钢材、水泥、混凝土、建筑构件、墙体、保温、预拌砂浆、防水、管材管件、门窗、散热器、节水器具等。不得采购国家和本市禁止在建设工程中使用的材料。

2.4 施工现场应根据需要配备必要的计量器具，并保证计量器具处于合格状态。

2.5 材料入库后，材料员应按规定组织进行建设工程材料和设备采购备案（以下简称采购备案）。采购备案的信息包括：材料和设备供应企业（经销企业和生产企业）的名称、产品数量、规格型号、产品执行标准、价格等信息；材料和设备取样、送检和见证人员的信息。

2.6 材料在进场验收合格后、使用前，由施工单位负责汇总采购备案信息，经过监理单位对采购备案信息审核后，按照统一格式将采购备案信息通过市住房城乡建设委网站（http://www.bjjs.gov.cn 或北京市建设工程信息网 http://www.bcactc.com）的采购备案系统进行网上申报。具体办法按照《关于加强建设工程材料和设备采购备案工作的通知》（京建法〔2011〕19号）执行。

3 材料的进场验收与验证管理

3.1 材料进场应进行进场验收。进场验收包括外观验收、质量证明文件查验和见证取样送检，进场验收应按照相关施工质量标准及有关规定进行。材料岗位管理人员应按规定的程序、方法、质量标准进行验收，应根据材料属性和相关规定采取称重、检尺、量方、点数等方法进行材料初步验收并做好验收的原始记录。

3.1.1 材料进场应做外观验收，并向监理进行报验，取得监理工程师的签认。对有包装又必须拆包装验证的材料，应当进行拆包装验证。

3.1.2 做好质量证明文件的查验。材料员应认真查看、核对供应单位提供的营业执照副本复印件、产品型式检验报告原件及复印件、产品合格证原件、随货清单原件、其他购货证明等有效票据是否齐全。原件不便留取的，查看原件并保存复印件。

3.1.3 做好材料规格数量的查验。材料员应认真检查、核对材料的标牌、品种、名称、规格型号、数量是否与合同（协议）和随货清单一致。

3.1.4 建设单位采购的材料进场时，施工单位仍应按照以上要求进行进场验收。

3.2 做好未验收材料的标识工作。材料员应对须做进场复验和见证取样送检的材料做出清晰、醒目的标识，未经检验或检验不合格的不得使用。

3.3 按要求做好材料的进场复验。材料员在完成进场验收后，及时通知项目技术负责人组织进场复验。项目技术负责人应按相关标准组织材料的进场复验，并留存进场复验报告。

3.4 按规定做好材料见证取样送检。对有见证取样送检要求的材料，应在建设单位或监理单位人员的见证下，由项目技术负责人组织试验管理员按国家和本市有关规定取样并送至具备相应检测资质的检测机构进行检测。钢材、保温材料、防水卷材见证取样检验不合格的，不再进行二次复试，相应批次材料应按照本导则规定的程序进行退场处理。

3.5 涉及结构安全及重要的功能性材料、施工现场通过进场复验、见证取样送检等技术措施仍不能完全掌控质量的特殊材料，包括钢结构构件和预拌混凝土等，施工、监理单位宜延伸到生产领域进行过程监督。

3.6 做好材料入库准备工作。材料经检测合格的，试验管理员应做好材料进场复验及复验结果通知记录，并将进场复验和见证取样送检合格信息及时通知材料员。材料员接到验证合格通知后，及时办理材料入库手续及登记工作。

3.7 做好不合格材料的处置工作。进场材料经检测不合格的，材料员、试验管理员应分别做好不合格材料登记记录，建立不合格材料管理台账，并及时将不合格情况向项目负责人报告。项目负责人应在建设单位或监理单位人员的见证下组织对不合格材料退场，退场时应留存影像资料和签认手续，同时不合格材料退场手续应归入工程档案留存。

4 材料的入库、储存和出库管理

4.1 施工单位应制定材料的出入库管理制度，入库、出库程序应坚持库存量清晰、有效期内合理调拨、当面点清、手续规范的原则。

4.2 材料入库时材料员应填写材料入库记录，详细注明材料的生产厂家名称、供应单位名称及材料的入库时间、种类、规格、型号、数量和保管注意事项。材料入库记录上应当有材料员的签字。

4.3 严格按产品标准和施工规范进行材料的搬运和储存。施工单位应根据相关程序文件规定、场地情况、材料特性和标准规范规定，合理布置与工程规模相适应的库房、料棚、料场（以下简称材料储存地），露天存放材料做到上盖下垫，材料储存地应采取防火、防潮、防盗的措施，并保持场地清洁、码放整齐；保证材料的状态、包装、标识完好。

4.3.1 季节性施工方案中应含有材料的保护和防护措施。钢筋、砌块做好防潮防雨措施；保温材料做好防火、防潮、防晒和防雨措施；防水材料做好防火、防晒措施等。

4.3.2 库存材料按规定的要求进行标识，堆码整齐。易燃易爆、危险化学品进行专库（区）存放，要求设置醒目的警示标识，并采取相应的防爆、防火、防盗、防毒等措施，配备必要的安全防护器材，必要时派专人看守，发现安全隐患要及时处置并上报。

4.4 做好材料出库管理。材料出库时材料员应填写材料出库记录，并核对领料人出具的领料单。材料出库记录除应注明出库材料的编号、厂家名称、品名、规格、型号、数量和出库时间等基本信息外，还需注明材料的领用部门、使用部位等。领料单应具有施工现场材料主管的批准和领料人的签字。材料员和领料人应核对出库材料，正确后方可发料。

4.5 做好库存材料的补充。材料员应随时掌握库存材料的数量，并根据工程需要及时予以补充。

4.6 做好废旧材料的保管和清运。施工现场材料管理部门应建立废旧材料管理台账。废旧钢材等可回收材料可选择适宜的回收方式处理；废弃材料应分类存放、集中回收、堆放整齐、分类处理，不得与生活垃圾混放，无法回收的废弃材料应由具有资质的单位清运，并满足环保要求。

5 材料的使用

5.1 工程建设中拟采用现行国家（行业）和本市地方标准未作规定的新型材料时，新型材料应具有生产单位编制并在当地质量技术监督部门备案的企业标准，其产品技术指标不得低于同类材料的国家产品标准相应指标；施工单位应当编制该新型材料的施工技术企业标准，并按照市住房城乡建设委工程建设企业技术标准备案要求备案。如工程施工单位发生变更，且继续使用该新型材料，变更后的施工单位应具有经市住房城乡建设委备案编制该新型材料的施工技术企业标准。

5.2 施工过程中应对使用的材料的品种、规格、生产厂家、进货批次及使用的过程按相关规定做好记录。有关工序完成后应按标准规范要求做相应的检验。有关检验记录应按规定存档。

附表1:

材料进场验收台账（样表）

材料送检台账　　年　月　日

工程名称

序号	生产厂家	材料	规格	批号	数量	进场时间	发货单号	收料单号	资料类别		验收人	质量证明文件是否齐全有效	使用意见
									验收情况				

责任人:

附表 2：

材料送检台账（样表）

材料送检台账　　　　年　月　日

工程名称						资料类别					
送检日期	委托编号	试验项目	产地规格牌号	进场日期	使用部位	见证人	见证人卡号	见证记录编号	领报告日期	试验报告编号

责任人：

112

附表 3：

材料复验台账（样表）

材料进场复验台账　　　　年　　月　　日

工程名称

序号	试样编号	试验报告编号	委托日期	产地	产品种类（规格）	资料类别		使用部位	试验结果	记录人	备注
			试验日期			强度（密度）等级	代表数量（单位）				

责任人：

附表 4:

材料入库台账（样表）

材料入库台账　　年　月　日

工程名称					资料类别			
序号	材料名称	供应商	生产厂商	数量（　）	品种规格型号	贮存日期	存放位置	材料验收人员（供货人）	保管注意事项

责任人：

114

附表 5：

材料出库台账（样表）

材料出库台账　　年　月　日

资料类别

工程名称									
序号	材料名称	供应商	生产厂商	品种规格型号	出库数量（　）	出库日期	使用部位	使用单位	领料人

责任人：

八、科技村镇建设管理

关于废止《双钢筋混凝土板类构件应用技术暂行规程》等北京市工程建设地方标准的通知

京建发〔2013〕10 号

各区、县住房城乡建设委,各集团、总公司,各有关单位:

根据北京市住房和城乡建设委员会《关于开展工程建设地方标准复审工作的通知》(京建发〔2011〕365 号)的要求,我委对 2006 年之前发布实施的工程建设地方标准进行了复审,经主编单位确认及专家评审,其中《双钢筋混凝土板类构件应用技术暂行规程》等 17 项标准已不适应北京市工程建设的发展要求,现决定自 2013 年 4 月 1 日起予以废止(详见附件)。

特此通知。

附件:废止标准一览表

北京市住房和城乡建设委员会

2013 年 1 月 6 日

附件:

废止标准一览表

序号	标准编号	标准名称
1	DBJ01-8-90	双钢筋混凝土板类构件应用技术暂行规程
2	DBJ01-14-97	冷轧扭钢筋混凝土结构技术规程
3	DBJ01-22-95	市政道路工程质量评定标准
4	DBJ01-23-95	市政桥梁工程质量评定标准
5	DBJ01-24-95	市政排水管渠工程质量评定标准
6	DBJ01-25-96	烧结黏土空心砖应用技术规程

序号	标准编号	标准名称
7	DBJ01-28-96	膏状建筑胶粘剂应用技术规程
8	DBJ01-29-2000	轻隔墙条板质量检验评定标准
9	DBJ01-31-96	增强水泥条板轻隔墙施工技术规程
10	DBJ01-32-97	增强石膏空心条板轻隔墙施工技术规程
11	DBJ01-33-97	钢丝网架水泥夹心板隔墙施工技术规程
12	DBJ/T01-34-2003	外墙内保温施工技术规程(增强水泥聚苯复合保温板做法)
13	DBJ/T01-35-2003	外墙内保温施工技术规程(增强石膏聚苯复合保温板做法)
14	DBJ01-53-2001	聚合物改性沥青复合胎防水卷材质量检验评定标准
15	DBJ01-75-2003	洁净气体灭火系统设计、施工及验收规范
16	DBJ01-76-2003	气溶胶灭火系统设计、施工及验收规范
17	DBJ01-77-2003	建设工程质量检测监管信息系统数据标准

关于发布北京市地方标准《建设工程施工现场安全防护、场容卫生及消防保卫标准》的通知

京建发〔2013〕25号

各区、县住房城乡建设委，各集团、总公司，各有关单位：

根据北京市质量技术监督局《关于印发2011年北京市地方标准制修订项目计划的通知》（京质监标发〔2011〕74号）的要求，由北京市住房和城乡建设委员会主编的《建设工程施工现场安全防护、场容卫生及消防保卫标准》已经北京市质量技术监督局批准，北京市质量技术监督局、北京市住房和城乡建设委员会共同发布，编号为DB11/945-2012，代替DBJ01-83-2003《建设工程施工现场安全防护、场容卫生、环境保护及保卫消防标准》，自2013年7月1日起实施。其中第2.1.4、2.3.4、2.3.5、2.3.6、2.4.6、2.4.8、2.4.11、2.4.15、2.4.17、2.4.21、2.4.23、2.4.25、2.5.2、2.5.4、2.5.5、2.5.9、2.5.13、2.10.4、2.10.5、2.11.8、2.13.9、4.3.12、4.3.13、4.3.14、4.3.25、4.3.27为强制性条文，必须严格执行。

该规程由北京市住房和城乡建设委员会、北京市质量技术监督局共同负责管理，由北京市住房和城乡建设委员会负责解释工作。

特此通知。

北京市住房和城乡建设委员会

2013年1月14日

关于加强北京市村镇工程建设
管理服务体系建设的意见

京建发〔2013〕132号

各相关区县住房城乡建设委、新农办、编办：

为加强村镇工程建设管理与服务，构建市、区、乡、村四级村镇工程建设管理
与服务体系，根据住房和城乡建设部《关于加强村镇建设工程质量安全管理的若干
意见》（建质〔2004〕216号）和市规划委、市国土局、市住房城乡建设委、市农委《关
于印发〈北京市村庄规划建设管理指导意见（试行）〉的通知》（市规发〔2010〕1137号）
等规定，遵循"体制机制共进、监督服务并举"的方针，制定本意见。

一、市级相关部门加强村镇工程建设指导和技术服务职责

根据《北京市人民政府关于机构设置的通知》（京政法〔2009〕2号），市农
委负责研究拟定本市新农村建设和农村经济发展规划、年度计划，并组织实施；参
与编制、修订本市村镇建设规划，组织协调农村环境、能源建设，协调、推进村
镇建设和小城镇试点工作；负责本市新农村建设的宣传工作；组织协调社会力量参
与新农村建设工作；督促检查区县政府和市属工作部门新农村建设的工作情况。

市农委村镇建设处负责组织有关部门研究提出本市新农村建设考核评估的政
策措施、管理办法和评价标准，并组织实施；参与编制、修订村镇建设规划；协调、
配合有关部门研究提出农村地区基础设施建设的规划方案和政策建议；组织协调
农村环境、能源建设，协调、推进村镇建设和小城镇试点工作。

市住房城乡建设委负责指导、规范本市村镇工程建设。负责村镇工程建设的
指导和技术服务；制定村镇建设工程技术标准；组织指导农村危房改造工作。

市住房城乡建设委科技与村镇建设处负责工程建设地方（含村镇）标准的编
制及企业工程技术标准的备案；负责村镇工程建设的指导和技术服务；研究制定农
村住房建设、农村住房安全和危房改造相关政策；指导新型抗震节能民居示范工程
建设和既有农宅抗震节能改造工作；负责全市农村建筑人员的培训组织工作等。

市住房城乡建设委直属事业单位北京市住房和城乡建设科技促进中心具体负
责村镇工程建设的技术服务指导工作，负责农村住房建设技术政策调研和推动，
负责市级抗震节能农宅建设任务的抽查，抗震节能农宅信息化管理和数据统计分

析，以及农村住房建设的宣传与培训工作。

二、区县主管部门应明确村镇工程建设监督管理和服务职责，明确专门管理机构和人员

（一）区县新农办负责村镇建设管理工作；指导小城镇试点工作；负责对全区探索和实施新农村、新民居建设工程试点及其环境治理等综合协调服务和管理工作。

（二）区县住房城乡建设委应当加强村镇工程建设质量安全监督管理和指导服务职能。具体职责包括：负责限额以上村镇建设工程质量安全的监管；负责限额以下村镇建设工程和农民自建低层住宅的技术指导和服务；负责对本辖区内农村建筑工匠的培训工作。

区县住房城乡建设委应会同区县机构编制部门根据村镇工程建设监督管理和指导服务工作需要，明确村镇工程建设管理服务机构，科学合理配备村镇工程建设质量安全监管人员。具体负责本辖区内村镇工程建设技术服务指导、村镇工程巡查、农村建筑工匠培训等工作。

（三）各区县住房城乡建设委、新农办要密切配合，努力做好村镇工程建设的管理服务工作。

三、乡镇人民政府应当明确村镇工程建设管理职责，明确管理机构和人员，加大对农民自建住宅管理与服务指导工作力度

（一）乡镇人民政府应当明确村镇建设工程质量安全管理职能，加大对农民自建低层住宅的监督检查和管理工作力度。具体职责包括：加强对村镇建设工程安全生产工作的领导，及时协调、解决安全生产监督管理中的重大问题；协助区县建设行政主管部门对经批准建设的限额以上村镇建设工程进行管理；负责对本辖区内限额以下建设工程和农民自建递呈住宅进行质量安全监督管理；负责本辖区内农村建筑工匠的有关管理工作。

（二）乡镇人民政府应明确相关科室和人员具体承担村镇工程建设管理职责，加大村镇工程建设监督管理和服务工作力度。

四、村委会应建立农宅建设协管员制度，提高农村建房管理能力

村委会应建立农宅建设协管员制度，为农民科学建房做好服务。力争使农宅建设协管员成为农宅建设的信息员、质量安全指导员和新技术新材料的宣传推广员。

北京市住房和城乡建设委员会　北京市机构编制委员会办公室

北京市社会主义新农村建设领导小组综合办公室

2013 年 3 月 6 日

关于转发住房城乡建设部《关于加强乡镇建设管理员队伍建设的通知》的通知

京建发〔2013〕237号

各相关区县住房城乡建设委，新农办：

为加强对农村建设的指导与管理，进一步提高村镇建设的质量和管理水平，住房城乡建设部近日发出通知，要求各地采取有力措施，加强乡镇建设管理员队伍建设。现将住房城乡建设部《关于加强乡镇建设管理员队伍建设的通知》（建村〔2013〕49号，以下简称《通知》，见附件1）转发给你们，请各区县认真贯彻执行。现就有关事项通知如下：

各相关区县住房城乡建设委和新农办要根据《通知》要求，在当地党委、政府的领导下，积极协调组织、编制、人事、财政等有关部门，共同推进乡镇建设管理员队伍建设工作，加强协调和指导乡镇建设管理员队伍建设，落实乡镇建设管理员职责，严格乡镇建设管理员任用，结合《关于加强北京市村镇工程建设管理服务体系建设的意见》（京建发〔2013〕132号，见附件2），确保每个乡镇配备1名以上专职乡镇建设管理员；各相关区县住房城乡建设委应切实负责对乡镇建设管理员的指导和管理，督促各乡镇完善和实施村镇规划建设管理的相关措施。

从2013年起，乡镇建设管理队伍建设情况将作为各区县村镇建设工作绩效考核的重要内容。

附件：1. 住房城乡建设部《关于加强乡镇建设管理员队伍建设的通知》（建村〔2013〕49号）

2.《关于加强北京市村镇工程建设管理服务体系建设的意见》（京建发〔2013〕132号）

北京市住房和城乡建设委员会
北京市社会主义新农村建设领导小组综合办公室
2013年5月20日

住房城乡建设部《关于加强
乡镇建设管理员队伍建设的通知》

建村〔2013〕49号

各省、自治区住房城乡建设厅，直辖市建委（建交委、农委），新疆生产建设兵团建设局：

近年来，尤其是中央支持各地开展农村危房改造以来，农村各项建设活动持续快速增加，农民住房条件得到了明显改善，农村面貌发生了较大变化。但是，乡镇建设管理力量依然十分薄弱，与村镇规划实施、农房建设及危房改造指导、村庄环境整治等工作需求之间的矛盾日益突出，已成为我国农村建设落后的主要原因之一。为加强对农村建设的指导与管理，进一步提高村镇建设的质量和管理水平，现就加强乡镇建设管理员队伍建设通知如下：

一、加强乡镇建设管理员配备

农村建设是实现全面建成小康社会目标的重要组成部分。加强对农村建设的指导和管理，是规范农村建设活动、提高各项建设的质量、提升村镇人居环境水平的基本要求。实施对农村建设的指导与管理，须由具有一定专业知识及管理能力的人员进村入户现场完成。各地要采取有力措施，推进目前还未配备专职乡镇建设员的乡镇尽快配备1名以上专职乡镇建设管理员，承担对农村建设的指导与管理具体任务。

二、落实乡镇建设管理员职责

乡镇建设管理员要按照村镇建设有关方针政策，协助做好以下三方面工作。一是落实村镇规划实施管理，协助办理乡村建设规划许可证及负责批后监管。二是落实农房建设指导与监管，具体实施和管理农村危房改造项目。三是指导和组织村庄环境治理、村容镇貌及环境卫生管理。

三、严格乡镇建设管理员任用

要按照国家有关政策规定，严把乡镇管理员的招考录用关。乡镇建设管理员的任职人员须熟悉农村情况，热爱农村建设事业，善于进村入户做群众工作，具有建筑工程类相关专业中专以上学历或经相关专业培训合格，具有一定村镇建设工作经验。

四、强化乡镇建设管理员培训与管理

各地县级以上住房城乡建设部门要加强协调和指导乡镇建设管理员队伍建设，支持每个乡镇提升规划建设管理能力。各地要加大对乡镇建设管理员的业务指导和培训力度，不断提高乡镇建设管理员的专业知识水平和管理能力，我部将适时组织对乡镇建设管理员的培训。县级住房城乡建设部门要切实具体负责对乡镇建设管理员的指导与管理，督促各乡镇完善和实施村镇规划建设管理相关措施。

五、加强组织领导

各地县级以上住房城乡建设部门要在当地党委、政府领导下，积极协调组织、编制、人事、财政等有关部门，共同推进乡镇建设管理员队伍建设工作。从2013年起，各地安排农村危房改造任务要与乡镇建设管理员配备情况挂钩，优先安排已配备专职乡镇建设管理员的乡镇。加强对乡镇建设管理员的信息管理，及时准确将每个乡镇建设管理员的有关信息录入农村危房改造农户档案管理信息系统并实时更新（具体办法另行通知），我部将根据系统中信息通报各地乡镇建设管理员队伍年度建设情况。各地要将乡镇建设管理员队伍建设情况作为村镇建设工作绩效考核的重要内容，并纳入农村危房改造工作的检查与绩效考核范围。

附件2：

关于加强北京市村镇工程建设管理服务体系建设的意见

京建发〔2013〕132 号

各相关区县住房城乡建设委、新农办、编办：

为加强村镇工程建设管理与服务，构建市、区、乡、村四级村镇工程建设管理与服务体系，根据住房和城乡建设部《关于加强村镇建设工程质量安全管理的若干意见》（建质〔2004〕216 号）和市规划委、市国土局、市住房城乡建设委、市农委《关于印发〈北京市村庄规划建设管理指导意见（试行）〉的通知》（市规发〔2010〕1137 号）等规定，遵循"体制机制共进、监督服务并举"的方针，制定本意见。

一、市级相关部门加强村镇工程建设指导和技术服务职责

根据《北京市人民政府关于机构设置的通知》（京政法〔2009〕2号），市农委负责研究拟定本市新农村建设和农村经济发展规划、年度计划，并组织实施；参与编制、修订本市村镇建设规划，组织协调农村环境、能源建设，协调、推进村镇建设和小城镇试点工作；负责本市新农村建设的宣传工作；组织协调社会力量参与新农村建设工作；督促检查区县政府和市属工作部门新农村建设的工作情况。

市农委村镇建设处负责组织有关部门研究提出本市新农村建设考核评估的政策措施、管理办法和评价标准，并组织实施；参与编制、修订村镇建设规划；协调、配合有关部门研究提出农村地区基础设施建设的规划方案和政策建议；组织协调农村环境、能源建设，协调、推进村镇建设和小城镇试点工作。

市住房城乡建设委负责指导、规范本市村镇工程建设。负责村镇工程建设的指导和技术服务；制定村镇建设工程技术标准；组织指导农村危房改造工作。

市住房城乡建设委科技与村镇建设处负责工程建设地方（含村镇）标准的编制及企业工程技术标准的备案；负责村镇工程建设的指导和技术服务；研究制定农村住房建设、农村住房安全和危房改造相关政策；指导新型抗震节能民居示范工程建设和既有农宅抗震节能改造工作；负责全市农村建筑人员的培训组织工作等。

市住房城乡建设委直属事业单位北京市住房和城乡建设科技促进中心具体负责村镇工程建设的技术服务指导工作，负责农村住房建设技术政策调研和推动，负责市级抗震节能农宅建设任务的抽查，抗震节能农宅信息化管理和数据统计分析，以及农村住房建设的宣传与培训工作。

二、区县主管部门应明确村镇工程建设监督管理和服务职责，明确专门管理机构和人员

（一）区县新农办负责村镇建设管理工作；指导小城镇试点工作；负责对全区探索和实施新农村、新民居建设工程试点及其环境治理等综合协调服务和管理工作。

（二）区县住房城乡建设委应当加强村镇工程建设质量安全监督管理和指导服务职能。具体职责包括：负责限额以上村镇建设工程质量安全的监管；负责限额以下村镇建设工程和农民自建低层住宅的技术指导和服务；负责对本辖区内农村建筑工匠的培训工作。

区县住房城乡建设委应会同区县机构编制部门根据村镇工程建设监督管理和

指导服务工作需要，明确村镇工程建设管理服务机构，科学合理配备村镇工程建设质量安全监管人员。具体负责本辖区内村镇工程建设技术服务指导、村镇工程巡查、农村建筑工匠培训等工作。

（三）各区县住房城乡建设委、新农办要密切配合，努力做好村镇工程建设的管理服务工作。

三、乡镇人民政府应当明确村镇工程建设管理职责，明确管理机构和人员，加大对农民自建住宅管理与服务指导工作力度

（一）乡镇人民政府应当明确村镇建设工程质量安全管理职能，加大对农民自建低层住宅的监督检查和管理工作力度。具体职责包括：加强对村镇建设工程安全生产工作的领导，及时协调、解决安全生产监督管理中的重大问题；协助区县建设行政主管部门对经批准建设的限额以上村镇建设工程进行管理；负责对本辖区内限额以下建设工程和农民自建递呈住宅进行质量安全监督管理；负责本辖区内农村建筑工匠的有关管理工作。

（二）乡镇人民政府应明确相关科室和人员具体承担村镇工程建设管理职责，加大村镇工程建设监督管理和服务工作力度。

四、村委会应建立农宅建设协管员制度，提高农村建房管理能力

村委会应建立农宅建设协管员制度，为农民科学建房做好服务。力争使农宅建设协管员成为农宅建设的信息员、质量安全指导员和新技术新材料的宣传推广员。

北京市住房和城乡建设委员会
北京市机构编制委员会办公室
北京市社会主义新农村建设领导小组综合办公室
2013 年 3 月 6 日

九、房屋市场管理、房地产开发管理

关于继续做好房地产市场调控工作的通知

国办发〔2013〕17号

各省、自治区、直辖市人民政府，国务院各部委、各直属机构：

2011年以来，各地区、各部门认真贯彻落实中央关于加强房地产市场调控的决策和部署，取得了积极成效。当前房地产市场调控仍处在关键时期，房价上涨预期增强，不同地区房地产市场出现分化。为继续做好今年房地产市场调控工作，促进房地产市场平稳健康发展，经国务院同意，现就有关问题通知如下：

一、完善稳定房价工作责任制

认真落实省级人民政府负总责、城市人民政府抓落实的稳定房价工作责任制。各直辖市、计划单列市和省会城市（除拉萨外），要按照保持房价基本稳定的原则，制定本地区年度新建商品住房（不含保障性住房，下同）价格控制目标，并于一季度向社会公布。各省级人民政府要更加注重区域差异，加强分类指导。对行政区域内住房供不应求、房价上涨过快的热点城市，应指导其增加住房及住房用地的有效供应，制定并公布年度新建商品住房价格控制目标；对存在住房供过于求等情况的城市，也应指导其采取有效措施保持市场稳定。要建立健全稳定房价工作的考核问责制度，加强对所辖城市的督查、考核和问责工作。国务院有关部门要加强对省级人民政府稳定房价工作的监督和检查。对执行住房限购和差别化住房信贷、税收等政策措施不到位、房价上涨过快的，要进行约谈和问责。

二、坚决抑制投机投资性购房

继续严格执行商品住房限购措施。已实施限购措施的直辖市、计划单列市和省会城市，要在严格执行《国务院办公厅关于进一步做好房地产市场调控工作有关问题的通知》（国办发〔2011〕1号）基础上，进一步完善现行住房限购措施。限购区域应覆盖城市全部行政区域；限购住房类型应包括所有新建商品住房和二手住房；购房资格审查环节应前移至签订购房合同（认购）前；对拥有1套及以上住房的非当地户籍居民家庭、无法连续提供一定年限当地纳税证明或社会保险缴纳证明的非当地户籍居民家庭，要暂停在本行政区域内向其售房。住房供需矛盾突出、房价上涨压力较大的城市，要在上述要求的基础上进一步从严调整限购措施；其他城市出现房价过快上涨情况的，省级人民政府应要求其及时采取限购等措施。各地区住房城乡建设、公安、民政、税务、人力资源社会保障等部门要建立分工明确、协调有序的审核工作机制。要严肃查处限购措施执行中的违法违规行为，对存在规避住房限购措施行为的项目，要责令房地产开发企业整改；购房人不具备购房资格的，企业要与购房人解除合同；对教唆、协助购房人伪造证明材料、骗取购房资格的中介机构，要责令其停业整顿，并严肃处理相关责任人；情节严重的，要追究当事人的法律责任。

继续严格实施差别化住房信贷政策。银行业金融机构要进一步落实好对首套房贷款的首付款比例和贷款利率政策，严格执行第二套（及以上）住房信贷政策。要强化借款人资格审查，严格按规定调查家庭住房登记记录和借款人征信记录，不得向不符合信贷政策的借款人违规发放贷款。银行业监管部门要加强对银行业金融机构执行差别化住房信贷政策的日常管理和专项检查，对违反政策规定的，要及时制止、纠正。对房价上涨过快的城市，人民银行当地分支机构可根据城市人民政府新建商品住房价格控制目标和政策要求，进一步提高第二套住房贷款的首付款比例和贷款利率。

充分发挥税收政策的调节作用。税务、住房城乡建设部门要密切配合，对出售自有住房按规定应征收的个人所得税，通过税收征管、房屋登记等历史信息能核实房屋原值的，应依法严格按转让所得的 20% 计征。总结个人住房房产税改革试点城市经验，加快推进扩大试点工作，引导住房合理消费。税务部门要继续推进应用房地产价格评估方法加强存量房交易税收征管工作。

三、增加普通商品住房及用地供应

各地区要根据供需情况科学编制年度住房用地供应计划，保持合理、稳定的住房用地供应规模。原则上 2013 年住房用地供应总量应不低于过去 5 年平均实际供应量。住房供需矛盾突出、房价上涨压力较大的部分热点城市和区域中心城市，以及前两年住房用地供应计划完成率偏低的城市，要进一步增加年度住房用地供应总量,提高其占年度土地供应计划的比例。加大土地市场信息公开力度,市、县人民政府应于一季度公布年度住房用地供应计划，稳定土地市场预期。各地区要继续采取有效措施，完善土地出让方式，严防高价地扰乱市场预期。各地区住房城乡建设部门要提出商品住房项目的住宅建设套数、套型建筑面积、设施条件、开竣工时间等要求，作为土地出让的依据，并纳入出让合同。

各地区发展改革、国土资源、住房城乡建设部门要建立中小套型普通商品住房建设项目行政审批快速通道，提高办事效率，严格落实开竣工申报制度，督促房地产开发企业严格按照合同约定建设施工，加快中小套型普通商品住房项目的供地、建设和上市，尽快形成有效供应。对中小套型住房套数达到项目开发建设总套数 70% 以上的普通商品住房建设项目，银行业金融机构要在符合信贷条件的前提下优先支持其开发贷款需求。

四、加快保障性安居工程规划建设

全面落实 2013 年城镇保障性安居工程基本建成 470 万套、新开工 630 万套的任务。各地区要抓紧把建设任务落实到项目和地块，确保资金尽快到位，尽早开工建设。继续抓好城市和国有工矿（含煤矿）、国有林区、垦区棚户区改造，重点抓好资源型城市及独立工矿区棚户区改造；积极推进非成片棚户区和危旧房改造，逐步开展城镇旧住宅区综合整治，稳步实施城中村改造。

强化规划统筹，从城镇化发展和改善居民住房条件等实际需要出发，把保障性安居工程建设和城市发展充分结合起来，在城市总体规划和土地利用、住房建设等规划中统筹安排保障性安居工程项目。要把好规划设计关、施工质量关、建筑材料关和竣工验收关，落实工程质量责任，确保工程质量安全。要合理安排布局，改进户型设计，方便保障对象的工作和生活。要加大配套基础设施投入力度，做到配套设施与保障性安居工程项目同步规划、同期建设、同时交付使用，确保竣工项目及早投入使用。

加强分配管理。要继续探索创新保障性住房建设和管理机制，完善保障性住房申请家庭经济状况审核机制，严格准入退出，确保公平分配。加大保障性安居工程建设、分配和退出的信息公开力度。严肃查处擅自改变保障性安居工程用途、套型面积等违法违规行为。2013 年底前，地级以上城市要把符合条件的、有稳定就业的外来务工人员纳入当地住房保障范围。要加强小区运营管理，完善社区公共服务，优化居住环境。

五、加强市场监管和预期管理

2013 年起，各地区要提高商品房预售门槛，从工程投资和形象进度、交付时限等方面强化商品房预售许可管理，引导房地产开发企业理性定价，稳步推进商品房预售制度改革。继续严格执行商品房销售明码标价、一房一价规定，严格按照申报价格对外销售。各地区要切实强化预售资金管理，完善监管制度；尚未实行预售资金监管的地区，要加快制定本地区商品房预售资金监管办法。对预售方案报价过高且不接受城市住房城乡建设部门指导，或没有实行预售资金监管的商品房项目，可暂不核发预售许可证书。各地区要大力推进城镇个人住房信息系统建设，完善管理制度，到"十二五"期末，所有地级以上城市原则上要实现联网。

加强房地产企业信用管理，研究建立住房城乡建设、发展改革、国土资源、金融、税务、工商、统计等部门联动共享的信用管理系统，及时记录、公布房地产企业的违法违规行为。对存在闲置土地和炒地、捂盘惜售、哄抬房价等违法违规行为的房地产开发企业，有关部门要建立联动机制，加大查处力度。国土资源部门要禁止其参加土地竞买，银行业金融机构不得发放新开发项目贷款，证券监管部门暂停批准其上市、再融资或重大资产重组，银行业监管部门要禁止其通过信托计划融资。税务部门要强化土地增值税的征收管理工作，严格按照有关规定进行清算审核和稽查。住房城乡建设、工商等部门要联合开展对房屋中介市场的专项治理工作，整顿和规范市场秩序，严肃查处中介机构和经纪人员的违法违规行为。有关部门要加强房地产开发企业资本金管理，加大对资产负债情况的监测力度，有效防范风险。

各地区、各有关部门要加强市场监测和研究分析，及时主动发布商品住房建设、交易及房价、房租等方面的权威信息，正确解读市场走势和有关调控政策措施，引导社会舆论，稳定市场预期。要加强舆情监测，对涉及房地产市场的不实信息，要及时、主动澄清。对诱导购房者违反限购、限贷等政策措施，造谣、传谣以及炒作不实信息误导消费者的企业、机构、媒体和个人，要进行严肃处理。

六、加快建立和完善引导房地产市场健康发展的长效机制

各有关部门要加强基础性工作，加快研究提出完善住房供应体系、健全房地产市场运行和监管机制的工作思路和政策框架，推进房地产税制改革，完善住房金融体系和住房用地供应机制，推进住宅产业化，促进房地产市场持续平稳健康发展。

国务院办公厅

2013 年 2 月 26 日

关于修改《房地产估价机构管理办法》的决定

住房城乡建设部令 第 14 号

《住房和城乡建设部关于修改〈房地产估价机构管理办法〉的决定》已经第 7 次部常务会议审议通过，现予发布，自发布之日起施行。

住房城乡建设部部长 姜伟新
2013 年 10 月 16 日

住房和城乡建设部关于修改
《房地产估价机构管理办法》的决定

住房和城乡建设部决定对《房地产估价机构管理办法》（建设部令第 142 号）作如下修改：

一、第三条第二款、原第二十四条第五款中"城镇房屋拆迁"修改为"房屋征收"。

二、第五条第一款中"建设行政主管部门"修改为"住房城乡建设主管部门"，第二款中"房地产行政主管部门"修改为"房地产主管部门"。

其余条款依此修改。

三、增加一条作为第七条："国家建立全国统一的房地产估价行业管理信息平台，实现房地产估价机构资质核准、人员注册、信用档案管理等信息关联共享"。

四、原第七条修改为"房地产估价机构资质等级分为一、二、三级。

省、自治区人民政府住房城乡建设主管部门、直辖市人民政府房地产主管部门负责房地产估价机构资质许可。

省、自治区人民政府住房城乡建设主管部门、直辖市人民政府房地产主管部门应当执行国家统一的资质许可条件，加强房地产估价机构资质许可管理，营造公平竞争的市场环境。

国务院住房城乡建设主管部门应当加强对省、自治区人民政府住房城乡建设主管部门、直辖市人民政府房地产主管部门资质许可工作的指导和监督检查，及时纠正资质许可中的违法行为"。

五、原第十二条修改为"房地产估价机构资质核准中的房地产估价报告抽查，应当执行全国统一的标准"。

六、原第十三条修改为"申请核定房地产估价机构资质的，应当向设区的市人民政府房地产主管部门提出申请，并提交本办法第十一条规定的材料。

设区的市人民政府房地产主管部门应当自受理申请之日起 20 日内审查完毕，并将初审意见和全部申请材料报省、自治区人民政府住房城乡建设主管部门、直辖市人民政府房地产主管部门。

省、自治区人民政府住房城乡建设主管部门、直辖市人民政府房地产主管部门应当自受理申请材料之日起 20 日内作出决定。

省、自治区人民政府住房城乡建设主管部门、直辖市人民政府房地产主管部门应当在作出资质许可决定之日起 10 日内，将准予资质许可的决定报国务院住房城乡建设主管部门备案"。

七、原第二十七条第（五）项修改为"价值时点"。

八、原第四十六条、第四十八条、第四十九条、第五十条、第五十二条中"县级以上人民政府房地产行政主管部门"修改为"县级以上地方人民政府房地产主管部门"。

此外，对部分条文的顺序作相应的调整和修改。

本决定自发布之日起施行。

《房地产估价机构管理办法》根据本决定作相应的修正，重新发布。

附件：

房地产估价机构管理办法

（2005 年 10 月 12 日建设部令第 142 号发布，根据 2013 年 10 月 16 日住房城乡建设部令第 14 号修正）

第一章　总则

第一条　为了规范房地产估价机构行为，维护房地产估价市场秩序，保障房地产估价活动当事人合法权益，根据《中华人民共和国城市房地产管理法》、《中华人民共和国行政许可法》和《国务院对确需保留的行政审批项目设定行政许可的决定》等法律、行政法规，制定本办法。

第二条 在中华人民共和国境内申请房地产估价机构资质，从事房地产估价活动，对房地产估价机构实施监督管理，适用本办法。

第三条 本办法所称房地产估价机构，是指依法设立并取得房地产估价机构资质，从事房地产估价活动的中介服务机构。

本办法所称房地产估价活动，包括土地、建筑物、构筑物、在建工程、以房地产为主的企业整体资产、企业整体资产中的房地产等各类房地产评估，以及因转让、抵押、房屋征收、司法鉴定、课税、公司上市、企业改制、企业清算、资产重组、资产处置等需要进行的房地产评估。

第四条 房地产估价机构从事房地产估价活动，应当坚持独立、客观、公正的原则，执行房地产估价规范和标准。

房地产估价机构依法从事房地产估价活动，不受行政区域、行业限制。任何组织或者个人不得非法干预房地产估价活动和估价结果。

第五条 国务院住房城乡建设主管部门负责全国房地产估价机构的监督管理工作。

省、自治区人民政府住房城乡建设主管部门、直辖市人民政府房地产主管部门负责本行政区域内房地产估价机构的监督管理工作。

市、县人民政府房地产主管部门负责本行政区域内房地产估价机构的监督管理工作。

第六条 房地产估价行业组织应当加强房地产估价行业自律管理。

鼓励房地产估价机构加入房地产估价行业组织。

第七条 国家建立全国统一的房地产估价行业管理信息平台，实现房地产估价机构资质核准、人员注册、信用档案管理等信息关联共享。

第二章 估价机构资质核准

第八条 房地产估价机构资质等级分为一、二、三级。

省、自治区人民政府住房城乡建设主管部门、直辖市人民政府房地产主管部门负责房地产估价机构资质许可。

省、自治区人民政府住房城乡建设主管部门、直辖市人民政府房地产主管部门应当执行国家统一的资质许可条件，加强房地产估价机构资质许可管理，营造公平竞争的市场环境。

国务院住房城乡建设主管部门应当加强对省、自治区人民政府住房城乡建设主管部门、直辖市人民政府房地产主管部门资质许可工作的指导和监督检查，及时纠正资质许可中的违法行为。

第九条 房地产估价机构应当由自然人出资，以有限责任公司或者合伙企业形式设立。

第十条 各资质等级房地产估价机构的条件如下：

（一）一级资质

1. 机构名称有房地产估价或者房地产评估字样；

2. 从事房地产估价活动连续 6 年以上，且取得二级房地产估价机构资质 3 年以上；

3. 有限责任公司的注册资本人民币 200 万元以上，合伙企业的出资额人民币120 万元以上；

4. 有 15 名以上专职注册房地产估价师；

5. 在申请核定资质等级之日前 3 年平均每年完成估价标的物建筑面积 50 万平方米以上或者土地面积 25 万平方米以上；

6. 法定代表人或者执行合伙人是注册后从事房地产估价工作 3 年以上的专职注册房地产估价师；

7. 有限责任公司的股东中有 3 名以上、合伙企业的合伙人中有 2 名以上专职注册房地产估价师，股东或者合伙人中有一半以上是注册后从事房地产估价工作3 年以上的专职注册房地产估价师；

8. 有限责任公司的股份或者合伙企业的出资额中专职注册房地产估价师的股份或者出资额合计不低于 60%；

9. 有固定的经营服务场所；

10. 估价质量管理、估价档案管理、财务管理等各项企业内部管理制度健全；

11. 随机抽查的 1 份房地产估价报告符合《房地产估价规范》的要求；

12. 在申请核定资质等级之日前 3 年内无本办法第三十三条禁止的行为。

（二）二级资质

1. 机构名称有房地产估价或者房地产评估字样；

2. 取得三级房地产估价机构资质后从事房地产估价活动连续 4 年以上；

3. 有限责任公司的注册资本人民币 100 万元以上，合伙企业的出资额人民币60 万元以上；

4. 有 8 名以上专职注册房地产估价师；

5. 在申请核定资质等级之日前 3 年平均每年完成估价标的物建筑面积 30 万平方米以上或者土地面积 15 万平方米以上；

6. 法定代表人或者执行合伙人是注册后从事房地产估价工作 3 年以上的专职注册房地产估价师；

7. 有限责任公司的股东中有 3 名以上、合伙企业的合伙人中有 2 名以上专职注册房地产估价师，股东或者合伙人中有一半以上是注册后从事房地产估价工作 3 年以上的专职注册房地产估价师；

8. 有限责任公司的股份或者合伙企业的出资额中专职注册房地产估价师的股份或者出资额合计不低于 60%；

9. 有固定的经营服务场所；

10. 估价质量管理、估价档案管理、财务管理等各项企业内部管理制度健全；

11. 随机抽查的 1 份房地产估价报告符合《房地产估价规范》的要求；

12. 在申请核定资质等级之日前 3 年内无本办法第三十三条禁止的行为。

（三）三级资质

1. 机构名称有房地产估价或者房地产评估字样；

2. 有限责任公司的注册资本人民币 50 万元以上，合伙企业的出资额人民币 30 万元以上；

3. 有 3 名以上专职注册房地产估价师；

4. 在暂定期内完成估价标的物建筑面积 8 万平方米以上或者土地面积 3 万平方米以上；

5. 法定代表人或者执行合伙人是注册后从事房地产估价工作 3 年以上的专职注册房地产估价师；

6. 有限责任公司的股东中有 2 名以上、合伙企业的合伙人中有 2 名以上专职注册房地产估价师，股东或者合伙人中有一半以上是注册后从事房地产估价工作 3 年以上的专职注册房地产估价师；

7. 有限责任公司的股份或者合伙企业的出资额中专职注册房地产估价师的股份或者出资额合计不低于 60%；

8. 有固定的经营服务场所；

9. 估价质量管理、估价档案管理、财务管理等各项企业内部管理制度健全；

10. 随机抽查的 1 份房地产估价报告符合《房地产估价规范》的要求；

11. 在申请核定资质等级之日前 3 年内无本办法第三十三条禁止的行为。

第十一条 申请核定房地产估价机构资质等级，应当如实向资质许可机关提交下列材料：

（一）房地产估价机构资质等级申请表（一式二份，加盖申报机构公章）；

（二）房地产估价机构原资质证书正本复印件、副本原件；

（三）营业执照正、副本复印件（加盖申报机构公章）；

（四）出资证明复印件（加盖申报机构公章）；

（五）法定代表人或者执行合伙人的任职文件复印件（加盖申报机构公章）；

（六）专职注册房地产估价师证明；

（七）固定经营服务场所的证明；

（八）经工商行政管理部门备案的公司章程或者合伙协议复印件（加盖申报机构公章）及有关估价质量管理、估价档案管理、财务管理等企业内部管理制度的文件、申报机构信用档案信息；

（九）随机抽查的在申请核定资质等级之日前3年内申报机构所完成的1份房地产估价报告复印件（一式二份，加盖申报机构公章）。

申请人应当对其提交的申请材料实质内容的真实性负责。

第十二条 新设立的中介服务机构申请房地产估价机构资质的，应当提供第十一条第（一）项、第（三）项至第（八）项材料。

新设立中介服务机构的房地产估价机构资质等级应当核定为三级资质，设1年的暂定期。

第十三条 房地产估价机构资质核准中的房地产估价报告抽查，应当执行全国统一的标准。

第十四条 申请核定房地产估价机构资质的，应当向设区的市人民政府房地产主管部门提出申请，并提交本办法第十一条规定的材料。

设区的市人民政府房地产主管部门应当自受理申请之日起20日内审查完毕，并将初审意见和全部申请材料报省、自治区人民政府住房城乡建设主管部门、直辖市人民政府房地产主管部门。

省、自治区人民政府住房城乡建设主管部门、直辖市人民政府房地产主管部门应当自受理申请材料之日起20日内作出决定。

省、自治区人民政府住房城乡建设主管部门、直辖市人民政府房地产主管部门应当在作出资质许可决定之日起10日内，将准予资质许可的决定报国务院住房城乡建设主管部门备案。

第十五条 房地产估价机构资质证书分为正本和副本，由国务院住房城乡建设主管部门统一印制，正、副本具有同等法律效力。

房地产估价机构遗失资质证书的，应当在公众媒体上声明作废后，申请补办。

第十六条 房地产估价机构资质有效期为3年。

资质有效期届满，房地产估价机构需要继续从事房地产估价活动的，应当在资质有效期届满30日前向资质许可机关提出资质延续申请。资质许可机关应当根据申请作出是否准予延续的决定。准予延续的，有效期延续3年。

在资质有效期内遵守有关房地产估价的法律、法规、规章、技术标准和职业道德的房地产估价机构，经原资质许可机关同意，不再审查，有效期延续3年。

第十七条 房地产估价机构的名称、法定代表人或者执行合伙人、注册资本或者出资额、组织形式、住所等事项发生变更的，应当在工商行政管理部门办理变更手续后 30 日内，到资质许可机关办理资质证书变更手续。

第十八条　房地产估价机构合并的，合并后存续或者新设立的房地产估价机构可以承继合并前各方中较高的资质等级，但应当符合相应的资质等级条件。

房地产估价机构分立的，只能由分立后的一方房地产估价机构承继原房地产估价机构资质，但应当符合原房地产估价机构资质等级条件。承继原房地产估价机构资质的一方由各方协商确定；其他各方按照新设立的中介服务机构申请房地产估价机构资质。

第十九条　房地产估价机构的工商登记注销后，其资质证书失效。

第三章　分支机构的设立

第二十条　一级资质房地产估价机构可以按照本办法第二十一条的规定设立分支机构。二、三级资质房地产估价机构不得设立分支机构。

分支机构应当以设立该分支机构的房地产估价机构的名义出具估价报告，并加盖该房地产估价机构公章。

第二十一条　分支机构应当具备下列条件：

（一）名称采用"房地产估价机构名称＋分支机构所在地行政区划名＋分公司（分所）"的形式；

（二）分支机构负责人应当是注册后从事房地产估价工作 3 年以上并无不良执业记录的专职注册房地产估价师；

（三）在分支机构所在地有 3 名以上专职注册房地产估价师；

（四）有固定的经营服务场所；

（五）估价质量管理、估价档案管理、财务管理等各项内部管理制度健全。

注册于分支机构的专职注册房地产估价师，不计入设立分支机构的房地产估价机构的专职注册房地产估价师人数。

第二十二条　新设立的分支机构，应当自领取分支机构营业执照之日起 30 日内，到分支机构工商注册所在地的省、自治区人民政府住房城乡建设主管部门、直辖市人民政府房地产主管部门备案。

省、自治区人民政府住房城乡建设主管部门、直辖市人民政府房地产主管部门应当在接受备案后 10 日内，告知分支机构工商注册所在地的市、县人民政府房地产主管部门，并报国务院住房城乡建设主管部门备案。

第二十三条　分支机构备案，应当提交下列材料：

（一）分支机构的营业执照复印件；

（二）房地产估价机构资质证书正本复印件；

（三）分支机构及设立该分支机构的房地产估价机构负责人的身份证明；

（四）拟在分支机构执业的专职注册房地产估价师注册证书复印件。

第二十四条 分支机构变更名称、负责人、住所等事项或房地产估价机构撤销分支机构，应当在工商行政管理部门办理变更或者注销登记手续后 30 日内，报原备案机关备案。

第四章　估价管理

第二十五条 从事房地产估价活动的机构，应当依法取得房地产估价机构资质，并在其资质等级许可范围内从事估价业务。

一级资质房地产估价机构可以从事各类房地产估价业务。

二级资质房地产估价机构可以从事除公司上市、企业清算以外的房地产估价业务。

三级资质房地产估价机构可以从事除公司上市、企业清算、司法鉴定以外的房地产估价业务。

暂定期内的三级资质房地产估价机构可以从事除公司上市、企业清算、司法鉴定、房屋征收、在建工程抵押以外的房地产估价业务。

第二十六条 房地产估价业务应当由房地产估价机构统一接受委托，统一收取费用。

房地产估价师不得以个人名义承揽估价业务，分支机构应当以设立该分支机构的房地产估价机构名义承揽估价业务。

第二十七条 房地产估价机构及执行房地产估价业务的估价人员与委托人或者估价业务相对人有利害关系的，应当回避。

第二十八条 房地产估价机构承揽房地产估价业务，应当与委托人签订书面估价委托合同。

估价委托合同应当包括下列内容：

（一）委托人的名称或者姓名和住所；

（二）估价机构的名称和住所；

（三）估价对象；

（四）估价目的；

（五）价值时点；

（六）委托人的协助义务；

（七）估价服务费及其支付方式；

（八）估价报告交付的日期和方式；

（九）违约责任；

（十）解决争议的方法。

第二十九条　房地产估价机构未经委托人书面同意，不得转让受托的估价业务。

经委托人书面同意，房地产估价机构可以与其他房地产估价机构合作完成估价业务，以合作双方的名义共同出具估价报告。

第三十条　委托人及相关当事人应当协助房地产估价机构进行实地查勘，如实向房地产估价机构提供估价所必需的资料，并对其所提供资料的真实性负责。

第三十一条　房地产估价机构和注册房地产估价师因估价需要向房地产主管部门查询房地产交易、登记信息时，房地产主管部门应当提供查询服务，但涉及国家秘密、商业秘密和个人隐私的内容除外。

第三十二条　房地产估价报告应当由房地产估价机构出具，加盖房地产估价机构公章，并有至少 2 名专职注册房地产估价师签字。

第三十三条　房地产估价机构不得有下列行为：

（一）涂改、倒卖、出租、出借或者以其他形式非法转让资质证书；

（二）超越资质等级业务范围承接房地产估价业务；

（三）以迎合高估或者低估要求、给予回扣、恶意压低收费等方式进行不正当竞争；

（四）违反房地产估价规范和标准；

（五）出具有虚假记载、误导性陈述或者重大遗漏的估价报告；

（六）擅自设立分支机构；

（七）未经委托人书面同意，擅自转让受托的估价业务；

（八）法律、法规禁止的其他行为。

第三十四条　房地产估价机构应当妥善保管房地产估价报告及相关资料。

房地产估价报告及相关资料的保管期限自估价报告出具之日起不得少于 10 年。保管期限届满而估价服务的行为尚未结束的，应当保管到估价服务的行为结束为止。

第三十五条　除法律、法规另有规定外，未经委托人书面同意，房地产估价机构不得对外提供估价过程中获知的当事人的商业秘密和业务资料。

第三十六条　房地产估价机构应当加强对执业人员的职业道德教育和业务培训，为本机构的房地产估价师参加继续教育提供必要的条件。

第三十七条　县级以上人民政府房地产主管部门应当依照有关法律、法规和本办法的规定，对房地产估价机构和分支机构的设立、估价业务及执行房地产估价规范和标准的情况实施监督检查。

第三十八条　县级以上人民政府房地产主管部门履行监督检查职责时，有权采取下列措施：

（一）要求被检查单位提供房地产估价机构资质证书、房地产估价师注册证书，有关房地产估价业务的文档，有关估价质量管理、估价档案管理、财务管理等企业内部管理制度的文件；

（二）进入被检查单位进行检查，查阅房地产估价报告以及估价委托合同、实地查勘记录等估价相关资料；

（三）纠正违反有关法律、法规和本办法及房地产估价规范和标准的行为。

县级以上人民政府房地产主管部门应当将监督检查的处理结果向社会公布。

第三十九条　县级以上人民政府房地产主管部门进行监督检查时，应当有两名以上监督检查人员参加，并出示执法证件，不得妨碍被检查单位的正常经营活动，不得索取或者收受财物、谋取其他利益。

有关单位和个人对依法进行的监督检查应当协助与配合，不得拒绝或者阻挠。

第四十条　房地产估价机构违法从事房地产估价活动的，违法行为发生地的县级以上地方人民政府房地产主管部门应当依法查处，并将违法事实、处理结果及处理建议及时报告该估价机构资质的许可机关。

第四十一条　有下列情形之一的，资质许可机关或者其上级机关，根据利害关系人的请求或者依据职权，可以撤销房地产估价机构资质：

（一）资质许可机关工作人员滥用职权、玩忽职守作出准予房地产估价机构资质许可的；

（二）超越法定职权作出准予房地产估价机构资质许可的；

（三）违反法定程序作出准予房地产估价机构资质许可的；

（四）对不符合许可条件的申请人作出准予房地产估价机构资质许可的；

（五）依法可以撤销房地产估价机构资质的其他情形。

房地产估价机构以欺骗、贿赂等不正当手段取得房地产估价机构资质的，应当予以撤销。

第四十二条　房地产估价机构取得房地产估价机构资质后，不再符合相应资质条件的，资质许可机关根据利害关系人的请求或者依据职权，可以责令其限期改正；逾期不改的，可以撤回其资质。

第四十三条　有下列情形之一的，资质许可机关应当依法注销房地产估价机构资质：

（一）房地产估价机构资质有效期届满未延续的；

（二）房地产估价机构依法终止的；

（三）房地产估价机构资质被撤销、撤回，或者房地产估价资质证书依法被吊销的；

（四）法律、法规规定的应当注销房地产估价机构资质的其他情形。

第四十四条 资质许可机关或者房地产估价行业组织应当建立房地产估价机构信用档案。

房地产估价机构应当按照要求提供真实、准确、完整的房地产估价信用档案信息。

房地产估价机构信用档案应当包括房地产估价机构的基本情况、业绩、良好行为、不良行为等内容。违法行为、被投诉举报处理、行政处罚等情况应当作为房地产估价机构的不良记录记入其信用档案。

房地产估价机构的不良行为应当作为该机构法定代表人或者执行合伙人的不良行为记入其信用档案。

任何单位和个人有权查阅信用档案。

第五章 法律责任

第四十五条 申请人隐瞒有关情况或者提供虚假材料申请房地产估价机构资质的，资质许可机关不予受理或者不予行政许可，并给予警告，申请人在1年内不得再次申请房地产估价机构资质。

第四十六条 以欺骗、贿赂等不正当手段取得房地产估价机构资质的，由资质许可机关给予警告，并处1万元以上3万元以下的罚款，申请人3年内不得再次申请房地产估价机构资质。

第四十七条 未取得房地产估价机构资质从事房地产估价活动或者超越资质等级承揽估价业务的，出具的估价报告无效，由县级以上地方人民政府房地产主管部门给予警告，责令限期改正，并处1万元以上3万元以下的罚款；造成当事人损失的，依法承担赔偿责任。

第四十八条 违反本办法第十七条规定，房地产估价机构不及时办理资质证书变更手续的，由资质许可机关责令限期办理；逾期不办理的，可处1万元以下的罚款。

第四十九条 有下列行为之一的，由县级以上地方人民政府房地产主管部门给予警告，责令限期改正，并可处1万元以上2万元以下的罚款：

（一）违反本办法第二十条第一款规定设立分支机构的；

（二）违反本办法第二十一条规定设立分支机构的；

（三）违反本办法第二十二条第一款规定，新设立的分支机构不备案的。

第五十条 有下列行为之一的，由县级以上地方人民政府房地产主管部门给予警告，责令限期改正；逾期未改正的，可处 5000 元以上 2 万元以下的罚款；给当事人造成损失的，依法承担赔偿责任：

（一）违反本办法第二十六条规定承揽业务的；

（二）违反本办法第二十九条第一款规定，擅自转让受托的估价业务的；

（三）违反本办法第二十条第二款、第二十九条第二款、第三十二条规定出具估价报告的。

第五十一条　违反本办法第二十七条规定，房地产估价机构及其估价人员应当回避未回避的，由县级以上地方人民政府房地产主管部门给予警告，责令限期改正，并可处 1 万元以下的罚款；给当事人造成损失的，依法承担赔偿责任。

第五十二条　违反本办法第三十一条规定，房地产主管部门拒绝提供房地产交易、登记信息查询服务的，由其上级房地产主管部门责令改正。

第五十三条　房地产估价机构有本办法第三十三条行为之一的，由县级以上地方人民政府房地产主管部门给予警告，责令限期改正，并处 1 万元以上 3 万元以下的罚款；给当事人造成损失的，依法承担赔偿责任；构成犯罪的，依法追究刑事责任。

第五十四条　违反本办法第三十五条规定，房地产估价机构擅自对外提供估价过程中获知的当事人的商业秘密和业务资料，给当事人造成损失的，依法承担赔偿责任；构成犯罪的，依法追究刑事责任。

第五十五条　资质许可机关有下列情形之一的，由其上级主管部门或者监察机关责令改正，对直接负责的主管人员和其他直接责任人员依法给予处分；构成犯罪的，依法追究刑事责任：

（一）对不符合法定条件的申请人准予房地产估价机构资质许可或者超越职权作出准予房地产估价机构资质许可决定的；

（二）对符合法定条件的申请人不予房地产估价机构资质许可或者不在法定期限内作出准予房地产估价机构资质许可决定的；

（三）利用职务上的便利，收受他人财物或者其他利益的；

（四）不履行监督管理职责，或者发现违法行为不予查处的。

第六章　附　则

第五十六条　本办法自 2005 年 12 月 1 日起施行。1997 年 1 月 9 日建设部颁布的《关于房地产价格评估机构资格等级管理的若干规定》（建房〔1997〕12 号）同时废止。

本办法施行前建设部发布的规章的规定与本办法的规定不一致的，以本办法为准。

北京市人民政府办公厅贯彻落实《国务院办公厅关于继续做好房地产市场调控工作的通知》精神进一步做好本市房地产市场调控工作的通知

京政办发〔2013〕17 号

各区、县人民政府，市政府各委、办、局，各市属机构：

近年来，本市坚决贯彻落实中央关于加强房地产市场调控的决策和部署，取得了积极成效。为进一步巩固调控成果，坚决落实《国务院办公厅关于继续做好房地产市场调控工作的通知》（国办发〔2013〕17 号）精神，结合本市实际，经市政府同意，现就有关问题通知如下：

一、切实承担稳定房价工作的责任

（一）高度重视房地产市场调控工作。坚持房地产市场调控、坚决抑制投机投资性购房，既是促进房地产市场健康发展、保障首都人民群众住有所居的需要，也是本市实现人口资源环境相协调、推动城市可持续发展的需要。当前，本市房地产市场调控仍处于关键时期，各区县政府和市有关部门要充分认识房地产市场调控工作的重要性，增强工作的主动性和自觉性，毫不动摇，常抓不懈。

（二）认真落实房价控制目标。继续严格执行各项调控政策和措施，保持房地产市场总体平稳。2013 年本市房价控制目标是：全市新建商品住房价格与 2012 年价格相比保持稳定，进一步降低自住型、改善型商品住房的价格，逐步将其纳入限价房序列管理。

（三）建立稳定房价工作责任制。市发展改革、住房城乡建设、规划、国土、税务、公安、民政、财政、人力社保、工商等部门要密切配合，加强联动，认真落实好本部门承担的房地产调控工作任务。各区县政府要认真落实各项调控措施，切实做好房价稳定工作，确保辖区内新建商品住房价格与全市房价控制目标总体一致。

二、坚决抑制投机投资性购房

（四）继续严格执行住房限购措施。按照《北京市人民政府办公厅关于贯彻落实国务院办公厅文件精神进一步加强本市房地产市场调控工作的通知》（京政办发〔2011〕8号）等文件要求，继续严格落实住房限购措施。自本通知下发次日起，本市户籍成年单身人士在本市未拥有住房的，限购1套住房；对已拥有1套及以上住房的，暂停在本市向其出售住房。

（五）严格购房资格审核，加大执法查处力度。本市成立专门的购房资格审核机构，统筹住房城乡建设、公安、税务、民政、人力社保等部门，进一步完善工作机制，加强购房资格联网审核。严肃查处限购措施执行中的违法违规行为，对教唆、协助购房人伪造证明材料、骗取购房资格的房地产开发企业和中介机构，暂停网上签约，责令限期整改，并严肃处理相关责任人；购房人不具备购房资格的，企业要与购房人解除合同。对不如实申报、提供虚假材料骗取购房资格的家庭，不予办理产权登记手续，家庭承担相应的法律责任，且5年内不得在本市购买住房。构成犯罪的，将依法追究刑事责任。

（六）继续严格实施差别化住房信贷政策。各商业银行、北京住房公积金管理中心，要继续落实好对首套房贷款的首付款比例和贷款利率政策，继续暂停第三套及以上住房贷款发放；进一步强化购房人贷款资格审核，严格按规定调查家庭住房登记记录和借款人征信记录，严禁向不符合信贷政策的借款人违规发放贷款。中国人民银行营业管理部、北京住房公积金管理中心在国家统一信贷政策基础上，根据本市房价控制目标和政策要求，进一步提高第二套住房贷款的首付款比例。

（七）充分发挥税收政策的调节作用。继续推进存量房交易计税价格动态调整工作。税务、住房城乡建设部门要密切配合，根据市场情况适时提高定价过高、预计增值额过大的房地产开发项目的土地增值税预征率，加强预征和清算管理，加大稽查力度。对个人转让住房按规定应征收的个人所得税，通过税收征管、房屋登记等信息系统能核实房屋原值的，应依法严格按照个人转让住房所得的20%计征；不能核实房屋原值的，依法按照核定征收方式计征个人所得税。对个人转让自用5年以上，并且是家庭唯一生活用房取得的所得，继续免征个人所得税。

三、增加普通商品住房及用地供应

（八）稳定普通商品住房用地供应。统筹考虑本市人口、资源、环境因素，保持适度土地供应规模，2013年本市住房用地供应计划为1650公顷。继续完善土地出让方式，通过"限房价、竞地价"等方式增加自住型、改善型住房的土地供应。土地出让前，住房城乡建设部门要提出商品住房项目的住房建设套数、套型建筑面积、设施条件、开竣工时间等要求，作为土地出让的依据，并纳入出让合同。

（九）完善土地市场监管。继续实行供应计划地块公布机制，合理安排土地开发供应节奏和时序，稳定市场预期。加快存量土地储备开发力度，尽快形成实际用地供应。对已供应的土地，督促尽快开工建设，加大闲置土地清理、公示、处置力度，密切跟踪土地供应后开发建设进度，强化房地产用地供应和开发利用的全过程监管。

（十）加快普通商品住房供应。发展改革、国土、规划、住房城乡建设等部门要建立中小套型普通商品住房建设项目行政审批快速通道，提高办事效率，严格落实开竣工申报制度，督促房地产开发企业严格按照合同约定建设施工。加快中小套型普通商品住房项目的供地、建设和上市。对中小套型住房套数达到项目开发建设总套数 70% 以上的普通商品住房建设项目，银行业金融机构在符合信贷条件的前提下优先支持其开发贷款需求。

四、加快保障性安居工程建设

（十一）进一步加大保障性安居工程建设力度。落实 2013 年建设筹集各类保障性住房 16 万套，竣工 7 万套的任务。二季度前完成项目供地、规划等手续，落实财政资金，三季度确保项目开工建设。加快城市和国有工矿棚户区改造，完成"三区三片"棚户区安置房建设，推进新增五片棚户区改造。开展非成片棚户区和危旧房改造，继续实施 1000 万平方米老旧小区抗震节能综合整治和简易住宅楼改造工程，做好城乡接合部地区重点村回迁安置房建设工作。

（十二）加强建设分配管理。强化城市总体规划和土地利用统筹管理，严把规划设计关、施工质量关、建筑材料关和竣工验收关，落实工程质量责任，确保工程质量安全。加大配套基础设施建设，确保与住宅同步交付使用。统一保障性住房申请，完善保障家庭的经济及住房状况审核机制，严肃查处擅自改变用途等违法违规行为，健全退出机制，确保公平分配。2013 年年底前，各区县要将符合条件、有稳定就业的来京外来务工人员纳入公共租赁住房保障范围。加强保障性住房小区运营管理，完善社区公共服务，切实解决入住家庭后顾之忧。

五、加强商品房销售管理

（十三）严格商品房预售管理。从工程投资和形象进度、交付时限等方面提高商品房预售许可门槛，具体办法由市住房城乡建设部门另行制定并发布。继续完善和严格执行商品房预售资金监管制度，确保预售款优先用于工程建设。

（十四）加强商品房销售价格引导。继续总结完善本市价格引导经验，对报价明显高于项目前期成交价格和周边在售项目价格且不接受指导的商品房项目，可暂不核发预售许可证书或暂不办理现房销售备案。商品房项目在销售中，要继续严格执行明码标价、一房一价规定，实际销售价格不得高于申报价格。

六、强化市场监管和预期引导

（十五）加强房地产企业信用管理。搭建本市房地产企业信用管理系统，全面整合住房城乡建设、发展改革、国土、规划、金融、税务、工商、统计等部门掌握的房地产企业信用信息，建立和完善信用信息归集、管理和对外发布制度，实现对房地产企业违法违规行为的联动监管。

（十六）严厉打击开发企业的违法违规行为。对存在闲置土地、炒地、捂盘惜售和哄抬房价等违法违规行为的房地产开发企业，市住房城乡建设等部门要密切配合、加强联动，加大查处力度。国土部门禁止其参加土地竞买，银行业金融机构不得对其发放新开发项目贷款，证券监管部门暂停批准其上市、再融资或重大资产重组，银行业监管部门禁止其通过信托计划融资，税务部门对其强化土地增值税的征收管理工作，严格按照有关规定进行清算审核和稽查。

（十七）加强房地产经纪活动监管。房地产经纪机构及房地产经纪人员应依法从事房地产经纪活动，受委托对外发布真实的房源和价格信息，不得抢占房源信息、哄抬房价和租金等。房地产经纪服务实行明码标价，不得利用虚假或使人误解的标价内容和方式等进行价格欺诈。发展改革、住房城乡建设、工商等部门要联合开展房屋中介市场专项治理工作，加大市场监管力度，依法严肃查处房地产经纪机构违法违规行为。

（十八）合理引导市场预期。各有关部门要密切关注房地产市场变化，加强市场监测和研究分析，全面、客观、及时发布房地产市场相关信息，主动解读市场走势、调控政策措施及广大居民关注的热点问题，合理引导市场预期。加强舆情监测和应对，对误导市场、误报误读的不实信息和言论，要及时予以纠正和澄清；问题严重的，应追究相关单位和人员责任。

七、加快推进长效机制建设

（十九）加强基础性工作。按照全国个人住房信息系统建设的总体部署和要求，继续推进本市城镇个人住房信息系统建设，完善管理制度和基础信息。认真落实国务院关于建立完善房地产市场管理长效机制的要求，立足本市实际，进一步探索完善符合首都特点的基本住房制度，完善差别化、多层次的住房需求调节机制，建立科学稳定的住房供应体系，逐步实现住房保障对象应保尽保、自住型和改善型需求得到有效满足，切实解决人民群众住房问题，促进首都房地产市场保持平稳健康发展。

北京市人民政府办公厅

2013 年 3 月 30 日

关于印发《北京市商品房预售
资金监督管理办法》的通知

京建法〔2013〕11 号

各区县住房城乡建设委（房管局），经济技术开发区房地局，各商业银行，各房地产开发企业，各有关单位：

《北京市商品房预售资金监督管理暂行办法》（京建发〔2010〕612 号）（以下简称《暂行办法》）自 2010 年 12 月 1 日实施以来，对规范商品房预售资金使用、维护购房人合法权益发挥了积极作用。为进一步加强我市商品房预售资金监督管理，保障预售资金用于有关的工程建设，结合《暂行办法》的实施情况，北京市住房和城乡建设委员会、中国人民银行营业管理部、中国银行业监督管理委员会北京监管局共同制定了《北京市商品房预售资金监督管理办法》。现予印发，请遵照执行。

附：北京市商品房预售资金监督管理办法

北京市住房和城乡建设委员会　中国人民银行营业管理部

中国银行业监督管理委员会北京监管局

2013 年 5 月 17 日

附件：

北京市商品房预售资金监督管理办法

第一章　总　则

第一条　为加强本市商品房预售资金监督管理，规范商品房预售资金的使用，维护购房人的合法权益，根据《中华人民共和国城市房地产管理法》、《城市商品房预售管理办法》（建设部令第 131 号）、《关于进一步加强房地产市场监管完善商品住房预售制度有关问题的通知》（建房〔2010〕53号）有关规定，结合本市实际，制定本办法。

第二条　本市行政区域内申请商品房预售许可的项目，其预售资金的收存、支取、使用及监督管理，适用本办法。

本办法所称商品房预售资金，是指购房人支付的定金、首付款、购房贷款以及其他形式的购房款。

第三条　本市商品房预售资金的监督管理遵循政府指导、银行监管、多方监督、专款专用的原则。

第四条　北京市住房和城乡建设委员会（以下简称市住房城乡建设委）负责指导全市商品房预售资金监管工作，组织相关管理信息系统建设。区县住房城乡建设主管部门负责指导、监督、协调本行政区域内商品房预售资金监管的具体实施。

中国人民银行营业管理部（以下简称人行营业管理部）负责管理商业银行办理商品房预售资金监管专用账户（以下简称专用账户）开立、变更和撤销业务。

中国银行业监督管理委员会北京监管局（以下简称北京银监局）配合市住房城乡建设委开展指导、监督商品房预售资金监管等相关行业监管工作。

商业银行在主管部门指导、监督下，对专用账户进行监管。

第二章　一般规定

第五条　申请商品房预售许可前，房地产开发企业应选择商业银行作为商品房预售资金监管专用账户的开户银行（以下简称监管银行），与监管银行签订预售资金监管协议，并按照一个预售许可申请对应一个账户的原则在监管银行开立专用账户。房地产开发企业不得从专用账户中支取现金。

预售资金监管协议示范文本由市住房城乡建设委、人行营业管理部、北京银监局共同制定。

第六条　商品房预售资金应全部存入专用账户，由监管银行对重点监管额度部分实行重点监管，优先保障工程建设。

重点监管额度是指预售项目所需的建筑施工、设备安装、材料购置、配套建设、代征代建等相关建设费用总额。其中，住宅项目应包括按照本市相关规定达到同步交付使用条件所需的建设费用。

第七条　房地产开发企业申请办理商品房预售许可时，应在预售方案中明确预售资金监管方案，并提交预售资金监管协议。预售资金监管方案应包括以下内容：

（一）项目重点监管额度；

（二）项目用款计划；

（三）专用账户名称、账号；

（四）其他需要说明的情况。

房地产开发企业取得商品房预售许可后，应在售楼场所公示预售资金监管方案及监管协议。

第八条 市住房城乡建设委通过门户网站公示预售项目的监管银行、专用账户名称及账号。

第九条 项目用款计划按照地下结构完成、主体结构完成、竣工验收备案、初始登记完成四个环节设置资金使用节点。

项目拟预售楼栋中最高楼栋为 7 层以上（含 7 层）10 层以下建筑的，可增加"建设层数达二分之一"节点；拟预售楼栋中最高楼栋为 10 层以上（含 10 层）建筑的，可增加"建设层数达三分之一"、"建设层数达三分之二"节点。

房地产开发企业应结合自身资金状况、融资能力，合理确定每个节点的用款额度。完成初始登记前，专用账户内的资金不得低于重点监管额度的 5%。

第十条 区县住房城乡建设主管部门应参照本区县建设项目综合建设费用，并根据项目的交付使用条件等情况核定项目重点监管额度及各节点用款额度。核定保障性住房项目重点监管额度及各节点用款额度时，应考虑其建设和销售特点。

第十一条 预售项目需变更监管银行的，应由房地产开发企业和监管银行先向区县住房城乡建设主管部门提出申请。变更期间，区县住房城乡建设主管部门暂停该项目网上签约。

项目暂停网上签约后，房地产开发企业应与原监管银行解除监管协议，重新选定监管银行，开立新专用账户，签订预售资金监管协议；项目已销售的，还应向全部购房人及购房贷款银行告知监管银行变更情况，并将原专用账户内资金全部转入新开立的专用账户，撤销原专用账户。上述事项办理完成后，房地产开发企业应持以下材料到区县住房城乡建设主管部门办理变更手续。区县住房城乡建设主管部门恢复该项目网上签约。

（一）变更监管银行申请；

（二）解除监管协议；

（三）新签订的监管协议；

（四）已告知购房人监管银行变更情况的证明材料；

（五）已告知购房贷款银行监管银行变更情况的证明材料；

（六）新监管银行出具的资金转入新专用账户的证明材料；

（七）原监管银行出具的原专用账户撤销的证明材料；

（八）区县住房城乡建设主管部门要求的其他材料。

第十二条 预售资金监管期间，发生房地产开发企业名称变更、项目转让等情形的，房地产开发企业需办理预售资金监管相关变更手续。

第三章 预售资金的收存、支取

第十三条 项目预售过程中，购房款应直接存入专用账户。房地产开发企业不得直接收取除定金外的其他商品房预售资金。

房地产开发企业收取的定金，应在完成商品房网上签约后五个工作日内存入专用账户。

第十四条 购房人申请贷款的，房地产开发企业应将专用账户提供给贷款银行，作为贷款到账账户。贷款银行应将贷款直接发放至专用账户。

第十五条 专用账户内资金超出剩余工程建设节点用款额度后，房地产开发企业可向监管银行申请支取超出部分的资金优先用于工程建设。

第十六条 房地产开发企业向监管银行申请支取预售资金的，应提出书面申请，并提交以下材料：

（一）地下结构完成节点，提交勘察、设计、施工、监理（建设）等单位签字（章）的《地基与基础分部工程验收记录》；

（二）建设层数达三分之一、二分之一、三分之二节点，提交由勘察、设计、施工、监理（建设）等单位签字（章）的相应层数的《主体结构子分部工程验收记录》；

（三）主体结构完成节点，提交勘察、设计、施工、监理（建设）等单位签字（章）的《主体结构分部工程验收记录》；

（四）竣工验收备案节点，提交建设、设计、施工、监理等单位签章的《北京市房屋建筑和市政基础设施工程竣工验收备案表》。

第十七条 监管银行应履行专用账户资金出账审核责任，收到房地产开发企业用款申请后，对申请材料进行审核，符合资金使用条件的，应在五个工作日内拨付资金。

第十八条 专用账户内资金未达到剩余工程建设节点用款额度时，房地产开发企业与购房人解除购房合同的，房地产开发企业可持区县住房城乡建设主管部门出具的网签合同注销证明文件，向监管银行申请退回已入账相应购房款，监管银行应在二个工作日内拨付。

专用账户内资金超出剩余工程建设节点用款额度后，房地产开发企业与购房人解除购房合同的，由房地产开发企业自行退款。

第十九条 预售项目完成房屋初始登记的，房地产开发企业可持房屋所有权登记证明向监管银行申请解除资金监管并撤销专用账户。监管银行审核符合条件的，应在三个工作日内解除对该项目的预售资金监管，并撤销专用账户。

房屋所有权登记楼栋号与预售许可楼栋号不一致的，房地产开发企业应一并提交《房产测绘成果备案表》。

第二十条　有下列情形之一的，市、区县住房城乡建设主管部门可以暂停房地产开发企业专用账户的资金支取，督促房地产开发企业尽快改正，并可协调相关部门监督专用账户内资金使用。

（一）预售项目发生质量事故的；

（二）预售项目未按期交付或存在不能按期交付风险的；

（三）房地产开发企业存在严重违法违规行为，影响工程建设的；

（四）市、区县住房城乡建设主管部门认为的其他情形。

第二十一条　专用账户内资金未达到剩余工程建设节点用款额度时，房地产开发企业因支付工程建设费用或农民工工资困难，存在社会矛盾风险隐患，确需使用预售资金支付相应费用的，可向区县住房城乡建设主管部门提出书面用款申请，经区县住房城乡建设主管部门审核后，可启动应急用款方式支取资金。区县住房城乡建设主管部门应监督该项目的资金使用。

第四章　监督管理

第二十二条　监管银行应指定专人负责预售资金监管工作，严格按照本市商品房预售资金监管系统相关接口规定，准确、及时上传数据；按照市、区县住房城乡建设主管部门要求做好数据整理工作，报送专用账户出入账情况，配合开展预售资金监管执法工作。

第二十三条　监管银行发现预售资金未按时、足额存入专用账户的，应及时将相关情况报送区县住房城乡建设主管部门。

第二十四条　监管银行应加强专用账户管理，建立健全授权审批等内部管理制度，定期核查预售资金审批支出等环节的制度执行情况，发现违规出账等问题的，应立即改正。

第二十五条　区县住房城乡建设主管部门应做好日常指导、监督工作，建立预售项目巡查制度，发现项目出入账存在问题的，责令房地产开发企业限期改正，未按期改正的暂停网上签约。发现监管银行违规的，应将相关情况报送市住房城乡建设委。

第二十六条　房地产开发企业有下列情形之一的，由市、区县住房城乡建设主管部门责令其限期改正，未按期改正的暂停违规项目的网上签约，并将其违法违规行为记入企业信用信息系统。情节严重的，暂停该房地产开发企业在本市全部房地产开发项目的网上签约，并向社会公示。

（一）未按本办法规定收存、支取预售资金的；

（二）以收取其他款项为由逃避预售资金监管的；

（三）提供虚假证明材料申请使用预售资金的；

（四）未按本办法规定向购房人贷款银行提供专用账户作为贷款到账账户的；

（五）其他违反预售资金监管规定的行为。

第二十七条　监管银行有下列情形之一的，由市住房城乡建设委通报人行营业管理部、北京银监局做相应处理；违规情节严重的，不得监管新预售项目。

（一）未按规定审核用款申请，拨付预售资金的；

（二）发现房地产开发企业存在违规收存预售资金行为，未及时报送区县住房城乡建设主管部门的；

（三）未按预售资金监管系统数据接口规范传输数据的；

（四）其他违反预售资金监管规定的行为。

第二十八条　施工单位、监理单位提供虚假证明或采取其他方式协助房地产开发企业违规支取预售资金的，由市、区县住房城乡建设主管部门依法对相关责任单位和责任人予以处理，将其违规行为记入企业信用信息系统，并向社会公示。

勘察单位、设计单位违反上述规定的，由市、区县住房城乡建设主管部门移交相关管理部门予以处理。

第二十九条　违反本办法规定，相关部门工作人员在预售资金监管工作中存在玩忽职守、滥用职权、徇私舞弊等行为的，依法给予处分；构成犯罪的，依法追究刑事责任。

第五章　附　则

第三十条　本办法自 2013 年 7 月 1 日起施行。《北京市商品房预售资金监督管理暂行办法》（京建发〔2010〕612 号）同时废止。

关于进一步加强本市商品房预售许可
管理有关问题的通知

京建法〔2013〕12 号

各区县住房城乡建设委（房管局），经济技术开发区房地局，各房地产开发企业，各有关单位：

按照《国务院办公厅关于继续做好房地产市场调控工作的通知》（国办发〔2013〕17 号）和《北京市人民政府办公厅贯彻落实〈国务院办公厅关于继续做好房地产市场调控工作的通知〉精神进一步做好本市房地产市场调控工作的通知》（京政办发〔2013〕17 号）要求，结合本市实际，现就进一步加强本市商品房预售许可管理有关问题通知如下：

一、2013 年 8 月 1 日后新签订土地出让合同的房地产开发项目，对商业、办公等非住宅楼栋，以及套均建筑面积大于 140 平方米的住宅楼栋，申请预售许可时，施工进度应达到以下条件：地上规划层数 7 层（含）以下的，施工进度应达到主体结构封顶；8 层（含）以上的，施工进度应达到地上规划层数 1/2 以上（且不低于 7 层）。

二、各区县房屋行政管理部门要严格按本通知规定勘查项目现场，对未达到施工进度要求的不予办理预售许可。

特此通知。

北京市住房和城乡建设委员会

2013 年 6 月 13 日

关于公布本市出租房屋人均居住面积标准等有关问题的通知

京建法〔2013〕13 号

各区县人民政府，亦庄开发区管委会，各有关单位：

为进一步规范本市住房租赁管理，维护住房租赁市场秩序，保障出租房屋使用安全，根据《商品房屋租赁管理办法》（住房和城乡建设部令第 6 号）、《北京市房屋租赁管理若干规定》（北京市人民政府令第 194 号发布，根据北京市人民政府令第 231 号修订）等相关规定，经市政府同意，市住房城乡建设委、市公安局、市规划委会同市卫生局等相关部门，就本市出租房屋人均居住面积标准等有关问题通知如下：

一、本市住房出租应当符合建筑、消防、治安、卫生等方面的安全条件，应当以原规划设计为居住空间的房间为最小出租单位，不得改变房屋内部结构分割出租，不得按床位等方式变相分割出租。厨房、卫生间、阳台和地下储藏室等不得出租供人员居住。

出租房屋人均居住面积不得低于 5 平方米，每个房间居住的人数不得超过 2 人（有法定赡养、抚养、扶养义务关系的除外）。法律法规另有规定的，从其规定。

本通知所指居住面积，是指规划设计为居住空间的房间的使用面积。

二、房屋出租人和承租人应当依法签订房屋租赁合同，租赁合同应当载明承租房屋间数、居住面积、居住人数等情况，并且明确约定相应的违约责任等内容。

出租房屋的安全由房屋所有人负责。出租人应当确保所出租房屋符合规定的安全条件，并自与承租人订立房屋租赁合同之日起 7 日内到房屋所在地基层管理服务站办理房屋出租登记手续。出租人应当对承租人使用房屋的情况进行监督，发现承租人违反相关规定和合同约定的，应当及时纠正，并报告相关行政部门。

房屋承租人应当对其使用行为负责。承租人未按照相关规定和合同约定使用房屋的，应当承担相应法律责任。

三、房地产经纪机构及经纪人员应依法开展房屋租赁经纪业务，不得为违反本规定的房屋租赁当事人提供经纪服务，不得参与或者教唆他人参与违反本规定的租赁行为。经纪机构及经纪人员违反本规定的，依法查处，记入信用档案，并向社会公示；涉嫌犯罪的，依法追究刑事责任。

四、住宅物业小区业主大会、业主委员会应当加强自我管理。业主大会应根据本规定及时修订和完善管理规约，增加人均居住面积标准等相关租赁限制条款。明确违反管理规约出租、转租房屋并严重影响相邻房屋业主正常居住的，业主委员会可书面责成出租人及时终止租赁行为；业主对侵害自己合法权益的租赁行为，可以依法向人民法院提起诉讼。

五、物业服务企业和房屋管理单位要强化服务意识，积极配合基层管理服务站和相关行政部门做好房屋出租登记和租赁合同备案工作，对发现的违规租赁行为要及时书面报告业主委员会和相关行政部门并存档备查。

六、落实属地监管责任。各区县人民政府应将房屋租赁综合治理纳入城市网格化管理体系，由乡镇、街道办事处牵头，派出所、基层管理服务站、居（村）民委员会及相关行政部门共同参与，加强出租房屋登记管理，建立出租房屋管理台账，完善房屋租赁巡检、发现与报告机制，实现对房屋租赁的动态监管。

七、建立综合治理机制。各相关行政部门要按照自身职责任务，各负其责，协调配合，加强联动，形成合力，加强对违规租赁行为的综合治理，确保各项措施得到落实。

住房城乡建设主管部门应对违反出租房屋面积标准限制条件和出租存在建筑安全隐患房屋的行为进行查处，并会同相关行政部门加强对房地产经纪机构违法违规行为的综合治理。

公安部门应对出租房屋未按规定办理登记手续，存在治安、消防安全隐患，妨碍他人正常工作、生活的行为，以及当事人不配合执法检查等行为依法严肃处理。

规划主管部门负责对建设工程规划许可证中规划建筑性质不明确的，予以明确。

八、各区县人民政府及相关行政部门要将房屋租赁治理纳入日常管理工作，畅通投诉举报渠道，加强执法查处工作。

九、本通知自发布之日起施行。

北京市住房和城乡建设委员会
北京市公安局
北京市规划委员会
2013 年 7 月 1 日

关于加快中低价位自住型改善型商品住房建设的意见

京建发〔2013〕510号

各区、县人民政府，市政府各委、办、局，各市属机构：

为进一步完善本市住房供应结构，支持居民自住性、改善性住房需求，稳定市场预期，促进长效机制建设，根据《北京市人民政府办公厅贯彻落实〈国务院办公厅关于继续做好房地产市场调控工作的通知〉精神进一步做好本市房地产市场调控工作的通知》（京政办发〔2013〕17号）有关规定，经市政府同意，现就本市加快中低价位自住型改善型商品住房（以下简称"自住型商品住房"）建设相关工作提出如下意见：

一、高度重视自住型商品住房建设和管理工作

加快自住型商品住房建设，是本市贯彻落实中央房地产调控精神，按照"低端有保障、中端有政策、高端有控制"的总体思路，完善住房供应结构，下大力气做实中端，支持居民自住性、改善性住房需求的重要举措，对于当前稳定房价，促进房地产市场平稳健康发展具有十分重要的意义。市有关部门、各区县政府要高度重视，切实做好加快自住型商品住房建设、加强自住型商品住房管理各项工作。

二、加强计划管理，确保土地供应

自住型商品住房用地，可以采取集中建设或者配建等多种形式，由房地产开发企业通过"限房价、竞地价"等出让方式公开竞得。市国土、规划部门在编制下一年度的土地供应计划时，应明确一定规模的自住型商品住房用地，具体分解到各区县，并向社会公布。供地区位应按照"全市统筹、区域均衡"的原则，优先安排在交通便捷、功能完善、公共服务设施完备的区域，2013年底前全市要完成不低于2万套自住型商品住房供地，今后还要根据市场需求情况进一步加大供地规模。

鼓励企事业单位和相关机构在符合相关法律法规规定和规划要求的前提下，将自有用地用于自住型商品住房的开发建设，或者将尚未进入销售环节的房地产

开发项目转化为自住型商品住房建设项目。

三、合理确定套型面积和价格标准

自住型商品住房项目在土地出让前，应明确住房套型建筑面积、销售均价等要求，作为土地出让的依据载入招拍挂交易文件，并在土地成交后将其纳入出让合同。

自住型商品住房套型建筑面积，以 90 平方米以下为主，最大套型建筑面积不得超过 140 平方米；销售均价，原则上按照比同地段、同品质的商品住房价格低 30% 左右的水平确定。

四、明确销售对象

按照限购政策规定在本市具有购房资格的家庭，可以购买自住型商品住房。其中，符合下列条件的家庭可以优先购买：

（一）本市户籍无房家庭（含夫妻双方及未成年子女），其中单身人士须年满 25 周岁。

（二）经济适用住房、限价商品住房轮候家庭。

符合条件的家庭只能购买一套自住型商品住房。

五、加强销售和登记管理

（一）房地产开发企业在申请办理自住型商品住房预售许可或者现房销售备案手续前，应在市住房城乡建设委网站和销售现场公示房屋套数、户型、价格等信息。公示期不少于 15 天。购房家庭应当在公示期内向房地产开发企业提出购房申请。对申请购房家庭的资格审核，按照本市住房限购相关规定执行。

（二）自住型商品住房项目在取得商品房预售许可证或办理现房销售备案后，由房地产开发企业组织向符合购房资格的申请人销售。选房顺序，由房地产开发企业组织公开摇号确定。摇号应当进行全程公证，并接受所在区县建设房管部门的监督。

（三）自住型商品住房进行房屋权属登记时，登记部门应将房屋性质登记为"自住型商品住房"。

六、加强自住型商品住房的转让管理

自住型商品住房购房人取得房屋所有权证后，原则上 5 年内不得转让。

购房人取得房屋所有权证 5 年以后转让的，如有增值，应当按照届时同地段商品住房价格和该自住型商品住房购买时价格差价的 30% 交纳土地收益等价款。

购房人将自住型商品住房转让后，不得再次购买自住型商品住房。

七、严肃查处违法违规骗购行为

对通过隐瞒家庭住房状况、伪造相关证明等方式，弄虚作假，骗购自住型商品住房的家庭，一经查实，房地产开发企业应与其解除购房合同，购房家庭承担相应经济和法律责任，且5年内不得在本市购买住房。构成犯罪的，依法追究刑事责任。

北京市住房和城乡建设委员会
北京市发展和改革委员会
北京市财政局
北京市国土资源局
北京市规划委员会
2013 年 10 月 22 日

关于做好存量房交易服务平台
扩大试点工作有关问题的通知

京建发〔2013〕73 号

各区县住房城乡建设委、房管局，经济技术开发区房地局，各房地产经纪机构，各有关银行，各有关单位：

根据《房地产经纪管理办法》（住房城乡建设部、发改委和人保部 8 号令）、《关于加强和规范房地产市场信息发布工作的通知》（建房〔2009〕97 号）和《关于开展存量房交易服务平台试点工作的通知》（京建发〔2011〕276 号）的有关规定，在总结海淀区试点工作经验基础上，按照"试点先行、逐步推广"的总体思路，结合区县实际，现决定将我市存量房交易服务平台试点范围扩大至西城区、海淀区、丰台区、石景山区、房山区、门头沟区、平谷区、怀柔区、延庆县、密云县及经济技术开发区，并就有关问题通知如下：

一、试点区县房屋行政主管部门要高度重视试点工作，严格落实《关于开展存量房交易服务平台试点工作的通知》相关规定，强化服务意识，加强组织领导与部门间协同配合，制定试点工作方案，切实做好平台试点工作，为当事人提供便利服务。

二、试点区县房屋行政主管部门应当从市住房城乡建设委公开招标的存量房平台交易资金监管入围银行中，选择不少于 4 家银行承担本行政区域内存量房交易资金监管工作。

区县房屋行政主管部门开设存量房自有交易资金监管账户时，应取得同级财政部门同意开户的证明，并按照《人民币银行结算账户管理办法》（人民银行令〔2003〕第 5 号）、《人民币银行结算账户管理办法》（银发〔2005〕16 号）、《北京市行政事业单位银行存款账户管理暂行办法》（银管发〔2002〕394 号、京财国库〔2002〕1250 号）和《关于开展存量房交易服务平台试点工作的通知》文件要求，办理存量房自有交易资金监管账户开设、变更和撤销业务。存量房自有交易资金监管账户不得支取现金。

三、存量房交易资金监管银行应当与区县房屋行政主管部门签订《北京市存量房交易资金监管服务协议》，按照相关规定与服务协议相关内容开展资金监管工作。未履行资金监管服务协议的，区县房屋行政主管部门可以解除服务协议。

四、通过房地产经纪机构达成交易的，或买卖双方自行达成交易选择资金监管服务的，买卖双方应当与区县房屋行政主管部门签订《存量房自有交易资金划转协议》，通过存量房自有交易资金监管账户划转自有交易资金。

五、房地产经纪机构或个人发布存量房房源信息时，应当附房源核验编号，未经核验的房源信息不得对外发布。试点区县房屋行政主管部门应当加强日常巡检，对发布未经核验房源信息的房地产经纪机构及人员要责令其限期改正，并记入信用档案；情节严重的依法从严查处，暂停网签，并向社会公示。

六、本通知自 2013 年 4 月 1 日起执行。

附件：1. 存量房交易服务平台工作规范
   2. 存量房平台交易资金监管入围银行名单
   3. 北京市存量房交易资金监管服务协议
   4. 存量房自有交易资金划转协议

北京市住房和城乡建设委员会

中国人民银行营业管理部

2013 年 2 月 7 日

附件 1：

存量房交易服务平台工作规范

一、房源核验申请、受理

房屋所有权人可自行或委托他人到房屋所在地房屋行政主管部门办事大厅申请核验，也可委托房地产经纪机构在网上申请核验。申请核验需提交以下材料：

（一）《存量房房源核验申请表》；

（二）房屋所有权证书原件及复印件；

（三）房屋所有权人身份证明原件及复印件；

（四）央产房、保障性住房还需提供有关部门出具的符合上市交易条件的证明材料原件及复印件；

（五）委托办理的，还需提供《存量房房源核验委托书》和受托人身份证明原件及复印件。

区县房屋行政主管部门办事大厅受理房源核验申请后，应向申请人出具《存量房房源核验受理回执》。

二、房源核验

区县房屋行政主管部门应依据房屋登记簿或权属档案记载的信息进行房源核验，核验应在受理之日起五个工作日内完成。核验事项包括：确认房屋坐落、建筑面积、规划用途、房屋所有权证号和权利状况与房屋登记簿或权属档案记载的信息一致，且房屋无查封、异议登记等限制信息。

在房屋交易权属系统中无记录的房屋，房源核验时，区县房屋行政主管部门应先在房屋交易权属系统存量房录入模块补录该房源信息。存量房交易服务平台同步该房源信息后，完成房源核验。

三、房源核验结果告知

申请人可凭核验编号和验证码查询核验结果。核验通过的，申请人可凭受理回执到受理窗口领取《存量房房源核验信息表》；核验未通过的，应告知申请人相关情况。

四、房源信息发布

房屋所有权人委托房地产经纪机构申请房源核验的，核验通过后，存量房交易服务平台自动发布房源信息；房屋所有权人自行申请房源核验的，应以书面方式确认是否通过存量房交易服务平台发布房源信息。房源信息发布期间，如核验房源完成网签或发生限制权利状况影响交易的，信息发布自动终止。

五、房源核验和房源发布撤销

房屋所有权人可自行或委托他人持以下材料，到房屋所在地房屋行政主管部门办事大厅申请撤销房源核验：

（一）《存量房房源核验撤销申请表》；

（二）房屋所有权证书原件及复印件；

（三）房屋所有权人身份证明原件及复印件；

（四）委托办理的，还需提供《存量房房源核验撤销委托书》和受托人身份证明原件及复印件。

委托房地产经纪机构办理撤销房源核验的，仅需提供《存量房房源核验撤销申请表》和《存量房房源核验撤销委托书》。

已完成房源核验的房屋，除转移登记（存量房买卖、已购公有住房买卖、已购经济适用房买卖）、异议登记、限制登记、抵押权注销登记外，如需办理其他房屋登记业务的，应先撤销房源核验。

六、提供自有交易资金监管服务

试点区县房屋行政主管部门为存量房买卖提供自有交易资金监管服务。

自有交易资金是指存量房交易当事人网上签订的存量房买卖合同中约定的房屋买受人应当支付给出卖人除贷款外的全部资金。

委托房地产经纪机构达成交易的，买卖双方应通过房屋行政主管部门开设的监管账户划转存量房自有交易资金；自行达成交易的，可协商选择是否通过监管账户划转自有交易资金。

存量房房源核验申请表

房屋所有权证号		房屋所有权人	
所有权人证件类型		所有权人证件号码	
受托人		受托人证件类型	
受托人证件号码			
房屋坐落			
房屋类型	□楼房　　　　□平房　　　　□筒子房		
房屋性质	□商品房　　　□已购公有住房　　　□向社会公开销售的经济适用住房 □按经济适用房管理的房屋　　　□其他		
街道		小区名称		建成年代	
重点区域		朝向	
装修标准		核验结果 通知电话	
拟售价格		发布电话	
是否发布	□发布　　　　　　　□不发布		
本人确认申请表所填内容及所提交资料真实有效。 申请人签字（盖章）： 　　　　年　　　月　　　日			

165

存量房房源核验委托书（委托经纪机构）

委托人			
房屋所有权证号		房屋所有权人	
所有权人证件类型		所有权人证件号码	
房屋坐落			
拟售价格（总价）			
受托人			
经纪机构名称		经纪机构备案号	
经纪人员姓名		资格证书编号	
经纪机构联系电话		经纪人员联系电话	
委托事项			

委托人委托受托人办理存量房房源核验，并委托其发布核验房源信息。

备注：

1.委托人应对房屋所有权证、房屋所有权人身份证明等材料的真实性负责；同一套房屋只能委托一家经纪机构申请房源核验、发布。

2.受托人应在本委托书签订之日起二个工作日内，向房屋所在地房屋行政主管部门申请房源核验。

3.受托人应在二个工作日内告知委托人房源核验编号和验证码，为委托人打印《存量房房源核验信息表》，并对委托人房源和个人信息承担保密义务。

4.在房源核验撤销前，受托人有权发布委托人的房源信息和开展居间经纪活动。

5.房屋所有权人可持房屋所有权证、身份证明原件到房屋所在地房屋行政主管部门单方撤销房源核验。

双方对上述委托事项予以承认，并愿意承担由此产生的法律后果。本委托书一式两份，双方各执一份，自签订之日起生效。

委托人签字（盖章）：　　　　　　　　　　　　　受托人签字（盖章）：

　　　年　月　日　　　　　　　　　　　　　　　　　年　月　日

166

存量房房源核验委托书（委托个人）

委托人			
房屋所有权证号		房屋所有权人	
所有权人证件类型		所有权人证件号码	
房屋坐落			
拟售价格（总价）			
受托人			
受托人			
受托人证件类型		受托人证件号码	

委托事项
委托人委托受托人办理上述房屋的房源核验。
对于受托人在上述委托事项内所进行的活动，委托人予以承认，并承担由此产生的法律后果。本委托书一式两份，双方各执一份，自签订之日起生效。

委托人签字（盖章）：　　　　　　　　　　受托人签字（盖章）：

　　年　　月　　日　　　　　　　　　　　　年　　月　　日

存量房房源核验受理回执

房屋所有权证号		房屋所有权人	
所有权人证件类型		所有权人证件号码	
房屋坐落			
受托人		受托人证件类型	
受托人证件号码			
经纪人员姓名		资格证书编号	
受理单位			
核验编号		密码	
受理时间		核验人员	

注意事项：

1.本回执为房源核验申请受理的凭证，请妥善保管。

2.核验编号、查询验证码不能更改。

3.自受理申请之日起五个工作日后，申请人可凭核验编号、查询验证码登录北京市住房和城乡建设委员会网站（www.bjjs.gov.cn）查询核验结果信息。

4.如核验已经通过，申请人可凭受理回执到受理窗口领取《存量房房源核验信息表》。

存量房房源核验信息表

房屋所有权证号		房屋所有权人		
所有权人证件类型		所有权人证件号码		
房屋坐落				
规划设计用途		建筑面积		
是否查封	□是　　□否	是否抵押		□是　　□否
权利人类型	权利人名称	权利份额（%）	证件类型	证件号码
核验编号		核验单位		
核验时间		核验人员		
注意事项	1.本信息表记载信息截至房源核验完成时间点有效，房屋权利信息可能随时发生变化，最终房屋信息以房屋登记簿记载为准。 2.可凭核验编号、查询验证码登录北京市住房和城乡建设委员会网站（www.bjjs.gov.cn）查询核验结果信息。			

存量房房源核验撤销申请表

房源核验受理编号：

房屋所有权证号		房屋所有权人	
所有权人证件类型		所有权人证件号码	
房屋坐落			
核验编号		查询验证码	
受托人			
受托人证件类型		受托人证件号码	
撤销原因			

本人确认本申请表格所填内容及所提交材料真实有效。

申请人签字（盖章）：

年　　月　　日

存量房房源核验撤销委托书（委托经纪机构）

委托人			
房屋所有权证号		房屋所有权人	
所有权人证件类型		所有权人证件号码	
房屋坐落			
受托人			
经纪机构名称		经纪机构备案号	
经纪人员		资格证书编号	
经纪机构联系电话		经纪人员联系电话	
委托服务内容			

委托人委托受托人办理存量房房源核验撤销相关手续。

　　对于受托人在上述委托事项内所进行的活动，委托人予以承认，并承担由此产生的法律后果。本委托书一式两份，双方各执一份，自签订之日起生效。

委托人签字（盖章）：　　　　　　　　　受托人签字（盖章）：

　　年　　月　　日　　　　　　　　　　　年　　月　　日

存量房房源核验撤销委托书（委托个人）

委托人			
房屋所有权证号		房屋所有权人	
所有权人证件类型		所有权人证件号码	
房屋坐落			
受托人			
受托人名称			
受托人证件类型		受托人证件号码	
委托服务内容			
委托人委托受托人办理存量房房源核验撤销相关手续。			

    对于受托人在上述委托事项内所进行的活动，委托人予以承认，并承担由此产生的法律后果。本委托书一式两份，双方各执一份，自签订之日起生效。

委托人签字（盖章）：   受托人签字（盖章）：

    年　月　日   年　月　日

附件2：

存量房平台交易资金监管入围银行名单

序号	入围银行名称	地　址
1	中国工商银行股份有限公司北京市分行	北京市西城区复兴门南大街2号天银大厦
2	中国邮政储蓄银行股份有限公司北京分行	北京市朝阳区光华路50号
3	北京银行股份有限公司	北京市西城区金融大街丙17号北京银行大厦
4	中国银行股份有限公司北京市分行	北京市东城区朝阳门内大街2号凯恒中心大厦
5	中信银行股份有限公司总行营业部	北京市西城区金融大街甲27号投资广场

序号	入围银行名称	地 址
6	中国农业银行股份有限公司北京市分行	北京市西城区展览馆路5号
7	中国建设银行股份有限公司北京市分行	北京市宣武门西大街28号楼4门
8	中国光大银行股份有限公司北京分行	北京市西城区宣武门内大街1号
9	北京农村商业银行股份有限公司	北京市西城区金融大街9号
10	上海浦东发展银行股份有限公司北京分行	北京市西城区太平桥大街18号丰融国际大厦

附件3：

北京市存量房交易资金监管服务协议

甲方（区县房屋行政主管部门）：＿＿＿＿＿＿＿＿＿＿＿＿＿＿＿＿

乙方（商业银行）：＿＿＿＿＿＿＿＿＿＿＿＿＿＿＿＿

　　为保证存量房交易的顺利进行，确保存量房交易双方的资金安全，根据《关于开展存量房交易服务平台试点工作的通知》（京建发〔2011〕276号）的有关规定，甲方在乙方处开设存量房自有交易资金监管账户（以下简称"监管账户"）。甲乙双方经协商一致，就资金监管事宜达成如下协议：

　　第一条 存量房自有交易资金监管约定

　　存量房自有交易资金（以下简称"自有资金"），是指存量房交易当事人网上签订的存量房买卖合同（以下简称"网签合同"）中约定的房屋买受人应当支付给出卖人的除贷款外的全部资金。甲方委托乙方对自有资金进行监管，乙方同意接受甲方的委托，监管自有资金。

　　第二条 甲方责任和义务

　　（一）甲方在乙方处开设监管账户。

　　（二）甲方通过存量房交易服务平台向乙方发送自有资金电子划转指令，并对电子划转指令的真实性、准确性负责。因电子划转指令错误造成的损失，由甲方承担相应责任。

　　（三）甲方负责监督、指导、协调资金监管工作和乙方的工作情况。甲方负责对乙方的监管工作进行定期考核测评，并向乙方反馈考核测评结果；对于年度考核不合格的，甲方可单方解除本协议，且不承担任何责任。

第三条　乙方责任和义务

（一）乙方接受甲方委托提供自有资金监管服务，为甲方开设监管账户，确保资金安全，并按本协议约定进行监管和账户结算。

（二）乙方按照甲方要求，与甲方的存量房交易服务平台联网，依据甲方通过存量房交易服务平台发送的电子指令及《存量房自有交易资金划转协议》进行存量房交易结算资金的监管账户的开设、资金确认、资金划转、销户等业务操作。

（三）乙方通过存量房交易服务平台向甲方发送自有资金足额信息，并对资金足额信息的真实性、准确性负责。因资金足额信息错误造成的损失，由乙方承担相应责任。

（四）乙方应严格按照甲方发送的电子指令划转监管账户内资金，不得随意变更和调整资金划转流程。确实需要调整的，乙方应向甲方提出书面申请，并说明原因，经甲方批准后执行。乙方按照甲方出具的电子指令办理资金划转，由于甲方发送电子指令错误所产生的风险及纠纷与乙方无关。

（五）乙方接受甲方的监督，并根据甲方需求定期提供监管账户的对账单。

（六）乙方确保监管账户的资金专款专用，不得挤占、挪（使）用、贪污监管资金。对挤占、挪（使）用、贪污监管资金等违法违纪行为，乙方应承担全部责任，并严肃查处、追究相关责任人的责任。

（七）如有权机关对监管资金进行冻结、扣划，乙方应自冻结、扣划之日起三个工作日内向甲方书面报告情况并提供相关材料。

第四条　监管账户开设

甲方应于本协议签订后，在乙方开设＿＿区（县）监管账户。但甲方在乙方处开设的监管账户并不是唯一的账户，甲方还可以在其他金融机构开设监管账户。

乙方根据甲方出具的电子指令，以网签合同编号为账户名建立监管子账户，专门用于对存量房自有交易资金进行明细核算。

第五条　监管账户管理

监管账户由乙方管理，不得提现。乙方根据本协议约定的电子指令办理资金划转，不得擅自动用账户内资金。

第六条　监管金额

监管资金金额以交易当事人签订的存量房网签合同约定的买受人应支付给出卖人的自有交易资金的金额为准。

第七条　免责条款

（一）由于不可抗力造成的损失，甲、乙双方免责。

（二）如有权机关对监管资金进行冻结、扣划，乙方不对该冻结或扣划行为以及由此给交易造成的任何结果承担相应责任，但有义务向有权机关出示证据以证明监管资金及其银行账户的性质。

第八条 其他事项

（一）本协议有效期限自＿＿＿年＿＿＿月＿＿＿日到＿＿＿年＿＿＿月＿＿＿日止。

（二）本协议履行期间如有任何争议，甲乙双方应协商解决。协商不成的，任何一方均可向甲方所在地人民法院提起诉讼。

（三）本协议一式二份，甲、乙双方各执一份，具有同等法律效力。

（四）本协议自双方签订之日起生效。

甲方（签章）：＿＿＿＿＿＿＿＿＿＿＿＿＿＿＿＿＿＿＿＿＿＿＿

法定代表人／委托代理人（签字）：＿＿＿＿＿＿＿＿＿＿＿＿＿＿＿

通讯地址：＿＿＿＿＿＿＿＿＿＿＿＿＿＿＿＿＿＿＿＿＿＿＿＿＿＿

联系电话：＿＿＿＿＿＿＿＿＿＿＿＿＿＿＿＿＿＿＿＿＿＿＿＿＿＿

签订日期：　　　　年　　　　月　　　　日

乙方（签章）：＿＿＿＿＿＿＿＿＿＿＿＿＿＿＿＿＿＿＿＿＿＿＿

法定代表人／委托代理人（签字）：＿＿＿＿＿＿＿＿＿＿＿＿＿＿＿

通讯地址：＿＿＿＿＿＿＿＿＿＿＿＿＿＿＿＿＿＿＿＿＿＿＿＿＿＿

联系电话：＿＿＿＿＿＿＿＿＿＿＿＿＿＿＿＿＿＿＿＿＿＿＿＿＿＿

签订日期：　　　　年　　　　月　　　　日

附件4：

存量房自有交易资金划转协议

编号：＿＿＿＿＿＿＿＿＿＿＿

甲方（房屋出卖人）：＿＿＿＿＿＿＿＿＿

乙方（房屋买受人）：＿＿＿＿＿＿＿＿＿

丙方（区县房屋行政主管部门）：＿＿＿＿＿＿＿＿＿

甲、乙双方进行存量房买卖并已签订《北京市存量房屋买卖合同》(网签合同编号：＿＿＿＿＿＿＿＿）。依据《关于开展存量房交易服务平台试点工作的通知》（京建发〔2011〕276号）的有关规定，现经甲、乙、丙三方协商，订立本协议。

第一条 甲乙双方同意账户名：＿＿＿＿＿＿＿＿（网签合同编号），账号为：＿＿＿＿＿＿＿＿的账户作为存量房自有交易资金监管子账户（以下简称"监管账户"），自愿将《北京市存量房屋买卖合同》中约定的乙方自有交易资金（以下简称"自有资金"存入该账户。如交易完成，自有资金及在监管账户存续期间的存款利息归甲方所有；如甲乙双方交易失败，账户内本息归乙方所有。

甲方在＿＿＿＿＿＿＿＿银行开设的账户，户名为：＿＿＿＿＿＿＿＿账号为：＿＿＿＿＿＿＿＿，交易完成时，作为自有资金收款账户。

乙方在＿＿＿＿＿＿＿＿银行开设的账户，户名为：＿＿＿＿＿＿＿＿账号为：＿＿＿＿＿＿＿＿，交易失败时，自有资金划付至该账户。

存量房交易过程中，甲、乙双方均不得注销上述资金收款、划付账户，由此造成的交易资金无法划转责任由注销账户方承担。

第二条 资金监管期限：如交易成功，自乙方将自有资金存入监管账户之日起，至甲乙双方交易的房屋权属转移登记完成，自有资金划付至甲方之日止。

如交易失败，自乙方将自有资金存入监管账户之日起，至甲乙双方注销存量房网签合同，自有资金划付至乙方之日止。

第三条 丙方的监管义务：在监管期间，丙方通过存量房交易服务平台出具电子指令要求监管银行划转监管账户内的自有资金。因丙方原因造成存量房交易当事人资金损失的，丙方承担相应的赔偿责任。

房屋权属转移登记完成后二日内，丙方通过存量房交易服务平台出具电子指令，要求监管银行将乙方存入监管账户内的自有资金划转至甲方账户。

发生下述情形之一的，甲、乙双方办理《北京市存量房屋买卖合同》注销手续后二日内，丙方通过存量房交易服务平台出具电子指令解除对自有资金的监管，并要求监管银行将乙方存入监管账户内的自有资金划转至乙方账户：

1. 甲、乙双方协商解除《北京市存量房屋买卖合同》的；
2. 房屋不符合权属转移登记条件未能办理房屋权属转移登记的；
3. 有权机关限制无法办理房屋权属转移登记的；
4. 其他未达成交易的情形。

第四条 该存量房交易过程中，甲、乙双方发生的纠纷，由甲、乙双方自行协商解决，丙方不介入该存量房买卖纠纷。丙方不承担本协议约定的监管资金以外的其他责任。

第五条 有权机关对监管资金进行冻结和扣划的，丙方不对该冻结或划扣等行为以及由此给交易造成的任何结果承担相应责任，但有义务协助监管银行证明监管账户及资金的性质。

第六条 本协议在履行中如发生争议，三方应协商解决。协商不成时，三方同意按下列第＿＿＿＿＿＿＿种方式处理：

1. 向丙方所在地人民法院提起诉讼；

2. 提交北京仲裁委员会仲裁。

第七条 本协议书一式三份，三方各执一份，具有同等法律效力。

第八条 本协议书自甲、乙、丙三方签字之日起生效。

甲方（签字）：　　　　　　乙方（签字）：　　　　　　丙方（公章）：

证件号码：　　　　　　　　证件号码：

联系电话：　　　　　　　　联系电话：　　　　　　　　联系电话：

　年　　月　　日　　　　年　　月　　日　　　　年　　月　　日

关于开展房地产经纪机构和房地产
经纪人员违法违规行为专项整治工作方案的通知

京工商发〔2013〕98 号

各区县工商分局、专业分局，各区县住房城乡建设委（房管局），经济技术开发区房地局，北京经纪人协会，北京房地产中介行业协会：

为进一步依法规范本市房屋租赁管理，保障出租房屋使用安全，为群众创造良好居住环境，根据市委、市政府领导指示，首都综治办牵头工商、住房城乡建设委、公安等部门开展房屋违法出租问题治理工作。按照首都综治办的统一部署，市工商局、市住房城乡建设委决定在全市范围内开展房地产经纪行业违法经营行为专项整治。现将《北京市工商行政管理局北京市住房和城乡建设委员会关于开展房地产经纪机构和房地产经纪人员违法违规行为专项整治的工作方案》印发给你们，请遵照执行。

北京市工商行政管理局

北京市住房和城乡建设委员会

2013 年 12 月 11 日

附件：

北京市工商行政管理局
北京市住房和城乡建设委员会
关于开展房地产经纪机构和房地产
经纪人员违法违规行为专项整治的工作方案

为维护首都房地产经纪行业正常秩序，按照首都综治办《关于在全市开展房屋违法出租问题治理工作的实施方案》的具体部署，特制定本工作方案。

一、指导思想和工作目标

为认真贯彻落实中央和市委、市政府关于加强流动人口和出租房屋管理服务的有关部署，切实回应广大群众关于依法治理房屋违法出租特别是"群租房"中存在的严重扰民和安全隐患突出等问题的强烈要求，充分体现党的群众路线教育实践活动成果，各区县工商行政管理部门、房屋行政管理部门要勇于担当、积极作为、加强配合，充分发挥监管职能，开展房地产经纪机构和房地产经纪人员违法违规行为专项整治。要通过此次整治，严格规范房地产经纪机构和房地产经纪人员经营行为，对群租房违法情节严重、消费者投诉集中、屡教不改的房地产经纪机构进行倒查，有效消除房地产经纪机构及从业人员违法违规行为对首都环境秩序造成的不良影响。

二、组织领导

为加强对此次专项整治工作的统一领导，市工商局和市住房城乡建设委分别成立由主要领导牵头、主管领导具体负责、相关处室（队）参加的领导小组，研究解决专项整治工作中遇到的难点问题，协调和指导区县局开展工作。各区县工商、房管部门要参照市级模式成立相应领导机构，实行一把手负责制，明确任务、落实责任、措施到位，切实做好此次专项整治工作。

三、整治内容

各区县工商行政管理部门、房屋行政管理部门要采取"点面结合、以面为主"的方针，对下列10种违法违规行为开展集中整治：

（一）清理房地产经纪机构在小区、路口擅自戳设的自设性户外违规广告牌。

（二）清理房地产经纪机构在店堂门窗张贴的房源信息或广告。

（三）清理宣传推广房地产经纪服务的违法违规印刷品广告。

（四）查处涉及群租房问题的房地产经纪机构从事的以下违法行为：一是隐瞒与委托人有关的重要事项；二是违反有关规定从事居间、代理业务范围以外的其他经营活动；三是对经纪的商品或服务做引人误解的虚假宣传；四是占用、挪用或者拖延支付客户资金；五是利用合同格式条款侵害消费者合法权益。

（五）查处无照、擅自设立分支机构或超出核准登记的经营范围从事房地产经纪活动的行为。

（六）查处利用出租房屋从事无照经营等违法经营的行为。

（七）清理经相关部门认定的在互联网上擅自发布的群租房及价格虚高的房地产销售、租赁信息。

（八）查处未经委托人书面同意擅自发布房源信息、发布虚假房源信息，或者恶意抢占房源信息的行为。

（九）查处违反我市住房限购政策，诱导购房人违反限购等政策措施，协助购房人伪造证明材料骗取购房资格，擅自划转客户交易结算资金的行为。

（十）查处为不符合安全标准的房屋提供租赁经纪服务、擅自改变房屋内部结构分割出租的行为。

四、整治阶段安排

专项整治行动分为部署排查、集中治理和总结巩固三个阶段进行。

（一）部署排查阶段（即日起至2013年12月20日）。

各区县工商行政管理部门、房屋行政管理部门根据工作部署和要求，结合实际情况，制定实施方案和措施，进行动员部署。要分别约谈"链家"、"我爱我家"、"麦田"、"中原"、"安信瑞德"、"中大恒基"等大型房地产经纪机构，提出规范经营要求，要求企业自查自纠，并宣传法律法规、告知违法后果。要组织力量，对辖区房地产经纪机构进行全面排查，建立相关监管台账，做到"底数清、情况明"。

（二）集中治理阶段（2013年12月21日至2014年2月15日）。

各区县工商行政管理部门、房屋行政管理部门要结合确定的治理重点，切实做到：一是强化清理整治。坚决清除房地产经纪机构在小区、路口擅自戳设的自设性户外违规广告牌，以及在店堂门窗张贴的房源信息或广告；清理违法违规印刷品广告；清理经相关部门认定的在互联网上擅自发布的群租房及价格虚高的房地产销售、租赁信息。二是强化依法查处。坚决查处房地产经纪机构和人员的违法违规行为；坚决查处无照或超范围从事房地产经纪活动、利用出租房屋从事无照经营等违法经营活动的行为；对拒不配合检查、拒不改正、消费者反映强烈、群租房违法情节严重的房地产经纪机构，要通过倒查房屋租赁经纪合同发现违规问题，加大查处力度。三是强化联动配合。各区县工商、房管部门要加强协调配合和联合执法，形成工作合力，加大查处力度，对检查中发现的违法违规问题要"先行控制、再分责任"；要进一步强化同属地政府和有关部门的沟通，加强与公安、城管、通信管理等部门的执法联动，建立"一家发现、转告相关、部门联动、综合治理"的长效工作机制；要发挥经纪人协会和房地产中介行业协会作用，加强行业自律和信用约束，对违规操作且情节严重的经纪执业人员，要限制其从业资格，停止其职业资格注册，及时向社会公示。四是强化督导检查。要强化对基层的业务指导和督促检查，研究解决治理工作中遇到的实际困难，市工商局、市住房城乡建设委将对重点地区整治情况进行抽查，确保整治取得实效。

（三）督查总结阶段（2014年2月16日至2月28日）。

市工商局、市住房城乡建设委将按照首都综治办的统一要求，对此项工作加强督查，对重点地区开展抽查；各区县工商行政管理部门、房屋行政管理部门也要制定切合实际的督导检查计划，及时发现和解决工作中存在的问题，确保各项要求落实到位注重总结整治工作经验，在加强日常检查的同时，要注重建立长效机制，坚决防止相关违法经营问题反弹。

五、工作要求

（一）提高思想认识，积极主动作为。

各区县工商行政管理部门、房屋行政管理部门要树立维护首都和谐稳定的大局意识，将群众反映强烈、市委市政府高度关注的社会热点问题作为我们当前监管工作的重点；要强化对此项工作的组织领导，整合执法力量，开展集中整治，抓好工作落实。

（二）加强协调配合，形成工作合力。

市级相关业务部门要各司其职、密切配合，要按照各自职责负责研究解决专项整治工作中遇到的难点问题，加大对基层的指导和协调。要加强调度指挥，发挥业务科室职能作用，承担部分检查和办案任务，合理下派整治任务，做到业务工作统一下派、统一要求，切实提高整治实效；要强化属地领导，强化部门联动，固化互动式合作、联动式执法体系，加大排查整治力度，形成条块结合、群防群治的工作格局。

（三）加强行业自律，实施信用监管。

支持和指导北京市经纪人协会、北京房地产中介行业协会加强行业自律建设，完善行业规范，制定符合行业特点的执业标准，建立行业惩戒制度。将查处的违法房地产经纪机构纳入企业信用信息系统，及时向社会公示。同时，加强对经纪执业人员的教育，使守法经营意识内化于心，不断提高经纪执业人员队伍素质。

（四）加强信息反馈，及时报送情况。

各区县工商行政管理部门、房屋行政管理部门要高度重视信息报送工作，掌握工作进展情况和取得效果，日常排查治理信息每周一报，重大突出问题信息要及时上报，每一阶段结束后报送阶段工作总结，并于2014年2月28日前报送整治工作总结。

十、房屋登记管理

关于开展我市集体建设用地范围内
房屋登记试点工作的通知

京建发〔2013〕48 号

海淀区房管局、大兴区住房城乡建设委、平谷区住房城乡建设委：

为贯彻落实《中华人民共和国物权法》和《房屋登记办法》（建设部令第168 号），维护房屋交易安全，保护权利人的合法权益，探索我市集体土地房屋登记工作机制，经市政府同意，我委决定在海淀区、平谷区、大兴区开展集体建设用地范围内房屋登记试点工作。现将《北京市集体建设用地范围内房屋登记试点工作实施意见》（以下简称实施意见）发给你们，并就相关问题通知如下：

一、试点区要按照实施意见要求，尽快制定具体工作方案报我委，本着先易后难、稳步推进的原则开展工作。

二、试点区要建立健全试点工作的各项保障机制，与本区国土、规划、乡镇政府、村委会等相关部门密切沟通，做好试点工作的衔接和协调。

三、试点工作从 2013 年 1 月开始，2013 年 12 月底结束。过程中遇有问题请及时上报，并认真总结经验，为全市推广奠定基础。

特此通知。

附件：《北京市集体建设用地范围内房屋登记试点工作实施意见》

北京市住房和城乡建设委员会
2013 年 1 月 16 日

附件：

北京市集体建设用地范围内房屋登记
试点工作实施意见

为规范本市集体建设用地房屋登记行为，依法保护权利人的合法权益，依据《中华人民共和国物权法》、《中华人民共和国土地管理法》、《中华人民共和国城乡规划法》、《房屋登记办法》（168号令）等相关法律、法规、规章，结合本市实际，现就开展我市集体建设用地范围内房屋登记试点工作，提出如下意见：

一、指导思想

坚持以科学发展观为指导，以切实维护农村集体经济组织和广大农民的合法权益、保障农民长远生计为核心，根据党的十七届三中、四中全会精神和国家现行政策，稳妥开展集体土地范围房屋登记发证试点工作，着力盘活集体土地范围内房屋，进一步活跃农村经济、全面推进农村改革发展、促进城乡统筹发展和新农村建设。

二、登记范围

本市集体建设用地范围内房屋登记试点工作，拟在海淀区、平谷区和大兴区开展。登记范围是试点区内利用集体建设用地（宅基地除外）依法建设的房屋。

三、登记机构

上述区县住房和城乡建设委员会、房屋管理局（以下简称房屋登记部门）受北京市住房和城乡建设委员会（以下简称市住房城乡建设委）委托，承担辖区内集体建设用地范围内房屋登记工作。

四、登记原则

（一）房地主体一致的原则。房屋所有权人应与房屋占用范围内的集体建设用地土地使用权人保持一致。

（二）房屋建设用地的合法性原则。申请登记房屋所占用的土地应依法取得集体建设用地使用权。

五、登记程序

房屋登记依照申请、受理、审核、登簿、发证等程序进行。

集体建设用地房屋初始登记以及申请补发房屋权属证书、登记证明的，房屋登记部门应在房屋所在地农村集体经济组织或村民委员会办公场所或房屋所在地张贴公告，同时，还应在市住房城乡建设委官方网站发布公告。

公告期30天，公告期满无异议或异议不成立的，方可核准登记。

六、登记内容

（一）初始登记

农村集体经济组织合法建造房屋申请初始登记的，应提交下列材料：

1. 登记申请书；

2. 申请人的身份证明；

3. 集体所有建设用地使用权证明；

4. 房屋符合城乡规划的证明；

5. 房屋已竣工的证明；

6. 经村民会议同意或由村民会议授权经村民代表会议同意其登记的证明，或者乡镇农民集体经济组织同意的证明；没有组建乡镇农民集体经济组织的，由乡镇政府出具同意的证明；

7. 区县公安分局出具的北京市门楼牌编号证明信；

8. 房产测绘成果备案表；

9. 其他必要材料。

（二）转移登记

经登记的房屋所有权发生转移的，当事人应当在有关法律文件生效或者事实发生后，先办理集体建设用地使用权变更登记，再办理房屋登记。办理房屋转移登记应提交下列材料：

1. 登记申请书；

2. 申请人的身份证明；

3. 房屋所有权证；

4. 申请人的集体所有建设用地使用权证；

5. 村民会议同意或由村民会议授权经村民代表会议同意的证明，或者乡镇农民集体经济组织同意的证明；没有组建乡镇农民集体经济组织的，由乡镇政府出具同意的证明；

6. 证明房屋所有权发生转移的文件；

7. 契税完税或减（免）税凭证；

8. 其他必要材料。

（三）变更登记

经登记的房屋有下列情形之一的，权利人应当在事实发生后，先办理集体建设用地使用权变更登记，再提交登记申请书、身份证明、原房屋所有权证、证明发生变更事实的文件及其他必要材料申请房屋所有权变更登记：

1. 权利人姓名或名称、相关信息发生变化；

2. 房屋坐落发生变化；

3. 房屋面积发生变化；

4. 同一所有权人分割或者合并房屋；

5. 房屋规划用途发生变化；

6. 法律、法规规定的其他情形。

（四）抵押登记

以乡镇、村企业的厂房等建筑物抵押的，当事人申请抵押登记时应提交下列材料：

1. 登记申请书；

2. 身份证明；

3. 房屋所有权证；

4. 集体建设用地使用权证；

5. 主债权合同；

6. 抵押合同；

7. 经村民会议或者由村民会议授权经村民代表会议同意抵押的证明，或者乡镇农民集体经济组织同意的证明；没有组建乡镇农民集体经济组织的，由乡镇政府出具同意的证明；

8. 其他必要材料。

（五）其他登记

集体建设用地范围内房屋的地役权登记、预告登记、更正登记、异议登记、注销登记等，参照国有土地范围内房屋登记的有关规定办理。

七、组织保障

（一）高度重视，周密部署。试点区县房屋登记部门要高度重视，充分领会开展集体建设用地范围内房屋登记工作的重要意义，研究制定具体工作方案，明确工作目标和任务，加强宣传培训，落实责任制。

（二）完善登记机构建设。试点区县房屋登记部门要协调相关部门，解决开展集体土地房屋登记工作所需的人员编制和专项经费问题。在科学测算工作量和人员匹配关系的基础上，专业队伍的组建可采取登记人员基本配置和外聘服务相结合的方式，核心岗位由登记官和正式工作人员承担，辅助性工作由外聘人员完成。外聘人员经费纳入区县财政预算管理。

（三）建立部门联动工作机制。试点区县房屋登记部门应统筹协调相关部门，建立沟通顺畅的联动机制，为集体建设用地房屋登记的开展创造良好条件。

（四）建立突发事件应急机制。试点区县房屋登记部门应制定应急预案，及时妥善处理试点工作中出现的突发事件，以维护社会和谐稳定。

关于转发最高人民法院等 15 部门《关于印发〈公安机关办理刑事案件适用查封、冻结措施有关规定〉的通知》的通知

京建发〔2013〕529 号

各区县住房城乡建设委、房管局，经济技术开发区房地局、市房屋权属登记事务中心：

现将最高人民法院等 15 部门《关于印发〈公安机关办理刑事案件适用查封、冻结措施有关规定〉的通知》（公通字〔2013〕30 号）转发给你们，请遵照执行。执行中的问题请及时反馈我委。

附件：最高人民法院等 15 部门《关于印发〈公安机关办理刑事案件适用查封、冻结措施有关规定〉的通知》（公通字〔2013〕30 号）（略）

北京市住房和城乡建设委员会

2013 年 11 月 8 日

关于加强部门协作共同维护正常
税收秩序的通知

京地税第〔2013〕3 号

各区、县地方税务局、各分局，各区、县住房城乡建设委、房管局、开发区国土房管局、市房屋登记中心：

近期，部分区县房管部门发现个别纳税人持伪造的《中华人民共和国契税专用税收缴款书》、《中华人民共和国契税完税证》（以下简称"完税凭证"）办理房屋登记。针对此情况，为加强我市房屋交易税收管理，发挥部门协作优势，防止国家税款流失，共同维护正常税收秩序，现就加强房屋登记过程中完税凭证的审核管理工作通知如下：

一、加强部门协作，防范税收风险

各区县房管部门与地税部门应加强协作，根据工作实际制定切实可行的措施，加强完税凭证的审核管理。

对有疑点的完税凭证，房管部门应及时与地税部门沟通，地税部门对完税凭证的真伪进行查验。对涉嫌犯罪的，地税部门会同房管部门移送公安机关处理，公安机关未作出处理决定之前，对该房产停止办理涉税和房屋登记手续。

二、加强完税凭证审核，定期交换信息

各区县房管部门与地税部门要不断加强信息交换与共享工作，加强对完税凭证的审核管理。地税部门要定期将完税凭证相关数据、信息提供给房管部门，房管部门根据地税部门信息，加强对完税凭证真伪性的审核及管理工作，使用防伪手段，加强信息沟通。双方尽快研究建立信息化电子数据交互审核系统，利用信息平台进行数据共享，强化对完税凭证的监督管理，维护正常税收秩序。

三、加强政策宣传，依法处理违法行为

各区县房管部门与地税部门要强化对房地产经纪机构行业人员的法制和职业道德教育，加强宣传工作，对房地产经纪机构及房地产经纪人员存在违法问题的应当依法处理，并记入房屋管理部门信用档案。对因房地产经纪机构故意造假，

造成国家税款流失的，要切实落实责任追究。

各区县房管部门与地税部门要提高基层工作人员的防范意识，对涉嫌违法违规人员依法进行惩处。

北京市地方税务局　北京市住房和城乡建设委员会

2013 年 1 月 4 日

关于协助做好暂停办理房屋登记和房屋
登记信息查询的通知

京建发〔2013〕346号

各区县住房城乡建设委、房管局，经济技术开发区房地局：

为配合全市深入开展严厉打击违法用地、违法建设专项行动，协助做好暂停办理房屋登记和房产登记信息查询工作，依据《北京市禁止违法建设若干规定》（北京市人民政府令第228号）及《关于下发在规定时间内拆除存在重大安全隐患违法建设等两个工作指导意见的通知》（专指办发字〔2013〕3号）有关规定，现就有关问题通知如下：

一、各区县房屋登记部门要高度重视违法建设查处工作，并指派专人配合规划行政主管部门、城管执法部门（以下统称查处机关）做好违法建设项目的房屋登记信息查询及暂停房屋登记工作。

二、房屋登记部门收到查处机关出具的《关于协助暂停办理房屋登记和提供房产登记信息的函》后，应及时核对有关信息。已办理登记的房屋，工作人员应按接收时间顺序，在房屋交易权属管理系统中录入限制信息，与楼盘表进行关联，并将有关限制信息反馈查处机关。被限制的房屋暂停办理所有房屋登记手续。

三、有下列情形之一的，房屋登记部门应书面告知查处机关：

（一）尚未办理房屋登记的；

（二）查处机关提供的房屋地址坐落或产权人信息不准确，无法限制房屋登记的。

以上情况待查处机关明确具体信息后，再进行限制登记。

四、《关于协助暂停办理房屋登记和提供房产登记信息的函》中有明确暂停期限的，房屋登记部门按此期限暂停房屋登记，期限届满恢复登记，但查处机关续期的除外。函中未明确暂停期限的，待查处机关书面通知房屋登记部门解除限制登记后，恢复登记。

五、已被人民法院等其他部门查封的房屋，房屋登记部门依据查处机关申请进行限制时，应告知查处机关查封情况。已被查处机关限制的房屋，人民法院查封或处置房屋时，房屋登记部门应及时告知人民法院限制情况。

六、自本通知发布之日起，区县房屋登记部门应查处机关要求进行房屋限制登记后，应及时登录房屋交易权属信息查询系统（http://172.24.17.50/bankquery/）（以下简称查询系统），在线填写违法建设房屋限制信息，并及时上报。

各区县依据《关于下发在规定时间内拆除存在重大安全隐患违法建设等两个工作指导意见的通知》（专指办发字〔2013〕3 号）规定，已对违法建设房屋进行限制登记的，应于 2013 年 8 月 5 日前，将已限制房屋信息补录到查询系统中。

七、为配合做好房屋限制信息反馈工作，请各区县房屋登记部门明确负责此项工作的联系人姓名、电话，并填写《房屋交易权属信息查询系统用户及密钥申请表》，于 2013 年 7 月 26 日前，以书面形式报送我委，我委将为其开通钥匙盘权限，以便顺利开展房屋限制登记信息统计工作。

附件：房屋交易权属信息查询系统用户及密钥申请表

北京市住房和城乡建设委员会

2013 年 7 月 18 日

附件：

<h2 align="center">房屋交易权属信息查询系统用户及密钥申请表</h2>

单位盖章

联系人：　　　　　　　　　联系电话：　　　　　　　　负责人签字：

序号	用户姓名	性别	身份证号	申请权限
1				
2				
3				
4				
审核意见				日期：

我单位郑重承诺：仅将密钥用于工作内容的必要范围，未经市住房城乡建设委同意，不以任何方式将密钥用于指定用途以外任何事项。因违反上述承诺造成的一切法律责任由我单位承担。

十一、房屋安全和设备管理

关于抗震节能综合改造房屋面积
变更登记有关问题的通知

京建法〔2013〕16 号

各区县住房城乡建设委（房管局），东城、西城区住房城市建设委，各有关单位：

为顺利开展城镇房屋建筑抗震节能综合改造（以下简称综合改造）工作，根据《关于房屋建筑抗震节能综合改造增层及增加面积有关问题的通知》（京建法〔2011〕15 号）有关规定，经市老旧小区综合整治办公室联席会议同意，现就改造房屋面积变更登记有关问题通知如下：

一、综合改造仅涉及平层增加面积的，改造工程竣工后，实施责任主体应将市综合改造领导小组办公室确认文件、规划备案证明、施工许可证明、竣工验收证明、改造房号清单（包括房屋坐落、房号）提交房屋所在地登记部门备案。

二、增加面积的收费部门、收费方式和收费标准按照《关于房屋建筑抗震节能综合改造工程增加面积部分费用收取有关问题的通知》（京建法〔2012〕22 号）的相关规定执行。房屋所有权人缴纳增加面积费用后，收费部门应当将房屋面积测绘成果发放房屋所有权人。

三、综合改造房屋的所有权人应提交身份证明、房屋所有权证原件、房屋面积测绘成果申请房屋面积变更登记。经过面积变更登记的房屋，方可办理房屋转移、抵押等手续。

四、综合改造涉及增层的，备案时还应提交规划许可、用地审批等文件，办理程序参照以上内容执行。

特此通知。

北京市住房和城乡建设委员会

2013 年 8 月 30 日

十二、房屋征收管理

关于印发《北京市旧城区改建
房屋征收实施意见》的通知

京建发〔2013〕450 号

各区县人民政府，各相关单位：

按照市委市政府关于加快北京市中心城区棚户区改造和环境整治的工作要求，为加快推进相关工作，经市政府批准同意，现将《北京市旧城区改建房屋征收实施意见》印发给你们，请遵照执行。

特此通知。

附件：《北京市旧城区改建房屋征收实施意见》

北京市住房和城乡建设委员会
2013 年 9 月 7 日

附件：

北京市旧城区改建房屋征收实施意见

为深入推进中心城区城市建设，实现人民生活改善、城市环境改善、安全隐患消除的发展目标，按照《国有土地上房屋征收与补偿条例》（国务院令第 590 号）和《北京市国有土地上房屋征收与补偿实施意见》（京政发〔2011〕27 号）相关规定，现就旧城区改建房屋征收实施事宜提出如下意见：

一、基本原则

旧城区改建工程是一项综合性、系统性工程，按照"优化征收程序、简化审批手续"的基本思路，坚持"加快手续办理、简化审批要件、下放审批权限、做好政策衔接"的基本原则，在切实保障被征收居民合法权益的基础上，多措并举加快推进旧城区改建工作。

二、适用范围

本实施意见适用于全市实施旧城区改建范围的房屋征收项目。旧城区改建具体包括中心城区棚户区改造、平房区院落修缮、危旧房改造（不含解危排险等紧急情况）、城中村边角地环境整治等项目。

三、实施主体

（一）各区县人民政府负责本行政区域内旧城区改建房屋征收与补偿工作，组织相关部门对征收补偿方案论证，作出房屋征收决定、补偿决定。

（二）各区县房屋征收部门负责组织实施本行政区域内旧城区改建房屋征收与补偿工作，包括暂停办理相关事项、组织调查登记、拟定征收补偿方案、组织签订征收补偿协议、受理房屋征收信访投诉及法规政策解释宣传工作等。

（三）各区县房屋征收部门可以委托不以盈利为目的的房屋征收实施单位承担旧城区改建房屋征收与补偿的具体工作，并对房屋征收实施单位的征收与补偿行为负责监督。

（四）市重大项目建设指挥部办公室负责全市旧城区改建项目总体协调调度工作，市住房和城乡建设委员会会同市财政、发展改革、规划、国土资源等有关部门，加强对房屋征收与补偿实施工作的指导。

（五）项目建设单位由各区县人民政府确定，负责办理房屋征收前期手续，筹集房屋征收补偿资金、筹措房源等相关工作。

四、统一征收程序

（一）编制计划

区县人民政府组织项目建设单位及相关部门对本行政区域内旧城区房屋破损程度和改建难易程度进行调查，编制辖区内旧城区改建计划，并将编制完成的旧城区改建计划上报市重大项目建设指挥部办公室组织联合审查。

（二）计划审查

市重大项目建设指挥部办公室召集市发展改革、规划、国土资源、建设房管、财政等部门对各区县汇总的旧城区改建计划进行可行性、公益性联合审查。公益性认定以改善民生、优化环境为原则，不以改建后的规划用途为条件。审查通过后，市重大项目建设指挥部办公室向各区县人民政府下达旧城区改建计划。

（三）改建征询

旧城区改建计划确定后，区县人民政府组织或指定相关单位征询拟改建范围内产权人、公房承租人的改建意愿。

区县房屋征收部门对征询意见过程实施监督，大多数产权人、公房承租人同意的，方可进行旧城区改建，拟征收范围由区县人民政府确定。

（四）征收要件

通过征询的旧城区改建项目，纳入各区县国民经济和社会发展年度计划。各相关部门要简化审批手续、加快推进。发展改革部门出具投资任务书作为项目批准文件、规划部门出具项目规划意见、国土资源部门出具项目土地预审意见。

（五）暂停办理

区县房屋征收部门根据建设单位提交的征收要件以及房屋征收申请向区县人民政府申请启动房屋征收工作，在收到区县人民政府确认意见后3个工作日内，在征收范围内发布暂停公告，告知产权人、公房承租人不得在房屋征收范围内实施新建、扩建、改建房屋和改变房屋用途、变更房屋权属登记等不当增加补偿费用的行为，违反规定的不予补偿。暂停期限为一年，需要延长暂停期限的，区县房屋征收部门应当提前15日在征收范围内及时发布延期公告，延长期限最长不超过一年。

（六）调查登记

区县房屋征收部门可以委托房屋征收实施单位对房屋征收范围内房屋的权属、区位、用途、建筑面积等情况进行调查登记，产权人、公房承租人应当予以配合。调查结果应当在房屋征收范围内公布。

（七）方案征询

区县房屋征收部门会同区县财政、发展改革、监察、审计等部门及街道办事处（乡镇人民政府）拟定房屋征收补偿方案，并报区县人民政府批准。房屋征收补偿方案应在征收范围内公布，征求公众意见，征求意见期限为30日。征收范围内产权人、公房承租人有意见的，持本人身份证明和房屋权属证明或者公房承租证明，在征求意见期限内以书面形式提交房屋征收部门。多数产权人、公房承租人不同意征收补偿方案的，区县人民政府应当组织由产权人、公房承租人和公众代表参加的听证会，并根据听证会情况修改方案。区、县人民政府应当将征求意见情况和根据公众意见修改的情况及时公布。

（八）预签协议

区县房屋征收部门按照公布的征收补偿方案，组织产权人、公房承租人预签附生效条件的征收补偿协议。预签征收补偿协议生效具体比例由各区县人民政府确定，预签征收补偿协议期限不超过6个月。预签征收补偿协议生效的，由区县房屋征收部门报请区县人民政府作出房屋征收决定；在预签征收补偿协议期限内未达到生效比例的，征收工作终止。征收补偿协议生效前不实际支付补偿款和提供房源。

自管公房或者直管公房的房屋所有权人在预签征收补偿协议前与公房承租人签订附带生效条件的房改售房协议，预签征收补偿协议生效后房改售房协议自动生效。

（九）征收决定

区县人民政府作出房屋征收决定后应及时公告，预签征收补偿协议生效并与正式征收补偿协议具有同等效力。征收评估价格与预签征收补偿协议评估价格出现差异的，按照"就高不就低"的原则处理。

（十）补偿决定

房屋征收部门与被征收人（含公房承租人，下同）在房屋征收决定公告的签约期限内达不成征收补偿协议、被征收房屋所有权人不明确的或者卜落不明的，由房屋征收部门报请区县人民政府作出补偿决定，并在房屋征收范围内予以公告。

（十一）强制执行

在补偿决定规定的期限内不搬迁的，由作出房屋征收决定的区县人民政府依法申请人民法院强制执行。

五、严格执行房屋征收补偿标准

区县人民政府及房屋征收部门应当按照《国有土地上房屋征收与补偿条例》的规定对被征收人给予公平补偿，补偿方式包括货币补偿和房屋产权调换。被征收人符合住房保障条件的，应当优先给予住房保障。对于征收范围内认定的违法建筑和超过批准期限的临时建筑坚决不予补偿，依法维护征收与补偿工作的公平性。

做好旧城区改建房屋征收工作，关系到依法维护被征收人合法权益和首都经济社会发展与稳定大局，各区县、各部门要高度重视，项目启动前补偿资金应按照项目进度足额到位，安置房源应具备立项批复文件和规划设计图。项目实施过程中，应在房屋征收现场设立群众工作站，明确专人，及时解决群众反映的问题，切实维护群众合法权益。

十三、物业管理

关于简化程序方便应急情况下使用住宅
专项维修资金有关问题的通知

京建法〔2013〕20 号

各区县住房城乡建设委（房管局），东城、西城区住房城市建设委，经济技术开发区房地局，市住房资金管理中心各区县管理部，各相关单位和相关业主：

为保证物业管理区域内发生《北京市物业管理办法》（市政府令第 219 号）第 34 条规定的 6 种危及房屋使用安全的紧急情况时，物业共用部位、共用设施设备能够得到及时维修，本着"确保安全，明确职责，减少交叉，规范程序，方便使用，依法追责"的原则，根据《物权法》、《住宅专项维修资金管理办法》（建设部、财政部令第 165 号）、《北京市物业管理办法》、《北京市住宅专项维修资金管理办法》（京建物〔2009〕836 号）的有关规定，现就我市住宅专项维修资金应急使用有关问题通知如下：

一、实施应急维修需要使用住宅专项维修资金的，无需经住宅专项维修资金列支范围内专有部分占建筑物总面积三分之二以上的业主且占总人数三分之二以上的业主同意，但业主委员会应当在物业管理区域内的显著位置就专项维修资金用于应急维修的有关情况告知业主；没有业主委员会的，由物业服务企业告知。

二、应急维修需要使用商品住宅专项维修资金，维修资金尚未划转至业主大会专用账户的，由物业服务企业向物业所在区县建委或房管局物业管理或房屋安全管理部门（具体地址见附件 1）提出申请；维修资金已经划转至业主大会专用账户的，由业主委员会向物业所在区县建委或房管局物业管理或房屋安全管理部门提出申请；业主委员会不愿意提出申请，业主委员会任期届满且换届未完成、名存实亡或业主委员会怠于履行职责的，由物业服务企业向物业所在区县建委或房管局物业管理或房屋安全管理部门提出申请；物业服务企业、业主委员会未按规定申请应急维修的，由相关业主向区县建委或房管局物业管理或房屋安全管理部门提出代修申请。相关业主是指《北京市物业管理办法》第 34 条规定的 6 种危及房屋使用安全的紧急情况发生时所涉及的房屋所有权人。业主委员会、物业服务企业不履行申请职责的，事后要依法追究相关责任。

应急维修使用本市系统单位售后公有住房住宅专项维修资金的，由物业服务企业或相关业主通知原售房单位向物业所在区县建委或房管局的房改部门（具体地址见附件 2）提出申请；售房款和维修资金记在物业服务企业名下的，由物业服务企业提出申请；危改回迁住房原售房单位不愿提出申请或找不到原售房单位的，由物业服务企业提出申请；公有住房售房单位已经灭失的，由其上级单位提出申请，上级单位不愿申请或没有上级单位的，由物业服务企业提出申请。公有住房原售房单位、物业服务企业未按规定申请应急维修的，由相关业主向物业所在区县建委或房管局的房改部门提出代修申请。

应急使用中央国家机关在京单位售后公有住房（含职工住宅）住宅专项维修资金的，由物业服务企业或相关业主通知原售房单位到中央国家机关住房制度改革办公室提出申请；使用中共中央直属机关在京单位售后公有住房（含职工住宅）住宅专项维修资金的，由物业服务企业或相关业主通知原售房单位向中共中央直属机关住房资金管理中心提出申请（具体地址见附件 3）。

三、商品住宅小区或同一个物业管理区域内既有商品住宅又有售后公有住房的小区实施应急维修，维修资金尚未划转至业主大会专用账户的，由物业服务企业组织实施；维修资金已经划转至业主大会专用账户的，由业主委员会或其委托的物业服务企业组织实施；因业主委员会、物业服务企业相互扯皮、不能履职无法实施应急维修，严重影响业主生活的，由物业所在区县建委或房管局组织代修，或由物业所在区县建委或房管局与属地街道办事处、乡镇人民政府协商，由属地街道办事处、乡镇人民政府组织代修，同时追究相关物业服务企业和业主委员会的责任。

同一个物业管理区域，主要是公有住房和售后公有住房的，应急维修由原售房单位或其委托的物业服务企业组织实施。原售房单位、物业服务企业未按规定实施维修的，由物业所在区县建委、房管局或街道办事处、乡镇人民政府组织实施，同时追究相关售房单位、物业服务企业的责任。

四、应急维修使用住宅专项维修资金的费用，由产权人按照各自拥有物业建筑面积的比例分摊。产权属于开发建设单位的，由开发建设单位分摊；产权属于单位的，由单位分摊；产权属于个人的，由个人分摊。对个人购买的房改房，分摊应支付的维修资金先使用售房单位交存的专项维修资金，售房单位交存的专项维修资金不足的，差额部分从个人交存的专项维修资金中列支。

应急维修工程涉及的应分摊业主尚未交纳专项维修资金的，应立即补交应交纳的专项维修资金或分摊相应的维修费用。拒不交纳专项维修资金、分摊相应维修费用的业主，在办理所涉及房屋产权登记、过户、继承等手续时，应先补缴专项维修资金及其滞纳金，滞纳金交纳标准可由开发建设单位或业主大会在《临时管理规约》或《管理规约》中约定。

区县建委、房管局或街道办事处、乡镇人民政府组织代修的，维修费用从相关业主住宅专项维修资金账户中列支。

五、应急维修使用住宅专项维修资金相关程序

（一）由业主委员会、物业服务企业、售后公有住房原售房单位或其上级单位提出申请并提交以下材料：

1. 已填好的应急维修使用商品住宅专项维修资金申请表或应急维修使用售后公有住房住宅专项维修资金申请表（见附件4）；

2. 所选施工单位不在本市应急维修施工企业名录（见附件8）的，需提交营业执照、资质证书副本和复印件；

3. 应急维修工程预算书；

4. 住宅专项维修资金分摊明细表（见附件5）。

各区县审核部门不得擅自要求申请人提交其他材料作为申请应急使用住宅专项维修资金的要件。

（二）申请材料符合要求，各区县建委或房管局应当在接到申请后的2个工作日内作出同意的决定；情况特别紧急的，应当场作出同意决定。申请材料有问题的，应指导申请单位或个人抓紧补正相关材料。申请单位对申报材料的真实性和合法性负责。各区县建委或房管局如果对申报材料无确切把握，可要求申请人提供专业机构出具的鉴定报告、造价咨询报告或有关部门出具的整改意见书。各区县建委或房管局发现有虚报维修范围、虚报工程预算的情况，应依法依规严厉查处。可供选择的鉴定、造价咨询机构见附件6。

（三）住宅专项维修资金尚未划转至业主大会专用账户的，由申请人持区县建委或房管局同意使用的批复材料（应急维修使用商品住宅专项维修资金申请表、应急维修使用售后公有住房住宅专项维修资金申请表及加盖审批部门公章的住宅专项维修资金分摊明细表）到市住房资金管理中心区县管理部（具体地址见附件7）办理资金划转手续；专项维修资金已划转至业主大会专用账户的，由申请人持区县建委或房管局同意备案的批复材料到业主大会开户银行办理资金支付手续。市住房资金管理中心区县管理部、业主大会开户银行应当在接到区县建委或房管局同意使用的批复意见之日起2个工作日内办理支付，经办银行应当配合将维修资金及时转账到物业服务企业、业主委员会或公有住房住宅专项维修资金使用申请单位指定账户；发生特别紧急的情况时，市住房资金管理中心区县管理部、经办银行应当在接到区县建委或房管局作出的批复意见之日起24小时内（指工作日）办理支付。审批材料有问题或付款失败的，市住房资金管理中心区县管理部应当及时通知原审批部门及申请人抓紧补正相关材料。

六、应急维修工程完工后，施工企业应书面向业主委员会、物业服务企业、公有住房原售房单位或其上级单位报告。申请应急使用住宅专项维修资金的业主

委员会（未成立业主大会的，可以由社区居委会召集业主代表）、物业服务企业、公有住房售房单位或其上级单位应当组织有关单位验收，出具工程验收报告，并在5个工作日内作出是否合格的意见；不合格的，施工企业要无条件整改到工程合格。区县建委或房管局组织代修的，工程完工后，施工企业应向区县建委或房管局报告，区县建委或房管局应当在5个工作日内作出是否合格的意见；不合格的，施工企业应无条件整改到工程合格。业主委员会、物业服务企业、公有住房原售房单位或其上级单位、区县建委或房管局未在规定时限内作出意见的，视为同意。

实施应急维修的施工企业应当承担所实施维修工程的质量保证责任，保修期内出现质量问题应及时修复。施工企业可以为其所实施的维修工程投保，出现质量问题后所需的修复费用由保险公司支付。

七、为便于有关单位和相关业主选择施工企业，在企业自愿报名的基础上，经过市、区两级住房城乡建设行政管理部门核查，结合社会评价，本市分类建立具有良好信用和施工能力的应急维修施工企业名录（见附件8）供需要的单位和相关业主选择。需要实施应急维修时，业主委员会、物业服务企业、公有住房原售房单位或其上级单位、区县建委或房管局可以自行通过招标、竞争性谈判、摇号等方式在上述施工单位名录中选定施工企业；也可以按照有关规定通过招标方式选择不在名录中有资质能力的施工企业。

应急维修施工企业名录实行动态管理。施工企业出现虚报工程预算、工程质量不合格等行为，给业主造成损失的，应退回虚报部分资金、承担修复责任，由行政主管部门在网上公示其违规情况，清出施工单位名录，对其进行资质核查，并根据检查情况作出相应处罚。不在名录的企业自愿向市、区建委或房管局提出申请，经审查符合条件的，列入名录，供应急维修的组织单位选择。

八、物业服务企业、业主委员会、公有住房原售房单位或其上级单位虚报维修范围、虚报工程预算，一经发现，追究相关人员责任，有刑事犯罪的，移送司法机关。

九、各区县建委或房管局工作人员在受理和审核应急使用住宅专项维修资金申请过程中，不得设置障碍刁难申请人，不得故意拖延审核时限。市住房资金管理中心区县管理部在接到区县建委或房管局同意使用维修资金的批复材料后，应在规定时间内完成资金支付手续，不得无故拖延。各区县建委或房管局、市住房资金管理中心区县管理部对行政管理人员不作为、乱作为的行为要及时严肃查处。

十、应急维修工程完工后，业主委员会、物业服务企业或其他组织维修的单位，应将工程使用住宅专项维修资金总额及业主分摊费用情况在物业管理区域内的显著位置告知业主，业主提出质疑的，组织单位应给予明确书面答复。

十一、各物业服务企业和房屋管理单位应当在本通知下发之日起 20 日内，对所管物业管理区域内的房屋和共用部位、共用设施设备进行排查，建立应急维修台账。市住房资金管理中心区县管理部应当配合物业服务企业和房屋管理单位在 3 个月内以物业管理区域为单位建立维修资金台账，按户登记业主姓名、房屋面积、维修资金余额，建立产权明晰，资金数量准确的维修资金明细账。

十二、本通知中所称使用中央国家机关在京单位售后公有住房（含职工住宅）、中共中央直属机关在京单位售后公有住房（含职工住宅）住宅专项维修资金的情况，是指同一物业管理区域内与商品住宅和本市系统单位售后公有住房有交叉的房屋。

十三、自本通知下发之日起，实行具结方式房改售房的，不再封存单位和个人交纳的住宅专项维修资金，已经封存的，遇到应急维修，须解封支取单位和个人交纳的住宅专项维修资金，不需另行提供《解除封存通知书》。

十四、应急维修使用住宅专项维修资金工作政策性强，涉及业主的切身利益，各区县建委、房管局要加强指导，及时组织培训，遇有问题请及时反馈市住房城乡建设委等相关部门。

十五、应急维修的过程中，有关单位和个人不履职的，可向 bjwyjb@163.com 邮箱投诉，市住房城乡建设委应当会同相关部门及时组织查处。

十六、本通知自印发之日起施行，此前有关规定与本通知不一致的，以本通知为准。

附件：

1. 商品住宅专项维修资金使用审核（备案）业务受理部门一览表
2. 市级售后公有住房住宅专项维修资金使用审核受理部门一览表
3. 国家机关事务管理局中央国家机关住房制度改革办公室和中共中央直属机关住房资金管理中心地址及联系电话
4. 应急维修使用商品住宅专项维修资金申请表
   应急维修使用售后公有住房住宅专项维修资金申请表
5. 应急维修使用商品住宅专项维修资金分摊明细表
   应急维修使用售后公有住房住宅专项维修资金分摊明细表
6. 房屋安全鉴定机构和造价咨询企业名录
7. 北京市住房资金管理中心区县管理部地址及联系电话
8. 应急维修企业名录

商品住宅专项维修资金使用审核（备案）
业务受理部门一览表

序号	单位名称	地址	部门	联系电话
1	东城区房管局	东城区育群胡同21号	房屋安全设备科	64047711-3114
2	西城区房管局	西城区西安门大街115号	房屋安全设备科	66126957
3	朝阳区房管局	朝阳区北三里屯南56号	房屋安全设备科	64186156
4	海淀区房管局	海淀区东北旺南路27号上地办公区	物业科	62525752
5	丰台区房管局	丰台区大井东里甲2号	房屋安全设备科	63843656
6	石景山区住建委	石景山区八角西街66号	物业科	68872095
7	门头沟区住建委	门头沟区新桥南大街48号	房屋安全管理科	61801940
8	房山区住建委	房山区良乡政通路7号	物业科	89356011
9	通州区住建委	通州区车站街路49号	房屋管理科	69546717
10	昌平区住建委	昌平区南环东路36号	房屋安全管理科	69746096
11	顺义区住建委	顺义区府前东街甲25号	物业科	69448360
12	大兴区住建委	大兴区兴政街29号	小区办	69263591
13	平谷区住建委	平谷区府前街31号	物业科	89992390
14	怀柔区住建委	怀柔区青春路48号	房屋安全设备科	69641817
15	密云县住建委	密云县水源东路339号	房屋安全设备管理中心	69085449
16	延庆县住建委	延庆县东外大街89号	小区办	69104558
17	开发区房地局	亦庄经济技术开发区荣华中路15号	物业办	67865715

附件 2：

市级售后公有住房住宅专项维修资金
使用审核受理部门一览表

序号	单位	地址	部门	电话
1	东城区房管局	东城区育群胡同21号309室	房改办	64047711-3058
2	西城区房管局	西城区西安门大街115号	房改办	66126930
3	朝阳区房管局	朝阳区三里屯南56号	房改办	64186153
4	海淀区房管局	海淀区东北旺南路27号A座230室	房改办	82618122
5	丰台区房管局	丰台区大井东里甲2号	房改办	63850248
6	石景山区住建委	石景山区八角西街66号方地大厦	房改办	68863649
7	怀柔区住建委	怀柔区青春路48号	房改办	69641163
8	通州区住建委	通州区车站路49号	房改办	52470283
9	昌平区住建委	昌平区太安胡同5号	房改办	69723181
10	平谷区住建委	平谷区府前街31号	房改办	89993813
11	延庆县住建委	延庆县东外大街89号	房改办	69176250
12	大兴区住建委	大兴区兴政街29号	房改办	69261254
13	顺义区住建委	顺义区光明北街7号	房改办	69441338
14	门头沟区住建委	门头沟区新桥大街61号	房改办	69850400
15	密云县住建委	密云县水源东路339号	房改办	69042876
16	房山区住建委	房山区良乡正通路7号	房改办	89353651
17	亦庄经济技术开发区房地局	开发区荣华中路15号博大大厦	物业科	67865715

附件 3：

国家机关事务管理局中央国家机关住房制度改革办公室
地址及联系电话

办公地址：北京市西城区西安门大街 22 号

联系电话：63093741　　63095063　　83084478

中共中央直属机关住房资金管理中心
地址及联系电话

办公地址：北京市西城区大红罗厂街 22 号

联系电话：83084296

附件 4-1：

应急维修使用商品住宅专项维修资金申请表

编号：　　区［　　　］年　第　　　号

申请人	(印章)				
小区坐落及名称	区（县）　　　街道（乡镇）　　　大街（路）　　　号　　小区				
物业服务企业名称			资质证书编号		
施工单位名称			资质证书编号		
			营业执照编号		
维修资金使用用途	小区　　　号楼　　　　　　　　　　　　维修工程				
工程预算总额（万元）		工程对应建筑物总面积（平方米）		工程费用分摊标准（元/平方米）	
工程对应总户数（户）		已交纳维修资金户数（户）		可支用维修资金金额（万元）	
收款单位全称					
收款单位开户银行全称					
收款账号					
提交申请材料	□1.应急维修工程预算书 □2.施工单位营业执照和资质证书副本复印件（盖章） □3.住宅维修资金管理系统生成的分摊明细表				
经办人姓名			联系电话		
区县建委、房管局审查意见	经办人签字：　　　　　　　　　　　　负责人签字：　　　　　（公章） 　　　　　　　　　　　　　　　　　　　　　年　　月　　日				

　　本表一式三份，申请单位或申请人留存一份，区县建委或房管局留存一份，市住房资金管理中心区县管理部留存一份。

附件 4-2：

应急维修使用售后公有住房住宅专项维修资金申请表

编号：　区 [　　] 年　第　　号

申请人	（印章）		
申请支取售后公有住房维修资金信息	申请支取　　　　　　　　　　单位（全称）名下 □单位交存的维修资金部分　　□个人交存维修资金（房改房适用）		
小区坐落及名称	区（县）　　　街道（乡镇）　　　大街（路）　　号　　小区		
物业服务企业名称		资质证书编号	
施工单位名称		资质证书编号	
		营业执照编号	
维修资金使用用途	小区　　　号楼　　　　　　　维修工程		
工程预算总额（万元）	工程对应建筑物总面积（平方米）		工程费用分摊标准（元/平方米）
工程对应总户数（户）	已交纳维修资金户数（户）		可支用维修资金金额（万元）
收款单位全称			
收款单位开户银行全称			
收款账号			
提交申请材料	□1.应急维修工程预算书 □2.施工单位营业执照和资质证书副本复印件（盖章） □3.住宅专项维修资金分摊明细表		
经办人姓名		联系电话	
区县建委、房管局审查意见	经办人签字：　　　　　　　　　　负责人签字：　　（公章） 　　　　　　　　　　　　　　　　　　年　　月　　日		

　　本表一式三份，申请单位或申请人留存一份，区县建委或房管局留存一份，市住房资金管理中心区县管理部留存一份。

附件 5-1：

应急维修使用商品住宅专项维修资金分摊明细表

任务单编号：

资金账号	产业地址	账户类型	收支类型	分摊金额（元）	支取本金（元）	支取利息（元）	可用额度（元）	实际本金（元）	实际利息（元）	剩余额度（%）	业主签名
小计											
合　计											

制表人：　　　　　审核人：　　　　　打印日期：　　年　　月　　日　　第　　页共　　页

209

附件 5-2:

应急维修使用售后公有住房住宅专项维修资金分摊明细表

共 页第 页

申请单位：

支取信息： 申请支取 □活期 □封存

存款方式：

支取明细： 小区名称： 幢号 [楼号] ： 单位 (全称和单位登记号) 名下维修资金

年 月 日

序号	单元号	所在层数	房号	建筑面积 (平方米)	业主姓名	支取金额 (元)			合计
						单位部分	个人部分	利息滚本部分	
1									
2									
3									
4									
5									
……									
18									
19									
20									
本页小计									
合计									

经办人签字： 申请单位盖章： 审批部门盖章：

支取后账户余额至少保留10元，且单位部分和个人部分余额合计不得为0。

备注： 支取后账户余额至少保留10元，且单位部分和个人部分余额合计不得为0。

附件 6-1：

房屋安全鉴定机构名录

序号	机构名称	机构地址	联系电话	业务范围
1	北京市房屋安全鉴定总站（北京市建设工程质量检测中心第五检测所）	朝阳区华威北里18号	67795971	不限
2	北京市朝阳区房屋安全鉴定站	北京市朝阳区三里屯南56号	64186164	不限
3	北京市海淀区房屋安全鉴定站	海淀区东王庄小区16甲楼	62525745	不限
4	北京市建设工程质量第三检测所有限责任公司	西城区百万庄大街3号	68334806	不限
5	北京市建设工程质量第二检测所	西城区南礼士路62号	68048508	不限
6	国家建筑工程质量监督检验中心	北京市北三环东路30号	64517830	不限
7	北京市建设工程质量第一检测所有限责任公司	北京市海淀区复兴路34号	88223802	不限
8	国家工业建构筑物质量安全监督检验中心	北京市海淀区西土城路33号	82227134	不限
9	北京首华建设经营有限公司房屋安全鉴定室	朝阳区芍药居2号院	84643383-8011 84645587-8011	中小型
10	北京房地集团有限公司房屋安全鉴定室	朝阳区芍药居甲2号院1号楼北楼一层	84631858	中小型
11	北京市建设工程质量第六检测所有限公司	丰台区南苑新华路1号	67995531	中小型
12	北京市丰台区房屋安全鉴定站	丰台区东安街3条6号院3号楼一层	63841972	中小型
13	房山区房屋安全鉴定站	房山区苏庄东街2号	69376993	小型
14	北京市门头沟区房屋安全鉴定站	门头沟区新桥大街48号	61801945	小型
15	北京市西城区房屋安全鉴定站	西城区西四东大街４９号	66026813	小型
16	北京市顺义区房屋安全鉴定站	顺义区光明北街7号	69441570	小型
17	北京市昌平区房屋安全鉴定站	昌平区南环东路36号	69704074	小型
18	北京市怀柔区房屋安全鉴定站	怀柔区青春路48号	69641817	小型

序号	机构名称	机构地址	联系电话	业务范围
19	北京市西城区房屋安全鉴定二站	西城区万明路18号院1号楼103室	83551191	小型
20	石景山区房屋安全鉴定站	石景山区古城东街103号	68867438	小型
21	密云县房屋安全鉴定站	密云县水源东路339号	69027404	小型
22	北京市平谷区房屋安全鉴定站	平谷区平安街老武装部西院	89991590	小型
23	北京市东城区房屋安全鉴定管理所	东城区长青园1号楼210房间	64023166	小型
24	通州区房屋安全鉴定站	通州区玉桥南里24号楼	81587316	小型
25	北京市大兴区房屋安全鉴定站	北京市大兴工业开发区科苑路17号	69242522	小型

附件6-2：

造价咨询企业名录

序号	企业名录	地址	电话
1	北京展创丰华工程项目管理有限公司	朝阳区劲松九区广和南里8条1号	87951712
2	北京瑞新宇工程造价咨询有限公司	通州区玉带河东街123号	81582233
3	密云建设工程咨询中心	密云镇水源东路339号	69081229
4	北京众智兴业工程管理有限公司	密云区车站路59号楼三层	69070801
5	北京筑鑫兴业工程项目管理有限公司	密云信远大厦422室	69023603
6	北京双益兴工程咨询有限公司	密云花园商厦4层	69027899
7	北京挚友建业咨询有限公司	通州区玉带河大街155号	52100448
8	北京恒乐工程管理有限公司	朝阳区望京中环南路甲2号A505	84721089
9	北京方瑞工程造价咨询有限公司	东城区崇文门外大街9号6层605室	60791592
10	北京中威正平工程造价咨询有限公司	西城区南滨河路23号院3号楼1702室	63480793
11	北京建华信工程咨询有限公司	朝阳区朝阳门外大街吉庆里9号楼E座9层	65516787
12	北京卓越创辉工程造价咨询有限公司	丰台区西四环南路46号国润大厦A座1607	83659261
13	北京精恒信工程咨询有限公司	朝阳区八里庄西里98号楼908－909室	85865225

序号	企业名录	地址	电话
14	北京恒庆国际工程管理有限公司	东城区绿景馨园东区12号楼508室	67126288
15	北京中喜大华工程造价咨询有限公司	西城区西长安街88号首都时代广场408室	67084958
16	北京中润达工程咨询有限公司	东城区珠市口东大街4号西侧六层	67071692
17	北京煜锦盛工程造价咨询有限责任公司	房山区长阳万兴路86号D－172	89357571
18	北京嘉泰德建筑咨询有限公司	朝阳区晨光家园306号楼7层701内7018	85771893
19	北京心田祥瑞工程造价咨询有限责任公司	东城区崇文门外大街5号701室	67080718

附件7：

北京市住房资金管理中心区县管理部地址及联系电话

序号	单位名称	办公地址	售后公有住房维修资金业务联系电话	商品住宅维修资金业务联系电话	商品住宅专项维修资金业务范围
1	东城管理部	东城区贡院西街九号一层	52185902-8035、8032	52185902-8035、8032	东城区
2	西城管理部	西城区宣武门西大街甲129号金隅大厦7层701室	66411921	66411921	原西城区
3	西城管理部南区	西城区半步桥街48号金泰开阳大厦一层	51232982、83、84转8010或8011、8005	51232982、83、84转8010或8011、8005	原宣武区
4	朝阳管理部	朝阳区百子湾西里402楼109号金海商富中心写字楼	59694396 转1012、1013	59694396 转1012、1013	朝阳区
5	海淀管理部	西直门外高梁桥斜街59号中坤大厦第13层	82191634	82191634	海淀区
6	丰台管理部	丰台区莲花池西里29号公交调度指挥中心14层	63968705	63968705	丰台区
7	石景山管理部	石景山区石景山路22号万商大厦四层	68688399	68688399	石景山区

序号	单位名称	办公地址	售后公有住房维修资金业务联系电话	商品住宅维修资金业务联系电话	商品住宅专项维修资金业务范围
8	门头沟管理部	门头沟区剧场东街8-7号绿岛家园1号楼底商	69820259、69820199	69820259、69820199	门头沟区
9	房山管理部	房山区良乡吴店西里9号楼	60345389	60345389	房山区
10	通州管理部	通州区吉祥园20号楼北侧	80888320	80888320	通州区
11	顺义管理部	顺义区府前东街2号顺建大厦2层	69432216	69432216	顺义区
12	昌平管理部	昌平府学路15号（昌平东关图书馆对面）	69746808	69746808	昌平区
13	大兴管理部	大兴区黄村镇兴丰大街三段132号	69256374	69256374	大兴区
14	平谷管理部	平谷区建设西街17号院3号楼（平谷区财政局向南200米路东）	89985149	89985149	平谷区
15	怀柔管理部	怀柔区富乐大街26号院11号楼（信和商务楼二层）	69682104、69682105	69682104、69682105	怀柔区
16	密云管理部	密云县东源路31号	69087748	69087748	密云区
17	延庆管理部	延庆县康安小区11号楼一层	69144096	69144096	延庆县
18	方庄管理部	丰台区方庄芳城园三区18号楼	67642052	67642052	北京经济技术开发区
19	中关村管理部	海淀区学院路35号北航世宁大厦11层1108室	82332105		—
20	西客站管理部	海淀区莲花池东路39号	63970940		—
21	燕山管理部	房山区燕山向阳路73号	69347431		—
22	宣武管理部监狱管理局营业厅	右安门东街7号	83502105		

附件 8-1：

应急维修企业名录（建筑施工类）

序号	企业名称	企业地址	联系电话
1	北京通州台湖建筑公司	通州区台湖镇台湖村东23号	61535955
2	北京市通州草厂建筑公司	通州区朝厂村东	60527578
3	北京大运伟业防水工程有限公司	通州区永乐店镇老槐庄	69556868
4	北京欣程信达建筑工程有限公司	通州梨园政府大街	59013033
5	北京市朝阳田华建筑集团公司	朝阳区金展乡楼梓庄新街5号	84390868
6	北京昌建建筑工程公司	昌平区邓庄村东	89715318
7	北京鑫恒昌建筑装饰有限公司	海淀区上地大厦6层	62985038、62986350
8	北京新世纪京喜防水材料有限责任公司	丰台区和义西里1区1号商务楼	67996577、67949668
9	北京跨世纪洪雨防水工程有限责任公司	丰台区总部基地1区8幢6层	63701696
10	北京市地城交大建筑材料公司	通州永乐店经济开发区	67962907、80561568
11	北京京密建筑工程公司	密云水源路	89039671
12	北京云建城市建设工程有限公司	密云县新南路82-1	69089892
13	北京城建六建设集团有限公司	密云河南寨镇	61088751
14	北京鲁班建筑工程公司	顺义区马坡工业区	69407639
15	北京盛全畅建筑工程公司	平谷区北台头村村北	89979551
16	北京嘉铭建设有限责任公司	平谷区岳各庄村西18号院	89985071
17	北京中建建友防水材料有限公司	顺义区李桥镇后桥村村委会南500米	82714640
18	北京龙建集团有限公司第十分公司	房山区良乡城湾大街61号	83695820
19	北辰正方建设集团有限公司	顺义区马坡镇	61444230、61444231
20	北京安泰佳信建设工程有限责任公司	顺义区马坡镇	69463237
21	北京天恒祥建筑装饰工程有限公司	顺义区南法信天博中心	60404589
22	北京永强建筑有限公司	顺义区张镇大街21号	61480509、61480238

序号	企业名称	企业地址	联系电话
23	北京金田伟业装饰有限公司	顺义区后沙峪镇董各庄村董白路25号	80491910
24	富钧圣泰环境技术有限公司	顺义区五里仓小区33号楼4单元101	81493885
25	北京修一装饰工程有限公司	东城区夕照寺大街绿井苑3号楼5层	67110854
26	北京市丰房建筑工程有限公司	丰台区大井村260号	83820855-1221
27	北京华远恒辰防腐工程有限公司	丰台区小屯路甲2号院1-7底高	63337288
28	龙元建设集团股份有限公司北京分公司	朝阳区北沙滩农机院八号写字楼301	68489199-8003
29	润锋基防腐防水有限公司	丰台区南四环中路265号	87500596
30	隆兴顺达市政建筑工程有限公司	平谷区兴谷经济开发区6区302－18号	65488031
31	远大洪雨防水工程有限公司	通州区潞城镇南刘各庄村村委会南800米	65759940
32	北京中建瑞斯防水施工中心	朝阳区双桥东路甲10号3单元502室	65768399
33	北京中通防水施工有限公司	通州区永乐店镇三岔村委会东1000米	63819525
34	北京旭锋建设工程有限公司	大兴区长子营镇企融路1号	82035801
35	住总集团北宇物业服务公司	朝阳慧忠里小区421楼	64939469、64939472
36	北京奥馨新型防水材料有限公司	海淀区莲花池西路莲花小区2号楼	88252426
37	盛世安泰建筑工程（北京）有限公司	昌平区科技园区永安路26号	51009190
38	北京宏兴东升防水工程有限公司	丰台区大成南里二区3号楼C座	60746072
39	北京博强建筑工程有限公司	顺义区赵全营镇	60433626
40	北京都市家园防水工程有限公司	海淀区板井村60号办公楼210室	88459560
41	北京蓝光防水工程有限责任公司	丰台区小屯路11号	61136286
42	泓建集团有限公司北京建筑工程分公司	朝阳区翠城馨园C区131号楼1001	87337727
43	北京市城捷建筑防水工程有限责任公司	丰台区丰桥路二号院优筑一区D座111室	83294288

附件 8-2：

应急维修企业名录（机电类）

序号	企业名称	企业地址	电话
1	北京精致电梯有限公司	丰台区马家堡路116号3号楼102	88358441
2	北京电建华凌机电设备安装有限公司	经济开发区红达北路12号B幢1区4层4121室	67878031
3	北京华泰康达供水设备有限公司	海淀区东黄家坟1号	88215661
4	北京顺迅电梯设备工程有限公司	顺义区南法信镇信通路8号	69472331
5	北京瑛达源电梯有限公司技术服务分公司	密云县工业开发区水源路乙107号	89456261
6	龙元建设集团股份有限公司北京分公司	朝阳区北沙滩农机院八号写字楼301	68489199-8003
7	北京精安鸿业电梯有限公司	丰台区方庄南路9号院7号楼4层M13室	87657598
8	北京亿安嘉诚机电设备有限公司	西城区红莲南路28号6－1幢0612－0613室	63265050-603
9	北京鑫鑫久盛电梯有限公司	丰台区马家堡东路106号自然新天地A座1012室	58031917
10	北京天炬长城电梯工程有限公司	朝阳区望京西园2区221号博泰大厦8层	64702467
11	北京平步云电梯工程有限公司	昌平区宏福苑A栋1-102	65005849 84431585
12	北京乾龙达电梯有限公司	延庆县延庆镇康安小区37号楼101室	69146616
13	北京房修一西奥电梯工程有限公司	西城区西廊下胡同2号院	66180218-603

附件 8-3：

应急维修企业名录（消防设施工程类）

序号	企业名称	企业地址	电话
1	北京零和消防安全工程有限公司	西城区广安门南滨河路27路	63858899
2	北京冠泰消防工程有限公司	西直门外大街金贸中心大厦A座1910	84761675
3	北京茂源祥消防工程有限公司	顺义区李桥镇李桥村向阳路28号	81473293
4	北京荣达智能建筑工程有限公司	大兴区兴华中路24号	69231195

序号	企业名称	企业地址	电话
5	北京中消伟业安全技术工程有限公司	丰台区南三环东路23号天创盛方中心A座402	87893993/3996
6	北京市费尔消防技术工程公司	海淀区三里河路21号甘家口大厦805室	88392130
7	北京华安北海消防安全工程有限公司	朝阳区都会华庭写字楼	87952013
8	北京科安达消防工程有限公司	丰台区世界公园国际街B1-3	63423164
9	北京市巨龙工程有限公司	丰台区南四环西路188号总部基地12区11楼	63705556-806
10	北京利华消防工程公司	东城区和平里七区18号楼	64280561
11	华夏消防工程有限公司	丰台区金家村290号	84761877
12	北京海安宏昌消防工程公司	海淀区花园北路14号	51551066 52740324
13	北京康拓海安消防设备有限责任公司	海淀上地信息路38号A座三层	62348027
14	北京佳定机电设备安装有限责任公司	海淀区花园东路31号牡丹宾馆1003室	82751821

十四、住房保障管理

关于加快棚户区改造工作的意见

国发〔2013〕25 号

各省、自治区、直辖市人民政府，国务院各部委、各直属机构：

棚户区改造是重大的民生工程和发展工程。2008 年以来，各地区、各有关部门贯彻落实党中央、国务院决策部署，将棚户区改造纳入城镇保障性安居工程，大规模推进实施。2008 年至 2012 年，全国改造各类棚户区 1260 万户，有效改善了困难群众住房条件，缓解了城市内部二元矛盾，提升了城镇综合承载能力，促进了经济增长与社会和谐。但也要看到，目前仍有部分群众居住在棚户区中。这些棚户区住房简陋，环境较差，安全隐患多，改造难度大。为进一步加大棚户区改造力度，让更多困难群众的住房条件早日得到改善，同时，有效拉动投资、消费需求，带动相关产业发展，推进以人为核心的新型城镇化建设，发挥助推经济实现持续健康发展和民生不断改善的积极效应，现提出以下意见：

一、总体要求和基本原则

（一）总体要求。以邓小平理论、"三个代表"重要思想、科学发展观为指导，适应城镇化发展的需要，以改善群众住房条件作为出发点和落脚点，加快推进各类棚户区改造，重点推进资源枯竭型城市及独立工矿棚户区、三线企业集中地区的棚户区改造，稳步实施城中村改造。2013 年至 2017 年改造各类棚户区 1000 万户，使居民住房条件明显改善，基础设施和公共服务设施建设水平不断提高。

（二）基本原则。

1. 科学规划，分步实施。要根据当地经济社会发展水平和政府财政能力，结合城市规划、土地利用规划和保障性住房建设规划，合理确定各类棚户区改造的目标任务，量力而行、逐步推进，先改造成片棚户区、再改造其他棚户区。

2. 政府主导，市场运作。棚户区改造政策性、公益性强，必须发挥政府的组织引导作用，在政策和资金等方面给予积极支持；注重发挥市场机制的作用，充分调动企业和棚户区居民的积极性，动员社会力量广泛参与。

3. 因地制宜，注重实效。要按照小户型、齐功能、配套好、质量高、安全可靠的要求，科学利用空间，有效满足基本居住功能。坚持整治与改造相结合，合理界定改造范围。对规划保留的建筑，主要进行房屋维修加固、完善配套设施、环境综合整治和建筑节能改造。要重视维护城市传统风貌特色，保护历史文化街区、历史建筑以及不可移动文物。

4. 完善配套，同步建设。坚持同步规划、同步施工、同步交付使用，组织好新建安置小区的供水、供电、供气、供热、通讯、污水与垃圾处理等市政基础设施和商业、教育、医疗卫生、无障碍设施等配套公共服务设施的建设，促进以改善民生为重点的社会建设。

二、全面推进各类棚户区改造

(一)城市棚户区改造。2013年至2017年五年改造城市棚户区800万户，其中，2013年改造232万户。在加快推进集中成片城市棚户区改造的基础上，各地区要逐步将其他棚户区、城中村改造，统一纳入城市棚户区改造范围，稳步、有序推进。市、县人民政府应结合当地实际，合理界定城市棚户区具体改造范围。禁止将因城市道路拓展、历史街区保护、文物修缮等带来的房屋拆迁改造项目纳入城市棚户区改造范围。城市棚户区改造可采取拆除新建、改建(扩建、翻建)等多种方式。要加快城镇旧住宅区综合整治，加强环境综合整治和房屋维修改造，完善使用功能和配套设施。在改造中可建设一定数量的租赁型保障房，统筹用于符合条件的保障家庭。

(二)国有工矿棚户区改造。五年改造国有工矿(含煤矿)棚户区90万户，其中，2013年改造17万户。位于城市规划区内的国有工矿棚户区，要统一纳入城市棚户区改造范围。铁路、钢铁、有色、黄金等行业棚户区，要按照属地原则纳入各地棚户区改造规划组织实施。国有工矿(煤矿)各级行业主管部门，要加强对棚户区改造工作的监督指导。

(三)国有林区棚户区改造。五年改造国有林区棚户区和国有林场危旧房30万户，其中，2013年改造18万户。对国有林区(场)之外的其他林业基层单位符合条件的住房困难职工，纳入当地城镇住房保障体系筹解决。

(四)国有垦区危房改造。五年改造国有垦区危房80万户，其中，2013年改造37万户。要优化垦区危房改造布局，方便生产生活，促进产业发展和小城镇建设。将华侨农场非归难侨危房改造，统一纳入国有垦区危房改造中央补助支持范围，加快实施改造。

三、加大政策支持力度

(一)多渠道筹措资金。要采取增加财政补助、加大银行信贷支持、吸引民间资本参与、扩大债券融资、企业和群众自筹等办法筹集资金。

1. 加大各级政府资金支持。中央加大对棚户区改造的补助，对财政困难地区予以倾斜。省级人民政府也要相应加大补助力度。市、县人民政府应切实加大棚户区改造的资金投入，可以从城市维护建设税、城镇公用事业附加、城市基础设施配套费、土地出让收入等渠道中，安排资金用于棚户区改造支出。各地区除上述资金渠道外，还可以从国有资本经营预算中适当安排部分资金用于国有企业棚户区改造。有条件的市、县可对棚户区改造项目给予贷款贴息。

2. 加大信贷支持。各银行业金融机构要按照风险可控、商业可持续原则，创新金融产品，改善金融服务，积极支持棚户区改造，增加棚户区改造信贷资金安排，向符合条件的棚户区改造项目提供贷款。各地区要建立健全棚户区改造贷款还款保障机制，积极吸引信贷资金支持。

3. 鼓励民间资本参与改造。鼓励和引导民间资本根据保障性安居工程任务安排，通过直接投资、间接投资、参股、委托代建等多种方式参与棚户区改造。要积极落实民间资本参与棚户区改造的各项支持政策，消除民间资本参与棚户区改造的政策障碍，加强指导监督。

4. 规范利用企业债券融资。符合规定的地方政府融资平台公司、承担棚户区改造项目的企业可发行企业债券或中期票据，专项用于棚户区改造项目。对发行企业债券用于棚户区改造的，优先办理核准手续，加快审批速度。

5. 加大企业改造资金投入。鼓励企业出资参与棚户区改造，加大改造投入。企业参与政府统一组织的工矿（含中央下放煤矿）棚户区改造、林区棚户区改造、垦区危房改造的，对企业用于符合规定条件的支出，准予在企业所得税前扣除。要充分调动企业职工积极性，积极参与改造，合理承担安置住房建设资金。

（二）确保建设用地供应。棚户区改造安置住房用地纳入当地土地供应计划优先安排，并简化行政审批流程，提高审批效率。安置住房中涉及的经济适用住房、廉租住房和符合条件的公共租赁住房建设项目可以通过划拨方式供地。

（三）落实税费减免政策。对棚户区改造项目，免征城市基础设施配套费等各种行政事业性收费和政府性基金。落实好棚户区改造安置住房税收优惠政策，将优惠范围由城市和国有工矿棚户区扩大到国有林区、垦区棚户区。电力、通讯、市政公用事业等企业要对棚户区改造给予支持，适当减免入网、管网增容等经营性收费。

（四）完善安置补偿政策。棚户区改造实行实物安置和货币补偿相结合，由棚户区居民自愿选择。各地区要按国家有关规定制定具体安置补偿办法，禁止强拆强迁，依法维护群众合法权益。对经济困难、无力购买安置住房的棚户区居民，可以通过提供租赁型保障房等方式满足其基本居住需求，或在符合有关政策规定的条件下，纳入当地住房保障体系统筹解决。

四、提高规划建设水平

（一）优化规划布局。棚户区改造安置住房实行原地和异地建设相结合，优先考虑就近安置；异地安置的，要充分考虑居民就业、就医、就学、出行等需要，合理规划选址，尽可能安排在交通便利、配套设施齐全地段。要贯彻节能、节地、环保的原则，严格控制套型面积，落实节约集约用地和节能减排各项措施。

（二）完善配套基础设施建设。棚户区改造项目要按照有关规定规划建设相应的商业和综合服务设施。各级政府要拓宽融资渠道，加大投入力度，加快配套基础设施和公共服务设施的规划、建设和竣工交付进度。要加强安置住房管理，完善社区公共服务，确保居民安居乐业。

（三）确保工程质量安全。要落实工程质量责任，严格执行基本建设程序和标准规范，特别是抗震设防等强制性标准。严格建筑材料验核制度，防止假冒伪劣建筑材料流入建筑工地。健全项目信息公开制度。项目法人对住房质量负终身责任。勘察、设计、施工、监理等单位依法对建设工程质量负相应责任，积极推行单位负责人和项目负责人终身负责制。推广工程质量责任标牌，公示相关参建单位和负责人，接受社会监督。贯彻落实绿色建筑行动方案，积极执行绿色建筑标准。

五、加强组织领导

（一）强化地方各级政府责任。各地区要进一步提高认识，继续加大棚户区改造工作力度。省级人民政府对本地区棚户区改造工作负总责，按要求抓紧编制2013年至2017年棚户区改造规划，落实年度建设计划，加强目标责任考核。市、县人民政府要明确具体工作责任和措施，扎实做好棚户区改造的组织工作，特别是要依法依规安置补偿，切实做到规划到位、资金到位、供地到位、政策到位、监管到位、分配补偿到位。要加强信息公开，引导社会舆论，主动发布和准确解读政策措施，及时反映工作进展情况。广泛宣传棚户区改造的重要意义，尊重群众意愿，深入细致做好群众工作，积极引导棚户区居民参与改造，为推进棚户区改造营造良好社会氛围。

（二）明确各部门职责。住房城乡建设部会同有关部门督促各地尽快编制棚户区改造规划，将任务分解到年度，落实到市、县，明确到具体项目和建设地块；加强协调指导，抓好建设进度、工程质量等工作。财政部、发展改革委会同有关部门研究加大中央资金补助力度。人民银行、银监会研究政策措施，引导银行业金融机构继续加大信贷支持力度。国土资源部负责完善土地供应政策。

（三）加强监督检查。监察部、住房城乡建设部等有关部门要建立有效的督查制度，定期对地方棚户区改造工作进行全面督促检查；各地区要加强对棚户区改造的监督检查，全面落实工作任务和各项政策措施，严禁企事业单位借棚户区改造政策建设福利性住房。对资金土地不落实、政策措施不到位、建设进度缓慢、质量安全问题突出的地方政府负责人进行约谈，限期进行整改。对在棚户区改造及安置住房建设、分配和管理过程中滥用职权、玩忽职守、徇私舞弊、失职渎职的行政机关及其工作人员，要依法依纪追究责任；涉嫌犯罪的，移送司法机关处理。

国务院

2013 年 7 月 4 日

关于公共租赁住房和廉租住房并轨运行的通知

建保〔2013〕178 号

各省、自治区住房城乡建设厅、财政厅、发展改革委，北京市住房城乡建设委、财政局、发展改革委，上海市城乡建设交通委、住房保障房屋管理局、财政局、发展改革委，天津市城乡建设交通委、国土资源房屋管理局、财政局、发展改革委，重庆市国土资源房屋管理局、财政局、发展改革委，新疆生产建设兵团建设局、财务局、发展改革委：

根据《国务院批转发展改革委关于 2013 年深化经济体制改革重点工作意见的通知》（国发〔2013〕20 号）和《国务院办公厅关于保障性安居工程建设和管理的指导意见》（国办发〔2011〕45 号）等文件精神，从 2014 年起，各地公共租赁住房和廉租住房并轨运行，并轨后统称为公共租赁住房。现就有关事宜通知如下：

一、调整公共租赁住房年度建设计划

从 2014 年起，各地廉租住房（含购改租等方式筹集，下同）建设计划调整并入公共租赁住房年度建设计划。2014 年以前年度已列入廉租住房年度建设计划的在建项目可继续建设，建成后统一纳入公共租赁住房管理。

二、整合公共租赁住房政府资金渠道

廉租住房并入公共租赁住房后，地方政府原用于廉租住房建设的资金来源渠道，调整用于公共租赁住房（含 2014 年以前在建廉租住房）建设。原用于租赁补贴的资金，继续用于补贴在市场租赁住房的低收入住房保障对象。

从 2014 年起，中央补助公共租赁住房建设资金以及租赁补贴资金继续由财政部安排，国家发展改革委原安排的中央用于新建廉租住房补助投资调整为公共租赁住房配套基础设施建设补助投资，并向西藏及青海、甘肃、四川、云南四省藏区、新疆自治区及新疆建设兵团所辖的南疆三地州等财力困难地区倾斜。

三、进一步完善公共租赁住房租金定价机制

各地要结合本地区经济发展水平、财政承受能力、住房市场租金水平、建设与运营成本、保障对象支付能力等因素，进一步完善公共租赁住房的租金定价机

制，动态调整租金。

公共租赁住房租金原则上按照适当低于同地段、同类型住房市场租金水平确定。政府投资建设并运营管理的公共租赁住房，各地可根据保障对象的支付能力实行差别化租金，对符合条件的保障对象采取租金减免。社会投资建设并运营管理的公共租赁住房，各地可按规定对符合条件的低收入住房保障对象予以适当补贴。

各地可根据保障对象支付能力的变化，动态调整租金减免或补贴额度，直至按照市场价格收取租金。

四、健全公共租赁住房分配管理制度

各地要进一步完善公共租赁住房的申请受理渠道、审核准入程序，提高效率，方便群众。各地可以在综合考虑保障对象的住房困难程度、收入水平、申请顺序、保障需求以及房源等情况的基础上，合理确定轮候排序规则，统一轮候配租。已建成并分配入住的廉租住房统一纳入公共租赁住房管理，其租金水平仍按原有租金标准执行；已建成未入住的廉租住房以及在建的廉租住房项目建成后，要优先解决原廉租住房保障对象住房困难，剩余房源统一按公共租赁住房分配。

五、加强组织领导，有序推进并轨运行工作

公共租赁住房和廉租住房并轨运行是完善住房保障制度体系，提高保障性住房资源配置效率的有效措施；是改善住房保障公共服务的重要途径；是维护社会公平正义的具体举措。各地要进一步加强领导，精心组织，完善住房保障机构，充实人员，落实经费，理顺体制机制，扎实有序推进并轨运行工作。各地可根据本通知，结合实际情况，制定具体实施办法。

中华人民共和国住房和城乡建设部
中华人民共和国财政部
中华人民共和国国家发展和改革委员会
2013 年 12 月 2 日

关于保障性住房实施绿色建筑行动的通知

建办〔2013〕185 号

各省、自治区住房城乡建设厅，北京市住房城乡建设委、规划委，上海市城乡建设交通委、规划和国土资源管理局、住房保障房屋管理局，天津市城乡建设交通委、规划局、国土资源房屋管理局，重庆市城乡建设委、规划局、国土资源房屋管理局，新疆生产建设兵团建设局：

根据《国务院办公厅关于转发发展改革委住房城乡建设部绿色建筑行动方案的通知》（国办发〔2013〕1 号）要求，积极推进在保障性住房建设中实施绿色建筑行动，现将有关事项通知如下：

一、充分认识保障性住房实施绿色建筑行动的重要性

保障性住房是政府投资或政府主导的项目，在保障性住房中实施绿色建筑行动，将保障性住房建设成为绿色保障性住房，可有效提高保障性住房的安全性、健康性和舒适性，对在全社会推行绿色建筑具有示范效应。各地要高度重视，把实施绿色建筑行动作为转变住房发展方式、加强保障性住房质量管理、提升保障性住房品质的重点内容，积极推进。

二、全面推进，重点突出

各地要本着经济、适用、环保、安全、节约资源的原则，统一规划，精心组织，分步实施。2014 年起直辖市、计划单列市及省会城市市辖区范围内的保障性住房，同时具备以下条件的，应当率先实施绿色建筑行动，至少达到绿色建筑一星级标准：

（1）政府投资；

（2）2014 年及以后新立项；

（3）集中兴建且规模在 2 万平方米以上；

（4）公共租赁住房（含并轨后的廉租住房）。

直辖市、计划单列市及省会城市，可以根据当地实际，扩大实施绿色建筑行动的范围。其他市、县有序推进。

三、完善实施机制

在下达保障性安居工程年度计划时，应当明确提出实施绿色建筑行动的要求，并落实到项目。建设单位在编制项目可行性研究报告时，要有绿色建筑相关内容，并将有关成本纳入投资概预算；规划部门应当就保障性住房建设项目规划、设计方案和指标是否符合绿色建筑相关要求征求同级建设主管部门的意见，如有不同意见，不予办理建设工程规划许可证；在项目设计时，建设单位向施工图设计文件审查机构送审施工图设计文件时，应当包含绿色建筑设计内容。设计、施工、监理等招投标时，要将相关要求列入招标文件，并在项目建设协议、合同中明确。

四、明确各方主体责任

建设单位对绿色保障性住房建设负总责。设计单位应当依据国家和地方有关法规和标准，按照《绿色保障性住房技术导则（试行）》进行绿色建筑设计，施工图设计文件应当编制绿色建筑专篇。施工图设计文件审查机构应当就项目是否落实绿色建筑设计相关要求进行审查，并在审查合格书中注明。未经审查或审查不合格的，住房城乡建设主管部门不得颁发施工许可证。施工单位要严格按照经审查合格后的施工图设计文件进行施工。未按规定进行设计、施工的项目，不得组织竣工验收。竣工验收合格的绿色保障性住房可认定为一星级绿色建筑，不再进行专门评价。未履行相关职责的部门，应承担相应责任。

五、加强宣传和指导

各地要加强对绿色保障性住房的宣传，及时总结省会及计划单列市绿色保障性住房建设的经验，发挥示范带动作用。要通过多种方式对保障部门及承担保障性住房项目的设计、施工等单位进行培训；要做好技术指导工作，各地可根据《绿色保障性住房技术导则（试行）》，研究制定本地区的绿色保障性住房技术政策。

中华人民共和国住房和城乡建设部

2013 年 12 月 16 日

关于企业参与政府统一组织的棚户区改造有关企业所得税政策问题的通知

财税〔2013〕65 号

各省、自治区、直辖市、计划单列市财政厅（局）、国家税务局、地方税务局，新疆生产建设兵团财务局：

根据《国务院关于加快棚户区改造工作的意见》（国发〔2013〕25 号）精神，为鼓励企业参与政府统一组织的棚户区（危房）改造工作，帮助解决低收入家庭住房困难，现将企业参与政府统一组织的工矿（含中央下放煤矿）棚户区改造、林区棚户区改造、垦区危房改造有关企业所得税政策问题通知如下：

一、企业参与政府统一组织的工矿（含中央下放煤矿）棚户区改造、林区棚户区改造、垦区危房改造并同时符合一定条件的棚户区改造支出，准予在企业所得税前扣除。

二、本通知所称同时符合一定条件的棚户区改造支出，是指同时满足以下条件的棚户区改造支出：

（一）棚户区位于远离城镇、交通不便，市政公用、教育医疗等社会公共服务缺乏城镇依托的独立矿区、林区或垦区；

（二）该独立矿区、林区或垦区不具备商业性房地产开发条件；

（三）棚户区市政排水、给水、供电、供暖、供气、垃圾处理、绿化、消防等市政服务或公共配套设施不齐全；

（四）棚户区房屋集中连片户数不低于 50 户，其中，实际在该棚户区居住且在本地区无其他住房的职工（含离退休职工）户数占总户数的比例不低于 75%；

（五）棚户区房屋按照《房屋完损等级评定标准》和《危险房屋鉴定标准》评定属于危险房屋、严重损坏房屋的套内面积不低于该片棚户区建筑面积的25%；

（六）棚户区改造已纳入地方政府保障性安居工程建设规划和年度计划，并由地方政府牵头按照保障性住房标准组织实施；异地建设的，原棚户区土地由地方政府统一规划使用或者按规定实行土地复垦、生态恢复。

三、在企业所得税年度纳税申报时，企业应向主管税务机关提供其棚户区改造支出同时符合本通知第二条规定条件的书面说明材料。

四、本通知自 2013 年 1 月 1 日起施行。2012 年 1 月 10 日财政部与国家税务总局颁布的《关于企业参与政府统一组织的棚户区改造支出企业所得税税前扣除政策有关问题的通知》（财税〔2012〕12 号）同时废止。

财政部
国家税务总局
2013 年 9 月 30 日

关于加强市保障性住房建设投资中心
收购公租房项目管理的通知

京住保〔2013〕1 号

市住房城乡建设委、市国资委、市发展改革委、市规划委、市国土局、市财政局、市金融局、北京银监局、各区县人民政府、各有关单位：

为进一步规范公租房项目收购管理，防控收购风险，充分发挥市保障性住房建设投资中心（以下简称"市投资中心"）投融资职能，根据《北京市人民政府关于加强本市公共租赁住房建设和管理的通知》（京政发〔2011〕61 号）等文件规定，现就市投资中心收购有关工作通知如下：

一、项目收购原则

市投资中心收购的项目应当作为保障性住房使用，符合全市保障性住房发展规划和年度计划要求。收购项目应当主要用于全市公开分配，保障市级及重点区域的公租房和定向安置房建设、供给需求。

收购项目规模应与中心资产经营规模、资产负债水平和实际融资能力相适应，审慎决策，严控风险。

二、收购项目范围

（一）原则上，除延庆、密云、平谷、怀柔四区县外，其他区范围内商品房地块中配建的公租房项目，市投资中心应当予以收购。市、区县人民政府有关部门在确定配建比例、建设套型、回购价格、回购标准和开竣工时间等内容时，应当征求市投资中心和北京市住房保障办公室（以下简称"市住保办"）意见，并在土地供应有关文件中予以明确。区政府所属机构或指定机构愿意收购该配建公租房的，在市投资中心签订收购协议前可优先收购；商品房地块开发建设单位愿意持有、运营该配建公租房的，市投资中心不予收购。

（二）上述范围内区政府及其所属机构集中建设的公租房项目，经区政府申请，可由市投资中心收购。

（三）社会单位利用自用国有土地建设公租房，持有运营确有困难需出售的，由市投资中心按审定的建安成本价格收购。

（四）中央、部队在京单位自建的保障性住房项目，地上住宅总建筑面积的20%房源由市投资中心收购。建设单位在申请办理规划意见前，应当与市住保办、市投资中心签订三方收购协议，收购价格原则上为房屋建设成本，不高于销售价格。

（五）市投资中心收购的区政府集中建设的公租房项目和商品房配建公租房项目，房源优先满足区县需求，其余用于全市统筹使用，统筹比例原则上不低于40%。

三、收购工作分工

市投资中心领导小组定期召开例会，听取项目收购计划和工作进展情况报告，并负责项目收购决策。

市投资中心领导小组办公室（市住房城乡建设委）负责按照市投资中心领导小组决定督促、协调市投资中心项目收购工作。

市投资中心负责根据市投资中心领导小组决策内容实施项目收购，拟定项目收购计划，并对拟收购项目进行可行性研究论证，起草收购建议书、尽职调查报告和商业策划报告等文件。

四、项目收购程序

（一）各区县人民政府指定建设机构集中建设的公租房项目及其他社会单位利用自用土地建设的公租房项目，需要由市投资中心收购的，向市住保办提出书面收购申请。

（二）市住保办根据全市公租房建设运营情况，结合相关政策进行初步筛选，将符合相关政策的申请项目移交市投资中心，由投资中心进行经济及运营管理可行性分析并与项目建设单位开展合同洽商。

（三）市投资中心经过分析及洽商确定收购的，由市住保办提请召开市投资中心领导小组会议审议。市住保办根据会议审定情况，制发项目收购通知。

（四）市投资中心根据收购通知要求，与项目建设单位签订收购合同，并在收购合同签订后7日内，将合同报市住保办备案。

五、监督管理

（一）市投资中心应当定期编制项目收购进展情况报告，并报送市住保办。

项目收购进展情况报告主要内容为：项目收购申请情况（包括项目名称、建设主体、四至范围、建设规模、容积率、住宅套数、投资规模、取得审批手续、项目配租配售意向等内容）、可行性研究情况、收购合同签订情况、项目建设进展情况、项目质量安全控制、收购款支付等。

（二）项目收购及建设过程中需要协调政府相关部门有关政策时，市投资中心及时报告市住保办。市住保办应当予以协调。

（三）市住保办定期提请召开市投资中心领导小组会议听取项目收购进展情况。

因政策、资金或其他原因致使项目收购中止或者停止时，市投资中心应当编制专项报告，并提交市投资中心领导小组会议审议。

（四）收购项目完成产权登记，视为项目收购完成。

（五）为缓解公租房建设融资困难，扩大公租房建设，解决公租房运营中社会矛盾，市国有资产管理部门、市财政部门在考核市投资中心经营业绩时应充分考虑公租房项目特殊性，合理确认亏损指标。

本通知自发布之日起执行。

北京市住房保障工作领导小组办公室

2013 年 2 月 18 日

关于进一步加快保障性住房分配
有关工作的通知

京住保〔2013〕24 号

各区县政府：

为进一步做好保障性住房分配工作，加快解决轮候家庭住房困难，结合本市工作实际，现就保障性住房分配有关工作通知如下：

一、多方式筹集房源，确保"十二五"期间基本解决轮候家庭住房困难

（一）"十二五"期间基本解决轮候家庭住房困难，是市、区县政府住房保障工作的重要目标。各区县应当因地制宜采取多种措施，筹集相应足量房源，确保按期完成任务。

（二）各区县要在三季度对现有轮候家庭进行一次专项复核，清理已购房或瞒报住房家庭，明确有效需求。在深入分析数量、结构、年龄、收入、住房情况的基础上，制定本区县三年解决轮候家庭住房困难的工作方案，并在今年 9 月底前向社会公布。凡是需要新建的房源，一律要在今年 11 月底前落实相应地块。

（三）在房源筹集上，要结合本区县实际，采取建设、收购、趸租、市场化租金补贴等多种方式。土地资源相对充足的区县，应从全市大局出发，在满足本区县需求的同时，严格执行有关配建规定，积极落实全市统筹任务。人口输出区应给予输入区相应补偿，具体标准另行公布。土地资源不足的区县，应当加大收购、趸租、市场化租金补贴力度。

二、严格管理，确保分配公开、公平、公正和高效

（一）*严格分配时限要求*。租赁型保障房在竣工前 6 个月要组织配租，出售型保障房具备预售条件的，必须组织配售，逾期 3 个月不使用的房源，由市住房保障办公室统筹安排，用于其他区县公开配租配售。

（二）*加强房源使用管理*。凡列入我市保障性住房年度建设计划，立项、规划及土地文件明确房屋性质为经济适用住房、限价商品住房的项目，原则上应当用于公开摇号配售。

凡 2013 年 7 月 1 日以后办理销售手续或核定租金的公开摇号房源，需报市住房保障办公室备案批准后，各区县方可组织配租配售工作。

（三）加大统筹使用力度。廉租住房在优先满足本区县实物配租家庭需求后，可以安排公共租赁住房轮候家庭配租，并按照公共租赁住房政策进行运营和管理。定向安置房按照立项要求使用有剩余的，可以转为公开摇号房源使用，并将房源明细报市住房保障办公室备案。满足本区县需求后的各类剩余房源，可报请市住房保障办公室作为市级统筹房源使用，市住房保障办公室负责建立区县间的相应补偿机制。

（四）妥善解决外省市来京工作人员住房困难。今年年底前，各区县要按照相关文件要求，确定本区县外省市来京工作人员申请公共租赁住房的具体条件，制定具体审核、配租管理办法，并经区县政府批准后报市住房保障工作领导小组办公室备案。已制定具体条件和审核、配租管理办法的区县，可根据本通知规定进行相应调整或完善。

在确定具体条件时，各区县应对申请人来京连续工作年限、住房、收入提出明确要求，同时可结合本辖区产业发展、人口资源环境承载力及住房保障能力等实际情况，确定其他条件，并适时调整。其中来京连续工作年限应提供同期暂住证明、劳动合同、缴纳住房公积金证明或社会保险证明；本人及家庭成员应在本市均无住房，且未享受过我市其他保障性住房政策；家庭收入应与本市户籍家庭条件相当。

各区县应将本区县筹集房源的一定比例面向外省市来京工作人员家庭公开配租。在制定具体管理办法时，应结合外省市来京工作人员家庭特点，按照登记方式进行配租，原则上不采取申请轮候制度。

三、加大政策创新力度，破解保障性住房分配难题

（一）鼓励各区县结合自身实际，创新保障方式，对轮候公共租赁住房超过一定期限的家庭，进行扩大租金补贴范围试点，由轮候家庭承租社会存量房源解决住房困难。

（二）鼓励各区县积极参与出售型保障性住房定价和产权管理试点创新。通过定价和产权共有制度创新，切实解决在建项目定价难题，加快配售进度。

北京市住房保障工作领导小组办公室

2013 年 6 月 24 日

关于进一步加强本市公共租赁住房
建设和分配管理有关问题的通知

京住保〔2013〕25 号

各区县住房城乡建设委（房管局），东城、西城区住房城市建设委（房管局），经济技术开发区建设局（房地局），各有关单位：

市政府《关于加强本市公共租赁住房建设和管理的通知》（京政发〔2011〕61 号）发布实施后，各区县大力推进公共租赁住房建设，各项工作取得积极进展。为进一步加强本市公共租赁住房建设管理，确保分配公平公正公开，现就公共租赁住房建设、分配管理有关问题通知如下：

一、除延庆、密云、平谷、怀柔四区县外，在商品住房用地中配建的公共租赁住房，原则上由市保障性住房建设投资中心统一收购，优先向项目所在区县配租；经市住房城乡建设委批准，可由区县政府及其所属机构或开发企业、投资机构收购后持有、运营。

区县政府组织集中建设的公共租赁住房，由区县政府指定机构收购、持有、运营；也可向市住房城乡建设委申请由市保障性住房建设投资中心收购、持有、运营。

市、区县政府组织集中建设或在商品住房用地中配建的公共租赁住房，应当公开配租。严禁任何单位将收购的配建公共租赁住房向本单位职工定向出租。

二、社会单位利用自用国有土地建设并持有、运营的公共租赁住房，应当公开配租，本单位符合公共租赁住房申请条件的职工家庭可纳入优先配租范围。

三、产业园区管理机构应当利用园区配套居住用地建设公共租赁住房，由产业园区管理机构或所属企业建设、持有、运营，解决园区人才和职工住房困难。

产业园区管理机构或所属企业也可收购、长期租赁商品住房作为公共租赁住房，或在园区外集中建设公共租赁住房，纳入本市公共租赁住房建设筹集计划，享受相关税费优惠减免政策。

产业园区管理机构应当制定本园区公共租赁住房申请审核、配租和管理办法报区县人民政府批准后实施，并报市住房保障工作领导小组办公室备案。

四、除产业园区、高教园区人才公共租赁住房外，其他主体建设的公共租赁住房，未经市住房保障工作领导小组办公室批准不得纳入人才公共租赁住房管理范围。

五、本通知自 2013 年 8 月 1 日起实施。

北京市住房保障工作领导小组办公室

2013 年 7 月 5 日

关于进一步完善我市保障性住房
申请、审核、分配政策有关问题的通知

京建法〔2013〕5号

各区县住房城乡建设委（房管局），东城、西城区住房城市建设委（房管局）：

为进一步简化我市保障性住房申请、审核程序，完善保障性住房分配政策，加快解决本市城镇中低收入家庭住房困难，推动住房保障方式向"租售并举，以租为主"转变，促进本市住房保障事业健康、持续发展，依据有关文件精神，经市政府批准，我市实行保障性住房统一申请、审核。现就有关问题通知如下：

一、实行保障性住房统一申请、审核

（一）保障性住房申请家庭，统一填写《北京市保障性住房申请家庭情况核定表》（见附件），并递交相关证明材料。符合廉租住房保障条件的，在提出保障性住房申请时，应同时提供符合廉租住房条件的相关证明材料，由街道办事处（乡镇人民政府）住房保障管理部门在《北京市保障性住房申请家庭情况核定表》中做相应标注和说明。

（二）按照《北京市公共租赁住房申请、审核及配租管理办法》（京建法〔2011〕25号）规定的公共租赁住房准入标准、审核程序进行审核，审核通过并获得备案资格的家庭，纳入住房保障范围。

二、完善保障性住房分配政策

（一）按照统一申请审核政策备案的家庭，分配实行租售并举，以租为主。先通过配租公共租赁住房予以保障，待有可配售房源时，按照届时我市出售型保障房政策进行配售资格核定并组织配售。

（二）鼓励各区县结合自身实际，加大工作创新力度，对轮候公共租赁住房超过一定期限的家庭，可以采取扩大租金补贴范围，由轮候家庭承租社会存量房源等方式解决。

（三）统一申请审核政策实行前已备案的轮候家庭，仍然按照原方式进行保障，在轮候期间，可通过配租公共租赁住房或其他方式解决过渡需求。

三、相关工作要求

（一）明确住房保障工作目标。各区县住房城乡建设委（房管局）要进一步摸清本区中低收入住房困难家庭底数，按照"十二五"期间基本解决轮候家庭住房困难的工作目标，合理制定工作计划和配租配售方案，并向社会公布。

（二）加大房源建设力度，多种方式筹集房源。各区县住房城乡建设委（房管局）要在积极完成新建任务的基础上，因地制宜，通过改建、收购、长期租赁等方式，多渠道筹集保障性住房房源。

（三）加强组织领导和宣传指导。各区县住房城乡建设委（房管局）要严格按照通知要求落实相关工作，做好政策宣传、答疑和指导，为申请家庭提供便捷、高效的服务。

四、本通知自 2013 年 4 月 19 日起实施。

附件：北京市保障性住房申请家庭情况核定表

北京市住房和城乡建设委员会

2013 年 4 月 11 日

关于公共租赁住房房屋登记有关问题的通知

京建法〔2013〕6 号

各区（县）住房城乡建设委、房管局，经济技术开发区房地局，各有关单位：

为规范公共租赁住房房屋登记管理，促进公共租赁住房事业健康发展，根据《房屋登记办法》（建设部令第 168 号）和《关于加强本市公共租赁住房建设和管理的通知》（京政发〔2011〕61 号），现就本市公共租赁住房房屋登记有关问题通知如下：

一、政府所属机构或指定机构、产业园区、社会单位、开发企业或投资机构等（以下简称公共租赁住房登记申请单位）建设、收购的公共租赁住房，应依法办理产权登记。

二、公共租赁住房登记申请单位直接投资建设的公共租赁住房和收购其他房源作为公共租赁住房的，申请房屋所有权登记时，除按相关规定提交材料外，还应提交《北京市行政事业性收费减免申请表》以及市或区县住房保障管理部门出具的《北京市公共租赁住房基本情况表》（以下简称《情况表》，见附件）。其中，中央在京单位及市属单位筹集的公共租赁住房，《情况表》由市住房保障管理部门出具；其他单位筹集的公共租赁住房，《情况表》由区县住房保障管理部门出具。

收购集中建设的定向安置用房等保障性住房的，办理转移登记时不再提交补交土地收益的证明。

三、公共租赁住房原则上按楼栋制发房屋所有权证，也可依据申请，按套制发房屋所有权证。房屋登记部门应在房屋登记簿和房屋所有权证房屋性质栏注记"公共租赁住房"，并依据土地使用权证书注明土地性质。

公共租赁住房申请单位收购其他性质住房作为公共租赁住房的，办理房屋转移登记时，房屋登记部门应将房屋性质变更为公共租赁住房。

四、公共租赁住房申请单位收购已取得预售许可或房屋所有权证的其他性质住房作为公共租赁住房的，应进行网上签约。收购尚未办理预售许可或未取得房屋所有权证的房屋可不进行网上签约，依据纸质合同办理房屋转移登记。

五、公共租赁住房登记申请单位集中建设或整体收购并可形成独立物业管理区域的公共租赁住房，办理房屋登记时，不再提交专项维修资金专用收据。

六、公共租赁住房登记申请单位取得房屋所有权后，申请公共租赁住房转移登记、抵押登记和变更登记时，中央在京单位及市属单位所有的公共租赁住房，应当经市住房保障管理部门同意；其他单位所有的公共租赁住房，应当经区县住房保障管理部门同意。

七、本通知自发布之日施行。各区县在实施过程中遇到的问题，请及时报市住房城乡建设委。

附件：《北京市公共租赁住房基本情况表》（略）

北京市住房和城乡建设委员会

2013 年 4 月 11 日

关于规范已购限价商品住房和经济适用
住房等保障性住房管理工作的通知

京建法〔2013〕10 号

各区县住房城乡建设委（房管局），东城、西城区住房城市建设委，各有关单位：

为加强限价商品住房和经济适用住房等保障性住房管理，促进保障性住房公平分配，结合工作实际，现就进一步规范保障性住房配租配售后的管理有关问题通知如下：

一、本通知所述的限价商品住房和经济适用住房等保障性住房，是指按照《国务院关于解决城市低收入家庭住房困难的若干意见》（国发〔2007〕24 号）要求建设收购，并面向符合条件的家庭公开配租配售的各类保障性住房。

二、自本通知实施之日起，申请家庭购买限价商品住房和经济适用住房时，申请人夫妻双方应共同与房屋销售单位签订买卖合同，办理共同共有房屋登记手续。夫妻双方对房屋产权份额有约定的，可持相关约定办理按份共有房屋登记手续。

三、各保障性住房开发企业或产权单位应在限价商品住房、经济适用住房、公共租赁住房和廉租住房家庭办理入住手续前 30 日，将拟入住家庭情况书面告知区县住房保障管理部门。各开发企业或产权单位应在家庭办理入住手续后 10 日内，将办理入住家庭信息以书面形式告知区县住房保障管理部门。

区县住房保障管理部门应在经济适用住房、公共租赁住房和廉租住房家庭入住前核查家庭结构等变化情况，并通过房屋交易权属系统核对全部申请家庭成员住房情况。家庭通过购置、继承、受赠等方式取得其他住房，不再符合相应的住房保障申请条件的，区县住房保障管理部门应立即责成相关单位停止为该家庭办理保障性住房入住手续，将《停止办理保障性住房入住手续通知书》（附件 1）送达有关单位，并按照相关规定作出取消该家庭保障资格的决定。

四、个人通过购置、继承、受赠等方式取得其他住房的，在购买住房和申请房屋登记时，市住房城乡建设委将在住房保障信息系统中核对其申请保障性住房的信息。经核对，属于保障性住房申请过程中的家庭、已通过保障性住房资格审核但尚未配租配售的轮候家庭，以及已购买经济适用住房、承租公共租赁住房或廉租住房的，其购房和登记情况将通过住房保障信息系统反馈给市、区县住房保障管理部门，区县住房保障管理部门对其保障资格进行复核。

经复核，上述家庭不再符合相应的住房保障条件的，区县住房保障管理部门将作出停止申请受理、取消相应申请资格、责令退回已购已租相应保障性住房或停止发放租金补贴的决定，并组织家庭退出相应保障性住房。

五、限价商品住房和经济适用住房的保障家庭利用保障房抵押借款，用途仅限于支付本套住房购房款，未经区县住房保障管理部门同意，不得将所购房屋作为其他债务担保。

六、已购限价商品住房和经济适用住房在房屋产权性质未转为商品房前，购房家庭不得将所购保障房作价出资或者通过买卖、赠与等方式将房屋所有权全部或部分转移给他人。

七、已购限价商品住房和经济适用住房的抵押权人因购房家庭无力偿还购房贷款等原因需要处置抵押物，依下列情况办理：

（一）按相关规定，已购房屋取得契税完税凭证或房屋所有权证未满五年的，不得按市场价格上市出售。该房屋应由购房家庭原申请户籍所在区县住房保障管理部门安排其他符合条件的轮候家庭按原购房价格购买或按原购房价格回购，所得款项优先偿还抵押权人。房屋产权性质不变。

（二）按相关规定，已购房屋取得契税完税凭证或房屋所有权证满五年的，可由抵押权人依法实现其抵押权。同等价格条件下，区县住房保障管理部门可优先回购。拍卖或出售所得价款按规定扣除需向政府补交的土地收益等价款后，剩余部分优先偿还抵押权人。房屋产权性质转为商品房。

八、按照《关于已购经济适用住房上市出售有关问题的通知》（京建住〔2008〕225号）规定，已购经济适用住房取得契税完税凭证或房屋所有权证满五年可按市场价格上市出售，产权人户籍所在区县住房保障管理部门应出具《已购经济适用住房上市出售意见》（附件2），明确是否行使优先购买权等情况。

产权人现户籍因各种原因已不在本市的，由房屋所在地区县住房保障管理部门出具《已购经济适用住房上市出售意见》，并明确是否行使优先购买权等情况。

九、本通知实施前，限价商品住房和经济适用住房购房人已取得房屋所有权证，登记为夫妻一方单独所有的，夫妻双方可持身份证明、婚姻关系证明、房屋所有权证、夫妻双方关于房屋产权共有情况的约定等材料，到房屋登记部门依法办理共有房屋登记手续。房屋产权性质不变。

十、本通知自2013年5月10日起实施。此前规定与本通知不一致的，以本通知为准。

附件：1. 停止办理保障性住房入住手续通知书
　　　2. 已购经济适用住房上市出售意见

北京市住房和城乡建设委员会
2013年5月2日

附件1：

停止办理保障性住房入住手续通知书

_____：

经查，与你单位签订□购买经济适用住房房屋买卖合同、□承租公共租赁住房(含廉租住房)房屋租赁合同的家庭_____（备案登记编号为：_____），其家庭成员已通过购置、继承、受赠等方式取得其他住房。经复核，该家庭已不再符合经济适用住房、公共租赁住房（含廉租住房）申请条件，依据我市保障性住房相关管理规定，区县住房保障管理部门已取消其购买或配租资格。

请你单位在收到本通知后，停止为该家庭办理房屋坐落为_____ 的入住手续，并将结果于10日内反馈区县住房保障管理部门。

特此通知。

联系人： 联系电话：

_____区（县）住房保障管理部门
年 月 日

注：本通知书一式两份，交办理保障家庭入住手续单位一份，留存一份。

附件2：

已购经济适用住房上市出售意见

_____：

已购经济适用住房产权人_____（身份证号_____），申请将原购买的坐落于_____区_____的经济适用住房上市出售，房屋所有权证号_____，房屋建筑面积_____平方米，于___年___月___日签订购房合同，于___年___月___日取得□契税完税凭证（□房屋所有权证）。

根据《关于已购经济适用住房上市出售有关问题的通知》（京建住〔2008〕225号）规定，已购经济适用住房家庭取得契税完税凭证或房屋所有权证满五年后，可按市场价格出售所购住房，现家庭申请按_____元/平方米（建筑面积）出售已购住房。在同等价格条件下，_____区住房保障管理部门　□放弃（□不放弃）对该房屋优先购买权。

本意见有效期三个月。

_____区（县）住房保障管理部门

年　　月　　日

注：本意见一式叁份，售房家庭一份，区县住房保障管理部门、区县房屋登记部门各留存一份。

关于印发《北京市公共租赁住房
后期管理暂行办法》的通知

京建法〔2013〕15 号

各区县住房城乡建设委（房管局），东城、西城区住房城市建设委，经济技术开发区建设局（房地局），各有关单位：

为做好公共租赁住房租赁管理、物业服务等管理工作，根据《公共租赁住房管理办法》（住房和城乡建设部令第 11 号）、《关于加强本市公共租赁住房建设和管理的通知》（京政发〔2011〕61 号）和《关于加强保障性住房使用监督管理的意见（试行）》（京政发〔2012〕13 号），北京市住房和城乡建设委员会制定了《北京市公共租赁住房后期管理暂行办法》，现印发给你们，请结合实际，认真贯彻执行。

北京市住房和城乡建设委员会

2013 年 7 月 25 日

北京市公共租赁住房后期管理暂行办法

第一章 总 则

第一条 为规范本市公共租赁住房后期监督管理，切实提高管理服务水平，根据《公共租赁住房管理办法》（住房和城乡建设部令第 11 号）、《关于加强本市公共租赁住房建设和管理的通知》（京政发〔2011〕61 号）、《关于加强保障性住房使用监督管理的意见（试行）》（京政发〔2012〕13 号）及相关规定，制定本办法。

第二条 本办法所称公共租赁住房后期管理，是指公共租赁住房租赁管理、物业服务等工作。

第三条 市住房城乡建设主管部门负责本市公共租赁住房后期监督管理。

各区县住房保障管理部门负责本行政区域内公共租赁住房后期监督管理工作，对公共租赁住房产权单位进行指导、监督和检查，依照规定组织相关部门对公共租赁住房承租家庭资格进行复核。

公共租赁住房产权单位应负责租赁管理、物业服务等工作，并协助住房保障管理部门加强承租家庭资格动态管理，协助街道办事处（乡镇人民政府）及社区管理部门等开展社区服务。

第四条 市住房城乡建设主管部门建立本市公共租赁住房管理信息系统，完善公共租赁住房使用情况、申请轮候家庭及配租家庭动态档案，实现全市动态管理。

公共租赁住房产权单位和区县住房保障管理部门应及时将公共租赁住房使用情况、承租家庭信息变动情况录入公共租赁住房管理信息系统，保证信息准确。

第五条 公共租赁住房产权单位具体承担下列职责：

（一）建立岗位职责和人员管理制度，制定公共租赁住房运营管理方案和租赁管理服务规范，并组织实施；

（二）办理房屋入住手续，与承租家庭签订房屋租赁合同，并按租赁合同约定提供服务；

（三）负责房屋租金确定、收缴等工作，并协助承租家庭办理租金补贴；

（四）建立承租家庭动态档案，定期入户走访，及时掌握承租家庭成员基本信息变化情况；

（五）受理承租家庭房屋合同变更、调换及调整、续租申请，并按照区县住房保障管理部门的决定办理相关手续；

（六）宣传、贯彻执行住房保障政策，开展日常检查，接受、处理举报和投诉，按租赁合同约定监督承租家庭房屋使用情况；

（七）按租赁合同约定纠正和处理违规使用房屋行为，办理合同终止手续，并及时报告区县住房保障管理部门；

（八）负责公共租赁住房自用和共用部位及设施设备的维修养护，保持房屋及设施设备完好，确保房屋正常使用；

（九）负责组织开展公共租赁住房物业服务；

（十）按要求定期向区县住房保障主管部门报告公共租赁住房后期管理工作情况，并接受相关主管部门检查；

（十一）按照有关规定或合同约定应承担的其他工作。

第六条 承租家庭应自觉遵守本市公共租赁住房管理规定和租赁合同约定，按时交纳房屋租金，合理使用房屋，配合产权单位开展房屋及设施设备维修养护工作。

第七条 物业服务企业受公共租赁住房产权单位委托，依据国家及本市住宅物业管理服务有关规定，按照委托物业服务合同做好物业服务工作。

第二章 租赁管理

第八条 公共租赁住房产权单位应在管理区域内设立房屋租赁管理服务站，安排房屋租赁管理人员（以下简称房管员）为承租家庭提供租赁管理服务，监督物业服务企业工作，具体负责公共租赁住房的入住手续办理、家庭档案建立、租赁合同签订、变更、续租或终止、租金收缴、合同履约监督、房屋及设施设备维修养护服务等工作。

同一公共租赁住房管理区域应至少配备 2 名房管员，实际管理户数超过 500 户的，产权单位应配备不少于 3 名房管员，并按照每超过 300 户增配 1 名房管员的标准增配房管员。

第九条 公共租赁住房产权单位在组织家庭办理房屋入住手续前 30 日，应将拟办理入住家庭情况书面告知家庭申请所在区县住房保障管理部门，获取家庭成员基本信息。

区县住房保障管理部门对产权单位提供的拟入住家庭名单进行复核后，对不再符合公共租赁住房配租条件的家庭，书面通知产权单位停止办理入住手续。

第十条 承租家庭办理公共租赁住房入住手续时，应与公共租赁住房产权单位签订公共租赁住房租赁合同。承租人为保障性住房申请核定表中的申请人，其他入住家庭成员应与保障性住房申请核定表中所列家庭成员一致。

公共租赁住房入住家庭实行实名登记备案制。产权单位建立入住家庭档案，完善入住家庭成员基本信息管理台账，并进行动态更新。

公共租赁住房租赁合同签订后 10 日内，产权单位将承租家庭名单、配租房屋情况、房屋租金等材料分别报送承租家庭申请所在区县及项目所在区县住房保障管理部门备案。

第十一条 公共租赁住房租金按本市相关规定确定并实行动态调整。公共租赁住房产权单位按租赁合同约定收缴房屋租金。承租家庭符合公共租赁住房租金补贴申请条件的，可按规定向街道办事处（乡镇人民政府）住房保障管理部门申请租金补贴。

第十二条 承租家庭因自身原因提出在申请家庭成员间变更承租人的，可向公共租赁住房产权单位设立的租赁管理服务站提出申请，并按下列程序办理：

（一）承租家庭推举一名具有完全民事行为能力的承租人，填写变更书面申请，明确变更原因。产权单位核定家庭各项费用均已结清后，收齐承租人身份证、户口本、租赁合同、死亡证明、共同申请人同意变更意见书等材料后，报送到承租家庭原申请户籍所在区县住房保障管理部门审核。

（二）区县住房保障管理部门组织街道办事处（乡镇人民政府）住房保障管

理部门对家庭申请情况进行复核，家庭仍符合配租条件的，应在公共租赁住房小区公示 10 日。公示无异议的，区县住房保障管理部门应在 15 日内将同意变更意见反馈给产权单位；公示有异议的，区县住房保障管理部门组织相关部门进行复核。

（三）产权单位在接到反馈意见 5 日内，为家庭办理承租人变更手续，租赁期限为原合同剩余期限。

经复核，家庭不再符合配租条件的，区县住房保障管理部门按照相关规定作出取消家庭保障资格的决定，并在 15 日内将处理结果书面告知产权单位。

第十三条 承租家庭因人口变化需调整配租住房，或因家庭自身原因申请在同套型内与其他承租家庭调换配租住房的，承租家庭可向公共租赁住房产权单位提出申请，经区县住房保障管理部门审核后，产权单位予以调整或调换。具体申请程序和办理时限按第十二条相关规定执行。

市住房城乡建设主管部门建立承租家庭调换登记轮候册。承租家庭住房调换后应与产权单位重新签订租赁合同，租赁期限为原合同剩余期限。

公共租赁住房承租家庭配租住房调整及调换实施细则，由市住房城乡建设主管部门另行制订。

第十四条 承租家庭在租赁期内自愿退出公共租赁住房的，承租家庭应提前30 日向公共租赁住房产权单位提出书面申请，结清相关费用，并在规定期限内将住房腾空交回产权单位。产权单位在与承租人解除租赁合同 15 日内，应书面通知承租人原申请所在区县住房保障管理部门。

承租家庭自愿退出公共租赁住房视同放弃一次配租资格，可继续轮候。同一家庭只能放弃两次配租资格，超过两次须重新申请。

第十五条 承租家庭在租赁期内，通过购置、继承、受赠等方式取得其他住房，并不再符合公共租赁住房配租条件的，应退出承租的公共租赁住房。

各区县住房保障管理部门每年对承租家庭住房变动情况进行复核。经复核，承租家庭不再符合公共租赁住房配租条件的，区县住房保障管理部门作出取消保障资格的决定，并在 15 日内书面告知公共租赁住房产权单位。

第十六条 租赁合同期满后承租家庭需要续租的，应在租赁期满前 3 个月向公共租赁住房产权单位提出续租申请，产权单位收齐相关申请材料后，报送到承租家庭原申请户籍所在区县住房保障管理部门复核。区县住房保障管理部门接到家庭申请材料 2 个月内，组织街道办事处（乡镇人民政府）住房保障管理部门完成家庭资格复核工作，并依下列情况做出处理决定，书面告知公共租赁住房产权单位：

（一）承租家庭仍符合届时公共租赁住房配租条件的，可继续承租公共租赁住房。

（二）承租家庭不再符合届时公共租赁住房配租条件，但家庭成员在本市均无他处住房的，可申请继续承租住房，经市或区县住房保障管理部门批准后，应按同区域同类型住房的市场租金标准交纳房屋租金。

（三）承租家庭不再符合届时公共租赁住房配租条件，且家庭成员在本市他处有住房的，应退出公共租赁住房。

产权单位在接到区县住房保障管理部门书面意见后，在1个月内完成与承租家庭续租，或收回承租的公共租赁住房。

产权单位无法向承租家庭提供原住房续租的，经住房保障管理部门同意，可在持有的房源中调配其他房屋给承租家庭。

第十七条 公共租赁住房产权单位负责房屋室内自用部位和自用设施设备维修养护服务。自用部位包括户门、室门、外窗、户内顶棚、墙面、地面、阳台、设置的防盗栏等。自用设施设备包括户内电气、燃气、供热、自来水分户表以内的管线及配件，卫生洁具、厨房器具和相关的上、下水管道及其他配套电器。

产权单位接到承租家庭报修后，应组织专业人员或委托物业服务企业专业人员及时上门维修，需收取费用的应按约定标准向承租家庭收取。

第十八条 公共租赁住房产权单位应按租赁合同约定，组织房管员对承租家庭进行入户检查，及时掌握承租家庭人员变化、房屋使用、室内设备设施状况等情况，并做好检查记录。检查记录由产权单位归入承租家庭档案管理。

产权单位组织入户检查时，承租家庭应至少有一名具有完全民事行为能力的家庭成员在场。入户检查的房管员应不少于2人，并按照规定佩戴工作证件。

产权单位每季度按照不低于实际入住家庭户数30%的比例组织入户检查，每年必须对入住家庭检查1次。对曾有违规使用房屋行为的家庭，产权单位应对其组织不定期抽查，并适当增加入户检查次数。

第十九条 承租家庭有转租、转借、闲置、改变用途、违章搭盖、擅自拆改房屋和违规使用公共空间等违规行为或其他违反租赁合同约定行为的，公共租赁住房产权单位房管员应按租赁合同约定及时制止，制作询问笔录。当事人不配合无法制作询问笔录的，房管员应及时做好工作记录。

承租家庭拒不改正的，产权单位应按房屋租赁合同约定处理，直至解除租赁合同，要求家庭退出公共租赁住房。

产权单位应在15日内将处理结果向相关区县住房保障管理部门报告，并及时将检查及处理情况录入公共租赁住房管理信息系统。

第二十条 公共租赁住房产权单位应向承租家庭明确公共租赁住房使用规则，并对承租家庭租住行为进行检查监督，发现家庭有危害小区住户居住安全、破坏小区环境卫生等方面行为应及时制止，并按有关规定处理或报告相关管理部门处理。

第二十一条 公共租赁住房产权单位应在租赁管理服务站设立举报信箱，定期开箱收集举报信息；公开举报电话，设置专（兼）职人员负责接听，并做好违规违约使用房屋举报信息汇总登记、调查、处理工作。

产权单位可将承租家庭履行租赁合同的情况在楼栋内等场所予以公示，接受小区承租家庭监督，公示内容包括公共租赁住房租金交纳、租金补贴额及房屋使用情况等。

第二十二条 公共租赁住房产权单位应协助区县住房保障管理部门完成对承租家庭成员收入、住房情况的复核，公示张贴及意见收集等工作，协助住房保障管理部门做好政策宣传，引导承租家庭合理使用房屋，维护小区秩序。

第二十三条 公共租赁住房产权单位应建立承租家庭意见征询机制，每半年组织召开一次由各楼栋或单元承租家庭代表参加的联席会，每年组织承租家庭填写满意度调查问卷，征询改进小区物业服务、租赁管理、使用监督管理、社会公共服务、社区建设等方面意见和建议，并将结果书面反馈区县住房保障管理部门。

第二十四条 公共租赁住房产权单位应按季、年向区县住房保障管理部门报告本单位持有管理的公共租赁住房出租、空置、租金收缴、违规使用、举报查处、退出等情况。

第三章 物业服务

第二十五条 集中建设的公共租赁住房，公共租赁住房产权单位可自行管理，也可通过招投标方式将全部或部分专项服务委托给物业服务企业或其他专业性服务企业。同等条件下优先选择有保障性住房小区物业服务业绩的物业服务企业承担。

配建的公共租赁住房，应与本物业管理区域内的其他物业实施统一管理。建设单位不得通过增设护栏等方式将公共租赁住房与区域内其他物业分隔。

第二十六条 公共租赁住房应配置租赁管理服务办公用房，用于区域内公共租赁住房及承租家庭档案资料保存、住户接待、人员值班备勤等日常工作。

集中建设的公共租赁住房，公共租赁住房产权单位应合理安排配套用房，满足小区物业服务和租赁管理办公使用。

配建的公共租赁住房，建设单位应在首层配建建筑面积不低于 100 平方米的配套用房，由产权单位按公共租赁住房回购价格收购作为租赁管理服务办公用房使用。

本办法实施前已建成的公共租赁住房，产权单位可向建设单位收购建筑面积不低于 100 平方米的配套用房作为租赁管理服务办公用房。无法收购的，产权单位可安排建筑面积 100 平方米左右的首层房屋作为租赁管理办公用房。

第二十七条　集中建设的公共租赁住房由多个产权单位共同持有的，应由持有房屋建筑面积最多的产权单位牵头，会同其他产权单位组建业主大会或建立业主联席会议制度，共同决定小区物业服务等公共事项。

配建公共租赁住房的产权单位，应积极配合建设单位推进业主大会的成立，产权单位按持有房屋建筑面积在业主大会中行使业主权利。

第二十八条　配建的公共租赁住房，建设单位和产权单位可在公共租赁住房建设收购协议中约定公共租赁住房交付后的物业服务费承担及支付方式。

第二十九条　公共租赁住房产权单位应负责公共租赁住房及其配套设施设备的维修养护，确保房屋正常使用。

公共租赁住房可形成独立物业管理区域的，暂不交存住宅专项维修资金。配建的公共租赁住房应按本市相关管理规定交存住宅专项维修资金。

第三十条　公共租赁住房产权单位持有的地下空间，应按照本市规定合理使用，面向承租家庭提供各类服务。管理区域范围内的电梯、宣传栏等公共空间，应首先满足小区居民服务和政策宣传需要。

规划用于公共租赁住房的停车位应优先满足本小区内承租家庭租赁使用。

第四章　监督管理

第三十一条　市、区县住房保障管理部门应采取定期检查、档案资料抽查、对承租家庭走访、举报投诉处理、舆情社情监测等方式，加强对公共租赁住房产权单位开展的后期管理工作、承租家庭房屋使用情况进行监督考核。

第三十二条　市住房城乡建设主管部门建立公共租赁住房信用信息共享制度，将公共租赁住房产权单位、受委托参与管理服务企业、承租家庭的违规违约处理情况进行记录、归集、共享，并可按照有关权限和程序与其他部门共享，为社会信用管理提供信息服务。

第三十三条　公共租赁住房产权单位及其委托的管理服务单位有下列行为之一的，住房保障管理部门应及时督促产权单位按规定整改。拒不改正的，住房保障行政管理部门按《公共租赁住房管理办法》（住房和城乡建设部令第 11 号）相关规定予以处罚：

（一）向不符合配租条件的对象出租公共租赁住房的；

（二）未履行公共租赁住房及其配套设施设备维修养护义务的；

（三）改变公共租赁住房的保障性住房性质、用途，以及配套设施的规划用途的。

第三十四条 承租家庭有下列行为之一的，公共租赁住房产权单位可按租赁合同约定解除合同，收回房屋：

（一）将房屋转租、转借或者擅自调换承租住房的；

（二）改变承租住房用途或房屋结构；

（三）破坏或者擅自装修承租住房，拒不恢复原状的；

（四）连续 3 个月以上在承租住房内居住不满 30 日的；

（五）累计 3 个月未按照合同约定交纳租金的；

（六）被区县住房保障管理部门取消公共租赁住房配租资格的；

（七）其他违反法律、法规规定及租赁合同行为的。

责令退回承租住房的家庭，产权单位可给予两个月的过渡期，过渡期内按照同区域、同类型住房的市场租金收取租金；逾期仍拒不退回的，公共租赁住房产权单位可以向人民法院提起诉讼，要求承租人腾退公共租赁住房，并按租赁合同约定，按照两倍公共租赁住房租金标准收取租金。

第三十五条 公共租赁住房产权单位应按租赁合同约定对承租家庭的违规违约行为进行处理。承租家庭有将房屋转租、转借、擅自调换、闲置、改变用途等违规行为及在房屋内从事违法活动的，产权单位应及时向区县住房保障管理部门报告。经核实后，区县住房保障行政管理部门应取消家庭保障资格，并通过媒体公示，记入信用档案，5 年内不得再次申请保障性住房，并按照《公共租赁住房管理办法》（住房和城乡建设部令第 11 号）相关规定予以处理。

第三十六条 各级住房保障管理部门、公共租赁住房产权单位及相关管理服务单位的工作人员，如有参与或隐瞒公共租赁住房转租、转借、闲置等违规行为的，应按照本市相关规定处理。

第三十七条 公共租赁住房产权单位应加强对委托的管理服务企业进行监督、检查、考核。对于考核不合格或居民反映问题较突出的，应令其限期整改或重新选聘。

第五章　附　则

第三十八条 社会单位利用自有土地建设持有的公共租赁住房、通过市场筹租方式筹集的公共租赁住房的后期管理工作参照本办法规定执行。

公共租赁住房办理首次入住手续前，产权单位或筹集单位应向项目所在区县住房保障管理部门登记备案。

第三十九条　各产业园区管委会或所属企业组织筹集运营的公共租赁住房后期管理办法由园区管理机构参照本办法制定，经区县人民政府批准后实施，并报市住房保障工作领导小组办公室备案。

第四十条　本办法自 2013 年 9 月 1 日起施行。此前公共租赁住房管理规定中与本办法不一致的，以本办法为准。

附件：1. 承租家庭申请书

　　　　2. 租赁服务办理通知书

　　　　3. 取消家庭住房保障资格通知书

　　　　4. 公共租赁住房承租家庭情况登记表

　　　　5. 公共租赁住房项目入住、房源及退出备案表

　　　　6. 公共租赁住房入户检查情况记录表

　　　　7. 公共租赁住房承租家庭违规违约使用房屋明细表

附件 1：

承租家庭申请书

_____：

　　承租人 _____，身份证号码_____，备案登记编号_____，租赁合同编号_____。本家庭为_____区县保障性住房申请家庭，于____年____月____日起承租位于_____区（县）_____号楼____单元____号公共租赁住房，建筑面积_____平方米，合同期限____年，月租金____元，承租家庭成员共____人，分别为_____。现经承租家庭成员协商一致，提出申请：

　　□因承租人死亡变更承租人；□家庭成员间变更承租人；□调整配租房屋；□同套型内调换配租房屋地点；□续签租赁合同；□自愿终止租赁合同。具体原因说明：

_____

_____

_____。

特此申请。

申请人：　　　　　　　　　　　　联系电话：

①承租人签名：　　　　　　　　　日期：

②承租家庭成员签名：　　　　　　日期：

③承租家庭成员签名：　　　　　　日期：

④承租家庭成员签名：　　　　　　日期：

　　注：本通知书一式两份，交办理保障家庭入住手续单位一份，区县住房保障管理部门留存一份。

附件2：

租赁服务办理通知书

　　_____：

　　与你单位签订_____项目公共租赁住房租赁合同的家庭_____（身份证号码_____，备案登记编号_____），经复核，仍符合公共租赁住房配租条件。依据我市保障性住房相关管理规定，_____区（县）住房保障管理部门作出以下决定：

　　□同意该家庭办理承租人变更；

　　□同意该家庭办理续租原有住房；

　　□同意该家庭纳入公共租赁住房调换轮候册，有合适房屋时可调换。

　　□同意该家庭_____

　　请你单位在收到本通知后，为该家庭办理相关手续，并在手续办理后及时将结果反馈区县住房保障管理部门。本通知有效期六个月。

　　特此通知。

　　联系人：　　　　　　　　　　　联系电话：

区（县）住房保障管理部门

年　　月　　日

　　注：本通知书一式两份，交办理保障家庭入住手续单位一份，区县住房保障管理部门留存一份。

附件3：

取消家庭住房保障资格通知书

_____：

　　与你单位签订公共租赁住房租赁合同的家庭_____（身份证号码_____，备案登记编号_____），经复核，已不再符合公共租赁住房配租条件。依据我市保障性住房相关管理规定，_____区（县）住房保障管理部门已作出取消该家庭住房保障资格的决定。

　　请你单位在收到本通知后，按租赁合同相关约定处理，并将处理结果及时反馈区县住房保障管理部门。

　　特此通知。

联系人：　　　　　　　　　　　　联系电话：

　　　　　　　　　　　　　　　　　区（县）住房保障管理部门
　　　　　　　　　　　　　　　　　　　年　　月　　日

　　注：本通知书一式两份，交办理保障家庭入住手续单位一份，区县住房保障管理部门留存一份。

附件4：

公共租赁住房承租家庭情况登记表

一、房屋基本情况

房屋坐落	区（县）_____ 路_____号_____（院）_____房号_____号楼_____单元_____号		
居室	□零居室 □一居室 □二居室 □大户型 （□单宿 □小户型 □中户型）		
建筑面积 _____ m²	月租金标准 _____ 元/m²	月租金 _____ 元	
街乡镇_____	备案登记编号_____	合同编号_____	

二、承租家庭基本情况

与承租人关系	姓名	性别	年龄	婚姻状况	身份证件号码（暂住证号码）	户口所在地	工作或学习单位
承租人						□本区 □区外 □京外	
						□本区 □区外 □京外	
						□本区 □区外 □京外	
						□本区 □区外 □京外	
						□本区 □区外 □京外	

承租人电话		通讯地址		电子邮箱		紧急联系人		联系电话	
起租日期		终租日期		承租年限		家庭人均月收入 _____ 元	入住人数 _____ 人	人均住房面积 _____ m²	

申请家庭类型	□三房轮候家庭（□廉租金金补贴、□廉租实物配租、□经济适用住房、□限价商品住房（公共租赁住房）申请家庭 □产业园区符合条件家庭 □社会单位符合条件家庭 □其他_____ □保障性住房
家庭结构	□单身一人 □单身一人（丧偶） □未婚 □离异 □丧偶 □夫妻两人 □单亲家庭 □三口之家 □三人以上家庭
家庭特殊情况	□希望就近上幼儿园（家庭有年满3周岁幼儿） □希望就近上小学（家庭有年满6周岁儿童） □失业登记希望就近工作 □优抚家庭及退役军人 □劳模家庭 □家庭成员中有重病 □家庭成员中有重残 □低保家庭 □其他_____
车辆情况	□机动车 □摩托车 □三轮车 □电瓶车 品牌_____ 车牌号_____ 是否养犬 □是 □否 是否愿意参加社区公益活动 □是 □否

承租家庭签字：

登记日期： 年 月 日

附件 5-1：

公共租赁住房 入住情况 备案表

（____年____月）

产权单位（盖章）：   首次选房日期：

总入住家庭		户			宿舍		单居		小套型			中套型			大套型	
序号	备案编号	区县	承租人姓名	套型	承租人身份证号	家庭人口数	合同编号	楼号	单元号	房号	户型	套型建筑面积	月租金	备注

填表人：   审核人：   填表日期：   联系电话：

产权单位（盖章）：上表填报的数据经我部门审核为经我单位组织入住的实际情况，同意上报区县住房保障管理部门备案。

说明：1.房屋套型按公共租赁住房建设标准划分，产权单位也可根据配租房源情况将零居室、一居室、二居室对应到各类套型。 2.项目初次选房入住后填报，项目运营期间在每季度第一月5日前上报上季度新选房入住家庭情况。

257

附件 5-2:

公共租赁住房____号楼 未入住房屋 备案表

（示范表格）

产权单位（盖章）：

项目坐落：

单元号								
房号	1	2	3	4	5	6	7	8
户型	东北三居	东向一居	东向两居	东向两居	东向两居	南向两居	南向一居	西南三居
层数	建筑面积	建筑面积	建筑面积	建筑面积	建筑面积	建筑面积	建筑面积	建筑面积
6								
5								
4								
3								
2								
1								

审核人： 填表日期： 联系电话：

填表人：

产权单位（盖章）：未入住房源情况经我单位核对属实，同意上报区县住房保障管理部门备案。

说明：1.房源状态在楼盘表上用颜色标示：未入住房源以绿色标识，已入住房源用红色标识。

2.按一栋楼一个楼盘表报送，彩色打印报送。

258

附件 5-3:

公共租赁住房 退房情况 备案表

产权单位（盖章）：　　　　　　　　　　　　　　　　　　共有___户家庭退房

（　　　年　　　月）

序号	备案编号	区县	承租人姓名	身份证号码	原租赁合同编号	楼号	单元号	房号	户型	套型建筑面积	退房原因	是否计入放弃一次

填表人：　　　　　　　　　　审核人：　　　　　　　　　填表日期：

产权单位（盖章）：退房家庭情况经我单位核对属实，同意上报区县住房保障管理部门备案。　　联系电话：

说明：项目运营期间在每季度第一月5日前上报上季度退房家庭情况。退房原因为合同到期或自愿退出。

附件6:

项目交用时间：_____年_____月

公共租赁住房入户检查情况记录表（参考样式）

记录编号：

承租人姓名		家庭备案登记编号		实际居住情况	□是本人居住 □非本人居住 共____人，其他人员姓名：
房号户型		号楼 单元 室		套型	□大套型 □中套型 □小套型 □单居 □宿舍
租金交纳情况	□按时交纳租金 □拖欠租金（□1月 □2月 □3月 □超过3月）			检查时间	____年 ____月 ____日 ____时 ____分
房屋使用情况	□无违规使用行为 □有违规使用行为 □有违法行为			房屋及设施设备情况：	□完好 □基本完好 □需维修
发现违规行为	□转租 □转借 □擅自调换 □闲置 □改变房屋结构 □破坏或擅自装修 □改变房屋用途 □违规使用公共空间 □其他违规行为			□户门 □室门 □外窗 □墙面 □地面 □阳台 □防盗栏 □户内顶棚 □橱柜 □热水器 □灶具及抽油烟机 □管道维修（□电 □洗面盆 □马桶 □燃气 □供热 □自来水 □厨房下水 □卫生间下水） □其他	
承租家庭意见	□检查与实际相符 □检查与实际不符		承租家庭签字	家庭固定电话	移动电话
不符情况说明			其他需说明的情况		

产权单位入户检查人员签字：_____

公共租赁住房承租家庭违规违约使用房屋明细表

产权单位（盖章）：

制表日期：

（　　年　　月）

序号	受理时间	违规违约家庭姓名	备案编号	户型	楼号	单元及房号	发现方式	违规行为类型	违规行为具体内容	调查结果	处理结果	未调查处理原因
1												
2												
3												
4												
5												
6												
7												

单位负责人：　　　　　　　联系电话：

填表人：

说明：1.填写的项目为已交付使用办理入住手续的项目。2.房屋类型包括公共租赁住房、廉租实物住房。3.违规行为类型包括：A出租（转租）、B转借、C闲置、D擅自改变房屋用途、E擅自拆改房屋、F违规使用公共空间、G违规出售、H擅自调换、I掩大租金、J其他，可直接填写相应字母。4.发现方式包括：K单位巡查、L信访举报、M网络媒体报道、N巡查中介发现、O街道批转线索、P区县批转线索、Q市级批转线索、R其他等，可直接填写相应字母。5.请各公共租赁住房产权单位在每季度第一月5日前将汇总表（含电子表）盖章后报送到报送到项目所在区县住房保障管理部门。

关于加强本市公共租赁住房
社会管理和服务的意见

京建法〔2013〕19号

各相关单位：

为进一步加强我市公共租赁住房社会管理和服务，解决承租家庭实际问题，努力创建和谐宜居的居住社区，根据国家及本市教育、医疗、养老等规定，现提出以下意见。

一、公共租赁住房社会管理和服务坚持居住属地管理为主，各部门协同配合的原则，建立各级人民政府、各政府职能部门和各单位间有效合作机制，为公共租赁住房承租家庭提供基本公共服务。外地户籍的公共租赁住房承租家庭仍按本市现行的流动人口相关规定管理。

二、市发展改革委、市社会办、市财政局、市公安局、市民政局、市人力社保局、市教委、市卫生局、市住房城乡建设委加强对区县相关部门工作的监督、指导，确保各项社会管理和社会公共服务落实到位。

公共租赁住房所在区县人民政府相关管理部门将本市承租家庭纳入属地网格化社会管理服务体系，享受与属地户籍居民均等的社会保障、劳动就业、公共卫生、基本医疗、义务教育等社会公共服务。

公共租赁住房所在街道办事处（乡镇人民政府）积极指导社区建设，组织开展社区公共服务、发展志愿服务、推进便民利民服务。

公共租赁住房建设单位严格按照本市相关规定建设小区各类配套用房。公共租赁住房产权单位及运营单位、物业服务企业积极配合属地管理机构开展社会管理和服务工作，共同维护社区安全稳定，营造和谐的社区居住环境。

三、公共租赁住房所在区县人民政府相关管理部门每年按辖区内已摇号入住的公共租赁住房套数配备社会管理和服务所需的机构、人员，安排管理经费。

四、公共租赁住房小区规划建设的幼儿园、学校、社区卫生服务机构、社区养老助残服务设施、社区办公和服务用房、文化活动场地和商业用房等社区配套用房，由相关管理部门按照规定接收管理。

公共租赁住房产权单位与属地相关管理部门沟通，确保居民入住后，社区居民委员会、警务室、社区服务站、社区养老助残服务设施等同步投入使用，面向本区域内公共租赁住房承租家庭提供服务。

五、公共租赁住房社区首次办理入住手续后，按照相关法律法规的规定，在街道办事处（乡镇人民政府）的指导下，依法开展社区党组织和社区居民委员会的组建工作，完善社区服务站建设，开展社区自我管理和服务。

六、公共租赁住房产权单位和社区居民委员会对承租家庭成员基本户籍情况进行信息采集登记，定期向属地公安机关提供实有人口信息采集和登记的数据，并配合街道办事处（乡镇人民政府）、公安、综治、流管、司法、信访、应急等部门共同做好社区安全服务和本市居民人户分离及流动人口管理工作，维护好社区治安和城市秩序。

七、公共租赁住房承租家庭中的本市失业人员可持《北京市公共租赁住房租赁合同》和其他规定材料，到承租房屋所在地街道办事处（乡镇人民政府）社会保障事务所办理失业登记手续，享受公共就业服务和各项促进就业政策。

公共租赁住房所在地街道办事处（乡镇人民政府）社会保障事务所应主动为承租家庭中的本市登记失业人员提供政策咨询、职业指导、职业介绍、培训信息推荐等公共就业服务，积极开展就业援助服务，促进其尽快实现就业。

社区配套商业服务项目和社区各类服务机构招聘人员时，公共租赁住房产权单位应与街道办事处（乡镇人民政府）社会保障事务所配合，优先推荐承租家庭中符合条件的本市登记失业人员。

八、公共租赁住房承租家庭为本市城市低保对象的，可在承租房屋所在地的街道办事处（乡镇人民政府）组织下，在社区内参加治安值班、打扫公共卫生、照顾孤老残幼等公益性社区服务劳动，劳动时间记录到北京市城市低保对象参加公益性社区服务劳动时间内。

九、公共租赁住房应按规划要求建设配套教育设施，满足承租家庭的适龄儿童就近入学、入园需求。父母或者其他法定监护人承租公共租赁住房的本市户籍适龄儿童少年，可在公共租赁住房所在地按规定就近登记入学，其家长可持《北京市公共租赁住房租赁合同》、户口簿等有关证明材料，办理入学手续。

十、公共租赁住房项目所在社区卫生服务机构应以方便居民为宗旨，为社区居民提供疾病预防、医疗保健、健康教育等公共卫生、基本医疗及康复服务。

十一、公共租赁住房产权单位积极配合属地街道办事处（乡镇人民政府），在公共租赁住房社区内引入养老、扶贫、助残、社区服务等方面的专业社工机构，提供专业化的社工服务。

鼓励公共租赁住房房屋产权单位将自有配套用房无偿或廉价提供给社区服务

机构使用。

十二、公共租赁住房产权单位应合理利用配套资源，与项目所在地的街道办事处（乡镇人民政府）、社区居民委员会配合，共同制定社区活动计划，广泛开展展览、文体、公益、敬老、联谊等社区活动，丰富社区居民业余文化生活。

十三、本意见自 2013 年 12 月 1 日起施行。

2013 年 11 月 21 日

关于印发《关于明确中心城区棚户区改造和环境整治定向安置房公共资源及后期管理补偿标准有关问题的暂行意见》的通知

京建发〔2013〕439 号

各区县政府、各相关单位：

按照市委市政府关于加快北京市中心城区棚户区改造和环境整治的工作要求，为加快推进相关工作，经市政府批准同意，现将《关于明确中心城区棚户区改造和环境整治定向安置房公共资源及后期管理补偿标准有关问题的暂行意见》印发给你们，请遵照执行。

附件：《关于明确中心城区棚户区改造和环境整治定向安置房公共资源及后期管理补偿标准有关问题的暂行意见》

北京市住房和城乡建设委员会
北京市财政局
北京市发展和改革委员会
2013 年 9 月 7 日

附件：

关于明确中心城区棚户区改造和环境整治定向安置房公共资源及后期管理补偿标准有关问题的暂行意见

2010 年以来，市政府统筹调度资源，在朝阳、昌平等城市功能拓展区和发展新区（以下统称输入区）专项划拨土地，用于东城区、西城区（以下统称输出区）定向安置房建设。在具体实施过程中，由于输入区和输出区就公共服务配套设施建设和市政基础设施建设投资等问题难以达成一致意见，影响了定向安置房

265

的建设进度。同时，由于定向安置房后期社会管理支出加大，输入区要求输出区支付社会管理费用。为量化公共资源补偿标准，解决后期管理问题，在借鉴上海等地经验基础上，结合本市实际，提出如下意见：

一、输出区向输入区支付的补偿包括公共资源建设补偿和后期社会管理费用补偿两部分。

公共资源建设补偿主要为输入区公共服务配套设施建设、市政基础设施建设投资等补偿。

后期社会管理费用补偿主要为输入区因迁移人口增加的公共服务费用和政府因此增加的管理支出。公共服务费用主要包括迁移人口享受的劳动就业、社会保险、人口和计划生育、公共文化体育、残疾人基本公共服务等，政府管理支出主要包括社区管理、公安、工商、消防、城管、环卫等人员经费和办公经费等。

二、市政府统筹划拨土地由输出区建设、输出区政府通过自筹、收购等方式筹集、国有企业利用自有用地建设，以及市级统筹调配给输出区使用的各类房源，符合以下条件的，输出区应向输入区支付补偿：

1. 通过土地划拨方式在输入区建设，用于输出区棚户区改造和环境整治项目居民安置的定向安置房，以及用于输出区住房保障家庭公开配售经济适用住房，输出区需向输入区支付公共资源建设补偿和后期社会管理费用补偿。

2. 通过土地出让方式在输入区建设，用于输出区棚户区改造和环境整治项目居民安置的定向安置房，以及用于输出区住房保障家庭公开配售的限价商品住房，输出区只需向输入区支付后期管理费用补偿。

三、输出区向输入区支付的公共资源建设补偿金额，以规定的单位补偿标准，乘以需要补偿的各类房源规划地上住宅建筑面积计算。

单位补偿标准以1000元/平方米为基数，具体数值根据房源区位不同乘以不同系数确定，具体见下表：

单位补偿标准（单位：元/平方米）

房源区位	系数	基准价格	一次性补偿标准
五环内	1.5	1000	1500
五环至六环	1.3	1000	1300
六环外	1	1000	1000

四、输出区向输入区支付的公共资源建设补偿中，用于输出区棚户区改造和环境整治项目居民安置的定向安置房源补偿金额由市财政和输出区按照4∶6的

比例分担。

五、输出区向输入区进行公共资源建设补偿，按照"先建设，后支付"的原则，具体时间要求如下：

1. 由输出区自行组织建设或通过收购方式筹集的，在项目开工或达成收购协议后60日内，由输出区政府先行对输入区支付全部补偿。

由市级统筹组织建设（含国有企业利用自有用地建设）的各类房源，在明确房源使用区后，由房源使用区政府在60日内先行对输入区支付全部补偿，完成支付后，市里再调拨房源。

2. 应由市财政承担40%的部分，在项目竣工入住后，由市财政根据项目实际入住情况，对用于中心城区棚户区改造和环境整治项目居民安置的房源，与输出区政府进行结算，并支付相应的补偿。

市财政已支付补偿资金的项目，若腾退出的房屋、土地获得收益的，相关收益在现有市与区县收益分配机制的基础上，市财政将再从区县享受的收益中获得部分收益。

六、后期管理费用补偿的单位补偿标准为200元/年·平方米。

后期管理费用补偿于项目房屋竣工入住后下一年初起支付，连续支付5年，由输出区财政承担。经双方协商同意，也可由输出区一次性向输入区支付后期管理费，支付标准为900元/平方米。

七、输出区向输入区进行公共资源补偿后，在项目用地范围的配套标准，按照《北京市新建改建居住区公共服务设施配套建设指标》执行。

鼓励输入区和输出区协商，采取合作办学、合作办院方式，配套建设优质的学校、医院、商业等公共服务资源，提高输入区教育医疗水平。

八、疏解安置房的建设任务计入输入区，建设指标由输出区负责。

九、项目建设完成后，输入区政府应将项目居民纳入属地网格化社会服务管理体系，切实承担属地管理责任。

十、本意见自发布之日起施行。输入区和输出区也可参照本意见精神，通过友好协商，就公共资源输出和后期管理等问题达成协议。本意见发布之前输入区和输出区已经签订协议建设的项目，按照协议约定办理。

十一、在输入区建设，由市级统筹调配给除东城、西城区外其他区县使用的房源，房源使用区向输入区支付的补偿，参照本意见执行，补偿金额全部由房源使用区政府承担。

关于印发《北京市公共租赁住房财政贴息奖励资金管理办法》的通知

京财经二〔2013〕591 号

各区县财政局,各区县住房城乡建设委 (房管局),东城、西城区住房城市建设委,经济技术开发区建设局 (房地局),各有关单位:

为进一步加大解决我市中低收入家庭住房困难的力度,引导、支持社会主体建设、运营和管理公共租赁住房,根据《国务院办公厅关于保障性安居工程建设和管理的指导意见》(国办发〔2011〕45 号) 和《财政部关于切实做好 2012 年保障性安居工程财政资金安排等相关工作的通知》(财综〔2012〕5 号) 有关规定,北京市财政局、北京市住房和城乡建设委员会制定了《北京市公共租赁住房财政贴息奖励资金管理办法》,经市政府批准同意发布实施,现印发给你们,请依照执行。

附件: 北京市公共租赁住房财政贴息奖励资金管理办法

北京市财政局
北京市住房和城乡建设委员会
2013 年 4 月 17 日

附件:

北京市公共租赁住房财政贴息奖励资金管理办法

第一章 总则

第一条 为引导、支持社会主体建设、运营和管理公共租赁住房 (以下简称公租房),进一步加大解决我市中低收入家庭住房困难的力度,根据《国务院办公厅关于保障性安居工程建设和管理的指导意见》(国办发〔2011〕45 号) 和《财政部关于切实做好 2012 年保障性安居工程财政资金安排等相关工作的通知》(财综〔2012〕5 号）规定，结合我市实际情况，制定我市公租房财政贴息办法。

第二条　我市公租房财政贴息采取"以奖代补"方式对符合条件的公租房进行财政贴息奖励。

第二章　贴息奖励的范围、主体、标准及要求

第三条　同时具备以下条件的公租房可申请贴息奖励资金：

（一）未申请、享受过中央、市、区县财政资金投资补助的公租房；

（二）2018 年前，交由政府组织实施、面向符合条件家庭公开配租，且已完成居民选房入住工作的公租房。

第四条　贴息奖励资金的申请主体为符合条件公租房的筹集主体，包括通过建设、收购等方式筹集公租房的主体（以下简称公租房筹集主体）。

第五条　根据我市公租房筹集、分配、使用的实际情况，采用定额奖励方式对符合条件的公租房进行贴息奖励，每套公租房每年的贴息奖励额为 7000 元。贴息奖励期限原则上不超过 10 年，如公租房出售、性质改变等特殊情况发生，财政部门不再对其进行贴息奖励。

第六条　贴息奖励周期为上一自然年度。公租房符合贴息奖励要求但时间不足一年的，则按照符合贴息奖励要求的月份计算贴息奖励额；不足整月的，不计入贴息奖励范围；每月的贴息奖励额为 580 元。

第七条　公租房贴息奖励资金由市和使用公租房区县财政部门按照 8：2 的比例共同负担。

第八条　贴息奖励资金专项用于公租房相关支出，包括：公租房建设、收购、贷款还本付息、运行维护费等相关支出。

第三章　贴息奖励资金的申报、审核

第九条　符合本办法规定的公租房，由公租房筹集主体在每年 4 月底前，向使用公租房的区县财政部门申请贴息奖励资金。

第十条　公租房筹集主体申报贴息奖励资金时，应按要求填制《公共租赁住房财政贴息奖励资金申请表》（附表 1），并附项目立项批准文件、竣工验收文件、公开配租文件、居民选房入住文件、未申请享受财政投资补助的说明等。

第十一条　区县财政部门会同同级住房保障管理部门负责按照本办法的规定，对公租房筹集主体申报的资料进行审核，确保贴息奖励资金用于符合条件公租房。

第十二条 区县财政部门在每年 5 月底前完成审核工作，按要求填制《公共租赁住房财政贴息奖励资金汇总表》(附表 2),并向市财政部门申请贴息奖励资金。市财政部门会同市住房保障管理部门审核后，向区县财政部门下达贴息奖励资金预算。区县财政部门接市财政部门下达的预算文件后，连同区县财政部门贴息奖励资金一并拨付公租房筹集主体。

第四章　贴息奖励资金监督管理

第十三条 各有关部门及公租房筹集主体要严格按照有关规定管理和使用贴息奖励资金，并自觉接受财政、审计部门的监督检查。

第十四条 市和区县财政部门会同住房保障管理部门将对贴息奖励资金申报和使用情况进行抽查，各相关部门应对发现的问题及时整改处理。

第十五条 贴息奖励资金是专项资金，各有关部门及公租房筹集主体必须确保贴息奖励资金专款专用，不得骗取、截留、挪用贴息奖励资金。对违反规定使用贴息奖励资金的，将依法按照《财政违法行为处罚处分条例》(国务院令第427 号)等有关规定进行处理。

第五章　附则

第十六条 本办法由市财政局负责解释。
第十七条 本办法自印发之日起三十日后施行。

十五、行政审批改革

关于取消和下放一批行政
审批项目等事项的决定

国发〔2013〕19 号

各省、自治区、直辖市人民政府，国务院各部委、各直属机构：

第十二届全国人民代表大会第一次会议批准的《国务院机构改革和职能转变方案》明确提出，要减少和下放投资审批事项，减少和下放生产经营活动审批事项，减少资质资格许可和认定，取消不合法不合理的行政事业性收费和政府性基金项目。经研究论证，国务院决定，取消和下放一批行政审批项目等事项，共计 117 项。其中，取消行政审批项目 71 项，下放管理层级行政审批项目 20 项，取消评比达标表彰项目 10 项，取消行政事业性收费项目 3 项；取消或下放管理层级的机关内部事项和涉密事项 13 项（按规定另行通知）。另有 16 项拟取消或下放的行政审批项目是依据有关法律设立的，国务院将依照法定程序提请全国人民代表大会常务委员会修订相关法律规定。

各地区、各部门要认真做好取消和下放管理层级行政审批项目等事项的落实和衔接工作，切实加强后续监管。要按照深化行政体制改革、加快转变政府职能的要求，继续坚定不移推进行政审批制度改革，清理行政审批等事项，加大简政放权力度。要健全监督制约机制，加强对行政审批权运行的监督，不断提高政府管理科学化、规范化水平。

附件：1. 国务院决定取消和下放管理层级的行政审批项目目录（共计 91 项）
2. 国务院决定取消的评比、达标、表彰项目目录（共计 10 项）
3. 国务院决定取消的行政事业性收费项目目录（共计 3 项）

国务院
2013 年 5 月 15 日

附件 1：

国务院决定取消和下放
管理层级的行政审批项目目录

（共计 91 项，其中取消 71 项，下放 20 项）

序号	项目名称	实施机关	设定依据	处理决定	备注
1	企业投资扩建民用机场项目核准	国家发展改革委	《国务院关于投资体制改革的决定》（国发〔2004〕20号）	取消	对取消的投资审批项目，国土资源、环保、安全生产监管等有关部门要切实履行职责，加强监管，投资主管部门通过备案发现不符合国家有关规划和产业政策要求的投资项目，要通知有关部门和机构，在职责范围内依法采取措施，予以制止。
2	企业投资城市轨道交通车辆、信号系统和牵引传动控制系统制造项目核准	国家发展改革委	《国务院关于投资体制改革的决定》（国发〔2004〕20号）	取消	对取消的投资审批项目，国土资源、环保、安全生产监管等有关部门要切实履行职责，加强监管，投资主管部门通过备案发现不符合国家有关规划和产业政策要求的投资项目，要通知有关部门和机构，在职责范围内依法采取措施，予以制止。
3	企业投资纸浆项目核准	国家发展改革委	《国务院关于投资体制改革的决定》（国发〔2004〕20号）	取消	对取消的投资审批项目，国土资源、环保、安全生产监管等有关部门要切实履行职责，加强监管，投资主管部门通过备案发现不符合国家有关规划和产业政策要求的投资项目，要通知有关部门和机构，在职责范围内依法采取措施，予以制止。
4	企业投资日产300吨及以上聚酯项目核准	国家发展改革委	《国务院关于投资体制改革的决定》（国发〔2004〕20号）	取消	对取消的投资审批项目，国土资源、环保、安全生产监管等有关部门要切实履行职责，投资主管部门通过备案发现不符合国家有关规划和产业政策要求的投资项目，要通知有关部门和机构，在职责范围内依法采取措施，予以制止。

序号	项目名称	实施机关	设定依据	处理决定	备注
5	企业投资日处理糖料1500吨及以上项目核准	国家发展改革委	《国务院关于投资体制改革的决定》(国发〔2004〕20号)	取消	对取消的投资审批项目,国土资源、环保、安全生产监管等有关部门要切实履行职责,加强监管,投资主管部门通过备案项目、要通知有现不符合国家有关规划和产业政策要求的投资的措施,在职责范围内依法采取措施,予以制止
6	企业投资年产100万吨及以上稠油田开发项目核准	国家发展改革委	《国务院关于投资体制改革的决定》(国发〔2004〕20号)	取消	对取消的投资审批项目,国土资源、环保、安全生产监管等有关部门要切实履行职责,加强监管,投资主管部门通过备案项目、要通知有现不符合国家有关规划和产业政策要求的投资的措施,在职责范围内依法采取措施,予以制止
7	企业投资年产20亿立方米及以上新气田开发项目核准	国家发展改革委	《国务院关于投资体制改革的决定》(国发〔2004〕20号)	取消	对取消的投资审批项目,国土资源、环保、安全生产监管等有关部门要切实履行职责,加强监管,投资主管部门通过备案项目、要通知有现不符合国家有关规划和产业政策要求的投资的措施,在职责范围内依法采取措施,予以制止
8	企业投资冷轧项目核准	国家发展改革委	《国务院关于投资体制改革的决定》(国发〔2004〕20号)	取消	对取消的投资审批项目,国土资源、环保、安全生产监管等有关部门要切实履行职责,加强监管,投资主管部门通过备案项目、要通知有现不符合国家有关规划和产业政策要求的投资的措施,在职责范围内依法采取措施,予以制止
9	企业投资乙烯改扩建项目核准	国家发展改革委	《国务院关于投资体制改革的决定》(国发〔2004〕20号)	取消	对取消的投资审批项目,国土资源、环保、安全生产监管等有关部门要切实履行职责,加强监管,投资主管部门通过备案项目、要通知有现不符合国家有关规划和产业政策要求的投资的措施,在职责范围内依法采取措施,予以制止
10	企业投资医学城、大学城及其他园区性建设项目核准	国家发展改革委	《国务院关于投资体制改革的决定》(国发〔2004〕20号)	取消	对取消的投资审批项目,国土资源、环保、安全生产监管等有关部门要切实履行职责,加强监管,投资主管部门通过备案项目、要通知有现不符合国家有关规划和产业政策要求的投资的措施,在职责范围内依法采取措施,予以制止

序号	项目名称	实施机关	设定依据	处理决定	备注
11	企业投资精对苯二甲酸（PTA）、甲苯二异氰酸酯（TDI）项目及对二甲苯（PX）改扩建项目核准	国家发展改革委	《国务院关于投资体制改革的决定》(国发〔2004〕20号)	取消	对取消的投资审批项目，国土资源、环保、安全生产监管等有关部门要切实履行职责，加强监管，投资主管部门通过备案发现不符合国家有关规划和产业政策要求的投资项目，要通知有关部门和机构，在职责范围内依法采取措施，予以制止。
12	企业投资卫星电视接收机及关键件、国家特殊规定的移动通信系统及终端等生产项目核准	国家发展改革委	《国务院关于投资体制改革的决定》(国发〔2004〕20号)	取消	对取消的投资审批项目，国土资源、环保、安全生产监管等有关部门要切实履行职责，加强监管，投资主管部门通过备案发现不符合国家有关规划和产业政策要求的投资项目，要通知有关部门和机构，在职责范围内依法采取措施，予以制止。
13	企业投资F1赛车场项目核准	国家发展改革委	《国务院关于投资体制改革的决定》(国发〔2004〕20号)	取消	对取消的投资审批项目，国土资源、环保、安全生产监管等有关部门要切实履行职责，加强监管，投资主管部门通过备案发现不符合国家有关规划和产业政策要求的投资项目，要通知有关部门和机构，在职责范围内依法采取措施，予以制止。
14	价格评估人员执业资格认定	国家发展改革委	《国务院对确需保留的行政审批项目设定行政许可的决定》(国务院令第412号)	取消	
15	电力用户向发电企业直接购电试点	国家能源局	《国家电力监管委员会、国家发展和改革委员会关于印发〈电力用户向发电企业直接购电试点暂行办法〉的通知》(电监输电〔2004〕17号)《国家发展和改革委员会、国家能源局关于完善电力用户与发电企业直接交易试点工作有关问题的通知》(电监市场〔2009〕20号)	取消	

序号	项目名称	实施机关	设定依据	处理决定	备注
16	电力市场份额核定	国家能源局	《电力监管条例》（国务院令第432号）	取消	
17	卫星地面接收设施生产企业指定	工业和信息化部	《卫星电视广播地面接收设施管理规定》（国务院令第129号）	取消	
18	电信业务经营者拍卖码号审批	工业和信息化部	《国务院对确需保留的行政审批项目设定行政许可的决定》（国务院令第412号）	取消	
19	通信信息网络系统集成企业资质认定	工业和信息化部	《国务院对确需保留的行政审批项目设定行政许可的决定》（国务院令第412号）	取消	
20	通用用户管线建设企业资质认定	工业和信息化部	《国务院对确需保留的行政审批项目设定行政许可的决定》（国务院令第412号）	取消	
21	通信建设工程概预算人员资格认定	工业和信息化部	《国务院对确需保留的行政审批项目设定行政许可的决定》（国务院令第412号）	取消	
22	通信建设监理企业资质认证和监理工程师资格认定	工业和信息化部	《国务院对确需保留的行政审批项目设定行政许可的决定》（国务院令第412号）《国务院关于第六批取消和调整行政审批项目的决定》（国发〔2012〕52号）	取消	

序号	项目名称	实施机关	设定依据	处理决定	备注
23	举办全国性人才交流会审批	人力资源社会保障部	《国务院对确需保留的行政审批项目设定行政许可的决定》（国务院令第412号）	取消	
24	安全培训机构资格认可	安全监管总局	《国务院对确需保留的行政审批项目设定行政许可的决定》（国务院令第412号）	取消	
25	只读类光盘生产设备引进、增加与更新审批	新闻出版广电总局	《国务院对确需保留的行政审批项目设定行政许可的决定》（国务院令第412号）	取消	
26	设立出版物全国连锁经营单位审批	新闻出版广电总局	《出版管理条例》（国务院令第594号）	取消	
27	举办全国性出版物订货、展销活动审批	新闻出版广电总局	《国务院办公厅关于保留部分非行政许可审批项目的通知》（国办发〔2004〕62号）	取消	
28	在境外展示、展销国内出版物审批	新闻出版广电总局	《国务院办公厅关于保留部分非行政许可审批项目的通知》（国办发〔2004〕62号）	取消	
29	国际船舶运输经营者之间兼并、收购审核	交通运输部	《中华人民共和国国际海运条例》（国务院令第335号）	取消	
30	承担船舶油污损害民事责任保险的商业性保险机构和互助性保险机构的确定	交通运输部	《防治船舶污染海洋环境管理条例》（国务院令第561号）	取消	

序号	项目名称	实施机关	设定依据	处理决定	备注
31	国际船舶代理业务审批	交通运输部	《中华人民共和国国际海运条例》（国务院令第335号）	取消	
32	船舶修造、水上拆解地点确定	交通运输部直属海事局	《防治船舶污染海洋环境管理条例》（国务院令第561号）	取消	
33	从事内河船舶船员服务业务审批	省级地方海事机构	《中华人民共和国船员条例》（国务院令第494号）	取消	
34	企业铁路专用线与国铁接轨审批	原铁道部	《国务院对确需保留的行政审批项目设定行政许可的决定》（国务院令第412号）	取消	
35	企业自备车辆参加铁路运输审批	原铁道部	《国务院对确需保留的行政审批项目设定行政许可的决定》（国务院令第412号）	取消	
36	水利工程开工审批	水利部	《国务院对确需保留的行政审批项目设定行政许可的决定》（国务院令第412号）	取消	
37	水文监测资料使用审查	水利部	《中华人民共和国水文条例》（国务院令第496号）《国务院对确需保留的行政审批项目设定行政许可的决定》（国务院令第412号）	取消	
38	大中型水利工程移民安置监督评估单位资质认定	水利部	《大中型水利水电工程建设征地补偿和移民安置条例》（国务院令第471号）	取消	

序号	项目名称	实施机关	设定依据	处理决定	备注
39	农作物种子质量检验机构考评员的考核评定	农业部	《农作物种子质量检验机构考核管理办法》（农业部令第12号）	取消	
40	渔业船舶设计、修造单位资格认定	农业部	《国务院对确需保留的行政审批项目设定行政许可的决定》（国务院令第412号）	取消	
41	渔业污染事故调查鉴定机构资格认定	农业部	《国务院办公厅关于保留部分非行政许可审批项目的通知》（国办发〔2004〕62号）	取消	
42	远洋渔业船舶、渔业科研船和教学实习船的船名核定	农业部	《中华人民共和国船舶登记条例》（国务院令第155号）	取消	
43	石油、天然气、煤层气对外合作合同审批	商务部	《中华人民共和国对外合作开采海洋石油资源条例》（国务院令第607号）《中华人民共和国对外合作开采陆上石油资源条例》（国务院令第606号）	取消	
44	境内单位或者个人从事境外商品期货交易品种的核准	商务部	《期货交易管理条例》（国务院令第489号）	取消	
45	"中国服务外包基地城市"认定	商务部、工业和信息化部、科技部、财政部	《商务部关于实施服务外包"千百十工程"的通知》（商资发〔2006〕556号）《商务部、信息产业部关于开展"中国服务外包基地城市"认定工作有关问题的通知》（商资函〔2006〕102号）	取消	

序号	项目名称	实施机关	设定依据	处理决定	备注
46	对纳税人申报方式的核准	税务机关	《中华人民共和国税收征收管理法实施细则》（国务院令第362号）	取消	
47	印制有本单位名称发票的审批	税务总局	《中华人民共和国发票管理办法》（国务院令第587号）	取消	
48	中外合作办学机构记及内地与香港特别行政区、澳门特别行政区、台湾地区合作办学机构聘任校长或者主要行政负责人核准	教育部	《中华人民共和国中外合作办学条例》（国务院令第372号）	取消	
49	高等学校部分特殊专业及特殊需要的应届毕业生就业计划审批	教育部	《国务院办公厅关于保留部分非行政许可审批项目的通知》（国办发〔2004〕62号）	取消	
50	非营利性科研机构认定	科技部、财政部、税务总局	《国务院办公厅关于保留部分非行政许可审批项目的通知》（国办发〔2004〕62号）	取消	
51	社会力量设立的面向全国、跨国境和跨省区域的科学技术奖登记	科技部	《国家科学技术奖励条例》（国务院令第396号）《社会力量设立科学技术奖管理办法》（1999年12月26日科学技术部令第3号发布，2006年2月5日科学技术部令第10号修订）	取消	
52	国家级示范生产力促进中心认定	科技部	《国务院办公厅关于保留部分非行政许可审批项目的通知》（国办发〔2004〕62号）	取消	

序号	项目名称	实施机关	设定依据	处理决定	备注
53	中外合资经营、中外合作经营的演出经纪机构名称、住所、法定代表人或者主要负责人、营业性演出经营项目变更审批	文化部	《营业性演出管理条例》（国务院令第528号）	取消	
54	香港特别行政区、澳门特别行政区投资者在内地投资设立合资、合作、独资经营的演出经纪机构名称、住所、法定代表人、法定代表人或者主要负责人、营业性演出经营项目变更审批	文化部	《营业性演出管理条例》（国务院令第528号）	取消	
55	台湾地区投资者在内地投资设立合资、合作经营的演出经纪机构名称、住所、法定代表人或者主要负责人、营业性演出经营项目变更审批	文化部	《营业性演出管理条例》（国务院令第528号）	取消	
56	世界博览会标志使用许可合同备案	工商总局	《世界博览会标志保护条例》（国务院令第422号）《特殊标志管理条例》（国务院令第202号）	取消	
57	外国人乘自备交通工具在华旅游审批	公安部	《国务院对确需保留的行政审批项目设定行政许可的决定》（国务院令第412号）	取消	
58	专项海洋环境预报服务资格认定	国家海洋局	《国务院对确需保留的行政审批项目设定行政许可的决定》（国务院令第412号）	取消	

序号	项目名称	实施机关	设定依据	处理决定	备注
59	建立国家级苗木花卉市场审批	国家林业局	《国家林业局关于加快林木种苗发展的意见》（林场发〔2004〕135号）	取消	
60	全国经济林、花木之乡命名	国家林业局	《国家林业局办公室关于印发〈全国经济林、花木之乡命名工作管理暂行办法〉、〈全国经济林、花卉示范基地命名管理办法〉、〈关于审批主办全国性经济林产品节（会）活动的暂行规定〉的通知》（办造字〔2002〕51号）	取消	
61	主办全国性经济林产品节（会）活动审批	国家林业局	《国家林业局关于印发〈全国性经济林产品节（会）管理规定〉的通知》（林造发〔2010〕269号）	取消	
62	全国经济林、花卉示范基地命名	国家林业局	《国家林业局办公室关于印发〈全国经济林、花木之乡命名工作管理暂行办法〉、〈全国经济林、花卉示范基地命名管理办法〉、〈关于审批主办全国性经济林产品节（会）活动的暂行规定〉的通知》（办造字〔2002〕51号）	取消	

序号	项目名称	实施机关	设定依据	处理决定	备注
63	国家林业局重点开放性实验室命名	国家林业局	《林业部关于印发〈林业部重点开放室实验评审办法〉、〈林业部重点开放性实验室管理办法〉的通知》（林科通字[1994] 133号）	取消	
64	林业科技示范县审批	国家林业局	《国家林业局关于印发〈"百县千村万户"林业科技活动实施方案〉的通知》（林科发 [2008] 97号）	取消	
65	天保工程示范点建设单位审批	国家林业局	《国家林业局关于开展天然林保护工程第一批示范点建设工作的通知》（林天发 [2005] 49号）	取消	
66	天保工程森工企业职工"四险补助"和混岗职工安置等工作标准审批	国家林业局	《国家林业局关于做好天然林保护工程森工企业职工"四险补助"和混岗职工安置工作的通知》（林计发 [2006] 92号）	取消	
67	天保工程森工企业下岗职工一次性安置审批	国家林业局	《财政部、国家林业局关于做好森工企业下岗职工一次性安置工作的通知》（财农 [2000] 83号）	取消	
68	开办烟草专卖品交易市场审批	国家烟草局	《中华人民共和国烟草专卖法实施条例》（国务院令第223号）	取消	

序号	项目名称	实施机关	设定依据	处理决定	备注
69	烟草基因工程事项审批	国家烟草局	《国务院办公厅关于保留部分非行政许可审批项目的通知》（国办发〔2004〕62号）	取消	
70	厂等大集体改革试点审批	国务院国资委	《国务院关于同意东北地区厂办大集体改革试点工作指导意见的批复》（国函〔2005〕88号）《国务院办公厅印发关于中部六省实施比照振兴东北地区等老工业基地和西部大开发有关政策的通知》（国办函〔2008〕15号）	取消	
71	出入境检验检疫报检员从业注册	出入境检验检疫机构	《中华人民共和国进出口商品检验法实施条例》（国务院令第447号）	取消	
72	企业投资在非主要河流上建设的水电站项目核准	国家发展改革委	《国务院关于投资体制改革的决定》（国发〔2004〕20号）	下放地方政府投资主管部门	
73	企业投资分布式燃气发电项目核准	国家发展改革委	《国务院关于投资体制改革的决定》（国发〔2004〕20号）	下放省级投资主管部门	
74	企业投资燃煤背压热电项目核准	国家发展改革委	《国务院关于投资体制改革的决定》（国发〔2004〕20号）	下放省级投资主管部门	

序号	项目名称	实施机关	设定依据	处理决定	备注
75	企业投资风电站项目核准	国家发展改革委	《国务院关于投资体制改革的决定》(国发〔2004〕20号)	下放地方政府投资主管部门	
76	企业投资330千伏及以下电压等级的交流电网工程项目,列入国家规划的非跨境、跨省(区、市)500千伏电压等级的交流电网工程项目核准	国家发展改革委	《国务院关于投资体制改革的决定》(国发〔2004〕20号)	下放地方政府投资主管部门	
77	企业投资钾矿肥、磷矿肥项目核准	国家发展改革委	《国务院关于投资体制改革的决定》(国发〔2004〕20号)	下放省级投资主管部门	
78	企业投资国家规划矿区内新增年生产能力低于120万吨的煤矿开发项目核准	国家发展改革委	《国务院关于投资体制改革的决定》(国发〔2004〕20号)	下放省级投资主管部门	
79	企业投资非跨境、跨省(区、市)的油气输送管网项目核准	国家发展改革委	《国务院关于投资体制改革的决定》(国发〔2004〕20号)	下放省级投资主管部门	
80	企业投资除稀土矿山开发项目和已探明工业储量5000万吨及以上规模的铁矿开发项目外的其他矿山开发项目(不含煤矿、铀矿)核准	国家发展改革委	《国务院关于投资体制改革的决定》(国发〔2004〕20号)	下放省级投资主管部门	
81	企业投资稀土深加工项目核准	国家发展改革委	《国务院关于投资体制改革的决定》(国发〔2004〕20号)	下放省级投资主管部门	

序号	项目名称	实施机关	设定依据	处理决定	备注
82	企业投资城市快速轨道交通项目按照国家批准的规划核准	国家发展改革委	《国务院关于投资体制改革的决定》(国发〔2004〕20号)	下放省级投资主管部门	
83	企业投资国家重点风景名胜区、国家自然保护区、全国重点文物保护单位区域内总投资5000万元以上的旅游资源开发和资源保护项目、世界自然和文化遗产保护区内总投资3000万元及以上的项目核准	国家发展改革委	《国务院关于投资体制改革的决定》(国发〔2004〕20号)	下放省级投资主管部门	
84	外国企业常驻代表机构登记	工商总局	《外国企业常驻代表机构登记管理条例》(国务院令第584号)	下放省级工商行政管理部门	
85	外国(地区)企业在中国境内从事生产经营活动的核准	工商总局	《国务院对确需保留的行政审批项目设定行政许可的决定》(国务院令第412号)	下放省级工商行政管理部门	
86	外国文艺表演团体、个人来华在非歌舞娱乐场所进行营业性演出审批	文化部	《营业性演出管理条例》(国务院令第528号)	下放省级文化行政部门	
87	中央管理的建筑施工企业安全生产许可	住房城乡建设部	《安全生产许可证条例》(国务院令第397号)	下放省级住房城乡建设行政部门	

序号	项目名称	实施机关	设定依据	处理决定	备注
88	实验动物出口审批	科技部	《实验动物管理条例》（1988年10月31日国务院批准，1988年11月14日国家科学技术委员会令第2号发布，根据2011年1月8日《国务院关于废止和修改部分行政法规的决定》修改）	下放省级科技行政管理部门	
89	实验动物工作单位从国外进口实验动物原种登记单位指定	科技部	《实验动物管理条例》（1988年10月31日国务院批准，1988年11月14日国家科学技术委员会令第2号发布，根据2011年1月8日《国务院关于废止和修改部分行政法规的决定》修改）	下放省级科技行政管理部门	
90	加工利用国家限制进口、可用作原料的废五金电器、废电线电缆、废电机等企业认定	环境保护部	《国务院对确需保留的行政审批项目设定行政许可的决定》（国务院令第412号）	下放省级环境保护行政部门	
91	经营高危险性体育项目许可	体育总局	《全民健身条例》（国务院令第560号）	下放省级以下体育行政主管部门	

附件 2:

国务院决定取消的评比、达标、表彰项目目录

(共计 10 项)

序号	项目名称	主办单位	处理决定
1	部级电子工程设计奖评选	工业和信息化部	取消
2	中国工艺美术大师评选	工业和信息化部	取消部门评选，转由中国轻工业联合会举办
3	民爆行业企业信息化和工业化融合评估	工业和信息化部	取消
4	全国居民家庭经济状况核对示范单位命名	民政部	取消
5	全国财政协作研究课题评比	财政部	取消部门评比，转由中国财政学会举办
6	全国农村优秀人才评选	人力资源社会保障部	并入全国杰出创业技术人才评选
7	留学人员创业园评估	人力资源社会保障部	取消
8	劳动保障监察"两网化"管理标准执行情况评估	人力资源社会保障部	取消
9	城镇房屋拆迁管理规范化考核	住房城乡建设部	取消
10	全路节能环保绿化先进集体、先进个人评选	原铁道部	取消

附件 3:

国务院决定取消的行政事业性收费项目目录

(共计 3 项)

序号	项目	收费部门	依据	处理决定
1	电子工程概预算人员培训费	工业和信息化部门	《国家计委、财政部关于电子工程建设概预算人员培训费收费标准的通知》（计价格〔2000〕876号）	取消
2	烟草制品及原辅材料检验费	烟草部门	《国家物价局、财政部关于发布烟草专卖系统行政事业性收费项目及标准的通知》（价费字〔1992〕187号）	取消
3	保密证表包装材料费	保密部门	《国家保密局、国家物价局、财政部关于保密工作部门执行有关管理规定收取工本费问题的通知》（国保〔1991〕48号）	取消

关于取消和下放 50 项
行政审批项目等事项的决定

国发〔2013〕27 号

各省、自治区、直辖市人民政府，国务院各部委、各直属机构：

经研究论证，国务院决定，再取消和下放一批行政审批项目等事项，共计 50 项。其中，取消和下放 29 项、部分取消和下放 13 项、取消和下放评比达标项目 3 项；取消涉密事项 1 项（按规定另行通知）；有 4 项拟取消和下放的行政审批项目是依据有关法律设立的，国务院将依照法定程序提请全国人民代表大会常务委员会修订相关法律规定。

各地区、各部门要认真做好取消和下放管理层级行政审批项目等事项的落实和衔接工作，切实加强后续监管。要按照深化行政体制改革、加快转变政府职能的要求，继续坚定不移推进行政审批制度改革，清理行政审批事项，加大简政放权力度。

附件：1. 国务院决定取消和下放管理层级的行政审批项目目录（共计 29 项）
      2. 国务院决定部分取消和下放管理层级的行政审批项目目录（共计 13 项）
      3. 国务院决定取消和下放管理层级的评比、达标项目目录（共计 3 项）

国务院

2013 年 7 月 13 日

附件1：

国务院决定取消和下放管理层级的
行政审批项目目录

（共计 29 项，其中取消 21 项，下放 8 项）

序号	项目名称	实施机关	设定依据	处理决定
1	香港特别行政区、澳门特别行政区、台湾地区投资者在内地设置独资医院审批	国家卫生计生委	《医疗机构管理条例》（国务院令第149号）《香港和澳门服务提供者在内地设立独资医院管理暂行办法》（卫医政发〔2010〕109号）《台湾服务提供者在大陆设立独资医院管理暂行办法》（卫医政发〔2010〕110号）	下放省级卫生和计划生育部门
2	外国医疗团体来华短期行医审批	国家卫生计生委	《外国医师来华短期行医暂行管理办法》（卫生部令第24号）	下放设区的市级卫生和计划生育部门
3	从事出版物全国连锁经营业务的单位变更《出版物经营许可证》登记事项，或者兼并、合并、分立审批	新闻出版广电总局	《国务院对确需保留的行政审批项目设定行政许可的决定》（国务院令第412号）《出版管理条例》（国务院令第594号）	取消
4	著作权集体管理组织章程修改审批	新闻出版广电总局	《著作权集体管理条例》（国务院令第429号）	取消
5	期刊变更登记地审批	新闻出版广电总局	《国务院对确需保留的行政审批项目设定行政许可的决定》（国务院令第412号）	取消
6	影视互济专项资金使用审批	新闻出版广电总局	《国务院办公厅关于保留部分非行政许可审批项目的通知》（国办发〔2004〕62号）	取消
7	军队协助拍摄电影片军事预算审批	新闻出版广电总局	《国务院办公厅关于保留部分非行政许可审批项目的通知》（国办发〔2004〕62号）	取消
8	广播电视传输网络公司股权性融资审批	新闻出版广电总局	《国务院办公厅关于保留部分非行政许可审批项目的通知》（国办发〔2004〕62号）	取消

序号	项目名称	实施机关	设定依据	处理决定
9	电影洗印单位接受委托洗印加工境外电影底片、样片和电影片拷贝审批	新闻出版广电总局	《电影管理条例》（国务院令第342号）	取消
10	音像复制单位设立审批	新闻出版广电总局	《音像制品管理条例》（国务院令第595号）	下放省级新闻出版广电行政部门
11	电子出版物复制单位设立审批	新闻出版广电总局	《国务院对确需保留的行政审批项目设定行政许可的决定》（国务院令第412号）	下放省级新闻出版广电行政部门
12	音像复制单位变更业务范围或兼并、合并、分立审批	新闻出版广电总局	《音像制品管理条例》（国务院令第595号）	下放省级新闻出版广电行政部门
13	电子出版物复制单位变更业务范围或兼并、合并、分立审批	新闻出版广电总局	《音像制品管理条例》（国务院令第595号）《国务院对确需保留的行政审批项目设定行政许可的决定》（国务院令第412号）	下放省级新闻出版广电行政部门
14	药品生产质量管理规范认证	食品药品监管总局	《中华人民共和国药品管理法实施条例》（国务院令第360号）	逐步下放省级食品药品监管部门
15	电力、煤炭、油气企业的发展建设规划和专项发展建设规划审批	国家能源局	《国务院办公厅关于保留部分非行政许可审批项目的通知》（国办发〔2004〕62号）	取消
16	水电站大坝运行安全信息化验收和安全监测系统检查验收	国家能源局	《水电站大坝运行安全管理规定》（电监会令第3号）	取消
17	电力二次系统安全防护规范和方案审批	国家能源局	《电力二次系统安全防护规定》（电监会令第5号）	取消
18	电力行业信息系统安全保护、网络与信息安全应急预案审批	国家能源局	《信息安全等级保护管理办法》（公通字〔2007〕43号）《国务院办公厅关于印发国家网络与信息安全事件应急预案的通知》（国办函〔2008〕168号）原电监会《电力行业网络与信息安全应急预案》（电监信息〔2007〕36号）	取消
19	电力业务许可证核发	国家能源局	《电力监管条例》（国务院令第432号）	与供电营业区的设立、变更审批及供电营业许可证核发整合为一项行政许可，下放区域能源监管机构

序号	项目名称	实施机关	设定依据	处理决定
20	电力安全生产标准化达标评级审批	国家能源局	《国务院办公厅关于继续深化"安全生产年"活动的通知》（国办发〔2011〕11号）原电监会《关于深入开展电力安全生产标准化工作的指导意见》（电监安全〔2011〕21号）	取消
21	海洋倾倒废弃物检验单位资质认定	国家海洋局	《国务院对确需保留的行政审批项目设定行政许可的决定》（国务院令第412号）	取消
22	国家级海洋自然保护区实验区内开展参观、旅游活动审批	国家海洋局	《中华人民共和国自然保护区条例》（国务院令第167号）	取消
23	开行客货直通列车、办理军事运输和特殊货物运输审批	原铁道部	《国务院对确需保留的行政审批项目设定行政许可的决定》（国务院令第412号）	取消
24	设置或拓宽铁路道口人行过道审批	铁路管理机构、地方政府	《铁路运输安全保护条例》（国务院令第430号）	取消
25	铁路超限超长超重集重承运人资质许可	原铁道部、铁路管理机构	《铁路运输安全保护条例》（国务院令第430号）	取消
26	铁路计算机信息系统安全保护措施审批	铁路公安机关	《国务院办公厅关于保留部分非行政许可审批项目的通知》（国办发〔2004〕62号）	取消
27	铁路工程及设备报废审批	原铁道部	《国务院办公厅关于保留部分非行政许可审批项目的通知》（国办发〔2004〕62号）	取消
28	铁路日常清产核资项目审批	原铁道部	《国务院办公厅关于保留部分非行政许可审批项目的通知》（国办发〔2004〕62号）	取消
29	印制铁路客货运输票据审批	原铁道部	《国务院办公厅关于保留部分非行政许可审批项目的通知》（国办发〔2004〕62号）	取消

附件 2：

国务院决定部分取消和下放
管理层级的行政审批项目目录

（共计 13 项，其中取消 6 项，下放 7 项）

序号	项目名称	实施机关	设定依据	处理决定	备注
1	除利用新材料、新工艺技术和新杀菌原理生产消毒剂和消毒器械之外的消毒剂和消毒器械的审批	国家卫生计生委	《国务院对确需保留的行政审批项目设定行政许可的决定》（国务院令第412号）	取消	属于"生产消毒剂、消毒器械卫生许可"项目子项
2	化学品毒性鉴定机构资质认定	国家卫生计生委	《职业卫生技术服务机构管理办法》（卫生部令第31号）《中央编办关于职业卫生监管部门职责分工的通知》（中央编办发〔2010〕104号）	取消	属于"化学品毒性鉴定、放射防护器材和含放射性产品检测等技术服务机构资质认定"项目子项
3	除利用新材料、新工艺和新化学物质生产的涉及饮用水卫生安全产品的审批	国家卫生计生委	《国务院对确需保留的行政审批项目设定行政许可的决定》（国务院令第412号）	下放省级卫生和计划生育部门	属于"涉及饮用水卫生安全的产品卫生许可"项目子项
4	出版物总发行单位设立从事发行业务的分支机构审批	新闻出版广电总局	《出版管理条例》（国务院令第594号）	取消	属于"出版物总发行单位设立审批"项目子项
5	中外合作摄制电影片所需进口设备、器材、胶片、道具审批	新闻出版广电总局	《电影管理条例》（国务院令第342号）	取消	属于"中外合作摄制电影片审批及其进口设备、器材、胶片、道具审批"项目子项

序号	项目名称	实施机关	设定依据	处理决定	备注
6	一般题材电影剧本审查	新闻出版广电总局	《电影管理条例》（国务院令第342号）	取消	属于"电影剧本审查"项目子项
7	地方对等交流互办单一国家电影展映活动审批	新闻出版广电总局	《电影管理条例》（国务院令第342号）	下放省级新闻出版广电行政部门	属于"举办中外电影展、国际电影节审批，提供电影片参加境外电影展、电影节审批"项目子项
8	国外人员参与制作的国产电视剧审查	新闻出版广电总局	《国务院对确需保留的行政审批项目设定行政许可的决定》（国务院令第412号）	下放省级新闻出版广电行政部门	属于"国产电视剧片审查"项目子项
9	地市级、县级广播电台、电视台变更台标审批	新闻出版广电总局	《广播电视管理条例》（国务院令第228号）	下放省级新闻出版广电行政部门	属于"广播电台、电视台变更台名、台标、节目设置范围或节目套数审批"项目子项
10	药品再注册以及不改变药品内在质量的补充申请行政许可	食品药品监管总局	《中华人民共和国药品管理法实施条例》（国务院令第360号）	逐步下放省级食品药品监管部门	属于"国产药品注册"项目子项
11	国产第三类医疗器械不改变产品内在质量的变更申请行政许可	食品药品监管总局	《医疗器械监督管理条例》（国务院令第276号）	逐步下放省级食品药品监管部门	属于"国产医疗器械注册"项目子项
12	首次进口非特殊用途化妆品行政许可	食品药品监管总局	《化妆品卫生监督条例》（国务院批准，卫生部令第3号）	逐步下放省级食品药品监管部门	属于"首次进口的化妆品审批"项目子项
13	发电厂整体安全性评价审批	国家能源局	《电力监管条例》（国务院令第432号）	取消	属于"发电厂整体安全性评价和发电机组并网运行安全性评价"项目子项

国务院决定取消和下放管理层级的
评比、达标项目目录

(共计3项，其中取消1项，下放2项)

序号	项目名称	主办单位	处理决定
1	全国卫生县城、 全国卫生乡镇评审	全国爱国卫生运动委员会	下放省级爱国卫生运动委员会
2	全国计划生育优质 服务先进单位评审	国家卫生计生委	下放省级卫生和计划生育部门
3	全国计划生育家庭妇女创业之 星、全国十佳自强女孩评选等达 标、评比、评估和相关检查活动	国家卫生计生委	取消

关于严格控制新设行政许可的通知

国发〔2013〕39 号

各省、自治区、直辖市人民政府，国务院各部委、各直属机构：

严格行政许可设定，是深化行政审批制度改革、推进政府职能转变的必然要求。为贯彻落实党的十八大有关深化行政审批制度改革的精神和十二届全国人大一次会议审议通过的《国务院机构改革和职能转变方案》，严格控制新设行政许可，切实防止行政许可事项边减边增、明减暗增，现就有关问题通知如下：

一、严格行政许可设定标准

行政许可，是行政机关根据公民、法人或其他组织的申请，经依法审查，准予其从事特定活动的行为，是各级行政机关在依法管理经济社会事务过程中对公民、法人或其他组织的活动实行事前控制的一种手段。设定行政许可，对人民群众生产、生活影响很大，必须从严控制。今后起草法律草案、行政法规草案一般不新设行政许可，确需新设的，必须严格遵守行政许可法的规定，严格设定标准。

（一）对企业不使用政府性资金的投资活动，除重大和限制类固定资产投资项目外，不得设定行政许可。

（二）对人员能力水平评价的事项，除提供公共服务并且直接关系公共利益，需要具备特殊信誉、特殊条件或特殊技能的职业，确需设定行政许可的外，不得设定行政许可。

（三）对确需设定企业、个人资质资格的事项，原则上只能设定基础资质资格。

（四）中介服务机构所代理的事项最终需由行政机关或法律、行政法规授权的组织许可的，对该中介服务机构不得设定行政许可。

（五）对产品实施行政许可的，除涉及人身健康、生命财产安全的外，不得对生产该产品的企业设定行政许可。

（六）通过对产品大类设定行政许可能够实现管理目的的，对产品子类不得设定行政许可。确需对产品子类设定行政许可的，实行目录管理。

（七）法律、行政法规或国务院决定规定对需要取得行政许可的产品、活动实施目录管理的，产品、活动目录的制定、调整应当报经国务院批准。

（八）法律草案、行政法规草案拟设定的对生产经营活动的行政许可，凡直接面向基层、量大面广或由地方实施更方便有效的，不得规定国务院部门作为行政许可实施机关。

（九）通过严格执行现有管理手段和措施能够解决的事项，不得设定行政许可。

（十）通过技术标准、管理规范能够有效管理的事项，不得设定行政许可。

（十一）对同一事项，由一个行政机关实施行政许可能够解决的，不得设定由其他行政机关实施的行政许可；对可以由一个行政机关在实施行政许可中征求其他行政机关意见解决的事项，不得设定新的行政许可。

（十二）对同一事项，在一个管理环节设定行政许可能够解决的，不得在多个管理环节分别设定行政许可。

（十三）通过修改现行法律、行政法规有关行政许可的规定能够解决的事项，不得设定新的行政许可。

（十四）现行法律已经规定了具体管理手段和措施，但未设定行政许可的，起草执行性或配套的行政法规草案时，不得设定行政许可。

（十五）行政法规草案为实施法律设定的行政许可作出的具体规定，不得增设行政许可；对行政许可条件作出的具体规定，不得增设违反法律的其他条件。

（十六）国务院部门规章和规范性文件一律不得设定行政许可，不得以备案、登记、年检、监制、认定、认证、审定等形式变相设定行政许可，不得以非行政许可审批为名变相设定行政许可。

除法律、行政法规外，对行政机关实施行政许可以及监督检查被许可人从事行政许可事项的活动，一律不得设定收费；不得借实施行政许可变相收费。

二、规范行政许可设定审查程序

法律草案、行政法规草案拟设定行政许可的，起草单位和审查机关都要深入调查研究，加强合法性、必要性和合理性审查论证。

（一）起草单位对拟设定的行政许可，应当采取座谈会、论证会、听证会等多种形式，广泛听取有关组织、企业和公民的意见，同时征求国务院相关部门的意见。

（二）起草单位向国务院报送法律草案、行政法规草案送审稿及其说明时，应当附拟设定行政许可的论证材料、各方面对拟设定行政许可的意见和意见采纳情况以及其他国家、地区的相关立法资料。

论证材料应当包括：一是合法性论证材料，重点说明草案拟设定的行政许可符合行政许可法和本通知规定的理由。二是必要性论证材料，重点说明拟设定行政许可的事项属于直接涉及国家安全、公共安全、生态环境安全和生命财产安全，通过市场机制、行业自律、企业和个人自主决定以及其他管理方式不能有效解决问题，以及拟设定的行政许可是解决现有问题或实现行政管理目的有效手段的理由。三是合理性论证材料，重点评估实施该行政许可对经济社会可能产生的影响，说明实施该行政许可的预期效果。

（三）国务院法制办应当对法律草案、行政法规草案拟设定的行政许可进行严格审查论证。

对法律草案、行政法规草案拟设定的行政许可，国务院法制办应当征求中央编办、国务院相关部门以及地方人民政府的意见；将法律草案、行政法规草案通过中国政府法制信息网向社会公开征求意见时，公开征求意见的材料应当就拟设定行政许可的理由作重点说明。

中央编办对起草单位提出的拟设行政许可意见进行审查，对是否确需通过行政许可方式实施管理、是否有其他替代方式、是否符合行政体制改革和职能转变的基本方向、是否符合行政审批制度改革的原则和要求、是否会造成与其他机构的职责交叉等提出审核意见。

经研究论证，认为拟设定的行政许可不符合行政许可法和本通知的规定或设定理由不充分的，不得设定行政许可。有关情况在法律草案、行政法规草案说明中予以说明，说明与法律草案、行政法规草案一并报国务院审议。

（四）涉及重大公共利益，需要及时实行行政许可管理的，经国务院常务会议讨论通过后采用发布决定的方式设定；国务院可以根据形势变化决定停止实施该项行政许可，确有必要长期实施的，及时提请全国人大及其常委会制定法律，或者制定行政法规。

三、加强对设定行政许可的监督

对已设定的行政许可，要加强跟踪评估、监督管理。

（一）国务院部门要制定本部门负责实施的行政许可目录并向社会公布，目录要列明行政许可项目、依据、实施机关、程序、条件、期限、收费等情况。行政许可项目发生增加、调整、变更等变化的，要及时更新目录。行政许可目录要报中央编办备案。

（二）国务院部门要定期对其负责实施的行政许可实施情况进行评价，并将意见报告该行政许可的设定机关。对没有达到预期效果或不适应经济社会发展要求的行政许可，应当及时提出修改或废止建议。

（三）起草法律、行政法规修订草案，起草单位要对该法律、行政法规设定的行政许可的实施情况进行重点评估，对没有达到预期效果或不适应经济社会发展要求的行政许可，应当提出修改或废止建议。

（四）国务院有关部门要建立制度、畅通渠道，听取公民、法人或其他组织对其负责实施的行政许可提出的意见和建议。

（五）国务院法制办要加强对国务院部门规章的备案审查，对设定行政许可、增设行政许可条件，以备案、登记、年检、监制、认定、认证、审定等形式变相设定行政许可，以非行政许可审批名义变相设定行政许可或违法设定行政许可收费的，要按照规定的程序严格处理、坚决纠正。

（六）对违法设定行政许可、增设行政许可条件，违法实施行政许可，以及不依法履行监督职责或监督不力、造成严重后果的，有关机关要依照行政监察法、行政机关公务员处分条例等法律、行政法规的规定严格追究责任。

地方人民政府要根据本通知的规定，结合各地实际，提出并执行严格控制新设行政许可的具体措施。地方人民政府、国务院各部门要按照行政许可法和本通知的规定，对规章和规范性文件进行一次全面清理，对违法设定行政许可、增设行政许可条件，以备案、登记、年检、监制、认定、认证、审定等形式变相设定行政许可，以非行政许可审批名义变相设定行政许可，以及违法设定行政许可收费或借实施行政许可变相收费的，要坚决纠正。各省级人民政府、国务院各部门应当于 2013 年 12 月底前将清理结果报中央编办。国务院将于 2014 年适时组织开展一次贯彻本通知情况的督促检查。

国务院

2013 年 9 月 19 日

关于取消和下放一批行政审批项目的决定

国发〔2013〕44 号

各省、自治区、直辖市人民政府，国务院各部委、各直属机构：

经研究论证，国务院决定，再取消和下放 68 项行政审批项目（其中有 2 项属于保密项目，按规定另行通知）。另建议取消和下放 7 项依据有关法律设立的行政审批项目，国务院将依照法定程序提请全国人民代表大会常务委员会修订相关法律规定。《国务院关于取消和下放一批行政审批项目等事项的决定》（国发〔2013〕19 号）中提出的涉及法律的 16 项行政审批项目，国务院已按照法定程序提请全国人民代表大会常务委员会修改了相关法律，现一并予以公布。

各地区、各部门要抓紧做好取消和下放管理层级行政审批项目的落实和衔接工作，加快配套改革和相关制度建设，在有序推进"放"的同时，加强后续监管，切实做到放、管结合。要按照深化行政体制改革、加快转变政府职能的要求，继续坚定不移推进行政审批制度改革，清理行政审批项目，加大简政放权力度。要健全监督制约机制，加强对行政审批权运行的监督，依法及时公开项目核准和行政审批信息，努力营造公平竞争、打破分割、优胜劣汰的市场环境，不断提高政府管理科学化、规范化水平。

附件：国务院决定取消和下放管理层级的行政审批项目目录（共计 82 项）

国务院

2013 年 11 月 8 日

附件：

国务院决定取消和下放管理层级的行政审批项目目录

（共计 82 项）

序号	项目名称	审批部门	其他共同审批部门	设定依据	处理决定	备注
1	地方粮库划转中央直属粮食储备库（站）审批	国家发展改革委	国家粮食局	《国务院办公厅关于保留部分非行政许可审批项目的通知》（国办发〔2004〕62号）《国务院关于第六批取消和调整行政审批项目的决定》（国发〔2012〕52号）	取消	
2	煤炭生产许可证核发	国家发展改革委或地方人民政府煤炭管理部门	无	《中华人民共和国煤炭法》	取消	
3	设立煤炭经营企业审批	国家发展改革委或省级人民政府指定的部门	无	《中华人民共和国煤炭法》	取消	
4	国际金融组织贷款和外国政府贷款项目国际招标国内中标机电设备进口零部件免关税征税审核	国家发展改革委	财政部	《国务院办公厅关于保留部分非行政许可审批项目的通知》（国办发〔2004〕62号）	取消	

序号	项目名称	审批部门	其他共同审批部门	设定依据	处理决定	备注
5	省级人民政府自行审批、调整的高等职业学校使用超出规定名称范围的学校名称审批	教育部	无	《国务院办公厅关于国务院授权省、自治区、直辖市人民政府审批设立高等职业学校有关问题的通知》（国办发〔2000〕3号）《国务院对确需保留的行政审批项目设定行政许可的决定》（国务院令第412号）	取消	
6	民办学校聘任校长核准	教育部	无	《中华人民共和国民办教育促进法》	取消	
7	制盐项目核准	工业和信息化部	无	《国务院关于投资体制改革的决定》（国发〔2004〕20号）	取消	
8	食盐定点生产企业审批	工业和信息化部	无	《食盐专营办法》（国务院令第197号）	下放至省级人民政府盐业行政主管部门	
9	无线广播电视发射设备生产资质审批	工业和信息化部	无	《关于进一步加强无线广播电视发射设备管理的通知》（广发技字〔2002〕585号）	取消	
10	通信建设项目招标代理机构资质认定	工业和信息化部	无	《中华人民共和国招标投标法》《国务院办公厅印发招标投标活动行政监督部门职责分工意见的通知》（国办发〔2000〕34号）	取消	
11	法律规定自批准之日起即具有法人资格的社会团体及其设立分支机构、代表机构备案	民政部	无	《社会团体登记管理条例》（国务院令第250号）	取消	

序号	项目名称	审批部门	其他共同审批部门	设定依据	处理决定	备注
12	中央国有资本经营预算节能减排资金审批	财政部	无	《中央国有资本经营预算节能减排资金管理暂行办法》（财企〔2008〕438号）	取消	
13	会计师事务所设立审批	财政部	无	《中华人民共和国注册会计师法》	下放至省级人民政府财政部门	
14	中介机构从事会计代理记账业务审批	财政部	无	《中华人民共和国会计法》	下放至省级人民政府财政部门	
15	境外会计师事务所来内地临时办理审计业务审批	财政部	无	《中华人民共和国注册会计师法》	下放至省级人民政府财政部门	
16	有突出贡献的中青年科学、技术管理专家审定	人力资源社会保障部	无	《国务院办公厅关于保留部分行政许可审批项目的通知》（国办发〔2004〕62号）	取消	
17	国家出资勘查区域性矿产地质调查的地区申请暂停受理新的探矿权备案核准	国土资源部	无	《国土资源部关于进一步规范矿权管理有关问题的通知》（国土资发〔2009〕200号）	取消	
18	整装勘查实施方案审批	国土源部	无	《国土资源部关于加快推进整装勘查实现找矿重大突破的通知》（国土资发〔2012〕140号）	取消	
19	由国务院环境保护行政主管部门负责的危险废物经营许可	环境保护部	无	《中华人民共和国固体废物污染环境防治法》《危险废物经营许可证管理办法》（国务院令第408号）	下放至省级人民政府环境保护行政主管部门	

序号	项目名称	审批部门	其他共同审批部门	设定依据	处理决定	备注
20	采用不符合工程建设强制性标准的新技术、新材料核准	住房城乡建设部	无	《建设工程勘察设计管理条例》（国务院令第293号）《"采用不符合工程建设强制性标准的新技术、新工艺、新材料核准"行政许可实施细则》（建标〔2005〕124号）	取消	
21	外商投资道路运输业立项审批	交通运输部	无	《外商投资道路运输业管理规定》（交通部、对外贸易经济合作部2001年第9号）	下放至省级人民政府交通运输行政主管部门	
22	船员资格临时特免证明签发	交通运输部	无	《中华人民共和国船员条例》（国务院令第494号）	取消	
23	港口、码头、装卸站以及从事船舶修造、打捞、拆解等作业活动的单位防治船舶污染能力专项验收	交通运输部	无	《防治船舶污染海洋环境管理条例》（国务院令第561号）	取消	
24	船舶货物污染危害性评估机构认定	交通运输部	无	《防治船舶污染海洋环境管理条例》（国务院令第561号）	取消	
25	船舶化学品安全运输条件评估机构认定	交通运输部	无	《危险化学品安全管理条例》（国务院令第591号）	取消	
26	船舶污染事故技术鉴定机构认定	交通运输部	无	《防治船舶污染海洋环境管理条例》（国务院令第561号）	取消	
27	引航员注册审批	交通运输部	无	《中华人民共和国船员条例》（国务院令第494号）	取消	

序号	项目名称	审批部门	其他共同审批部门	设定依据	处理决定	备注
28	大中型水利工程移民安置规划编制和移民安置监督评估专业技术人员资格认定	水利部	无	《大中型水利水电工程建设征地补偿和移民安置条例》（国务院令第471号）	取消	
29	采集农业主管部门管理的国家一级保护野生植物审批	农业部	无	《中华人民共和国野生植物保护条例》（国务院令第204号）《农业野生植物保护办法》（农业部令2002年第21号）	下放至省级人民政府农业（草原、渔业）行政主管部门	
30	重大动物疫病病料采集审批	农业部	无	《重大动物疫情应急条例》（国务院令第450号）《病原微生物实验室生物安全管理条例》（国务院令第424号）	下放至省级人民政府兽医行政主管部门	
31	设立饲料添加剂、添加剂预混合饲料生产企业审批	农业部	无	《饲料和饲料添加剂管理条例》（国务院令第609号）	下放至省级人民政府饲料管理部门	
32	进入渔业部门管理的国家级自然保护区核心区从事科学研究观测、调查活动审批	农业部	无	《中华人民共和国自然保护区条例》（国务院令第167号）	下放至省级人民政府渔业行政主管部门	
33	执业兽医资格认定	农业部	无	《中华人民共和国动物防疫法》	下放至省级人民政府兽医行政主管部门	

序号	项目名称	审批部门	其他共同审批部门	设定依据	处理决定	备注
34	钨品、锑品产业出口供货资格审批	商务部	无	《钨品、锑品出口供货企业资格认证暂行办法》（国家经济贸易委员会、对外贸易经济合作部令2001年第21号）	取消	
35	在华外国商会审批	商务部	无	《外国商会管理暂行规定》（国务院令第36号）	取消	
36	援外项目有关事项审批	商务部	无	《国务院办公厅关于保留部分非行政许可项目的通知》（国办发〔2004〕62号）	取消	
37	国家边销茶储备库（点）审批	商务部	无	《国务院办公厅关于保留部分非行政许可审批项目的通知》（国办发〔2004〕62号）	取消	
38	机电产品国际招标机构资格审批	商务部	无	《中华人民共和国招标投标法》《国务院办公厅印发国务院有关部门实施招标投标活动行政监督的职责分工意见的通知》(国办发〔2000〕34号)	取消	
39	美术品进出口经营活动审批	文化部	无	《国务院对确需保留的行政审批项目设定行政许可的决定》（国务院令第412号）	下放至省级人民政府文化行政主管部门	
40	港、澳投资者在内地投资设立合资、合作、独资机构经营性演出经纪机构审批	文化部	无	《营业性演出管理条例》（国务院令第528号）	下放至省级人民政府文化行政主管部门	

序号	项目名称	审批部门	其他共同审批部门	设定依据	处理决定	备注
41	港、澳投资者在内地投资设立合作、合资、独资经营所经营场所经营单位审批	文化部	无	《营业性演出管理条例》（国务院令第528号）	下放至省级人民政府文化行政主管部门	
42	台湾地区投资者在内地投资设立合资、合作经营的演出经纪机构审批	文化部	无	《营业性演出管理条例》（国务院令第528号）	下放至省级人民政府文化行政主管部门	
43	台湾地区投资者在内地投资设立合资、合作经营的演出场所经营单位审批	文化部	无	《营业性演出管理条例》（国务院令第528号）	下放至省级人民政府文化行政主管部门	
44	加工贸易备案（变更）、外发加工、深加工结转、余料结转、核销、放弃核准	海关总署	无	《中华人民共和国海关法》《中华人民共和国海关对加工贸易货物监管办法》（海关总署令第113号）《中华人民共和国海关关于加工贸易边角料、剩余料件、残次品、副产品和受灾保税货物的管理办法》（海关总署令第111号）	取消	原由海关总署各直属海关实施
45	进境货物直接退运核准	海关总署	无	《国务院对确需保留的行政审批项目设定行政许可的决定》（国务院令第412号）	取消	原由海关总署各直属海关实施
46	减征、免征关税及进口环节海关代征税审批	海关总署	无	《中华人民共和国进出口关税条例》（国务院令第392号）	下放至直属海关	

序号	项目名称	审批部门	其他共同审批部门	设定依据	处理决定	备注
47	减免进口货物溢报退金审批	海关总署	无	《国务院办公厅关于保留部分非行政许可审批项目的通知》(国办发〔2004〕62号)	下放至直属海关	
48	关税及进口环节海关代征税延期缴纳审批	海关总署	无	《中华人民共和国进出口关税条例》(国务院令第392号)	下放至直属海关	
49	城镇土地使用税困难减免审批	税务总局	无	《中华人民共和国城镇土地使用税暂行条例》(国务院令第17号)	下放至省级及以下税务机关	
50	境外注册的中资控股企业依据实际管理机构标准认定为居民企业审批	税务总局	无	《国家税务总局关于境外注册中资控股企业依据实际管理机构标准认定为居民企业有关问题的通知》(国税发〔2009〕82号)	下放至省级及以下税务机关	
51	企业因国务院决定事项形成的资产损失的资产损失税前扣除审批	税务总局	无	《国家税务总局关于发布〈企业资产损失所得税税前扣除管理办法〉的公告》(国家税务总局公告2011年第25号)	取消	
52	资源综合利用产品增值税优惠政策中资源综合利用数据核准	税务总局	无	《财政部 国家税务总局关于调整完善资源综合利用产品及劳务增值税政策的通知》(财税〔2011〕115号)	取消	原由各级主管税务机关实施
53	营业税差额纳税试点物流企业确认	税务总局	国家发展改革委	《国家税务总局关于试点物流业有关营业税政策问题的通知》(国税发〔2005〕208号)	取消	

序号	项目名称	审批部门	其他共同审批部门	设定依据	处理决定	备注
54	可用于调和为汽油、柴油的石脑油、溶剂油计划及调整计划核准	税务总局	无	《国家税务总局关于印发〈汽油、柴油消费税管理办法（试行）〉的通知》（国税发[2005]133号）	取消	
55	对办理税务登记（开业、变更、验证和换证）核准	税务总局	无	《中华人民共和国税收征收管理法》《中华人民共和国税收征收管理法实施细则》（国务院令第362号）	取消	原由各级主管税务机关实施
56	出入境快件运营企业从事报检企业注册登记	出入境检验检疫机构	无	《商检法》《中华人民共和国进出口商品检验法实施条例》（国务院令第447号）	取消	
57	出入境检验检疫代理报检企业注册登记	出入境检验检疫机构	无	《商检法》《中华人民共和国进出口商品检验法实施条例》（国务院令第447号）	取消	
58	人工短轮伐期用材林生长量和工艺成熟具体标准审批	国家林业局	无	《国家林业局关于调整人工林采伐管理政策的通知》（林资发[2002]191号）	取消	
59	出口非正常来源的陆生野生动物及其产品审批	国家林业局	无	《林业部关于妥善处理非正常来源陆生野生动物及其产品的通知》（林护通字[1992]118号）	取消	
60	国家林业局林业科技成果推广计划项目审批	国家林业局	无	《国家林业局林业科技成果推广计划管理办法（试行）》（林科发[2006]252号）	取消	

序号	项目名称	审批部门	其他共同审批部门	设定依据	处理决定	备注
61	进口原木加工锯材出口试点企业备案核准	国家林业局	商务部、海关总署	《进口原木加工锯材出口试点管理办法》（林计发〔2001〕560号）	取消	
62	林木种子检验员考核评定	国家林业局	无	《中华人民共和国种子法》	下放至省级人民政府林业主管部门	
63	向国外申请专利资金资助中第三方检索机构认定	国家知识产权局	无	《财政部关于印发〈资助向国外申请专利专项资金管理办法〉的通知》（财建〔2012〕147号）	下放至省级及计划单列市人民政府专利管理部门	
64	在华外国人集体进行宗教活动临时地点审批	国家宗教局	无	《国务院对确需保留的行政审批项目设定行政许可的决定》（国务院令第412号）	下放至省级人民政府宗教事务管理部门	
65	地震安全性评价人员执业资格核准	中国地震局	无	《国务院对确需保留的行政审批项目设定行政许可的决定》（国务院令第412号）	取消	原由中国地震局和省级地震主管机构实施
66	铁路基建大中型项目工程施工、监理、物资采购招标计划审批	国家铁路局	无	《国务院办公厅关于审批项目分非行政许可项目的通知》（国办发〔2004〕62号）	取消	
67	民用航空运输凭证印刷企业资格认定	中国民航局	无	《国务院对确需保留的行政审批项目设定行政许可的决定》（国务院令第412号）	取消	
68	民用航空器驾驶员Ⅰ，Ⅲ类运行许可	中国民航局	无	《国务院对确需保留的行政审批项目设定行政许可的决定》（国务院令第412号）	取消	原由民航地区管理局实施
69	境外机构和团体拍摄文物（二、三级文物除外）审批	国家文物局	无	《国务院对确需保留的行政审批项目设定行政许可的决定》（国务院令第412号）《国务院关于第六批取消和调整行政审批项目的决定》（国发〔2012〕52号）	取消	

序号	项目名称	审批部门	其他共同审批部门	设定依据	处理决定	备注
70	考古发掘单位保留少量出土文物留作科研标本许可	国家文物局	无	《中华人民共和国文物保护法》《中华人民共和国文物保护法实施条例》（国务院令第377号）	下放至省级人民政府文物行政主管部门	
71	国家文物局直属文物收藏单位处理无偿人藏或无保存价值的文物或标本审批	国家文物局	无	《国务院对确需保留的行政审批项目设定行政许可的决定》（国务院令第412号）	取消	
72	由政府出资修缮的非国有国重点文物保护单位的转让、抵押或者改变用途审批	国家文物局	无	《中华人民共和国文物保护法》	取消	原由各级文物行政主管部门实施
73	粮油质量监督检验机构资质认定	国家粮食局	无	《中华人民共和国产品质量法》《中华人民共和国标准化法实施条例》（国务院令第53号）《粮食流通管理条例》（国务院令第407号）《国务院关于加强食品安全工作的决定》（国发〔2012〕20号）	取消	
74	基金托管部门高级管理人员选任或改任审核	证监会	无	《中华人民共和国证券投资基金法》	取消	
75	基金份额持有人大会决定事项核准	证监会	无	《中华人民共和国证券投资基金法》	取消	
76	全国性社会团体分支机构、代表机构设立登记	民政部	无	《社会团体登记管理条例》（国务院令第250号）	取消	此3项为"全国性社会团体及其分支机构（成立）设立、代表机构变更、注销登记及修改章程核准"的子项

序号	项目名称	审批部门	其他共同审批部门	设定依据	处理决定	备注
77	全国性社会团体分支机构、代表机构变更登记	民政部	无		取消	此3项为"全国性社会团体及其分支机构、代表机构(成立、设立、变更,注销登记及修改章程核准"的子项
78	全国性社会团体分支机构、代表机构注销登记	民政部	无		取消	
79	农作物种子检验员资格考核评定	农业部	无	《中华人民共和国种子法》《农作物种子检验员考核管理办法》(农业部令2005年第49号)	下放至省级人民政府农业行政主管部门	此3项为"农作物种子、草种、食用菌种种质检验及检验员资格认定"的子项
80	食用菌种种检验员资格认定	农业部	无	《中华人民共和国种子法》《食用菌菌种管理办法》(农业部令2006年第62号)	下放至省级人民政府农业行政主管部门	
81	草种检验员资格认定	农业部	无	《草种管理办法》(农业部令2006年第56号)	下放至省级人民政府草原行政主管部门	
82	区域性批发企业需就近向其他省、自治区、直辖市行政区域内的取得麻醉药品和第一类精神药品使用资格的医疗机构销售麻醉药品和第一类精神药品的审批	食品药品监管总局	无	《麻醉药品和精神药品管理条例》(国务院令第442号)	下放至省级人民政府食品药品监管部门	此项为"麻醉药品经营审批"的子项,其他子项已经由省级及以下人民政府食品药品监管部门审批

关于取消和下放 246 项行政审批项目的通知

京政发〔2013〕26 号

区、县人民政府，市政府各委、办、局，各市属机构：

根据国务院总体部署，按照深化行政体制改革、加快转变政府职能的要求，经研究论证，市政府决定取消和下放一批行政审批项目，共计 246 项。其中，取消行政审批项目 94 项，下放管理层级行政审批项目 147 项；取消涉密行政审批项目 5 项（按规定另行通知）。

对市政府决定取消的行政审批项目，自本通知公布之日起，原实施机关不得再进行审批或通过其他形式变相审批。对市政府决定下放至区县政府及其部门实施的行政审批项目，原实施机关和承接机关要加强沟通协调，由原实施机关提出衔接意见和落实措施，并指导对口承接机关做好承接工作。行政审批项目取消后，需通过其他方式进行监管的，相关部门要制定并落实后续监管措施和办法，防止出现管理脱节。

各区县、各部门要继续坚定不移地推进行政审批制度改革，清理行政审批等事项，加大简政放权力度，不断提高政府管理科学化、规范化水平。

附件：1. 北京市决定取消的行政审批项目目录（共计 94 项）（略）
  2. 北京市决定下放的行政审批项目目录（共计 147 项）（略）

北京市人民政府
2013 年 8 月 27 日

关于取消和下放一批行政审批事项的通知

京政发〔2013〕36 号

各区、县人民政府，市政府各委、办、局，各市属机构：

按照国务院关于深入推进行政审批制度改革、促进政府职能转变的要求，经研究论证，市政府决定，取消和下放 106 项行政审批事项，其中取消行政审批事项 58 项，下放管理层级行政审批事项 48 项。此外，有 7 项拟取消和下放的行政审批事项是依据国务院有关行政法规或本市有关地方性法规设立的，市政府将依照法定程序提请国务院或北京市人民代表大会常务委员会修订相关法规。

对市政府决定取消的行政审批事项，自本通知公布之日起，原实施机关不得再进行审批或通过其他形式变相审批。行政审批事项取消后，还需通过其他方式进行监管的，相关部门要制定并落实后续监管措施和办法，防止出现管理脱节。对市政府决定下放至区县政府及其部门实施的行政审批事项，原实施机关和承接机关要加强沟通协调，由原实施机关提出衔接意见和落实措施，并指导承接机关做好承接工作。市政府审改办要会同相关部门适时开展专项检查，确保市政府有关决定落实到位。

各区县、各部门要继续坚定不移地推进行政审批制度改革，清理行政审批事项，加大简政放权力度，不断提高政府管理科学化、规范化水平。

附件：1. 北京市决定取消的行政审批事项目录（共计 58 项）（略）
2. 北京市决定下放的行政审批事项目录（共计 48 项）（略）

北京市人民政府
2013 年 11 月 28 日

关于发布《北京市住房城乡建设系统行政许可管理事项程序性规定》的通知

京建法〔2013〕8 号

机关各处室、各直属单位，各区县住房城乡建设委（房管局），东城、西城区住房城市建设委，经济技术开发区建设局（房地局）、各有关单位：

为进一步规范行政审批行为，明确审批流程和标准，我委在全面梳理本市住房城乡建设系统承担的审批事项及其办理流程和标准的基础上，对《北京市建设和房屋行政许可管理事项程序性规定》（京建法〔2009〕106 号）进行了修订，现予发布施行，并就执行中有关事项通知如下：

一、市、区两级审批工作人员必须严格按照《北京市住房城乡建设系统行政许可管理事项程序性规定（2013 版）》规定的权限、标准、时限和条件实施行政许可、管理事项。

二、需要增加管理事项或者修改程序性规定内容的，应当严格依法制定有关程序性规定文件，明确办理流程和标准，并经合法性、合理性审查、批准后公布、执行。

三、我委在北京市住房城乡建设委门户网站（www.bjjs.gov.cn）上公布各事项的办事指南、办理部门的地址和联系电话等信息，同时提供程序性规定中涉及的有关格式文本和表格的下载服务。上述公开信息如有变更的，各有关业务处室、单位应及时更新。

四、本程序性规定承诺的办理时限为工作日，自正式受理次日起算。

五、市住房城乡建设委将加强对全市住房城乡建设系统行政审批事项办理情况的监督检查。凡违反本规定擅自增加审批事项、增加审批条件和环节、延长审批时限的，将依照《行政机关公务员处分条例》、《北京市行政问责办法》（市政府令第 233 号）和其他有关规定追究有关人员行政责任；构成犯罪的，依法追究刑事责任。

六、《北京市住房城乡建设系统行政许可管理事项程序性规定（2013 版）》自 2013 年 5 月 10 日起施行。之前我委有关审批事项办理程序的文件内容与本程序性规定不符的，以本程序性规定的内容为准。

七、《北京市住房城乡建设系统行政许可管理事项程序性规定（2013 版）》电子版可在北京市住房城乡建设委门户网站（www.bjjs.gov.cn）首页信息公开栏目下载，纸质文本另行印发。

北京市住房和城乡建设委员会

2013 年 4 月 10 日

关于简化中央及外省市建筑企业
来京施工备案手续的通知

京建发〔2013〕366 号

各区县住房城乡建设委，东城、西城区住房城市建设委、经济技术开发区建设局，各省驻京建管处，各大集团（总公司），各有关单位：

为贯彻落实住房城乡建设部《关于做好建筑企业跨省承揽业务监督管理工作的通知》（建市〔2013〕38 号）工作要求，进一步简化办事程序，提高工作效率，为企业提供便捷高效服务，自本通知发布之日起，在办理中央及外省市建筑企业来京施工备案手续时，备案窗口不再收取"劳务分包企业需提供农民工工资专用账户的相关凭证原件"、"发包单位的发包意向文件或招标公告、投标邀请书原件"和"在银行设立的企业农民工工资保证金专用账户的相关凭证原件"三项材料。

特此通知。

北京市住房和城乡建设委员会

2013 年 7 月 17 日

关于印发《关于简化中心城区棚户区改造和环境整治项目行政审批事项的说明》的通知

京重大办〔2013〕85 号

各区中心城区棚户区改造和环境整治分指挥部:

在市棚户区改造和环境整治指挥部(以下简称指挥部)第一次会议上,总指挥陈刚副市长明确要求:结合群众路线教育实践活动,大力改革行政审批。7 月 23 日,陈刚副市长在中心城区棚户区改造和环境整治工作会议上要求"由市重大办负责,提出棚户区改造工作行政审批简化、下放的工作意见。近期组织国土、规划、建设系统的分管领导和业务处室负责人专题研究,并贯彻实施"(北京市人民政府会议纪要第 159 号)。按照市领导要求,市重大项目办会同市、区相关行政审批部门经反复研究,共同提出了具体意见(详见《关于简化中心城区棚户区改造和环境整治项目行政审批事项的说明》)。市重大办于 7 月 30 日在陈刚副市长召开的专题会议上对上述意见进行了汇报,会议原则同意。

为便于各区政府及各区中心城区棚户区改造和环境整治分指挥部开展工作,现将《关于简化中心城区棚户区改造和环境整治项目行政审批事项的说明》(见附件)印发贵单位,请贵单位按照办理相关事项。

特此通知。

附件:《关于北京市简化中心城区棚户区改造和环境整治项目行政审批事项的说明》

市棚户区改造和环境整治指挥部办公室

2013 年 8 月 20 日

附件：

关于北京市简化中心城区棚户区改造和
环境整治项目行政审批事项的说明

为进一步推动我市中心城区棚户区改造和环境整治工作的开展，确保2013年棚户区改造和环境整治项目在9月底全面启动，我办与市、区相关部门提出了进一步简化程序、压缩审批时限的具体措施和意见。具体如下。

一、办理行政审批相关依据

按照"加快手续办理，简化审批要件，下放审批权限，做好政策衔接"的原则，中心城区棚户区改造和环境整治项目全部纳入市政府扩大内需重大项目绿色审批通道，各区依据市中心城区棚户区改造和环境整治指挥部办公室（以下简称指挥部办公室）下达的《北京市中心城区棚户区改造和环境整治项目任务通知》和《北京市中心城区棚户区改造和环境整治项目册》，按照绿通审批机制即可到市、区各相关部门并联办理相关审批手续。

二、立项审批

（一）征收阶段

按照"拆建分离、并联审批"的原则，在征收环节，发改部门根据《北京市中心城区棚户区改造和环境整治项目任务通知》有关要求，只下达投资任务书，规划部门负责明确项目四至范围，国土部门负责办理用地预审。

中心城区各责任主体依据指挥部办公室下达的《北京市中心城区棚户区改造和环境整治项目任务通知》和《北京市中心城区棚户区改造和环境整治项目册》即可开展征收拆迁工作。

（二）建设阶段

1.平房区院落修缮项目、城中村边角地项目的立项审批由项目所在区县发展改革部门办理。

2.对于不涉及市级土地收益分配的危改项目、新增棚户区改造和环境整治项目的立项审批由区县发展改革部门办理。

3.缩短行政办理时限，由原审批不超过由20个工作日压缩为5个工作日。

三、规划审批

（一）选址意见书由 20 个工作日压缩为 5 个工作日。

（二）建设用地规划许可证由 10 个工作日压缩为 5 个工作日。

（三）建设工程规划许可证由 20 个工作日压缩为 10 个工作日。

（四）规划设计方案审查由 20 个工作日压缩为 10 个工作日。

涉及规划重大调整的项目，首先由责任主体（区政府）抓紧研究并提出规划调整意见后报市规划委，区规划分局在研究规划调整过程中积极参与，将阶段性成果报市规划委。

四、国土审批

（一）国有建设用地使用权协议出让手续：在市级国土部门办理，审批时限从 22 个工作日压缩为 16 个工作日。

（二）建设项目用地预审：在区国土分局办理，由 10 个工作日压缩为 5 个工作日。

（三）地价审定：市国土部门与项目主体以暂定地价先行签订出让合同，减少 45 个工作日的地价审定时间。

五、市住建委审批

（一）**房屋征收**：由区征收部门办理。

1.经区政府批准后，区县房屋征收部门发布暂停公告的时间，由 5 个工作日，压缩为 3 个工作日。

2.征收补偿方案公示时间 30 天。

3.征收决定的办理时间为 5 个工作日。

（二）**招投标监管**：由区住建委办理。

1.按照市住建委 7 月 22 日印发的《关于加快保障性住房开工有关问题的通知》（京建法〔2013〕14 号）执行。

（1）项目建设主体同时具备房地产开发一级资质和总承包特级资质的，可直接自行施工，不再另行招标施工企业。

（2）项目具备以下条件，即可进行施工总承包和监理招标工作：

①列入年度保障性住房建设计划。

②项目规划方案已经确定，土地具备进场条件。

③已取得市或区施工许可管理部门的意见。

（3）如不具备上述施工总承包条件，具备项目规划意见书等条件的，可先行进行土方工程招标和监理招标。

（4）工程开工前，建设主体要同步办理质量和安全监督管理手续。区县住建委要加强监管，做好风险防控。

2.压缩招投标时限，由55天缩短为9个工作日。

（1）发标投标。自招标文件发出之日起至投标截止时间止不少于5日。

（2）中标公示。棚户区改造和环境整治执行中标候选人公示制度，公示期调整为3日。

（3）开标评标。将开标和评标工作调整为同一天完成。

（4）合同备案。坚持委托招标代理合同备案、招标方式抄报的办理时限为即时办理；将自行招标条件备案时限3个工作日、招标文件备案时限7个工作日、招标投标情况书面报告备案3个工作日、合同备案时限5个工作日均调整为即时办理。

（三）施工许可审批：中心城区棚户区改造和环境整治项目核发《建筑工程施工许可证》的审批时限由15个工作日压缩至4个工作日，由区县建设主管部门办理。部分要件可简化如下：

1.土地手续

（1）以出让方式取得国有土地的，建设单位提供《土地出让合同》和地价款全额缴纳证明；

（2）以划拨方式取得新增国有土地的，建设单位提供有效的《划拨决定书》；

2.消防、园林绿化、年度投资计划手续与建筑工程施工许可手续并行办理，建设主管部门告知建设单位办理上述相关手续。

3.建设单位在合同备案前可出具支付保函，保证工程建设资金到位，按合同约定支付工程款的，以此取代由银行出具的建设资金证明。

六、文物局审批

（一）下放审批权限一项

涉及不属于不可移动文物的四合院等具有保护价值建筑的调查及保护等工作下放到区县人民政府或区县文化委员会，并将时限压缩为不超过15个工作日。

（二）涉及文物保护范围和建设控制地带的方案审批时限

1.保护范围和全国重点文物保护单位建设控制地带内的建设方案，上报国家文物局的时限为不超过5个工作日。

2.市级文物保护单位的建设控制地带内的建设方案，审批时限由20个工作日压缩为不超过10个工作日。

（三）涉及文物修缮项目的审批

1. 全国重点文物保护单位修缮立项上报国家文物局的时限为不超过 5 个工作日。

2. 全国重点文物保护单位和市级文物保护单位的修缮方案，审批时限由 20 个工作日压缩为不超过 10 个工作日。

3. 市级以下不可移动文物修缮，由区县文化委员会依法审批，审批时限由 20 个工作日压缩为不超过 10 个工作日。

（四）涉及地下文物考古勘察的工作

地下文物考古调查、勘察，时限由 30 个工作日压缩为不超过 15 个工作日。

七、市交通委审批

简化交通影响评价审查程序

（一）控规调整项目

在项目控规调整阶段，市规划部门和市交通部门可并联工作：在业主单位申报控规调整方案阶段，可同时开展交通影响评价编制工作。交通影响评价编制完成后报市交通委，市交通委在 5 个工作日内完成交通影响评价审查。

（二）符合控规的建设项目

市交通委在 5 个工作日内完成交通影响评价审查。

（三）交通评审流程

建设项目业主单位委托中介机构编制交通影响评价报告，申报到市交通委规划设计处，市交通委组织联审或专家评审，审查通过后正式出具交通影响评价意见，送市规划委和建设项目业主单位，审查工作时限为 5 个工作日。

八、实行联合协调制度

由市指挥部办公室（市重大办）牵头，组织市、区行政职能部门，实行联席会议协调制度，督促、检查、协调各市、区部门加快行政审批工作。

关于中心城区棚户区改造和环境整治
项目简化审批程序的意见

京发改〔2013〕1647号

各有关单位：

按照加快手续办理，简化审批要件，下放审批权限，做好政策衔接的基本原则，现就中心城区棚户区改造和环境整治项目审批有关事宜提出如下意见：

一、本意见确定的审批程序适用于市政府批准同意纳入中心城区棚户区改造和环境整治范围的各类项目，包括平房区院落修缮项目、危改项目、城中村边角地项目、新增棚户区改造和环境整治项目等。

二、中心城区棚户区改造和环境整治项目的审批程序

（一）并联办理手续。

纳入中心城区棚户区改造和环境整治范围的项目按照市政府扩大内需重大项目绿色审批通道机制，市、区发展改革部门加快手续办理。

（二）简化审批程序。

按照"拆建分离"原则，在征收环节，发展改革部门根据北京市棚户区改造和环境整治指挥部办公室《北京市中心城区棚户区改造和环境整治项目任务通知》有关要求，只下达项目投资任务书。

（三）下放审批权限。

1.征收阶段。

（1）项目投资任务书由项目所在区县发展改革部门办理。

（2）涉及原址回迁安置房项目的立项审批由项目所在区县发展改革部门办理。

2.建设阶段。

（1）平房区院落修缮项目、城中村边角地项目的立项审批由项目所在区县发展改革部门办理。

（2）对于不涉及市级土地收益分配的危改项目、新增棚户区改造和环境整治项目的立项审批由区县发展改革部门办理。

（四）缩短办理时限。

按照"解放思想、提高行政效率"原则，加大主动服务力度，缩短行政办理时限，由原审批不超过20个工作日压缩为5个工作日。

三、加强政策衔接

（一）对于已经完成立项审批，其中取得拆迁许可证或已开展征收，且可以继续实施的项目，按照已审批的建设模式实施；未取得拆迁许可证或未开展征收，且难以继续推进的项目，可以申请纳入中心城区棚户区改造和环境整治范围，按照本通知规定的程序办理有关前期手续。

（二）对于各区新增的纳入中心城区棚户区改造和环境整治范围的项目，可以按照本通知规定的程序办理有关前期手续。

北京市发展和改革委员会

2013 年 8 月 22 日

十六、法制建设

关于废业和修改部分招标投标规章和规范性文件的决定

中华人民共和国国家发展和改革委员会
中华人民共和国工业和信息化部
中华人民共和国财政部
中华人民共和国住房和城乡建设部
中华人民共和国交通运输部　　　　令
中华人民共和国铁道部
中华人民共和国水利部
国家广播电影电视总局
中国民用航空局

第 23 号

为落实《国务院办公厅转发发展改革委法制办监察部关于做好招标投标法实施条例贯彻实施工作意见的通知》（国办发［2012］21 号）关于全面清理与招投标有关规定的要求，国家发展改革委会同有关部门，根据《招标投标法实施条例》，在广泛征求意见的基础上，对《招标投标法》实施以来国家发展改革委牵头制定的规章和规范性文件进行了全面清理。经过清理，决定：

一、对 1 件规范性文件予以废止（附件 1）。

二、对 11 件规章、1 件规范性文件的部分条款予以修改（附件 2）。

上述规章和规范性文件，属于国家发展改革委会同有关部门发布的，由国家发展改革委会同有关部门修改；属于国家发展改革委发布的，由国家发展改革委废止或者修改。

本决定自 2013 年 5 月 1 日起施行。

附件：1. 决定废止的规范性文件
　　　2. 决定修改的规章和规范性文件

国家发展改革委主任：张平

工业和信息化部部长：苗圩

财政部部长：谢旭人

住房城乡建设部部长：姜伟新

交通运输部部长：杨传堂

铁道部部长：盛光祖

水利部部长：陈雷

广电总局局长：蔡赴朝

民航局局长：李家祥

2013 年 3 月 11 日

附件 1：

决定废止的规范性文件

关于抓紧做好标准施工招标资格预审文件和标准施工招标文件试点工作的通知（发改法规〔2008〕938 号）

附件 2：

决定修改的规章和规范性文件

一、对《招标公告发布暂行办法》（国家发展计划委员会令第 4 号）作出修改

（一）相关政府部门名称的修改

1. 将第三条、第十五条、第十六条、第十九条中的"国家发展计划委员会"修改为"国家发展改革委"。

2. 将第二十条中的"发展计划部门"修改为"发展改革部门"。

（二）相关规章条文内容的删除

3. 删除第十六条第一款第五项和第六项。

4. 删除第十八条中的"行政监督"。

5. 删除第十九条中的"或举报"。

（三）相关引用法律法规条文序号的修改

6. 将第一条中的"根据《中华人民共和国招标投标法》，制定本办法"修改为"根据《中华人民共和国招标投标法》、《中华人民共和国招标投标法实施条例》，制定本办法"。

7. 将第十八条中的"依照《中华人民共和国招标投标法》第六十二条的规定处罚"修改为"依照《中华人民共和国招标投标法》第六十二条，以及《中华人民共和国招标投标法实施条例》第八十一条的规定处罚"。

（四）相关法律法规条文具体内容的修改

8. 将第十六条第一款修改为"依法必须公开招标的项目不按照规定在指定媒介发布招标公告的"。第二款修改为"在不同媒介发布的同一招标项目的招标公告的内容不一致，影响潜在投标人投标的"。第三款修改为"招标公告中有关获取招标文件的时限不符合招标投标法及招标投标法实施条例规定的"。

（五）相关规章条文内容的增加

9. 增加第二十一条第二款"依法必须招标项目进行资格预审的，其资格预审公告的发布，参照本办法执行"。

二、对《工程建设项目自行招标试行办法》（国家发展计划委员会令第5号）作出修改

（一）相关政府部门名称的修改

10. 将第五条、第六条、第七条、第九条、第十条、第十一条、第十二条、第十三条中的"国家计委"修改为"国家发展改革委"。

（二）相关规章条文内容的删除

11. 删除第九条中的"可行性研究报告"。

（三）相关引用法律法规条文序号的修改

12. 将第一条中的"根据《中华人民共和国招标投标法》(以下简称招标投标法)和《国务院办公厅印发国务院有关部门实施招标投标活动行政监督的职责分工意见的通知》(国办发〔2000〕34号)"修改为"根据《中华人民共和国招标投标法》(以下简称招标投标法)、《中华人民共和国招标投标法实施条例》(以下简称招标投标法实施条例)和《国务院办公厅印发国务院有关部门实施招标投标活动行政监督的职责分工意见的通知》(国办发〔2000〕34号)"。

13. 将第十二条中的"并视招标人是否有招标投标法第五章规定的违法行为"修改为"并视招标人是否有招标投标法第五章以及招标投标法实施条例第六章规定的违法行为"。

14. 将第十三条中的"依据招标投标法的有关规定"修改为"依据招标投标法以及招标投标法实施条例的有关规定"。

（四）相关法律法规条文具体内容的修改

15. 将第二条第一款修改为"本办法适用于经国家发展改革委审批、核准（含经国家发展改革委初审后报国务院审批）依法必须进行招标的工程建设项目的自行招标活动"。

16. 将第四条第一款第四项修改为"拥有3名以上取得招标职业资格的专职招标业务人员"。

17. 将第五条第一款和第二款中的"可行性研究报告"修改为"可行性研究报告或者资金申请报告、项目申请报告"，第一款第三项修改为"取得招标职业资格的专职招标业务人员的基本情况"。

18. 将第七条中的"批复"修改为"批复、核准"，"可行性研究报告"修改为"可行性研究报告或者资金申请报告、项目申请报告"。

19. 将第九条中的"审批"修改为"审批或者核准"。

20. 将第十条第一款第一项修改为"招标方式和发布资格预审公告、招标公告的媒介"。

三、对《工程建设项目可行性研究报告增加招标内容和核准招标事项暂行规定》（国家发展计划委员会令第9号）作出修改

（一）部门规章名称的修改

21. 将"工程建设项目可行性研究报告增加招标内容和核准招标事项暂行规定"修改为"工程建设项目申报材料增加招标内容和核准招标事项暂行规定"。

（二）相关政府部门名称的修改

22. 将第四条第一款第三项、第十四条中的"国家发展计划委员会"和第九条第一款第一项中的"国家计委"修改为"国家发展改革委"。

（三）相关规章条文内容的删除

23. 删除第四条第一款中的"在项目可行性研究报告中"，删除第八条中的"在批准项目可行性研究报告时"，删除第十一条中的"项目审批部门"，删除第十三条中的"按照国办发〔2000〕34号文的规定"。

（四）相关引用法律法规条文序号的修改

24. 将第一条中的"依据《中华人民共和国招标投标法》，制定本规定"修改为"依据《中华人民共和国招标投标法》、《中华人民共和国招标投标法实施条例》，制定本规定"。

（五）相关规章条文内容的修改

25. 将第二条中的"依法必须进行招标的各类工程建设项目"修改为"依法必须进行招标且按照国家有关规定需要履行项目审批、核准手续的各类工程建设项目"。

26. 将第三条修改为"本规定第二条包括的工程建设项目，必须在报送的项目可行性研究报告或者资金申请报告、项目申请报告中增加有关招标的内容"。

27. 将第五条第一款、第六条中的"可行性研究报告"修改为"可行性研究报告或者资金申请报告、项目申请报告"。

28. 将第五条第一款第一项修改为"涉及国家安全、国家秘密、抢险救灾或者属于利用扶贫资金实行以工代赈、需要使用农民工等特殊情况，不适宜进行招标"，第二项修改为"建设项目的勘察、设计，采用不可替代的专利或者专有技术，或者其建筑艺术造型有特殊要求"，第三项修改为"承包商、供应商或者服务提供者少于三家，不能形成有效竞争"，第四项修改为"国家规定的其他特殊情形"，并作为本款第七项。

29. 将第六条、第八条、第十二条、第十三条中的"审批部门"修改为"审批、核准部门"。

30. 将第六条中的"批准"，第十一条、第十二条、第十三条中的"审批"、"核准"修改为"审批、核准"。

31. 将第七条中修改为"在项目可行性研究报告或者资金申请报告、项目申请报告中增加的招标内容，作为附件与可行性研究报告或者资金申请报告、项目申请报告一同报送"。

32. 将第八条中的"提出核准或者不予核准的意见"修改为"提出是否予以审批、核准的意见"，"对招标事项核准意见格式"修改为"对招标事项审批、核准意见格式"。

33. 将第九条第一款中的"核准招标事项"修改为"审批、核准招标事项"，第一款第一项、第二项中的"核准"修改为"审批"。

34. 将第九条第一款第三项修改为"应报送地方人民政府发展改革部门审批和地方人民政府发展改革部门核报地方人民政府审批的建设项目，由地方人民政府发展改革部门审批"。

（六）相关规章条文内容的增加

35. 增加第五条第一款第四项"采购人依法能够自行建设、生产或者提供"，第五项"已通过招标方式选定的特许经营项目投资人依法能够自行建设、生产或者提供"，第六项"需要向原中标人采购工程、货物或者服务，否则将影响施工或者配套要求"。

36. 增加第九条第一款第四项"按照规定应报送国家发展改革委核准的建设项目，由国家发展改革委核准"，第五项"按照规定应报送地方人民政府发展改革部门核准的建设项目，由地方人民政府发展改革部门核准"。

四、对《评标委员会和评标方法暂行规定》（国家发展计划委员会、国家经济贸易委员会、建设部、铁道部、交通部、信息产业部、水利部令第 12 号）作出修改

（一）相关政府部门名称的修改

37. 将第六十一条中的"国家发展计划委员会"修改为"国家发展改革委"。

（二）相关规章条文内容的删除

38. 删除第二十七条中的"或者界定为废标"，删除第四十七条中的"在确定中标人之前"，删除第五十四条中的"其他利害关系人"。

（三）相关引用法律法规条文序号的修改

39. 将第一条中的"依照《中华人民共和国招标投标法》，制定本规定"修改为"依照《中华人民共和国招标投标法》、《中华人民共和国招标投标法实施条例》，制定本规定"。

（四）相关规章条文内容的修改

40. 将第十条第一款中的"省级以上人民政府有关部门提供的专家名册或者招标代理机构的专家库"修改为"依法组建的专家库"，第二款中的"技术特别复杂、专业性要求特别高"修改为"技术复杂、专业性强"，"难以胜任"修改为"难以保证胜任"。

41. 将第十三条第二款修改为"评标委员会成员不得与任何投标人或者与招标结果有利害关系的人进行私下接触，不得收受投标人、中介人、其他利害关系人的财物或者其他好处，不得向招标人征询其确定中标人的意向，不得接受任何单位或者个人明示或者暗示提出的倾向或者排斥特定投标人的要求，不得有其他不客观、不公正履行职务的行为"。

42. 将第十六条第一款修改为"招标人或者其委托的招标代理机构应当向评标委员会提供评标所需的重要信息和数据，但不得带有明示或者暗示倾向或者排斥特定投标人的信息"，第二款中的"标底应当保密"修改为"标底在开标前应当保密"。

43. 将第二十条中的"该投标人的投标应作废标处理"修改为"应当否决该投标人的投标"。

44. 将第二十一条中的"其投标应作废标处理"修改为"应当否决其投标"。

45. 将第二十三条中的"应作废标处理"修改为"应当予以否决"。

46. 将第二十五条第二款中的"废标"修改为"否决投标"。

47. 将第二十七条中的"招标人应当依法重新招标"修改为"招标人在分析招标失败的原因并采取相应措施后，应当依法重新招标"。

48. 将第四十条中的"在投标有效期结束日30个工作日前"修改为"在投标有效期内"。

49. 将第四十二条中的"废标情况说明"修改为"否决投标的情况说明"。

50. 将第四十四条修改为"向招标人提交书面评标报告后，评标委员会应将评标过程中使用的文件、表格以及其他资料应当即时归还招标人"。

51. 将第四十八条第一款、第二款修改为"国有资金占控股或者主导地位的项目，招标人应当确定排名第一的中标候选人为中标人。排名第一的中标候选人放弃中标、因不可抗力提出不能履行合同，或者招标文件规定应当提交履约保证金而在规定的期限内未能提交，或者被查实存在影响中标结果的违法行为等情形，不符合中标条件的，招标人可以按照评标委员会提出的中标候选人名单排序依次确定其他中标候选人为中标人。依次确定其他中标候选人与招标人预期差距较大，或者对招标人明显不利的，招标人可以重新招标"。

52. 将第四十九条中的"在30个工作日之内"修改为"在投标有效期内以及中标通知书发出之日起30日之内"。

53. 将第五十二条中的"5个工作日"修改为"5日"。

54. 将第五十三条修改为"评标委员会成员有下列行为之一的，由有关行政监督部门责令改正；情节严重的，禁止其在一定期限内参加依法必须进行招标的项目的评标；情节特别严重的，取消其担任评标委员会成员的资格：（一）应当回避而不回避；（二）擅离职守；（三）不按照招标文件规定的评标标准和方法评标；（四）私下接触投标人；（五）向招标人征询确定中标人的意向或者接受任何单位或者个人明示或者暗示提出的倾向或者排斥特定投标人的要求；（六）对依法应当否决的投标不提出否决意见；（七）暗示或者诱导投标人作出澄清、说明或者接受投标人主动提出的澄清、说明；（八）其他不客观、不公正履行职务的行为"。

55. 将第五十五条修改为"招标人有下列情形之一的，责令改正，可以处中标项目金额千分之十以下的罚款；给他人造成损失的，依法承担赔偿责任；对单位直接负责的主管人员和其他直接责任人员依法给予处分：（一）无正当理由不发出中标通知书；（二）不按照规定确定中标人；（三）中标通知书发出后无正当理由改变中标结果；（四）无正当理由不与中标人订立合同；（五）在订立合同时向中标人提出附加条件"。

56. 将第五十六条修改为"招标人与中标人不按照招标文件和中标人的投标文件订立合同的，合同的主要条款与招标文件、中标人的投标文件的内容不一致，或者招标人、中标人订立背离合同实质性内容的协议的，由有关行政监督部门责令改正，可以处中标项目金额千分之五以上千分之十以下的罚款"。

57. 将第五十七条修改为"中标人无正当理由不与招标人订立合同，在签订合同时向招标人提出附加条件，或者不按照招标文件要求提交履约保证金的，取消其中标资格，投标保证金不予退还。对依法必须进行招标的项目的中标人，由有关行政监督部门责令改正，可以处中标项目金额10‰以下的罚款"。

五、对《国家重大建设项目招标投标监督暂行办法》（国家发展计划委员会令第18号）作出修改

（一）相关政府部门名称的修改

58. 将第二条、第三条、第八条、第九条、第十三条、第十五条、第十六条、第十八条中的"国家计委"修改为"国家发展改革委"。

59. 将第十一条第二款、第十七条中的"发展计划部门"修改为"发展改革部门"。

（二）相关规章条文内容的删除

60. 删除第五条第二款。

（三）相关引用法律法规条文序号的修改

61. 将第一条中的"根据《中华人民共和国招标投标法》、《国务院办公厅印发国务院有关部门实施招标投标活动行政监督职责分工意见的通知》"修改为"根据《中华人民共和国招标投标法》、《中华人民共和国招标投标法实施条例》、《国务院办公厅印发国务院有关部门实施招标投标活动行政监督职责分工意见的通知》"。

62. 将第五条中的"按照《中华人民共和国招标投标法》和《中华人民共和国合同法》"修改为"按照《中华人民共和国招标投标法》、《中华人民共和国招标投标法实施条例》和《中华人民共和国合同法》"。

63. 将第十三条、第十七条中的"《中华人民共和国招标投标法》及相关配套法规、规章"修改为"《中华人民共和国招标投标法》、《中华人民共和国招标投标法实施条例》及相关配套法规、规章"。

（四）相关规章条文内容的修改

64. 将第四条第三款中的"报送可行性研究报告"修改为"报送可行性研究报告或者资金申请报告"。

65. 将第七条修改为"投标人或者其他利害关系人认为国家重大建设项目招标投标活动不符合国家规定的，可以自知道或者应当知道之日起10日内向国家发展改革委投诉。国家发展改革委应当自收到投诉之日起3个工作日内决定是否

受理，并自受理投诉之日起 30 个工作日内作出书面处理决定；需要检验、检测、鉴定、专家评审的，所需时间不计算在内"。

66. 将第九条第一款中"15 个工作日"修改为"15 日"，第二款中"招标人确定中标人后，应当在 15 个工作日内"修改为"招标人应当自确定中标人之日起 15 日内"。

67. 第十条第一款第三项中的"资格审查"修改为"资格预审"。

68. 第十六条中的"申请复议"修改为"申请行政复议"。

六、对《评标专家和评标专家库管理暂行办法》（国家发展计划委员会令第 29 号）作出修改

（一）相关政府部门名称的修改

69. 将第十八条中的"国家发展计划委员会"修改为"国家发展改革委"。

（二）相关引用法律法规条文序号的修改

70. 将第一条中的"根据《中华人民共和国招标投标法》（简称为《招标投标法》），制定本办法"修改为"根据《中华人民共和国招标投标法》（简称为《招标投标法》）、《中华人民共和国招标投标法实施条例》（简称《招标投标法实施条例》），制定本办法"。

71. 将第三条中的"依照《招标投标法》的规定"修改为"依照《招标投标法》、《招标投标法实施条例》以及国家统一的评标专家专业分类标准和管理办法的规定"。

72. 将第十四条第一款第一项中的"有《招标投标法》第三十七条和《评标委员会和评标方法暂行规定》第十二条规定"修改为"有《招标投标法》第三十七条、《招标投标法实施条例》第四十六条和《评标委员会和评标方法暂行规定》第十二条规定"。

（三）相关规章条文内容的修改

73. 将第四条中的"省级以上人民政府有关部门和招标代理机构"修改为"省级人民政府、省级以上人民政府有关部门、招标代理机构"。

74. 将第五条、第十七条第二款中的"政府有关部门组建的评标专家库"修改为"政府或者政府有关部门组建的评标专家库"。

75. 将第六条第一款中的"省级以上人民政府"修改为"省级人民政府、省级以上人民政府有关部门"，第二款修改为"省级人民政府和国务院有关部门应当组建跨部门、跨地区的综合评标专家库"。

76. 将第十条第一款、第十一条、第十二条中的"组建评标专家库的政府部门"修改为"组建评标专家库的省级人民政府、政府部门"。

77. 将第十三条、第十四条中的"法律、行政法规规定的"修改为"国家规定的"。

78. 将第十四条第一款第二项中的"不得收受他人的财物"修改为"不得收受投标人或者其他利害关系人的财物"。

79. 将第十五条第一款修改为"评标专家有下列情形之一的，由有关行政监督部门责令改正；情节严重的，禁止其在一定期限内参加依法必须进行招标的项目的评标；情节特别严重的，取消其担任评标委员会成员的资格：（一）应当回避而不回避；（二）擅离职守；（三）不按照招标文件规定的评标标准和方法评标；（四）私下接触投标人；（五）向招标人征询确定中标人的意向或者接受任何单位或者个人明示或者暗示提出的倾向或者排斥特定投标人的要求；（六）对依法应当否决的投标不提出否决意见；（七）暗示或者诱导投标人作出澄清、说明或者接受投标人主动提出的澄清、说明；（八）其他不客观、不公正履行职务的行为"。

80. 将第十七条第一款修改为"依法必须进行招标的项目的招标人不按照规定组建评标委员会，或者确定、更换评标委员会成员违反《招标投标法》和《招标投标法实施条例》规定的，由有关行政监督部门责令改正，可以处十万元以下的罚款，对单位直接负责的主管人员和其他直接责任人员依法给予处分；违法确定或者更换的评标委员会成员作出的评审结论无效，依法重新进行评审"。

（四）相关规章条文内容的增加

81. 增加第七条第一款第五项"法规规章规定的其他条件"。

82. 增加第十五条第二款"评标委员会成员收受投标人的财物或者其他好处的，评标委员会成员或者与评标活动有关的工作人员向他人透露对投标文件的评审和比较、中标候选人的推荐以及与评标有关的其他情况的，给予警告，没收收受的财物，可以并处三千元以上五万元以下的罚款；对有所列违法行为的评标委员会成员取消担任评标委员会成员的资格，不得再参加任何依法必须进行招标项目的评标；构成犯罪的，依法追究刑事责任"。

83. 增加第十六条第二款"法律法规对前款规定的行为处罚另有规定的，从其规定"。

七、对《工程建设项目勘察设计招标投标办法》（国家发展和改革委员会、建设部、铁道部、交通部、信息产业部、水利部、民航总局、广电总局令第2号）作出修改

（一）相关规章条文内容的删除

84. 删除第十条第二款中的"全部使用国有资金投资或者"，删除第十五条第二款中的"是招标文件中规定的投标文件有效期"，删除第三十七条第二项中的"相互串通报价"，删除第四十八条第三项中的"作废标处理或被"和第四项中的"或者界定为废标"，删除第四十五条第一款。

（二）相关引用法律法规条文序号的修改

85. 将第一条中的"根据《中华人民共和国招标投标法》"修改为"根据《中华人民共和国招标投标法》、《中华人民共和国招标投标法实施条例》"。

86. 将第三十二条中的"按《中华人民共和国招标投标法》及《评标委员会和评标方法暂行规定》"修改为"按《中华人民共和国招标投标法》、《中华人民共和国招标投标法实施条例》及《评标委员会和评标方法暂行规定》"。

87. 将第五十六条中的"依据《中华人民共和国招标投标法》和有关法律、行政法规"修改为"依据《中华人民共和国招标投标法》、《中华人民共和国招标投标法实施条例》和有关法律、行政法规"。

（三）相关规章条文内容的修改

88. 将第四条修改为"按照国家规定需要履行项目审批、核准手续的依法必须进行招标的项目，有下列情形之一的，经项目审批、核准部门审批、核准，项目的勘察设计可以不进行招标：（一）涉及国家安全、国家秘密、抢险救灾或者属于利用扶贫资金实行以工代赈、需要使用农民工等特殊情况，不适宜进行招标；（二）主要工艺、技术采用不可替代的专利或者专有技术，或者其建筑艺术造型有特殊要求；（三）采购人依法能够自行勘察、设计；（四）已通过招标方式选定的特许经营项目投资人依法能够自行勘察、设计；（五）技术复杂或专业性强，能够满足条件的勘察设计单位少于三家，不能形成有效竞争；（六）已建成项目需要改、扩建或者技术改造，由其他单位进行设计影响项目功能配套性；（七）国家规定其他特殊情形"。

89. 将第六条中的"各级发展计划、经贸、建设、铁道、交通、信息产业（通信、电子）、水利、民航、广电等部门"修改为"各级发展改革、工业和信息化、住房城乡建设、交通运输、铁道、水利、商务、广电、民航等部门"。

90. 将第七条第二款修改为"招标人不得利用前款规定限制或者排斥潜在投标人或者投标。依法必须进行招标的项目的招标人不得利用前款规定规避招标"。

91. 将第九条修改为"依法必须进行勘察设计招标的工程建设项目，在招标时应当具备下列条件：（一）招标人已经依法成立；（二）按照国家有关规定需要履行项目审批、核准或者备案手续的，已经审批、核准或者备案；（三）勘察设计有相应资金或者资金来源已经落实；（四）所必需的勘察设计基础资料已经收集完成；（五）法律法规规定的其他条件"。

92. 将第十一条第一款修改为"依法必须进行公开招标的项目，在下列情况下可以进行邀请招标：（一）技术复杂、有特殊要求或者受自然环境限制，只有少量潜在投标人可供选择；（二）采用公开招标方式的费用占项目合同金额的比例过大"。

93. 将第十二条中的"按招标公告"修改为"按照资格预审公告、招标公告"，"五个工作日"修改为"五日"。

94. 将第十五条第三款中的"补偿编制及印刷方面的成本"修改为"补偿印刷、邮寄的成本"。

95. 将第二十二条中的"按照招标文件的要求"修改为"按照招标文件或者投标邀请书的要求"。

96. 将第二十四条中的"一般不超过勘察设计费投标报价的百分之二"修改为"不得超过勘察设计估算费用的百分之二"。

97. 将第二十五条修改为"在提交投标文件截止时间后到招标文件规定的投标有效期终止之前，投标人不得撤销其投标文件，否则招标人可以不退还投标保证金"。

98. 将第二十六条第一款中的"并且由其法定代表人或授权代表签字"修改为"并且由其法定代表人或授权代表签字，但招标文件另有规定的除外"。

99. 将第三十六条修改为"投标文件有下列情况之一的，评标委员会应当否决其投标：（一）未经投标单位盖章和单位负责人签字；（二）投标报价不符合国家颁布的勘察设计取费标准，或者低于成本，或者高于招标文件设定的最高投标限价；（三）未响应招标文件的实质性要求和条件"。

100. 将第三十七条修改为"投标人有下列情况之一的，评标委员会应当否决其投标：（一）不符合国家或者招标文件规定的资格条件；（二）与其他投标人或者与招标人串通投标；（三）以他人名义投标，或者以其他方式弄虚作假；（四）以向招标人或者评标委员会成员行贿的手段谋取中标；（五）以联合体形式投标，未提交共同投标协议；（六）提交两个以上不同的投标文件或者投标报价，但招标文件要求提交备选投标的除外"。

101. 将第四十条第一款修改为"国有资金占控股或者主导地位的依法必须招标的项目，招标人应当确定排名第一的中标候选人为中标人"。第二款修改为"排名第一的中标候选人放弃中标、因不可抗力提出不能履行合同，不按照招标文件要求提交履约保证金，或者被查实存在影响中标结果的违法行为等情形，不符合中标条件的，招标人可以按照评标委员会提出的中标候选人名单排序依次确定其他中标候选人为中标人。依次确定其他中标候选人与招标人预期差距较大，或者对招标人明显不利的，招标人可以重新招标"。第三款修改为"招标人可以授权评标委员会直接确定中标人"。

102. 将第四十一条修改为"招标人应在接到评标委员会的书面评标报告之日起三日内公示中标候选人，公示期不少于三日"。

103. 将第四十二条中的"在自中标通知书发出之日起三十日内"修改为"在

投标有效期内并在自中标通知书发出之日起三十日内"。

104. 将第四十四条中的"五个工作日"修改为"五日","退还投标保证金"修改为"退还投标保证金及银行同期存款利息"。

105. 将第四十六条中的"在投标有效期结束日三十个工作日前完成"修改为"在投标有效期内完成"。

106. 将第四十七条第一款第六项中的"废标情况"修改为"否决投标情况"。

107. 将第四十八条中的"在下列情况下,招标人应当依照本办法重新招标"修改为"在下列情况下,依法必须招标项目的招标人在分析招标失败的原因并采取相应措施后,应当依照本办法重新招标"。

108. 将第四十九条中的"政府审批的项目,报经原项目审批部门批准后"修改为"政府审批、核准的项目,报经原项目审批、核准部门审批、核准后"。

109. 将第五十条修改为"招标人有下列限制或者排斥潜在投标人行为之一的,由有关行政监督部门依照招标投标法第五十一条的规定处罚;其中,构成依法必须进行勘察设计招标的项目的招标人规避招标的,依照招标投标法第四十九条的规定处罚:(一)依法必须公开招标的项目不按照规定在指定媒介发布资格预审公告或者招标公告;(二)在不同媒介发布的同一招标项目的资格预审公告或者招标公告的内容不一致,影响潜在投标人申请资格预审或者投标"。

110. 将五十一条修改为"招标人有下列情形之一的,由有关行政监督部门责令改正,可以处10万元以下的罚款:(一)依法应当公开招标而采用邀请招标;(二)招标文件、资格预审文件的发售、澄清、修改的时限,或者确定的提交资格预审申请文件、投标文件的时限不符合招标投标法和招标投标法实施条例规定;(三)接受未通过资格预审的单位或者个人参加投标;(四)接受应当拒收的投标文件。招标人有前款第一项、第三项、第四项所列行为之一的,对单位直接负责的主管人员和其他直接责任人员依法给予处分"。

111. 将第五十四条修改为"评标委员会成员有下列行为之一的,由有关行政监督部门责令改正;情节严重的,禁止其在一定期限内参加依法必须进行招标的项目的评标;情节特别严重的,取消其担任评标委员会成员的资格:(一)不按照招标文件规定的评标标准和方法评标;(二)应当回避而不回避;(三)擅离职守;(四)私下接触投标人;(五)向招标人征询确定中标人的意向或者接受任何单位或者个人明示或者暗示提出的倾向或者排斥特定投标人的要求;(六)对依法应当否决的投标不提出否决意见;(七)暗示或者诱导投标人作出澄清、说明或者接受投标人主动提出的澄清、说明;(八)其他不客观、不公正履行职务的行为"。

112. 将第五十五条修改为"招标人与中标人不按照招标文件和中标人的投标文件订立合同,责令改正,可以处中标项目金额千分之五以上千分之十以下的罚款"。

（四）相关规章条文内容的增加

113. 增加第十一条第二款"有前款第二项所列情形，属于按照国家有关规定需要履行项目审批、核准手续的项目，由项目审批、核准部门在审批、核准项目时作出认定；其他项目由招标人申请有关行政监督部门作出认定"。

114. 增加第二十四条第二款"依法必须进行招标的项目的境内投标单位，以现金或者支票形式提交的投标保证金应当从其基本账户转出"。

115. 增加第二十七条第三款"招标人接受联合体投标并进行资格预审的，联合体应当在提交资格预审申请文件前组成。资格预审后联合体增减、更换成员的，其投标无效"。

116. 增加第三十一条第二款"投标人对开标有异议的，应当在开标现场提出，招标人应当当场作出答复，并制作记录"。

117. 增加第四十条第四款"国务院对中标人的确定另有规定的，从其规定"。

118. 增加第五十三条第二款"依法必须进行招标的项目的招标人不按照规定组建评标委员会，或者确定、更换评标委员会成员违反招标投标法和招标投标法实施条例规定的，由有关行政监督部门责令改正，可以处 10 万元以下的罚款，对单位直接负责的主管人员和其他直接责任人员依法给予处分；违法确定或者更换的评标委员会成员作出的评审结论无效，依法重新进行评审"。

八、对《工程建设项目施工招标投标办法》（国家发展计划委员会、建设部、铁道部、交通部、信息产业部、水利部、民航总局令第 30 号）作出修改

（一）相关政府部门名称的修改

119. 将第九十一条中的"国家发展计划委员会"修改为"国家发展改革委"。

（二）相关规章条文内容的删除

120. 删除第八条第一款第三项，删除第五十八条第二款。

121. 删除第十五条第四款中的"擅自"。

122. 删除第二十八条中的"评标时除价格以外的"。

123. 删除第三十八条第二款中的"为无效的投标文件"。

124. 删除第六十二条第二款中的"招标文件要求中标人提交履约保证金或者其他形式履约担保的，中标人应当提交；拒绝提交的，视为放弃中标项目"。

125. 删除第七十一条第二款中的"并且中标人为前款所列行为的受益人"。

126. 删除第七十七条中的"评标委员会成员或者参加评标的有关工作人员向他人透露对投标文件的评审和比较、中标候选人的推荐以及与评标有关的其他情况的，有关行政监督部门给予警告"和"对有所列违法行为的评标委员会成员"。

（三）相关引用法律法规条文序号的修改

127. 将第一条中的"根据《中华人民共和国招标投标法》和国务院有关部门的职责分工"修改为"根据《中华人民共和国招标投标法》、《中华人民共和国招标投标法实施条例》和国务院有关部门的职责分工"。

（四）相关规章条文内容的修改

128. 将第六条中的"各级发展计划、经贸、建设、铁道、交通、信息产业、水利、外经贸、民航等部门"修改为"各级发展改革、工业和信息化、住房城乡建设、交通运输、铁道、水利、商务、民航等部门"。

129. 将第十条修改为"按照国家有关规定需要履行项目审批、核准手续的依法必须进行施工招标的工程建设项目，其招标范围、招标方式、招标组织形式应当报项目审批部门审批、核准。项目审批、核准部门应当及时将审批、核准确定的招标内容通报有关行政监督部门"。

130. 将第十一条第一款修改为"依法必须进行公开招标的项目，有下列情形之一的，可以邀请招标：（一）项目技术复杂或有特殊要求，或者受自然地域环境限制，只有少量潜在投标人可供选择；（二）涉及国家安全、国家秘密或者抢险救灾，适宜招标但不宜公开招标；（三）采用公开招标方式的费用占项目合同金额的比例过大"，第二款修改为"有前款第二项所列情形，属于本办法第十条规定的项目，由项目审批、核准部门在审批、核准项目时作出认定；其他项目由招标人申请有关行政监督部门作出认定"。

131. 将第十二条修改为"依法必须进行施工招标的工程建设项目有下列情形之一的，可以不进行施工招标：（一）涉及国家安全、国家秘密、抢险救灾或者属于利用扶贫资金实行以工代赈需要使用农民工等特殊情况，不适宜进行招标；（二）施工主要技术采用不可替代的专利或者专有技术；（三）已通过招标方式选定的特许经营项目投资人依法能够自行建设；（四）采购人依法能够自行建设；（五）在建工程追加的附属小型工程或者主体加层工程，原中标人仍具备承包能力，并且其他人承担将影响施工或者功能配套要求；（六）国家规定的其他情形"。

132. 将第十五条第一款中的"五个工作日"修改为"五日"，第二款中的"但出现不一致时以书面招标文件为准，招标人应当保持书面招标文件原始正本的完好"修改为"出现不一致时以书面招标文件为准，国家另有规定的除外"，第三款中的"收费应当合理"修改为"收费应当限于补偿印刷、邮寄的成本支出"，第四款中的"招标人在发布招标公告"修改为"除不可抗力原因外，招标人在发布招标公告"。

133. 将第十六条中的"法律、行政法规对潜在投标人或者投标人的资格条件有规定的"修改为"国家对潜在投标人或者投标人的资格条件有规定的"。

134. 将第十八条第一款中的"可以发布"修改为"应当发布"。

135. 将第十九条中的"应作废标处理"修改为"应予否决"。

136. 将第二十条第一款第五项修改为"国家规定的其他资格条件"。

137. 将第二十二条第三款修改为"招标代理机构不得在所代理的招标项目中投标或者代理投标，也不得为所代理的招标项目的投标人提供咨询；未经招标人同意，不得转让招标代理业务"。

138. 将第二十四条第一款第一项修改为"招标公告或投标邀请书"。

139. 将第二十七条第二款修改为"招标人不得以不合理的标段或工期限制或者排斥潜在投标人或者投标人。依法必须进行施工招标的项目的招标人不得利用划分标段规避招标"。

140. 将第三十条中的"超过十二个月"修改为"较长"。

141. 将第三十四条第一款中的"标底必须保密"修改为"标底在开标前必须保密"。

142. 将第三十七条第二款修改为"投标保证金不得超过项目估算价的百分之二，但最高不得超过八十万元人民币。投标保证金有效期应当与投标有效期一致"，第三款中的"招标人"修改为"招标人或其委托的招标代理机构"，第四款修改为"依法必须进行施工招标的项目的境内投标单位，以现金或者支票形式提交的投标保证金应当从其基本账户转出"。

143. 将第三十八条第三款中的"提交投标文件的投标人"修改为"依法必须进行施工招标的项目提交投标文件的投标人"，"招标人应当依法重新招标"修改为"招标人在分析招标失败的原因并采取相应措施后，应当依法重新招标"，"审批"和"批准"修改为"审批、核准"。

144. 将第四十条修改为"在提交投标文件截止时间后到招标文件规定的投标有效期终止之前，投标人不得撤销其投标文件，否则招标人可以不退还其投标保证金"。

145. 将第四十三条修改为"招标人接受联合体投标并进行资格预审的，联合体应当在提交资格预审申请文件前组成。资格预审后联合体增减、更换成员的，其投标无效"。

146. 将第四十四条中的"必须指定"修改为"应当指定"，第四十八条中的"通过转让"修改为"通过受让"。

147. 将第四十七条修改为"下列行为均属招标人与投标人串通投标：（一）招标人在开标前开启投标文件并将有关信息泄露给其他投标人，或者授意投标人撤换、修改投标文件；（二）招标人向投标人泄露标底、评标委员会成员等信息；（三）招标人明示或者暗示投标人压低或抬高投标报价；（四）招标人明示或者暗示投标人为特定投标人中标提供方便；（五）招标人与投标人为谋求特定中标人中标而采取的其他串通行为"。

148. 将五十条第一款修改为"投标文件有下列情形之一的，招标人应当拒收：（一）逾期送达；（二）未按招标文件要求密封"。第二款修改为"有下列情形之一的，评标委员会应当否决其投标：（一）投标文件未经投标单位盖章和单位负责人签字；（二）投标联合体没有提交共同投标协议；（三）投标人不符合国家或者招标文件规定的资格条件；（四）同一投标人提交两个以上不同的投标文件或者投标报价，但招标文件要求提交备选投标的除外；（五）投标报价低于成本或者高于招标文件设定的最高投标限价；（六）投标文件没有对招标文件的实质性要求和条件作出响应；（七）投标人有串通投标、弄虚作假、行贿等违法行为"。

149. 将第五十二条中的"招标人应当拒绝，并允许投标人"修改为"评标委员会不得允许投标人"。

150. 将第五十六条第二款修改为"依法必须进行招标的项目，招标人应当自收到评标报告之日起三日内公示中标候选人，公示期不得少于三日"。

151. 将五十八条第一款修改为"国有资金占控股或者主导地位的依法必须进行招标的项目，招标人应当确定排名第一的中标候选人为中标人。排名第一的中标候选人放弃中标、因不可抗力提出不能履行合同、不按照招标文件的要求提交履约保证金，或者被查实存在影响中标结果的违法行为等情形，不符合中标条件的，招标人可以按照评标委员会提出的中标候选人名单排序依次确定其他中标候选人为中标人。依次确定其他中标候选人与招标人预期差距较大，或者对招标人明显不利的，招标人可以重新招标"。

152. 将第六十二条第一款中的"应当自中标通知书发出"修改为"应当在投标有效期内并在自中标通知书发出"。

153. 将第六十三条修改为"招标人最迟应当在与中标人签订合同后五日内，向中标人和未中标的投标人退还投标保证金及银行同期存款利息"。

154. 将第七十二条中的"除有正当理由外，有关行政监督部门给予警告，根据情节可处三万元以下的罚款；给潜在投标人或投标人造成损失的，并应当赔偿损失"修改为"应当及时退还所收取的资格预审文件、招标文件的费用，以及所收取的投标保证金及银行同期存款利息。给潜在投标人或者投标人造成损失的，应当赔偿损失"。

155. 将第七十三条第一款修改为"招标人有下列限制或者排斥潜在投标人行为之一的，由有关行政监督部门依照招标投标法第五十一条的规定处罚；其中，构成依法必须进行施工招标的项目的招标人规避招标的，依照招标投标法第四十九条的规定处：（一）依法应当公开招标的项目不按照规定在指定媒介发布资格预审公告或者招标公告；（二）在不同媒介发布的同一招标项目的资格预审公告或者招标公告的内容不一致，影响潜在投标人申请资格预审或者投标"。第二款修改为"招标人有下列情形之一的，由有关行政监督部门责令改正，可以处10万元以下的罚款：（一）依法应当公开招标而采用邀请招标；（二）招标文件、资格预审文件的发售、澄清、修改的时限，或者确定的提交资格预审申请文件、投标文件的时限不符合招标投标法和招标投标法实施条例规定；（三）接受未通过资格预审的单位或者个人参加投标；（四）接受应当拒收的投标文件"。

156. 将七十四条中的"给他人造成损失的，依法承担赔偿责任"修改为"给他人造成损失的，依法承担赔偿责任。投标人未中标的，对单位的罚款金额按照招标项目合同金额依照招标投标法规定的比例计算"。

157. 将七十五条中的"直至由工商行政管理机关吊销营业执照"修改为"直至由工商行政管理机关吊销营业执照。投标人未中标的，对单位的罚款金额按照招标项目合同金额依照招标投标法规定的比例计算"。

158. 将第七十七条中的"不得再参加任何招标项目的评标"修改为"不得再参加依法必须进行招标的项目的评标"。

159. 将七十八条修改为"评标委员会成员应当回避而不回避，擅离职守，不按照招标文件规定的评标标准和方法评标，私下接触投标人，向招标人征询确定中标人的意向或者接受任何单位或者个人明示或者暗示提出的倾向或者排斥特定投标人的要求，对依法应当否决的投标不提出否决意见，暗示或者诱导投标人作出澄清、说明或者接受投标人主动提出的澄清、说明，或者有其他不能客观公正地履行职责行为的，有关行政监督部门责令改正；情节严重的，禁止其在一定期限内参加依法必须进行招标的项目的评标；情节特别严重的，取消其担任评标委员会成员的资格"。

160. 将第七十九条修改为"依法必须进行招标的项目的招标人不按照规定组建评标委员会，或者确定、更换评标委员会成员违反招标投标法和招标投标法实施条例规定的，由有关行政监督部门责令改正，可以处10万元以下的罚款，对单位直接负责的主管人员和其他直接责任人员依法给予处分；违法确定或者更换的评标委员会成员作出的评审决定无效，依法重新进行评审"。

161. 将第八十条修改为"依法必须进行招标的项目的招标人有下列情形之一的，由有关行政监督部门责令改正，可以处中标项目金额千分之十以下的罚款；给他人造成损失的，依法承担赔偿责任；对单位直接负责的主管人员和其他直接责任人员依法给予处分：（一）无正当理由不发出中标通知书；（二）不按照规定确定中标人；（三）中标通知书发出后无正当理由改变中标结果；（四）无正当理由不与中标人订立合同；（五）在订立合同时向中标人提出附加条件"。

162. 将第八十一条修改为"中标通知书发出后，中标人放弃中标项目的，无正当理由不与招标人签订合同的，在签订合同时向招标人提出附加条件或者更改合同实质性内容的，或者拒不提交所要求的履约保证金的，取消其中标资格，投标保证金不予退还；给招标人的损失超过投标保证金数额的，中标人应当对超过部分予以赔偿；没有提交投标保证金的，应当对招标人的损失承担赔偿责任。对依法必须进行施工招标的项目的中标人，由有关行政监督部门责令改正，可以处中标金额千分之十以下罚款"。

163. 将第八十三条中的"招标人、中标人订立背离合同实质性内容的协议的，或者招标人擅自提高履约保证金或强制要求中标人垫付中标项目建设资金的"修改为"合同的主要条款与招标文件、中标人的投标文件的内容不一致，或者招标人、中标人订立背离合同实质性内容的协议的"。

164. 将第八十五条中的"应当双倍返还中标人的履约保证金；给中标人造成的损失超过返还的履约保证金的，还应当对超过部分予以赔偿"修改为"应当返还中标人的履约保证金，并承担相应的赔偿责任"。

165. 将第八十九条修改为"投标人或者其他利害关系人认为工程建设项目施工招标投标活动不符合国家规定的，可以自知道或者应当知道之日起10日内向有关行政监督部门投诉。投诉应当有明确的请求和必要的证明材料"。

（五）相关规章条文内容的增加

166. 增加第三十四条第六款"招标人设有最高投标限价的，应当在招标文件中明确最高投标限价或者最高投标限价的计算方法。招标人不得规定最低投标限价"。

167. 增加第四十九条第二款："投标人对开标有异议的，应当在开标现场提出，招标人应当当场作出答复，并制作记录"。

168. 增加第七十三条第二款"招标人有前款第一项、第三项、第四项所列行为之一的，对单位直接负责的主管人员和其他直接责任人员依法给予处分"。

九、对《工程建设项目招标投标活动投诉处理办法》（国家发展和改革委员会、建设部、铁道部、交通部、信息产业部、水利部、民航总局令第11号）作出修改

（一）相关规章条文内容的删除

169. 删除第二十一条第二款。

（二）相关引用法律法规条文序号的修改

170. 将第一条中的"根据《中华人民共和国招标投标法》第六十五条规定"修改为"根据《中华人民共和国招标投标法》、《中华人民共和国招标投标法实施

条例》"。

171. 将第二十条第一款第二项中的"依据《中华人民共和国招标投标法》及其他有关法规、规章"修改为"依据《中华人民共和国招标投标法》、《中华人民共和国招标投标法实施条例》及其他有关法规、规章"。

（三）相关规章条文内容的修改

172. 将第三条第一款中的"和其他利害关系人"修改为"或者其他利害关系人"。

173. 将第三条第二款和第七条第二款中的"个人"修改为"自然人"。

174. 将第四条第一款中的"各级发展改革、建设、水利、交通、铁道、民航、信息产业（通信、电子）等"修改为"各级发展改革、工业和信息化、住房城乡建设、水利、交通运输、铁道、商务、民航等"，第二款中的"有关行业行政监督部门已经受理的"修改为"有关行业行政监督部门已经收到的"。

175. 将第九条修改为"投诉人认为招标投标活动不符合法律行政法规规定的，可以在知道或者应当知道之日起十日内提出书面投诉。依照有关行政法规提出异议的，异议答复期间不计算在内"。

176. 将第十条中的"可以直接投诉"修改为"可以自己直接投诉"。

177. 将第十一条中的"五日"修改为"三个工作日"。

178. 将第十二条第一款第六项修改为"投诉事项应先提出异议没有提出异议、已进入行政复议或行政诉讼程序的"。

179. 将第二十条第一款第一项修改为"投诉缺乏事实根据或者法律依据的，或者投诉人捏造事实、伪造材料或者以非法手段取得证明材料进行投诉的，驳回投诉"。

180. 将第二十一条第一款修改为"负责受理投诉的行政监督部门应当自受理投诉之日起三十个工作日内，对投诉事项做出处理决定，并以书面形式通知投诉人、被投诉人和其他与投诉处理结果有关的当事人。需要检验、检测、鉴定、专家评审的，所需时间不计算在内"。

181. 将第二十六条修改为"投诉人故意捏造事实、伪造证明材料或者以非法手段取得证明材料进行投诉，给他人造成损失的，依法承担赔偿责任"。

（四）相关规章条文内容的增加

182. 增加第七条第二款"对招标投标法实施条例规定应先提出异议的事项进行投诉的，应当附提出异议的证明文件。已向有关行政监督部门投诉的，应当一并说明"。

183. 增加第十八条第一款"行政监督部门处理投诉，有权查阅、复制有关文件、资料，调查有关情况，相关单位和人员应当予以配合。必要时，行政监督部门可以责令暂停招标投标活动"。

十、对《工程建设项目货物招标投标办法》（国家发展和改革委员会、建设部、铁道部、交通部、信息产业部、水利部、民航总局令第 27 号）作出修改

（一）相关规章条文内容的删除

184. 删除第二条第一款中的"依法必须进行招标的"。

185. 删除第十六条第二款中的"公开"和"以及需要公开选择潜在投标人的邀请招标"。

186. 删除第三十二条第二款中的"否则应作废标处理"。

187. 删除第二条第二款，第五条第四款，第二十七条第四款，第三十四条第二款，第四十四条第二款，第四十八条第二款。

（二）相关引用法律法规条文序号的修改

188. 将第一条中的"根据《中华人民共和国招标投标法》和国务院有关部门的职责分工"修改为"根据《中华人民共和国招标投标法》、《中华人民共和国招标投标法实施条例》和国务院有关部门的职责分工"。

189. 将第七条中的"本办法第五条第三款"修改为"本办法第五条"。

（三）相关规章条文内容的修改

190. 将第五条第二款中的"货物达到国家规定规模标准的"修改为"货物属于依法必须进行招标的项目范围且达到国家规定规模标准的"，第三款修改为"工程建设项目实行总承包招标时，以暂估价形式包括在总承包范围内的货物属于依法必须进行招标的项目范围且达到国家规定规模标准的，应当依法组织招标"。

191. 将第六条中的"各级发展改革、建设、铁道、交通、信息产业、水利、民航等部门"修改为"各级发展改革、工业和信息化、住房城乡建设、交通运输、铁道、水利、民航等部门"。

192. 将第七条中的"共同"修改为"单独或者共同"。

193. 将第九条修改为"依法必须进行招标的工程建设项目，按国家有关规定需要履行审批、核准手续的，招标人应当在报送的可行性研究报告、资金申请报告或者项目申请报告中将货物招标范围、招标方式（公开招标或邀请招标）、招标组织形式（自行招标或委托招标）等有关招标内容报项目审批、核准部门审批、核准。项目审批、核准部门应当将审批、核准的招标内容通报有关行政监督部门"。

194. 将第十一条第一款修改为"依法应当公开招标的项目，有下列情形之一的，可以邀请招标：（一）技术复杂、有特殊要求或者受自然环境限制，只有少量潜在投标人可供选择；（二）采用公开招标方式的费用占项目合同金额的比例过大；（三）涉及国家安全、国家秘密或者抢险救灾，适宜招标但不宜公开招标"。

第二款修改为"有前款第二项所列情形，属于按照国家有关规定需要履行项目审批、核准手续的依法必须进行招标的项目，由项目审批、核准部门认定；其他项目由招标人申请有关行政监督部门作出认定"。

195. 将第十二条中的"招标公告"修改为"资格预审公告或者招标公告"。

196. 将第十四条第一款修改为"招标人应当按照资格预审公告、招标公告或者投标邀请书规定的时间、地点发售招标文件或者资格预审文件。自招标文件或者资格预审文件发售之日起至停止发售之日止，最短不得少于五日"。将第二款中的"法律、行政法规或者招标文件"修改为"国家"。将第三款中的"应当合理"修改为"应当限于补偿印刷、邮寄的成本支出"。

197. 将第十四条第四款修改为"除不可抗力原因外，招标文件或者资格预审文件发出后，不予退还；招标人在发布招标公告、发出投标邀请书后或者发出招标文件或资格预审文件后不得终止招标。招标人终止招标的，应当及时发布公告，或者以书面形式通知被邀请的或者已经获取资格预审文件、招标文件的潜在投标人。已经发售资格预审文件、招标文件或者已经收取投标保证金的，招标人应当及时退还所收取的资格预审文件、招标文件的费用，以及所收取的投标保证金及银行同期存款利息"。

198. 将第十五条中的"法律、行政法规对潜在投标人或者投标人的资格条件有规定的"修改为"国家对潜在投标人或者投标人的资格条件有规定的"。

199. 将第十八条第一款第一项修改为"资格预审公告"。

200. 将第二十条第一款中的"资格预审合格的潜在投标人不足三个的，招标人应当重新进行资格预审"修改为"依法必须招标的项目通过资格预审的申请人不足三个的，招标人在分析招标失败的原因并采取相应措施后，应当重新招标"，第二款中的"应当对其投标作废标处理"修改为"应当否决其投标"。

201. 将第二十一条第一款第一项修改为"招标公告或者投标邀请书"。

202. 将第二十一条第三款修改为"国家对招标货物的技术、标准、质量等有规定的，招标人应当按照其规定在招标文件中提出相应要求"。

203. 将第二十三条第一款中的"设备或者供货合同"修改为"设备、材料或者供货合同"。

204. 将第二十七条第一款中的"也可以是招标人认可的其他合法担保形式"修改为"也可以是招标人认可的其他合法担保形式。依法必须进行招标的项目的境内投标单位，以现金或者支票形式提交的投标保证金应当从其基本账户转出"。第二款中的"投标保证金一般不得超过投标总价的百分之二"修改为"投标保证金不得超过项目估算价的百分之二"。第三款中的"截止之日"修改为"截止时间"，"或其招标代理机构"修改为"或其委托的招标代理机构"。

205. 将二十八条第二款中的"收回其投标保证金"修改为"收回其投标保证金及银行同期存款利息",第三款修改为"依法必须进行招标的项目同意延长投标有效期的投标人少于三个的,招标人在分析招标失败的原因并采取相应措施后,应当重新招标"。

206. 将第三十四条第三款修改为"在招标文件要求提交投标文件的截止时间后送达的投标文件,招标人应当拒收"。第四款修改为"依法必须进行招标的项目,提交投标文件的投标人少于三个的,招标人在分析招标失败的原因并采取相应措施后,应当重新招标。重新招标后投标人仍少于三个,按国家有关规定需要履行审批、核准手续的依法必须进行招标的项目,报项目审批、核准部门审批、核准后可以不再进行招标"。

207. 将第三十六条修改为"在提交投标文件截止时间后,投标人不得撤销其投标文件,否则招标人可以不退还其投标保证金"。

208. 将第三十八条第二款中的"否则作废标处理"修改为"否则相关投标均无效"。

209. 将第三十九条第一款修改为"招标人接受联合体投标并进行资格预审的,联合体应当在提交资格预审申请文件前组成。资格预审后联合体增减、更换成员的,其投标无效"。

210. 将第四十一条第一款修改为"投标文件有下列情形之一的,招标人应当拒收:(一)逾期送达;(二)未按招标文件要求密封"。第二款修改为"有下列情形之一的,评标委员会应当否决其投标:(一)投标文件未经投标单位盖章和单位负责人签字;(二)投标联合体没有提交共同投标协议;(三)投标人不符合国家或者招标文件规定的资格条件;(四)同一投标人提交两个以上不同的投标文件或者投标报价,但招标文件要求提交备选投标的除外;(五)投标报价低于成本或者高于招标文件设定的最高投标限价;(六)投标文件没有对招标文件的实质性要求和条件作出响应;(七)投标人有串通投标、弄虚作假、行贿等违法行为"。第三款修改为"依法必须招标的项目评标委员会否决所有投标的,或者评标委员会否决一部分投标后其他有效投标不足三个使得投标明显缺乏竞争,决定否决全部投标的,招标人在分析招标失败的原因并采取相应措施后,应当重新招标"。

211. 将第四十三条中的"评标委员会应当作废标处理,并不允许投标人"修改为"评标委员会不得允许投标人"。

212. 将第四十七条第二款修改为"依法必须进行招标的项目,招标人应当自收到评标报告之日起三日内公示中标候选人,公示期不得少于三日"。

213. 将第四十八条第一款修改为"国有资金占控股或者主导地位的依法必须进行招标的项目,招标人应当确定排名第一的中标候选人为中标人。排名第一的中标候选人放弃中标、因不可抗力提出不能履行合同、不按照招标文件要求提交履约保证金，或者被查实存在影响中标结果的违法行为等情形，不符合中标条件的，招标人可以按照评标委员会提出的中标候选人名单排序依次确定其他中标候选人为中标人。依次确定其他中标候选人与招标人预期差距较大，或者对招标人明显不利的，招标人可以重新招标"。

214. 将第五十一条第一款中的"应当自中标通知书发出"修改为"应当在投标有效期内并在自中标通知书发出"，第三款修改为"履约保证金不得超过中标合同金额的10%"。

215. 将第五十二条修改为"招标人最迟应当在书面合同签订后五日内，向中标人和未中标的投标人一次性退还投标保证金及银行同期存款利息"。

216. 将第五十五条修改为"招标人有下列限制或者排斥潜在投标行为之一的，由有关行政监督部门依照招标投标法第五十一条的规定处罚；其中，构成依法必须进行招标的项目的招标人规避招标的，依照招标投标法第四十九条的规定处罚：（一）依法应当公开招标的项目不按照规定在指定媒介发布资格预审公告或者招标公告；（二）在不同媒介发布的同一招标项目的资格预审公告或者招标公告内容不一致，影响潜在投标人申请资格预审或者投标"。

217. 将第五十六条修改为"招标人有下列情形之一的，由有关行政监督部门责令改正，可以处10万元以下的罚款：（一）依法应当公开招标而采用邀请招标；（二）招标文件、资格预审文件的发售、澄清、修改的时限，或者确定的提交资格预审申请文件、投标文件的时限不符合招标投标法和招标投标法实施条例规定；（三）接受未通过资格预审的单位或者个人参加投标；（四）接受应当拒收的投标文件。招标人有前款第一项、第三项、第四项所列行为之一的，对单位直接负责的主管人员和其他直接责任人员依法给予处分"。

218. 将第五十七条修改为"评标委员会成员有下列行为之一的，由有关行政监督部门责令改正；情节严重的，禁止其在一定期限内参加依法必须进行招标的项目的评标；情节特别严重的，取消其担任评标委员会成员的资格：（一）应当回避而不回避；（二）擅离职守；（三）不按照招标文件规定的评标标准和方法评标；（四）私下接触投标人；（五）向招标人征询确定中标人的意向或者接受任何单位或者个人明示或者暗示提出的倾向或者排斥特定投标人的要求；（六）对依法应当否决的投标不提出否决意见；（七）暗示或者诱导投标人作出澄清、说明或者接受投标人主动提出的澄清、说明；（八）其他不客观、不公正履行职务的行为"。

219. 将第五十八条第一款修改为"依法必须进行招标的项目的招标人有下列情形之一的，由有关行政监督部门责令改正，可以处中标项目金额千分之十以下的罚款；给他人造成损失的，依法承担赔偿责任；对单位直接负责的主管人员和其他直接责任人员依法给予处分：（一）无正当理由不发出中标通知书；（二）不按照规定确定中标人；（三）中标通知书发出后无正当理由改变中标结果；（四）无正当理由不与中标人订立合同；（五）在订立合同时向中标人提出附加条件"。第二款修改为"中标通知书发出后，中标人放弃中标项目的，无正当理由不与招标人签订合同的，在签订合同时向招标人提出附加条件或者更改合同实质性内容的，或者拒不提交所要求的履约保证金的，取消其中标资格，投标保证金不予退还；给招标人的损失超过投标保证金数额的，中标人应当对超过部分予以赔偿；没有提交投标保证金的，应当对招标人的损失承担赔偿责任。对依法必须进行招标的项目的中标人，由有关行政监督部门责令改正，可以处中标金额千分之十以下罚款"。

220. 将第五十九条第一款修改为"招标人不履行与中标人订立的合同的，应当返还中标人的履约保证金，并承担相应的赔偿责任；没有提交履约保证金的，应当对中标人的损失承担赔偿责任"。

（四）相关规章条文内容的增加

221. 增加第二十二条第二款"招标人不得以不合理的标包限制或者排斥潜在投标人或者投标人。依法必须进行招标的项目的招标人不得利用标包划分规避招标"。

222. 增加第三十一条第四款"招标人要求投标人提交投标保证金的，应当在第二阶段提出"。

223. 增加第三十二条第三款"违反前两款规定的，相关投标均无效"。

224. 增加第三十八条第三款"联合体中标的，应当指定牵头人或代表，授权其代表所有联合体成员与招标人签订合同，负责整个合同实施阶段的协调工作。但是，需要向招标人提交由所有联合体成员法定代表人签署的授权委托书"。

225. 增加第四十条第三款"投标人对开标有异议的，应当在开标现场提出，招标人应当当场作出答复，并制作记录"。

十一、对《〈标准施工招标资格预审文件〉和〈标准施工招标文件〉试行规定》（国家发展和改革委员会、财政部、建设部、铁道部交通部、信息产业部、水利部、民航总局、广电总局令第56号）作出修改

（一）部门规章名称的修改

226. 将"《〈标准施工招标资格预审文件〉和〈标准施工招标文件〉试行规定》"修改为"《〈标准施工招标资格预审文件〉和〈标准施工招标文件〉暂行规定》"。

（二）相关规章条文内容的删除

227. 删除第五条、第七条、第八条、第九条、第十条、第十一条中的"试点项目"。

228. 删除第十二条中的"在试行过程中"。

229. 删除第十四条。

（三）相关规章条文内容的修改

230. 将第二条修改为"本《标准文件》适用于依法必须招标的工程建设项目"。

231. 将第四条修改为"招标人应根据《标准文件》和行业标准施工招标文件（如有），结合招标项目具体特点和实际需要，按照公开、公平、公正和诚实信用原则编写施工招标资格预审文件或施工招标文件，并按规定执行政府采购政策"。

232. 将第十二条中的"选择试点的部门负责"修改为"有关部门负责"。

233. 将第十五条中的"《标准文件》作为本规定的附件，与本规定同时发布。本规定与《标准文件》自 2008 年 5 月 1 日起试行"修改为"《标准文件》作为本规定的附件，与本规定同时发布施行"。

十二、对《国家发展计划委员会关于指定发布依法必须招标项目招标公告的媒介的通知》（计政策〔2000〕868 号）作出修改

（一）规范性文件名称的修改

234. 将"《国家发展计划委员会关于指定发布依法必须招标项目招标公告的媒介的通知》"修改为"《国家发展和改革委员会关于指定发布依法必须招标项目资格预审公告和招标公告的媒介的通知》"。

（二）相关引用法律法规条文序号的修改

235. 将"根据《中华人民共和国招标投标法》和《国务院办公厅印发国务院有关部门实施招标投标活动行政监督的职责分工意见的通知》（国办发〔2000〕34 号）的有关规定"修改为"根据《中华人民共和国招标投标法》、《中华人民共和国招标投标法实施条例》和《国务院办公厅印发国务院有关部门实施招标投标活动行政监督的职责分工意见的通知》（国办发〔2000〕34 号）的有关规定"。

（三）相关规范性文件内容的修改

236. 将"国家计委指定"修改为"国家发展改革委指定"。

237. 将"招标公告"修改为"资格预审公告和招标公告"。

关于公布继续有效的规范性文件目录
和决定废止的规范性文件目录的公告

中华人民共和国住房和城乡建设部公告第 183 号

经清理，现将住房城乡建设部继续有效的规范性文件目录和决定废止的规范性文件目录予以公布。

特此公告。

附件：1. 继续有效的规范性文件目录
　　　2. 决定废止的规范性文件目录

住房城乡建设部
2013 年 10 月 16 日

附件 1：

继续有效的规范性文件目录

序号	文号	文件名称
1	1980年12月9日颁发	国家建委、国家城建总局关于加强城市基本建设档案工作的通知
2	(82) 建发办字21号	国家基本建设委员会、国家城市建设总局、国家档案局关于进一步加强城市基本建设档案工作的通知
3	1982年2月8日颁发	国家基本建设委员会关于编制基本建设工程竣工图的几项暂行规定
4	(88) 城办字第29号	城乡建设环境保护部关于颁发《城乡建设档案密级划分暂行规定》和《城乡建设档案保管期限暂行规定》的通知
5	建办〔1992〕141号	建设部关于进一步加强城建档案工作的通知

序号	文号	文件名称
6	建办档〔1993〕103号	建设部办公厅关于印发《城市建设档案分类大纲》（修订稿）的通知
7	建办〔1995〕267号	建设部关于做好开发区城建档案管理工作的通知
8	建办〔1997〕142号	建设部、国家统计局关于认真做好城市市政公用设施普查资料归档工作的通知
9	建办档〔1999〕10号	建设部办公厅关于进一步加强城建档案工作的通知
10	建办〔1999〕50号	建设部关于认真贯彻国务院办公厅（国办发〔1999〕16号）文件精神，做好城市基础设施建设档案工作的通知
11	建办档函〔1999〕80号	建设部办公厅关于对建设工程项目前期文件收集问题的复函
12	建办〔2001〕103号	建设部关于认真贯彻国务院第279号令和建设部第78号令切实加强工程档案管理工作的通知
13	建法函〔2002〕21号	建设部关于建设工程项目前期文件原件归档问题的复函
14	建办档〔2004〕39号	建设部办公厅关于印发《全国城建档案信息化建设规划与实施纲要》的通知
15	建办档〔2004〕42号	建设部办公厅关于加强地下管线档案信息管理的通知
16	建办档函〔2006〕321号	关于认真学习贯彻《中国人居环境奖申报和评选办法》等文件精神做好建设档案工作的通知
17	建办档〔2006〕45号	建设部办公厅关于印发《全国城乡建设档案事业"十一五"规划》的通知
18	建办〔2007〕68号	建设部关于加强中小城市城乡建设档案工作的意见
19	建办档函〔2008〕353号	住房和城乡建设部办公厅关于对拟定的城建档案管理办法中有关问题的复函
20	建办档函〔2008〕490号	住房和城乡建设部办公厅关于进一步加强城建档案管理工作的意见
21	建办档〔2008〕39号	住房和城乡建设部办公厅关于积极防御地震等自然灾害充分发挥城建档案作用的通知
22	建办〔2007〕246号	关于印发《建设部行政审批集中受理办公室工作规程》的通知
23	建办〔1992〕190号	建设部关于印发组织记者采访团若干程序的暂行规定的通知
24	建办〔1993〕370号	关于印发《建设部部属期刊管理暂行办法》的通知
25	建办宣〔1997〕40号	关于严格新闻稿件送审制度的通知
26	建办宣〔1998〕16号	关于加强编纂、出版图书音像资料管理的通知
27	建办宣〔1998〕36号	关于加强新闻出版管理工作的通知

序号	文号	文件名称
28	建办宣〔2002〕61号	关于进一步加强宣传报道管理工作的通知
29	建办〔2003〕117号	关于印发《建设部政务信息工作管理办法》的通知
30	建办厅函〔2009〕385号	关于进一步加强和改进报刊出版经营管理工作 规范报刊主要负责人任职资格的通知
31	建办〔2011〕161号	关于切实加强建设工程档案归集管理的通知
32	建法〔1992〕426号	关于对《城市节约用水管理规定》有关条款解释的复函
33	建法〔1994〕668号	关于对《中华人民共和国城市房地产管理法》有关条款的复函
34	建法〔1995〕245号	关于城市抗震救灾规划审批工作有关问题的复函
35	建法函〔1997〕2号	关于事业单位执法主体资格问题的复函
36	建法〔2000〕68号	关于转发国务院法制办公室"对建设部《关于请求解释〈城市房地产法〉中房产管理部门的函》的复函"的通知
37	建法〔2000〕69号	建设部关于加强青少年活动场所规划建设工作的通知
38	建法函〔2000〕204号	关于对国企改革中职工提取住房公积金问题的复函
39	建法〔2001〕69号	关于印发《关于建设系统依法行政的实施意见》的通知
40	建法〔2001〕91号	关于在全国建设系统进一步执行仲裁法律制度的意见
41	建法函〔2001〕108号	关于对《关于如何理顺设计方案招标与城市规划管理关系的请示》的复函
42	建法〔2001〕143号	关于废止《建设工程质量监督管理规定》等11件规范性文件的通知
43	建法〔2001〕185号	关于转发《关于严格执行国法函〔2000〕31号文件进一步提高行政复议法律文书质量的通知》的通知
44	建法函〔2001〕347号	关于《城市房地产开发经营管理条例》有关问题的复函
45	建法函〔2001〕393号	关于对《〈关于城市出租汽车管理办法〉（建设部、公安部令63号）是否仍具有法律效力的请示》的复函
46	建法函〔2002〕99号	关于运用《建设工程质量管理条例》第六十七条、第三十一条的复函
47	建法函〔2002〕172号	关于对河南省人大常委会和安徽省法制办有关问题请示的意见的函
48	建法函〔2002〕220号	关于贯彻《关于加强领导干部学法用法工作的若干意见》，切实推进建设系统普法工作的通知
49	建法〔2002〕223号	关于印发《建设领域安全生产行政责任规定》的通知
50	建法函〔2002〕238号	关于对城市房地产转让有关问题的复函
51	建办法函〔2002〕342号	关于对城市出租汽车管理有关问题的复函

序号	文号	文件名称
52	建办法函〔2002〕376号	关于对《建设行政处罚程序暂行规定》有关问题的复函
53	建办法函〔2003〕7号	关于监理单位审核工程预算资格和建设工程项目承包发包有关问题的复函
54	建法〔2003〕31号	建设部关于贯彻《国务院关于进一步推进相对集中行政处罚权工作的决定》的意见
55	建办法函〔2003〕47号	关于工程造价咨询单位及造价工程师经营和执业范围问题的复函
56	建法函〔2003〕89号	关于对新疆建设兵团建设行政执法地位等问题的复函
57	建法〔2003〕114号	关于印发《建设部关于全面推进建设行政执法责任制的意见》的通知
58	建法〔2003〕164号	关于加强执法监督进一步规范行政处罚的通知
59	建法函〔2003〕184号	关于废止《城乡建设环境保护部关于颁发试行城市规划单位注册登记管理暂行办法的通知》等9件规范性文件的通知
60	建法〔2003〕201号	关于印发《建设部行政复议工作规程》的通知
61	建法〔2003〕242号	关于加强行政执法人员建设专业法律法规知识培训有关问题的通知
62	建办法函〔2003〕474号	关于风景名胜区建设项目规划与管理有关问题的批复
63	建办法函〔2003〕509号	关于对《物业管理条例》有关条款理解造成问题的批复
64	建办法函〔2003〕524号	关于对深圳市建设局《关于商品房主体结构质量重新核验有关问题的请示》的复函
65	建法〔2004〕108号	关于印发《建设部行政许可听证工作规定》的通知
66	建法〔2004〕109号	关于印发《建设部机关行政许可责任追究办法》的通知
67	建法〔2004〕110号	关于印发《建设部机关对被许可人监督检查的规定》的通知
68	建法〔2004〕111号	关于印发《建设部机关实施行政许可工作规程》的通知
69	建办法函〔2004〕385号	关于执行《物业管理企业资质管理办法》有关问题的复函
70	建法函〔2005〕102号	关于做好建设领域农民工法律知识学习培训工作的通知
71	建法〔2005〕143号	关于进一步推行建设系统政务公开的指导意见
72	建法〔2005〕144号	关于印发《建设部机关政务公开工作规程》的通知
73	建法函〔2005〕193号	关于《城市危险房屋管理规定》第十四条中危险房屋鉴定执行标准问题的函
74	建办法函〔2005〕341号	对"关于执行《住宅室内装饰装修管理办法》有关问题的请示"的复函
75	建办法函〔2005〕632号	关于对《关于国务院370号令是否适用无证经营出租汽车行为的请示》的复函

序号	文号	文件名称
76	建法函〔2006〕23号	关于适用《建设工程质量管理条例》第58条有关问题的复函
77	建法函〔2006〕152号	关于印发《建设行政执法责任制示范文本》的通知
78	建办法函〔2006〕241号	关于对物业管理专业人员等问题的复函
79	建办法函〔2006〕323号	关于核定物业管理企业资质有关问题的复函
80	建办法函〔2007〕165号	关于对《房屋建筑和市政基础设施工程施工图设计文件审查管理办法》有关规定的复函
81	建法〔2007〕173号	关于印发《建设部机关推进行政执法责任制实施方案》的通知
82	建办法函〔2007〕178号	关于《关于风景名胜区管理有关问题的请示》的答复
83	建办法函〔2007〕311号	关于房屋拆除工程安全监管职责问题的复函
84	建办法函〔2007〕637号	关于对建筑幕墙施工是否需要领取工业产品生产许可证事宜的复函
85	建法〔2008〕151号	关于汶川地震灾区城镇居民住房重建的指导意见
86	建办法函〔2008〕222号	关于"装饰装修企业资质"和"燃气燃烧器具安装、维修企业资质"有关问题的复函
87	建法函〔2008〕288号	关于房屋建筑"承重结构"问题的复函
88	建法函〔2008〕326号	关于对河北省建设厅《关于提请解释"违法所得"具体含义的请示》的复函
89	建办法函〔2008〕351号	关于《注册建筑师条例实施细则》中有关岗位问题的复函
90	建办法函〔2008〕416号	关于对《住宅专项维修资金管理办法》有关条款意见的复函
91	建办法函〔2008〕428号	关于外籍公民在我国申请办理个人自建房屋有关问题的复函
92	建办法函〔2008〕430号	关于部分资质资格许可程序有关问题的复函
93	建法〔2009〕13号	关于印发《住房和城乡建设法律法规框架》等文件的通知
94	建法〔2009〕74号	关于印发住房和城乡建设部普法领导小组及其办公室组成人员的通知
95	建法函〔2009〕122号	关于对《房屋登记办法》有关条款适用问题的复函
96	建法函〔2009〕143号	关于对《关于储藏间(车库)按非住宅单独登记办证的请示》的复函
97	建法函〔2009〕278号	关于人防工程施工图审查有关事项的复函
98	建法〔2009〕297号	关于加强住房城乡建设行政复议工作的若干意见
99	建办法函〔2009〕421号	关于对重新核发建设工程规划许可证和建筑工程施工许可证有关问题的复函
100	建办法函〔2009〕436号	关于对收费还贷城市道路(含桥梁、隧道)有关问题的答复

序号	文号	文件名称
101	建办法函〔2009〕626号	关于对燃气行业安全监管过程中相关资质证书问题的复函
102	建办法函〔2009〕627号	关于对《住宅室内装饰装修管理办法》有关问题的复函
103	建办法函〔2009〕664号	关于对注册房地产估价师有关问题的复函
104	建办法函〔2009〕912号	关于对施工图设计文件审查内容与出具审查合格书有关问题的复函
105	建法函〔2010〕2号	关于私立学校、幼儿园、医院的教育设施、医疗卫生设施能否抵押的复函
106	建法函〔2010〕35号	关于对私营营利性医院房产能否抵押有关问题的复函
107	建法函〔2010〕56号	关于对界定违法所得问题的复函
108	建法函〔2010〕128号	关于建设工程造价鉴定报告合法性问题的复函
109	建办法函〔2010〕269号	关于《住宅共同部位共同设施设备维修基金管理办法》有关问题的复函
110	建办法函〔2010〕243号	关于对《城市供水水质管理规定》有关问题的复函
111	建法〔2011〕6号	关于印发《规范住房城乡建设部工程建设行政处罚裁量权实施办法（试行）》和《住房城乡建设部工程建设处罚裁量基准（试行）》的通知
112	建办法函〔2011〕25号	关于对违法建设进行行政处罚计算违法收入有关问题的函
113	建法〔2011〕81号	关于进一步推进住房城乡建设系统依法行政的意见
114	建法〔2011〕169号	关于印发《住房和城乡建设部关于在住房城乡建设系统开展法制宣传教育的第六个五年规划》的通知
115	建法〔2012〕43号	关于转发全国人大常委会法工委办公室《对关于违反规划许可、工程建设强制性标准建设、设计违法行为追诉时效有关问题的意见》的通知
116	建法〔2012〕104号	住房城乡建设部关于转发最高人民法院法〔2012〕151号文件做好无证房产协助执行工作的通知
117	建法函〔2012〕87号	关于委托进行房产测绘有关问题的复函
118	建法函〔2012〕163号	关于对经审查合格的施工图适用问题的函
119	建法函〔2012〕187号	关于对附建人防工程监理问题的函
120	建法〔2012〕99号	住房和城乡建设部关于印发《关于规范城乡规划行政处罚裁量权的指导意见》的通知
121	建法函〔2013〕33号	住房城乡建设部关于《房屋登记办法》有关条款适用问题的函
122	建法〔2013〕115号	住房城乡建设部关于进一步加强住房城乡建设行政复议工作的意见
123	建法函〔2013〕122号	住房城乡建设部关于撤销商品房预售许可后法律适用问题的函

序号	文号	文件名称
124	建房〔1992〕67号	国务院住房制度改革领导小组、建设部、国家税务总局关于印发《城镇住宅合作社管理暂行办法》的通知
125	建房改〔1999〕43号	建设部关于进一步搞好公有住房出售工作有关问题的通知
126	建住房〔1999〕209号	建设部关于进一步推进现有公有住房改革的通知
127	建房改〔1999〕227号	建设部关于加快推进住房分配货币化改革有关问题的通知
128	建房改〔2000〕105号	建设部、财政部、国家经济贸易委员会、全国总工会关于进一步深化国有企业住房制度改革加快解决职工住房问题的通知
129	建房改〔2012〕131号	住房城乡建设部关于印发全国城镇住房发展规划（2011-2015年）的通知
130	建住房〔2005〕122号	建设部、民政部关于印发《城镇最低收入家庭廉租住房申请、审核及退出管理办法》的通知
131	建住房〔2006〕196号	建设部、监察部、国土资源部关于制止违规集资合作建房的通知
132	建住房〔2006〕204号	建设部关于印发《城镇廉租住房工作规范化管理实施办法》的通知
133	建住房〔2006〕205号	建设部关于印发《城镇廉租住房档案管理办法》的通知
134	建住房〔2007〕109号	关于开展旧住宅区整治改造的指导意见
135	建住房〔2007〕218号	关于印发《解决城市低收入家庭住房困难发展规划和年度计划编制指导意见》的通知
136	建住房〔2007〕258号	建设部、发展改革委、监察部、财政部、国土资源部、人民银行、税务总局关于印发《经济适用住房管理办法》的通知
137	建保〔2008〕62号	关于加强廉租住房质量管理的通知
138	建保〔2009〕295号	关于推进城市和国有工矿棚户区改造工作的指导意见
139	建保〔2010〕56号	关于中央投资支持固有工矿棚户区改造有关问题的通知
140	建保〔2010〕59号	关于加强经济适用住房管理有关问题的通知
141	建保〔2010〕62号	关于加强廉租住房管理有关问题的通知
142	建保〔2010〕87号	关于加快发展公共租赁住房的指导意见
143	建保〔2010〕91号	关于做好住房保障规划编制工作的通知
144	建保〔2011〕64号	关于公开城镇保障性安居工程建设信息的通知
145	建保〔2011〕69号	关于加强保障性安居工程质量管理的通知
146	建办保函〔2011〕106号	关于住房保障规范化管理检查情况的通知
147	建办保〔2011〕44号	关于建立保障性住房建设材料、部品采购信息平台的通知

序号	文号	文件名称
148	建办保〔2012〕20号	关于做好2012年住房保障信息公开工作的通知
149	建保〔2012〕91号	关于鼓励民间资本参与保障性安居工程建设有关问题的通知
150	建保〔2012〕105号	住房城乡建设部关于严格执行住房保障政策规定的通知
151	建保〔2012〕158号	住房城乡建设部关于印发《住房保障档案管理办法》的通知
152	建保〔2012〕190号	关于加快推进棚户区（危旧房）改造的通知
153	建办保〔2013〕4号	住房城乡建设部办公厅关于贯彻实施《住房保障档案管理办法》的通知
154	建规〔1998〕145号	关于印发省域城镇体系规划审查办法的通知
155	建规〔1998〕161号	关于印发《城市总体规划审查工作规则》的通知
156	建规〔1998〕197号	关于印发《城市规划部际联席会工作办法》的通知
157	建规〔1999〕109号	建设部、国家文物局关于续聘增补全国历史文化名城保护专家委员会委员的通知
158	建规〔1999〕244号	建设部关于贯彻落实《城市总体规划审查工作规则》的通知
159	建规〔2000〕76号	关于贯彻落实《国务院办公厅关于加强和改进城乡规划工作的通知》的通知
160	建规〔2001〕142号	关于加强地质灾害防治的规划管理工作的通知
161	建规〔2002〕196号	建设部、文化部关于进一步做好基层公共文化设施规划和建设工作的通知
162	建规〔2002〕204号	关于贯彻落实《国务院关于加强城乡规划监督管理的通知》的通知
163	建规〔2003〕43号	关于加强省域城镇体系规划实施工作的通知
164	建规〔2003〕47号	关于印发《注册城市规划师注册登记办法》的通知
165	建规〔2004〕36号	关于加强对城市优秀近现代建筑规划保护的指导意见
166	建规〔2004〕167号	建设部关于进一步加强和改进未成年人活动场所规划建设工作的通知
167	建规〔2004〕185号	关于贯彻《国务院关于深化改革严格土地管理的决定》的通知
168	建规〔2004〕197号	关于清理和控制城市建设中脱离实际的宽马路、大广场建设的通知
169	建规〔2005〕81号	建设部关于建立派驻城乡规划督察员制度的指导意见
170	建市〔2006〕81号	关于加强区域重大项目选址工作、严格实施房屋建筑和市政工程施工许可制度的意见
171	建规〔2006〕124号	关于进一步做好城市规划遥感动态监测工作的通知
172	建规〔2006〕183号	县域村镇体系规划编制暂行办法

序号	文号	文件名称
173	建办规〔2007〕65号	关于印发《关于贯彻落实城市总体规划指标体系的指导意见》的通知
174	建规〔2007〕88号	关于加强省域城镇体系规划调整和修编工作管理的通知
175	建规〔2008〕15号	关于加强城中村整治改造工作的指导意见
176	建规〔2008〕21号	关于贯彻实施《城乡规划法》的指导意见
177	建规〔2008〕130号	关于汶川地震灾区城镇灾后恢复重建规划编制工作的指导意见
178	建规〔2008〕227号	住房和城乡建设部监察部关于加强建设用地容积率管理和监督检查的通知
179	建规〔2009〕59号	关于印发《城市总体规划实施评估办法（试行）》的通知
180	建规〔2011〕31号	关于加强"十二五"近期建设规划制定工作的通知
181	建规〔2011〕78号	关于印发《住房和城乡建设部低碳生态试点城（镇）申报管理暂行办法》的通知
182	建规〔2011〕95号	关于加强省域城镇体系规划实施评估工作的通知
183	建规〔2012〕22号	关于印发《建设用地容积率管理办法》的通知
184	建规〔2012〕195号	住房城乡建设部、国家文物局关于印发《历史文化名城名镇名村保护规划编制要求（试行）》的通知
185	计标〔1986〕288号	国家计划委员会关于加强工程建设标准定额工作的意见
186	计标〔1988〕30号	国家计划委员会印发《关于控制建设工程造价的若干规定》的通知
187	建标〔1996〕626号	建设部关于印发《工程建设标准编写规定》和《工程建设标准出版印刷规定》的通知
188	建办标〔2000〕50号	建设部办公厅印发《关于贯彻〈关于工程造价咨询机构与政府部门实行脱钩改制意见的通知〉的若干意见》的通知
189	建标〔2000〕208号	建设部关于工程造价咨询机构与政府部门实行脱钩改制的通知
190	建标〔2002〕194号	建设部关于转发《国务院清理整顿经济鉴证类社会中介机构领导小组关于规范工程造价咨询行业管理的通知》的通知
191	建办标〔2003〕48号	关于贯彻执行《建设工程工程量清单计价规范》若干问题的通知
192	建标〔2005〕69号	建设部关于由中国建设工程造价管理协会归口做好建设工程概预算人员行业自律工作的通知
193	建标〔2009〕14号	关于进一步加强工程造价（定额）管理工作的意见
194	建标标函〔2009〕50号	关于学校医院等人员密集场所抗震设防的复函
195	建标标函〔2009〕83号	关于对《商店建筑设计规范》有关问题的复函

序号	文号	文件名称
196	建办标函〔2009〕99号	关于《城镇燃气设计规范》有关条款问题的复函
197	建办标函〔2009〕151号	关于液化石油气供应基地全压力式储罐与铁路防火间距问题的答复
198	建标函〔2010〕122号	关于玉树地震灾后重建执行建筑抗震设防标准的复函
199	建标函〔2010〕298号	关于同意安徽省统一执行夏热冬冷地区节能设计标准的函
200	〔90〕建标字第633号	建设部关于印发《保证技术标准出版质量的暂行规定》等两个文件的通知
201	建标〔1991〕274号	建设部关于印发"工程建设国家标准发布程序等问题的商谈纪要"的通知
202	建标〔1994〕219号	建设部关于印发《工程建设标准局部修订管理办法》的通知
203	建标〔1995〕352号	建设部关于印发《关于加强工程建设企业标准化工作的若干意见》的通知
204	建标〔2000〕34号	关于实行工程建设行业标准和地方标准备案制度的通知
205	建标〔2002〕212号	关于贯彻执行建筑工程勘察设计及施工质量验收规范若干问题的通知
206	建标〔2004〕20号	关于印发《工程建设地方标准化工作管理规定》通知
207	建标〔2006〕221号	关于印发《工程建设标准复审管理办法》的通知
208	建标〔2008〕104号	关于发布工程建设标准复审结果的通知
209	建标〔2008〕123号	关于印发《工程建设标准翻译出版工作管理办法》的通知
210	建标〔2008〕182号	关于印发《工程建设标准编写规定》的通知
211	建标标〔2000〕87号	关于印发《工程建设标准强制性条文》管理工作的暂行规定
212	建标标〔2008〕78号	关于印发《工程建设标准英文版出版印刷规定》的通知
213	建标标〔2008〕79号	关于印发《工程建设标准英文版翻译细则（试行）》的通知
214	计标〔1985〕352号	国家计划委员会、中国人民建设银行印发《关于改进工程建设概预算定额管理工作的若干规定》等三个文件的通知
215	建标〔2002〕197号	关于印发《建设工程造价咨询合同（示范文本）》的通知
216	计资〔1983〕116号	关于建设项目进行可行性研究的实行管理办法
217	计标〔1987〕2323号	关于印发《关于制定工程项目建设标准的几点意见》的通知
218	〔1987〕国土〔建〕字第144号	关于印发《关于编制建设项目用地定额指标的几点意见》的通知
219	〔1989〕国土〔建〕字第169号	关于印发《工程项目建设用地指标编制工作暂行办法》的通知

序号	文号	文件名称
220	建标〔2003〕38号	关于加强无障碍设施建设和管理工作的通知
221	建标〔2007〕144号	建设部　国家发展和改革委员会关于印发《工程项目建设标准编制程序规定》和《工程项目建设标准编写规定》的通知
222	2010年第21号	关于在建筑施工领域质量管理体系认证中应用《工程建设施工企业质量管理规范》的公告
223	建标〔2011〕206号	关于印发《城市轨道交通建筑安装工程费用标准编制规则》的通知
224	建办标〔2011〕187号	关于进一步加强工程造价咨询企业晋升甲级资质审核工作的通知
225	建标造函〔2011〕46号	关于做好建设工程造价信息化管理工作的若干意见
226	建标〔2013〕44号	住建部、财政部关于印发《建筑安装工程费用项目组成》的通知
227	建房〔1991〕432号	关于加强住宅小区建设管理提高住宅建设质量的通知
228	建房〔1996〕48号	建设部关于加强房地产开发管理提高商品房质量的通知
229	建房〔1998〕102号	关于印发《商品住宅实行住宅质量保证书和住宅使用说明书制度的规定》的通知
230	建住房〔1998〕178号	关于贯彻《城市房地产开发经营管理条例》的通知
231	建住房〔1999〕98号	建设部关于印发《国家康居示范工程实施大纲》的通知
232	建住房〔1999〕114号	关于印发《商品住宅性能认定管理办法（试行）》的通知
233	建住房〔1999〕295号	关于在住宅建设中淘汰落后产品的通知
234	建住宅〔2000〕274号	建设部关于印发《国家康居示范工程管理办法》的通知
235	建住房〔2002〕44号	关于规范房地产开发企业开发建设行为的通知
236	建住房〔2002〕190号	关于印发《商品住宅装修一次到位实施细则》的通知
237	建住房〔2002〕217号	建设部国家计委财政部国土资源部中国人民银行国家税务总局关于加强房地产市场宏观调控促进房地产市场健康发展的若干意见
238	建住房〔2003〕60号	关于加强房地产开发统计工作的通知
239	建住房〔2004〕7号	关于加强协作共同做好房地产市场信息系统和预警预报体系有关工作的通知
240	建住房电〔2005〕33号	关于贯彻《国务院办公厅转发建设部等部门关于做好稳定住房价格工作意见的通知》的通知
241	建住房〔2006〕127号	关于加强房地产市场监测分析工作的通知
242	建住房〔2006〕150号	关于印发《国家住宅产业化基地试行办法》的通知
243	建住房〔2006〕165号	关于落实新建住房结构比例要求的若干意见

序号	文号	文件名称
244	建住房〔2006〕189号	关于认真做好住房状况调查工作的通知
245	建住房函〔2007〕303号	关于做好《房地产市场信息系统技术规范》实施工作的通知
246	建房〔2008〕215号	关于住房城乡建设系统贯彻落实中央扩大内需促进经济增长重大决策有关问题的通知
247	建房〔2009〕101号	关于完善房地产开发企业一级资质核定工作的通知
248	建房〔2010〕83号	关于规范商业性个人住房贷款中第二套住房认定标准的通知
249	建房〔2010〕155号	关于进一步贯彻落实国发〔2010〕10号文件的通知
250	(88) 建房管字第49号	中华人民共和国建设部房地产业司、中国人民解放军后勤部基建营房部关于城镇驻军营房产权登记、发证工作中有关问题的处理意见
251	(88) 建房字第85号	中华人民共和国建设部、中国人民解放军总后勤部关于城镇驻军营房产权登记、发证工作的通知
252	(89) 建房管字第19号	中华人民共和国建设部 房地产业司 中国人民解放军总后基建营房部关于军队营房产权登记、发证中有关问题的通知
253	(89) 建房管字第69号	建设部房地产业司关于中国人民武装警察部队在房屋所有权登记工作中执行中国人民解放军登记发证办法的通知
254	(89) 建房管字第81号	建设部房地产业司关于人武部改军分区房屋所有权登记等问题的通知
255	〔1990〕建房管字第12号	中华人民共和国建设部房地产业司、中国人民解放军总后勤部基建营房部关于纠正城镇驻军营房产权登记发证工作中几个问题的通知
256	〔1992〕建房管字第18号	建设部房地产业司中国人民解放军总后勤部关于印发《城镇驻军营房产权转移和房屋现状变更登记实施细则》的通知
257	建房〔1993〕598号	建设部国家土地管理局国家工商行政管理局国家税务总局关于加强房地产市场宏观管理促进房地产业健康持续发展的意见
258	建房〔1993〕338号	建设部、人事部关于公布首批房地产估价师名单通知
259	(94) 建房管字第09号	建设部关于不得给一个平方米单位产权颁发《房屋所有权证》的通知
260	建房〔1994〕493号	建设部关于贯彻《城市房地产管理法》若干意见的通知
261	建房〔1995〕147号	建设部人事部关于印发《房地产估价师执业资格制度暂行规定》和《房地产估价师执业资格考试实施办法》的通知
262	建房〔1995〕433号	建设部、国家国有资产管理局《关于做好行政事业 单位国有资产产权登记中房产登记工作的通知》
263	建房〔1995〕472号	建设部关于房改售房权属登记发证若干规定的通知
264	建房〔1995〕572号	建设部关于城市规划部门审批房屋 翻改扩建工程时须收验《房屋所有权证》的通知

序号	文号	文件名称
265	建房〔1996〕401号	建设部关于不得擅自将直管公房无偿划转给使用单位的通知
266	建房〔1996〕420号	建设部关于重申房地产抵押登记必须由房地产行政主管部门办理的紧急通知
267	建房〔1997〕18号	建设部中国人民解放军总后勤部关于军队房改售房权属登记发证有关问题的通知
268	建房函〔1997〕233号	中华人民共和国建设部关于陕西省人民政府无偿划转直管公房问题的函
269	〔1997〕建房产字第019号	对《关于不得给一平方米单位产权颁发"房屋所有权证"的通知》的补充说明
270	建办房函〔1998〕号	建设部办公厅关于坚决制止擅自印制房屋权属证书的通知
271	建房〔1998〕136号	关于中国人民武装警察部队营房产权登记发证工作有关问题的通知
272	建住房市〔1999〕022号	关于中国石油化工集团整体重组改制涉及房屋产权登记手续有关问题的紧急通知
273	建住房〔2000〕96号	关于房地产价格评估机构脱钩改制的通知
274	建住房〔2000〕108号	关于印发《住房置业担保管理试行办法》的通知
275	建住房〔2000〕166号	关于认真贯彻执行《房产测量规范》加强房产测绘管理的通知
276	建住房〔2000〕200号	关于印发《商品房买卖合同示范文本》的通知
277	建住房市函〔2001〕057号	对《关于〈房产测绘管理办法〉实施中有关问题的请示》的复函
278	建住房〔2002〕74号	关于房屋建筑面积计算与房屋权属登记有关问题的通知
279	建住房〔2002〕158号	建设部、新闻出版总署、公安部、国家工商行政管理总局关于印发《房屋权属证书印制管理办法》的通知
280	建住房〔2002〕251号	关于印发《房地产交易与权属登记规范化管理考核标准》和《房地产交易与权属登记规范化管理考核办法》的通知
281	建住房函〔2003〕77号	关于贯彻《房地产交易与权属登记规范化管理考核标准》和《房地产交易与权属登记规范化管理考核办法》有关问题的通知
282	建办住房〔2004〕43号	关于改变房地产经纪人执业资格注册管理方式有关问题的通知
283	建住房〔2005〕77号	关于个人住房抵押贷款证券化涉及的抵押权变更登记有关问题的试行通知
284	建办住房函〔2005〕1284号	关于《关于房屋权属登记中如何界定不计算建筑面积的公共通道的请示》的复函
285	建办住房函〔2005〕790号	关于公布2005年度全国房地产估价师、房地产经纪人执业资格考试合格人员名单及注册等有关问题的通知

序号	文号	文件名称
286	建住房〔2006〕8号	建设部　中国人民银行　中国银行业监督管理委员会　关于规范与银行信贷业务相关的房地产抵押估价管理有关问题的通知
287	建办住房函〔2006〕315号	关于对湖南省建设厅房屋权属登记依据请示的复函
288	建住房〔2006〕171号	关于规范房地产市场外资准入和管理的意见
289	建住房市函〔2006〕071号	关于与银行信贷业务相关的房地产抵押估价管理有关问题的复函
290	建住房〔2006〕244号	关于印发《房屋权属登记信息查询暂行办法》的通知
291	建办住房函〔2006〕827号	关于公布2006年度全国房地产估价师房地产经纪人执业资格考试合格人员名单及注册等有关问题的通知
292	建住房〔2006〕321号	建设部中国人民银行关于加强房地产经纪管理规范交易结算资金账户管理有关问题的通知
293	建办住房〔2007〕8号	关于转发最高人民法院办公厅《关于房地产管理部门协助人民法院执行造成转移登记错误，人民法院对当事人提起的行政诉讼的受理及赔偿责任问题的复》的通知
294	建办住房函〔2007〕459号	关于对《关于进一步加强和改进出租房屋管理工作有关问题的通知》有关条文具体含义的复函
295	建住房〔2007〕274号	关于进一步加强房地产经纪管理的紧急通知
296	建住房〔2007〕284号	关于在商业性房地产信贷过程中依托房屋登记信息系统查询家庭住房总面积情况有关问题的通知
297	建住房市函〔2008〕006号	对广东省建设厅婚前财产申请共有登记有关问题的复函
298	建房函〔2008〕337号	关于2008年全国房地产交易与权属登记规范化管理先进单位的通报
299	建房〔2009〕2号	关于修订《房地产交易与权属登记规范化管理考核标准》的通知
300	建房〔2009〕61号	关于做好房屋登记审核人员培训考核工作（试行）的通知
301	建住房市函〔2009〕041号	对上海市住房保障和房屋管理局有关房屋共有建筑面积分摊问题请示的复函
302	建办房函〔2009〕533号	关于做好房屋登记审核人员确认工作有关问题的通知
303	建房市函〔2009〕89号	全国部分城市房地产交易与权属登记有关问题研讨会会议纪要
304	建房市函〔2010〕7号	关于对南宁市房产管理局有关境外公司间借贷涉及境内房产抵押担保问题的批复
305	建房〔2010〕53号	关于进一步加强房地产市场监管完善商品住房预售制度有关问题的通知

序号	文号	文件名称
306	建房市函〔2010〕003号	关于私立学校、幼儿园、医院的教育设施、医疗设施能否抵押的复函
307	建房市函〔2010〕45号	关于建筑面积计算标准问题请示的复函
308	建房市函〔2010〕065号	关于适用《简化房地产交易与房屋权属登记程序的指导意见》中"初审证件真伪"规定的复函
309	建房市函〔2010〕091号	关于对《房屋登记办法》第八十一条规定适用问题的批复
310	建房〔2010〕186号	关于进一步规范境外机构和个人购房管理的通知
311	建住房物〔2000〕8号	建设部关于修订全国物业管理示范住宅小区（大厦、工业区）标准及有关考评验收工作的通知
312	建住房〔2003〕122号	建设部关于宣传、贯彻《物业管理条例》的通知
313	建住房〔2004〕130号	建设部关于印发《前期物业管理招投标管理暂行办法》的通知
314	建住房〔2004〕155号	建设部关于印发《前期物业服务合同（示范文本）》的通知
315	建住房〔2004〕156号	建设部关于印发《业主临时公约（示范文本）》的通知
316	建房〔2009〕274号	住房和城乡建设部关于印发《业主大会和业主委员会指导规则》的通知
317	建房〔2010〕165号	住房和城乡建设部关于印发《物业承接查验办法》的通知
318	建房〔1997〕178号	建设部关于颁发和制作全国统一房屋权属证书的通知
319	建房〔2013〕94号	住房城乡建设部 工商总局关于集中开展房地产中介市场专项治理的通知
320	建房〔2012〕198号	住房城乡建设部关于进一步加强城镇个人住房信息系统建设和管理的通知
321	建法〔2012〕104号	住房城乡建设部关于转发最高人民法院法〔2012〕151号文件做好无证房产协助执行工作的通知
322	建房市函〔2012〕038号	住房城乡建设部房地产市场监管司关于贯彻实施《房地产登记技术规程》的通知
323	建房〔2011〕68号	住房城乡建设部 国家发展和改革委员会关于加强房地产经纪管理进一步规范房地产交易秩序的通知
324	建办房函〔2012〕494号	住房城乡建设部办公厅关于开展物业管理师注册工作的通知
325	建房物函〔2012〕077号	关于物业管理师注册工作有关问题的补充通知
326	建房〔2011〕36号	住房城乡建设部《关于增加50个重点城市开展"城房指数"编制工作的通知》
327	建办房〔2012〕29号	住房城乡建设部办公厅《关于进一步加强"城房指数"编制工作的通知》
328	建房〔2011〕77号	国有土地上房屋征收评估办法

序号	文号	文件名称
329	建房〔2012〕84号	关于推进国有土地上房屋征收与补偿信息公开工作的实施意见
330	建设〔1994〕598号	关于建立注册建筑师制度及有关工作的通知
331	建监〔1995〕737号	关于印发《工程建设监理规定》的通知
332	建建〔1996〕240号	关于禁止在工程建设中垄断市场和肢解发包工程的通知
333	建监〔1996〕462号	关于全国工程监理工程师执业资格考试工作的通知
334	建设〔1996〕624号	关于印发《注册建筑师执业及管理工作有关问题的暂行规定》的通知
335	建设〔1997〕222号	关于印发《注册结构工程师执业资格制度暂行规定》的通知
336	建设〔1998〕229号	关于印发《注册结构工程师执业及管理工作有关问题的暂行规定》的通知
337	建办建〔1999〕67号	关于加强建筑工程施工许可管理工作的通知
338	建设〔2000〕50号	关于印发《建设工程勘察设计合同管理办法》和《建设工程勘察合同》、《建设工程设计合同》文本的通知
339	建市〔2002〕189号	关于印发《房屋建筑工程施工旁站监理管理办法（试行）》的通知
340	建市〔2002〕214号	建设部关于加强房屋建筑和市政基础设施工程评标专家管理的通知
341	建市〔2003〕30号	关于培育发展工程总承包和工程项目管理企业的指导意见
342	建市〔2003〕73号	关于印发《建设部关于外商投资建筑业企业管理规定中有关资质管理的实施办法》的通知
343	建市〔2003〕118号	建设部关于对湖北省建设厅就政府投资工程管理试点工作指导意见的请示的批复
344	建市函〔2003〕161号	关于工程总承包市场准入问题说明的函
345	建市〔2003〕168号	关于印发《建设工程施工专业分包合同（示范文本）》《建设工程施工劳务分包合同（示范文本）》的通知
346	建市〔2003〕193号	关于做好在中国境内承包工程的外国企业资质管理有关工作的通知
347	建市〔2003〕231号	关于印发《有形建筑市场运行和管理示范文本》的通知
348	建市〔2004〕78号	关于印发《关于外国企业在中华人民共和国境内从事建设工程设计活动的管理暂行规定》的通知
349	建市〔2004〕137号	关于印发《关于在房地产开发项目中推行工程建设合同担保的若干规定（试行）》的通知
350	建市函〔2004〕144号	关于对成立铁道工程交易中心意见的函
351	建市〔2004〕159号	关于做好外商投资建筑业企业资质管理工作有关问题的通知

序号	文号	文件名称
352	建市〔2004〕200号	关予印发《建设工程项目管理试行办法》的通知
353	建市〔2005〕74号	关于印发《工程担保合同示范文本（试行）》的通知
354	建市〔2005〕131号	关于建立和完善劳务分包制度发展建筑劳务企业的意见
355	建市函〔2005〕185号	关于对《福建省建设厅关于招投标监管职责问题的请示》的复函
356	建市〔2005〕208号	关于加强房屋建筑和市政基础设施工程项目施工招标投标行政监督工作的若干意见
357	建市函〔2005〕262号	关于对《关于宁夏有形建筑市场管理有关问题的紧急请示》的复函
358	建市函〔2005〕375号	关于建设部批准的建设工程企业办理资质证书变更和增补有关事项的通知
359	建办市函〔2005〕456号	关于工程勘察、设计、施工、监理企业及招标代理机构资质申请及年检有关问题的通知
360	建办市函〔2005〕728号	关于开展注册土木工程师（岩土）注册工作的通知
361	建办市函〔2005〕789号	关于《关于防雷工程管理有关问题的紧急请示》的复函
362	建市函〔2005〕321号	关于委托建设部执业资格注册中心承担建造师考试注册等有关具体工作的通知
363	建市〔2005〕138号	关于加快推进建筑市场信用体系建设工作的意见
364	建市〔2006〕6号	关于严禁政府投资项目使用带资承包方式进行建设的通知
365	建市函〔2006〕11号	关于建设部批准的建设工程企业资质证书增加副本和遗失补办有关问题的通知
366	建市监函〔2006〕28号	关于印发《注册监理工程师注册管理工作规程》的通知
367	建市监函〔2006〕62号	关于印发《注册监理工程师继续教育暂行办法》的通知
368	建市监函〔2006〕40号	关于注册监理工程师注册和换证工作有关问题的说明
369	建市〔2006〕40号	关于印发《建筑智能化工程设计与施工资质标准》等四个设计与施工资质标准的通知
370	建办市〔2006〕68号	关于印发《〈建筑智能化工程设计与施工资质标准〉等四个设计与施工资质标准的实施办法》的通知
371	建市函〔2006〕76号	关于配合商务主管部门做好外商投资建筑业企业、建设工程设计企业设立管理的通知
372	建市〔2006〕81号	关于加强区域重大建设项目选址工作严格实施房屋建筑和市政工程施工许可制度的意见
373	建市〔2006〕87号	关于继续开放铁路建设市场的通知

序号	文号	文件名称
374	建办市函〔2006〕100号	关于开展注册土木工程师（岩土）注册工作的补充通知
375	建市〔2006〕248号	关于落实建设工程安全生产监理责任的若干意见
376	建办市函〔2006〕259号	关于由中国建设监理协会组织开展注册监理工程师继续教育工作的通知
377	建办市函〔2006〕274号	关于印发《建设工程企业资质申报材料清单》、《建设工程企业申报示范文本》和《建设工程企业资质规定和标准说明》的通知
378	建市〔2006〕326号	关于印发《关于在建设工程项目中进一步推行工程担保制度的意见》的通知
379	建市〔2007〕9号	关于印发《建筑市场诚信行为信息管理办法》的通知
380	建市〔2007〕18号	关于印发《外商投资建设工程设计企业管理规定实施细则》的通知
381	建市〔2007〕72号	关于印发《施工总承包企业特级资质标准》的通知
382	建市〔2007〕86号	关于印发《工程设计资质标准》的通知
383	建市资函〔2007〕93号	关于启用新版建设工程企业资质证书的通知
384	建市〔2007〕101号	关于印发《一级建造师注册实施办法》的通知
385	建市〔2007〕171号	关于印发《注册建造师执业工程规模标准（试行）》的通知
386	建市〔2007〕190号	关于印发《工程监理企业资质管理规定实施意见》的通知
387	建市〔2007〕202号	关于印发《建设工程勘察设计资质管理规定实施意见》的通知
388	建市〔2007〕229号	关于建设工程企业发生改制、重组、分立等情况资质核定有关问题的通知
389	建市〔2007〕230号	关于印发《工程建设项目招标代理机构资格认定办法实施意见》的通知
390	建市〔2007〕241号	关于印发《建筑业企业资质管理规定实施意见》的通知
391	建办市函〔2007〕452号	关于对环境工程监理有关问题的复函
392	建市〔2008〕42号	关于印发《注册建造师施工管理签章文件目录（试行）》的通知
393	建市〔2008〕48号	关于发布《注册建造师执业管理办法（试行）》的通知
394	建市〔2008〕63号	关于印发《建筑工程方案设计招标投标管理办法》的通知
395	建市〔2008〕226号	关于印发《关于大型工程监理单位创建工程项目管理企业的指导意见》的通知
396	建办市函〔2008〕438号	关于对《关于"体育场地设施工程"归属何专业问题的请示》的复函
397	建市〔2009〕6号	关于进一步加强建筑市场监管与服务保障扩大内需建设项目质量和效益的通知
398	建市函〔2009〕11号	关于对调整军队勘察设计单位资质归口管理办法的意见和建议的复函

序号	文号	文件名称
399	建办市函〔2009〕817号	关于对人防工程设计资质管理有关问题的复函
400	建市函〔2009〕178号	关于施工总承包企业特级资质有关问题的通知
401	建办市函〔2007〕233号	关于做好《建设工程监理与相关服务收费管理规定》贯彻实施工作的通知
402	建市函〔2007〕337号	关于启用全国建筑市场诚信信息平台的通知
403	建市监函〔2007〕86号	关于新设立建筑业企业注册建造师认定的函
404	建市监函〔2008〕49号	关于印发《注册建造师施工管理签章文件（试行）》的通知
405	建市〔2009〕105号	关于印发《注册土木工程师（岩土）执行及管理工作暂行规定》的通知
406	建办市函〔2009〕560号	关于进一步做好建筑市场不良行为信息上报工作的通知
407	建市〔2010〕68号	关于进一步强化住宅工程质量管理和责任的通知
408	建市〔2010〕121号	关于进一步加强项目开工建设管理确保实现"十一五"节能减排目标的通知
409	建市〔2010〕128号	关于印发《关于加强建筑市场资质资格动态监管完善企业和人员准入清出制度的指导意见》的通知
410	建市〔2010〕192号	关于印发《注册建造师继续教育管理暂行办法》的通知
411	建办市函〔2010〕9号	关于开展注册公用设备工程师、注册电气工程师、注册化工工程师注册工作的通知
412	建市设函〔2010〕73号	关于《工程设计资质标准》实施过程中有关问题的函
413	建市资函〔2010〕93号	关于报送《建设工程企业基本信息表》的通知
414	建市施函〔2010〕80号	关于对注册有效期满的一级建造师延续注册有关问题的通知
415	建市施函〔2010〕88号	关于完善二级建造师注册信息备案工作的通知
416	建市〔2010〕88号	关于印发《房屋建筑和市政工程标准施工资格预审文件》和《房屋建筑和市政工程标准施工招标文件》的通知
417	建市〔2010〕210号	关于印发《施工总承包企业特级资质标准实施办法》的通知
418	建办市函〔2010〕283号	关于对工程设计企业开展工程总承包业务有关安全生产许可证问题的复函
419	建市〔2011〕90号	住房和城乡建设部《关于印发〈建筑业发展"十二五"规划〉的通知》
420	建市〔2011〕139号	关于印发《建设项目工程总承包合同示范文本（试行）》的通知
421	建市〔2011〕150号	关于印发《工程勘察设计行业2011-2015年发展纲要》的通知
422	建办市〔2011〕38号	《关于印发〈全国建筑市场注册执业人员不良行为记录认定标准〉（试行）的通知》

序号	文号	文件名称
423	建市〔2011〕200号	关于印发《建设工程企业资质申报弄虚作假行为处理办法》的通知
424	建办市函〔2011〕350号	《关于工程担保业务属性与业务主管部门问题的复函》
425	建市〔2012〕46号	关于印发《建设工程监理合同（示范文本）》的通知
426	建市〔2012〕61号	《关于进一步加强房屋建筑和市政工程项目招标投标监督管理工作的指导意见》
427	建办市〔2012〕33号	关于建筑智能化等工程设计与施工资质延续有关问题的通知
428	建办市〔2012〕36号	住房城乡建设部办公厅关于加强建设工程企业资质申报业绩核查工作的通知
429	建市监函〔2012〕85号	关于对辽宁省住房城乡建设厅《关于请解释〈工程监理企业资质管理规定〉中企业承担工程范围的函》的复函
430	建办市〔2013〕7号	住房城乡建设部办公厅关于做好取得建造师临时执业证书人员有关管理工作的通知
431	建市〔2013〕9号	住房城乡建设部关于印发《工程勘察资质标准》的通知
432	建市〔2013〕23号	住房城乡建设部印发关于进一步促进工程勘察设计行业改革与发展若干意见的通知
433	建市〔2013〕38号	《住房城乡建设部关于做好建筑企业跨省承揽业务监督管理工作的通知》
434	建市〔2013〕56号	《住房城乡建设部、工商总局关于印发建设工程施工合同（示范文本）的通知》
435	建市资函〔2013〕66号	关于启用新版工程勘察资质证书的通知
436	建市资函〔2013〕67号	关于印发《工程设计资质申请表》的通知
437	建市〔2013〕86号	住房城乡建设部关于印发《工程勘察资质标准实施办法》的通知
438	建市〔2013〕106号	住房城乡建设部关于建设工程企业资质资格延续审查有关问题的通知
439	建办市〔2013〕18号	住房城乡建设部办公厅关于印发《建设工程企业资质审查专家管理办法》的通知
440	建城〔2010〕13号	关于印发《城市综合交通体系规划编制办法》的通知
441	建城〔2010〕74号	关于城市停车设施规划建设及管理的指导意见
442	建办城函〔2005〕104号	关于对燃气燃烧器具安装维修企业加强监管的复函
443	建办城函〔2008〕258号	关于对二甲醚复合燃料用作城镇燃气有关问题的复函
444	建城〔1993〕835号	关于加强动物园野生动物移地保护工作的通知
445	建城〔2010〕80号	关于印发《城市综合交通体系规划编制导则》的通知

序号	文号	文件名称
446	建城〔2010〕94号	关于加强城市轨道交通安防设施建设工作的指导意见
447	建城〔2003〕169号	关于开展创建"绿色交通示范城市"活动的通知
448	建城〔2006〕288号	关于优先发展城市公共交通若干经济政策的意见
449	建城〔2010〕125号	关于印发《国家园林城市申报与评审办法》、《国家园林城市标准》的通知
450	建城〔2010〕172号	关于进一步加强动物园管理的意见
451	建城〔2010〕150号	关于修订《国家园林城市遥感调查与测试要求》的通知
452	建城〔2000〕93号	关于设立"中国人居环境奖"的通知
453	建城〔2010〕120号	关于印发《中国人居环境奖评价指标体系（试行）》和《中国人居环境范例奖评选主题及内容》的通知
454	建城〔2008〕38号	关于优先发展城市公共交通的意见
455	建城〔2005〕231号	关于因公致残的人民警察乘坐市内公共交通享受与残疾人同样待遇的通知
456	建城〔2006〕286号	关于表彰全国城市公共交通文明企业、文明路线、标兵、先进个人和优先发展城市公共交通示范城市的通报
457	建城〔2010〕92号	关于切实加强城市照明节能管理严格控制景观照明的通知
458	建城〔2010〕14号	关于进一步推进供热计量改革工作的意见
459	建城〔2008〕211号	关于印发《北方采暖地区既有居住建筑供热计量改造工程验收办法》的通知
460	建城〔2008〕213号	关于印发《供水、供气、供热等公用事业单位信息公开实施办法》的通知
461	建城〔2008〕183号	关于印发《供热计量技术导则》的通知
462	建城〔2008〕106号	关于印发《民用建筑供热计量管理办法》的通知
463	建城函〔2008〕58号	关于组织开展供热计量改革示范城市工作的通知
464	建城〔2007〕250号	关于燃气燃烧器具安装、维修企业资质管理有关事项的通知
465	建城〔2006〕274号	关于加强非职业性一氧化碳中毒防范工作的通知
466	建城〔2006〕159号	关于推进供热计量的实施意见
467	建城〔2006〕126号	关于印发城镇供热、城市污水处理特许经营协议示范文本的通知
468	建城〔2005〕220号	关于进一步推进城镇供热体制改革的意见
469	建城〔2005〕154号	关于加强市政公用事业监管的意见
470	建城〔2004〕204号	关于加强城市照明管理促进节约用电工作的意见
471	建城〔2004〕105号	关于加强城镇燃气安全管理工作的通知

序号	文号	文件名称
472	建城〔2004〕97号	关于实施《节约能源——城市绿色照明示范工程》的通知
473	建城〔2004〕220号	关于加强城镇燃气用户安全工作的通知
474	建城〔2004〕162号	关于印发城市供水、管道燃气、城市生活垃圾处理特许经营协议示范文本的通知
475	建城〔2003〕148号	关于印发《关于城镇供热体制改革试点工作的指导意见》的通知
476	建城〔1999〕259号	关于印发《城市供用水合同》、《城市供用气合同》、《城市供用热力合同》示范文本的通知
477	建城环〔2000〕12号	关于公布生活垃圾分类收集试点城市的通知
478	建城〔2000〕200号	关于发布《城市生活垃圾处理及污染防治技术政策》的通知
479	建城环〔2000〕263号	关于印发推动设立环卫工人节工作座谈会会议纪要的通知
480	建城函〔2002〕239号	关于加强生活垃圾填埋场气体管理工作的通知
481	建办城〔2003〕32号	关于转发江西省建设厅《关于进一步加强城市管理有关工作的意见》的通知
482	建办城〔2003〕34号	关于转发《山西省人民政府办公厅关于贯彻落实城市生活垃圾处理收费制度有关问题的通知》的通知
483	建城〔2004〕225号	关于加强城镇生活垃圾处理场站建设运营监督的意见
484	建城〔2005〕121号	关于推广北京市东城区数字化城市管理模式的意见
485	建城函〔2005〕207号	关于公布数字化城市管理试点城市（城区）名单的通知
486	建城〔2006〕13号	关于印发《中国城乡环境卫生体系建设》的通知
487	建城容函〔2006〕59号	关于印发《数字化城市管理信息系统建设技术指南》的通知
488	建城函〔2006〕60号	关于公布数字化城市管理第二批试点城市（城区）名单的通知
489	建城〔2006〕243号	关于印发《全国城镇环境卫生"十一五"规划》的通知
490	建办城函〔2007〕267号	关于公布数字化城市管理第三批试点城市（城区）名单的通知
491	建城〔2007〕158号	关于印发"城市生活垃圾经营性清扫、收集、运输服务许可证"和"城市生活垃圾经营性处置服务许可证"样式的通知
492	建城〔2007〕32号	关于全国生活垃圾填埋场无害化处理检查情况的通报
493	建劳字〔1985〕第5号	城市建设各行业编制定员实行标准
494	建城〔1992〕886号	建设部关于印发城市排水监测工作管理规定的通知
495	建城〔1998〕215号	建设部关于加强建设项目工程质量管理的通知
496	建城〔2000〕124号	城市污水处理及污染防治技术政策

序号	文号	文件名称
497	建城〔2000〕140号	关于确保城市供水工作的通知
498	建城〔2002〕234号	建设部关于转发中央机构编制委员会办公室《关于地方水务机构有问题的通知》的通知
499	建城〔2002〕242号	关于加强监管确保城市供水安全的通知
500	建城〔2002〕272号	关于印发《关于加快市政公用行业市场化进程的意见》的通知
501	建城〔2003〕171号	关于进一步加强城市节约用水和保证供水安全工作的通知
502	建城〔2004〕153号	建设部关于加强城镇污水处理厂运行监管的意见
503	建办城函〔2004〕731号	关于对城市排水设施有关名词解释的函
504	建办城函〔2005〕50号	关于加强城市排水设施安全管理工作的通知
505	建城〔2005〕179号	关于印发《城市供水行业2010年技术进步发展规划及2020年远景目标》的通知
506	建科〔2006〕100号	关于印发《城市污水再生利用技术政策》的通知
507	建城〔2007〕157号	城市供水水质数据报告管理办法
508	建城〔2007〕277号	关于印发《全国城镇污水处理信息报告、核查和评估办法》的通知
509	建城〔2007〕290号	关于配合财政部做好城镇污水处理设施配套管网建设以奖代补工作的通知
510	建城〔2009〕23号	关于印发《城镇污水处理厂污泥处理处置及污染防治技术政策（试行）》的通知
511	建科〔2009〕149号	关于印发《城镇供水设施改造技术指南（试行）》的通知
512	建城函〔2010〕166号	关于印发《城镇污水处理工作考核暂行办法》的通知
513	建城字〔1993〕784号	关于印发《城市绿化规划建设指标的规定》的通知
514	建城字〔1994〕716号	关于印发《关于加强城市绿地和绿化种植保护的规定》的通知
515	建城〔2000〕192号	关于印发《城市古树名木保护管理办法》的通知
516	建城〔2002〕240号	关于印发《城市绿地系统规划编制纲要（试行）》的通知
517	建城〔2002〕249号	关于加强城市生物多样性保护工作的通知
518	建城〔2005〕16号	关于印发《国家城市湿地公园管理办法（试行）》的通知
519	建城〔2005〕17号	关于加强公园管理工作的意见
520	建城〔2005〕97号	关于印发《城市湿地公园规划设计导则（试行）》的通知
521	建城〔2006〕67号	关于印发《国家重点公园管理办法（试行）》的通知
522	建城〔2007〕215号	关于建设节约型城市园林绿化的意见

序号	文号	文件名称
523	建城〔2008〕85号	关于规范城市园林绿化企业资质管理的通知
524	建城园函〔2008〕154号	关于统一城市园林绿化企业资质证书编号等的通知
525	建城〔2008〕171号	关于加强城市绿地系统建设 提高城市防灾避险能力的意见
526	建城〔2009〕157号	关于修订《城市园林绿化企业资质标准》的通知
527	建城〔2009〕158号	关于印发《城市园林绿化企业一级资质申报管理工作规程》的通知
528	建城〔2009〕286号	关于印发《中国国际园林博览会管理办法》的通知
529	建城〔1992〕812号	关于印发《风景名胜区环境卫生管理标准》的通知
530	建城〔1993〕848号	关于印发《风景名胜区建设管理规定》的通知
531	建城〔1994〕150号	关于发布《中国风景名胜区形势与展望》绿皮书的通知
532	建城〔1995〕159号	关于印发《风景名胜区安全管理标准》的通知
533	建城〔2000〕94号	关于加强风景名胜区规划管理工作的通知
534	建城〔2001〕83号	关于发布《国家重点风景名胜区规划编制审批管理办法》的通知
635	建城函〔2001〕80号	关于对四川省风景名胜区出让、转让经营权问题的复函
536	建城〔2003〕77号	关于做好国家重点风景名胜区核心景区划定与保护工作的通知
537	建城〔2003〕126号	关于印发《国家重点风景名胜区总体规划编制报批管理规定》的通知
538	建城〔2004〕13号	关于国家重点风景名胜区总体规划报批有关事项的通知
539	建城〔2005〕56号	关于做好建立《中国国家自然遗产、国家自然与文化双遗产预备名录》工作的通知
540	建城〔2006〕80号	关于加强风景名胜区防火工作的通知
541	建城〔2007〕93号	关于印发《国家级风景名胜区徽志使用管理办法》的通知
542	建城〔2007〕270号	关于国家级风景名胜区综合整治工作的通报
543	建城函〔2010〕226号	关于国家级风景名胜区数字化景区建设工作的指导意见
544	建城函〔2010〕240号	关于进一步加强世界遗产保护管理工作的通知
545	建城〔2012〕148号	住房城乡建设部关于印发国家园林县城城镇标准和申报评审办法的通知
546	建城〔2012〕166号	住房城乡建设部关于促进城市园林绿化事业健康发展的指导意见
547	建城〔2012〕170号	关于印发生态园林城市申报与定级评审办法和分级考核标准的通知
548	建城〔2013〕73号	关于进一步加强公园建设管理的意见的通知
549	建城水函〔2011〕47号	关于加强城市排水设施养护和内涝防治工作的通知

序号	文号	文件名称
550	建城水函〔2011〕100号	关于做好干旱灾害下城市供水安全保障工作的通知
551	建办城〔2011〕78号	关于发布第一批城镇污水处理厂污泥处理处置示范项目的通知
552	建城〔2012〕62号	关于进一步加强城市排水监测体系建设工作的通知
553	建城〔2012〕57号	关于印发《国家节水型城市申报与考核办法》和《国家节水型城市考核标准》的通知
554	建城〔2012〕82号	关于印发全国城镇供水设施改造与建设"十二五"规划及2020年远景目标的通知
555	建办城函〔2012〕401号	关于抓紧落实"十二五"中央财政专项资金集中支持城镇污水处理设施配套管网建设任务的补充通知
556	建城〔2012〕149号	关于加强城镇供水设施改造建设和运行管理工作的通知
557	建城〔2012〕197号	关于印发城镇污水再生利用技术指南（试行）的通知
558	建城水函〔2013〕21号	关于国家节水型城市节水数据报送工作的通知
559	建办城函〔2013〕119号	关于开通城镇供水设施建设项目信息系统（试行）的通知
560	建办城函〔2013〕197号	关于加强城市排水防涝汛前检查工作的通知
561	建城〔2013〕48号	关于印发城镇供水规范化管理考核办法（试行）的通知
562	建城〔2013〕88号	关于印发城市排水防涝设施普查数据采集与管理技术导则（试行）的通知
563	建城〔2013〕98号	关于印发城市排水（雨水）防涝综合规划编制大纲的通知
564	建城函〔2012〕230号	关于风景名胜区建设项目选址审批有关问题的函
565	建城函〔2012〕250号	关于国家级风景名胜区保护管理执法检查结果的通报
566	建城容函〔2012〕17号	关于开展城市生活垃圾填埋场和焚烧厂等级评定的通知
567	建城〔2012〕73号	关于进一步保障环卫行业职工合法权益的意见
568	建办城函〔2012〕110号	关于做好城市生活垃圾处理简报信息报送工作的通知
569	建城〔2012〕128号	关于开展存量生活垃圾治理工作的通知
570	建城〔2013〕28号	关于表扬优秀环卫工人的决定
571	建办城函〔2013〕240号	关于2012年北方采暖地区供热计量改革工作专项监督检查情况的通报
572	建办城函〔2013〕241号	关于2012年城市照明节能工作专项监督检查情况的通报
573	建城〔2013〕68号	关于进一步加强城市窨井盖安全管理的通知
574	建办城函〔2012〕751号	关于开展《北方采暖地区集中供热老旧管网改造规划》编制工作的通知
575	建办城函〔2012〕526号	关于开展供热计量专项检查的通知

序号	文号	文件名称
576	建城〔2012〕100号	关于印发全国城镇燃气发展"十二五"规划的通知
577	建城〔2011〕202号	关于加强城市桥梁安全管理的通知
578	建城〔2011〕178号	关于印发"十二五"城市绿色照明规划纲要的通知
579	建城〔2011〕174号	关于印发《燃气经营许可证》格式的通知
580	建办城函〔2011〕614号	关于开展供热计量收费专项监督检查工作的通知
581	建城市函〔2011〕188号	关于上报城镇燃气"十二五"发展规划和相关资料的通知
582	建办城〔2011〕23号	关于2010年城市照明节能工作专项监督检查情况的通报
583	建城〔2011〕38号	关于加强夏热冬冷地区居住建筑采暖方式管理的通知
584	建城〔2012〕133号	关于加强城市步行和自行车交通系统建设的指导意见
585	建城〔2013〕114号	关于做好2013年中国城市无车日活动有关工作的通知
586	建城〔2013〕89号	关于印发进一步鼓励和引导民间资本进入市政公用事业领域的实施意见的通知
587	建村〔1993〕659号	关于认真贯彻执行《村庄和集镇规划建设管理条例》的通知
588	建村〔1994〕564号	关于印发《关于加强小城镇建设的若干意见》的通知
589	建村〔1995〕476号	关于认真贯彻《建制镇规划建设管理办法》的通知
590	建村〔1997〕90号	关于加强村镇建筑工程质量管理的通知
591	建村〔1997〕201号	关于命名全国小城镇建设示范镇（第一批）的决定
592	建村〔1999〕2号	关于进一步搞好灾后重建村镇规划和房屋建设工作的通知
593	建村〔2004〕23号	关于公布全国重点镇名单的通知
594	建村函〔2004〕273号	关于调整和增补全国小城镇建设示范镇的通知
595	建村〔2006〕186号	关于公布新增全国小城镇建设示范镇名单的通知
596	建村〔2008〕109号	关于加强汶川地震灾后农房重建指导工作的通知
597	建村〔2008〕161号	关于加强汶川地震灾后恢复重建村镇规划编制工作的通知
598	建村函〔2008〕175号	关于印发《汶川地震灾后农房恢复重建技术导则（试行）》的通知
599	建村函〔2008〕290号	关于派遣技术人员指导汶川地震灾后农房重建的通知
600	建村〔2000〕191号	关于贯彻《中共中央、国务院关于促进小城镇健康发展的若干意见》的通知
601	建村〔2005〕174号	关于村庄整治的指导意见
602	建村〔2006〕303号	关于加强农民住房建设技术服务和管理的通知

序号	文号	文件名称
603	建村〔2008〕58号	关于印发《关于南方雨雪冰冻灾害地区建制镇供水设施灾后恢复重建技术指导要点》的通知
604	建村〔2009〕3号	关于开展全国特色景观旅游名镇（村）示范工作的通知
605	建村〔2009〕115号	关于印发《严寒和寒冷地区农村住房节能技术导则（试行）》的通知
606	建村〔2009〕84号	关于2009年扩大农村危房改造试点的指导意见
607	建村〔2010〕63号	关于做好2010年扩大农村危房改造试点工作的通知
608	建村函〔2008〕141号	推进县域村庄整治联系点工作的指导意见
609	建村函〔2008〕175号	关于印发《汶川地震灾后农房恢复重建技术导则（试行）》的通知
610	建村函〔2009〕69号	关于印发《农村危险房屋鉴定技术导则（试行）》的通知
611	建村函〔2009〕75号	关于开展工程项目带动村镇规划一体化实施试点工作的通知
612	建村函〔2009〕167号	关于扩大农村危房改造试点建筑节能示范的实施意见
613	建村函〔2009〕168号	关于建设全国扩大农村危房改造试点农户档案管理信息系统的通知
614	建村函〔2010〕165号	关于印发《扩大农村危房改造试点建筑节能示范监督检查工作要求》的通知
615	建办村函〔2007〕229号	关于防范以支持新农村建设和村镇建设等名义进行诈骗活动的通知
616	建办村函〔2009〕616号	关于开展村镇垃圾治理全覆盖县（市、区）统计工作的通知
617	建办村函〔2009〕959号	关于印发《农村危房改造农户档案管理信息系统运行管理规定》的通知
618	建办村函〔2009〕964号	关于进一步加强扩大农村危房改造试点建筑节能示范工作的通知
619	建村〔2010〕36号	关于公布全国特色景观旅游名镇（村）示范名单（第一批）的通知
620	建村〔2010〕149号	关于印发《分地区农村生活污水处理技术指南》的通知
621	建村〔2010〕154号	关于开展推动建材下乡试点的通知
622	建村〔2010〕184号	关于印发《镇（乡）域规划导则（试行）的通知》
623	建村〔2010〕203号	关于公布村镇垃圾治理全覆盖县（市、区）名单（第一批）的通知
624	建村〔2011〕104号	关于公布第二批全国特色景观名镇（村）示范名单的通知
625	建村〔2011〕144号	关于印发绿色重点小城镇建设评估指标（试行）的通知
626	建村〔2011〕62号	关于做好2011年扩大农村危房改造试点工作的通知
627	建村〔2011〕106号	关于印发《农村危房改造试点建筑节能示范工作省级年度考核评价标准（试行）的通知》
628	建村〔2011〕115号	关于印发《农村危房改造抗震安全基本要求（试行）》的通知

序号	文号	文件名称
629	建村〔2011〕190号	关于印发新疆农村安居工程建设规划（2011-2015年）的通知
630	建村〔2011〕215号	关于村镇建设中严格贯彻落实《农村基层干部廉洁履行职责若干规定（试行）》的通知
631	建村〔2012〕125号	关于印发传统村落评价认定指标体系（试行）的通知
632	建村〔2012〕184号	关于加强传统村落保护发展工作的指导意见
633	建村〔2012〕87号	关于做好2012年扩大农村危房改造试点工作的通知
634	建村〔2012〕159号	住房城乡建设部关于支持大别山片区住房城乡建设事业发展的意见
635	建村函〔2013〕35号	住房城乡建设部关于做好2013年全国村庄规划试点工作的通知
636	建村〔2013〕40号	住房城乡建设部关于开展美丽宜居小镇、美丽宜居村庄示范工作的通知
637	建村函〔2013〕70号	住房城乡建设部关于印送河北太行山区村庄整治指南和河北太行山区村庄整治指南（图解）的函
638	建村函〔2013〕149号	住房城乡建设部关于印发《大别山区村庄整治指南》和《大别山区村庄整治指南（图解）》的通知
639	建村〔2013〕102号	关于做好2013年中国传统村落保护工作的通知
640	建办村〔2013〕313号	关于做好2013年全国特色景观旅游名镇名村示范工作的通知
641	建村〔2013〕49号	住房城乡建设部关于加强乡镇建设管理员队伍建设的通知
642	建村〔2013〕90号	关于做好2013年扩大农村危房改造试点工作的通知
643	建村〔2013〕99号	住房城乡建设部等部门关于实施以船为家渔民上岸安居工程的指导意见
644	建村〔2013〕103号	住房城乡建设部 中国残联关于优先支持农村贫困残疾人家庭危房改造的通知
645	建村〔2013〕104号	住房城乡建设部关于印发《农村危房改造最低建设要求（试行）》的通知
646	建村〔2013〕119号	住房城乡建设部等部门关于开展全国重点镇增补调整工作的通知
647	建办村函〔2013〕143号	住房城乡建设部办公厅关于试行农村危房改造农户档案信息公开的通知
648	建村函〔2013〕146号	住房城乡建设部关于动员和组织社会力量支持大别山片区村镇建设的意见
649	建办村函〔2013〕203号	住房城乡建设部办公厅关于组织大别山片区住房城乡建设系统干部赴东部地区培训锻炼的通知
650	（84）城抗震字第017号	城乡建设部抗震办公室关于转发财政部《关于对抗震加固工程免征建筑税的复函》的通知
651	（89）建抗字第586号	建设部 国家计委 关于印发《新建工程抗震设防暂行规定》的通知

序号	文号	文件名称
652	建监〔1997〕60号	关于印发《建设工程质量投诉处理暂行规定》的通知
653	建设〔1999〕4号	关于印发《工程建设标准设计管理规定》的通知
654	建办建〔2000〕18号	关于印发《房屋建筑工程和市政基础设施工程竣工验收备案表》的通知
655	建建〔2000〕142号	关于印发《房屋建筑工程和市政基础设施工程竣工验收暂行规定》的通知
656	建建〔2000〕185号	关于印发《房屋建筑工程质量保修书》（示范文本）的通知
657	建建〔2000〕211号	关于印发《房屋建筑工程和市政基础设施工程实行见证取样和送检的规定》的通知
658	建设〔2001〕218号	关于印发《梁思成建筑奖评选办法》的通知
659	建质〔2002〕173号	建设部建筑业新技术应用示范工程管理办法
660	建质〔2003〕82号	关于印发《建筑工程预防高处坠落事故若干规定》和《建筑工程预防坍塌事故若干规定》的通知
661	建质〔2003〕107号	建设部关于加强建筑意外伤害保险工作的指导意见
662	建质〔2003〕113号	关于印发《建设工程质量责任主体和有关机构不良记录管理办法（试行）》的通知
663	建质〔2003〕167号	关于建设行政主管部门对工程监理企业履行质量责任加强监督的若干意见
664	建质〔2003〕177号	关于进一步加强地铁安全管理工作的意见
665	建质〔2003〕218号	关于积极推进工程设计责任保险工作的指导意见
666	建质函〔2003〕202号	关于印发《工程勘察技术进步与技术政策要点》的通知
667	建质〔2004〕18号	关于加强住宅工程质量管理的若干意见
668	建质〔2004〕54号	关于印发《建筑施工企业主要负责人、项目负责人和专职安全生产管理人员安全生产考核管理暂行规定》的通知
669	建质〔2004〕148号	关于印发《建筑施工企业安全生产许可证管理规定实施意见》的报告
670	建质〔2004〕170号	关于加强城市桥梁管理工作的通知
671	建质〔2004〕216号	关于加强村镇建设工程质量安全管理的若干意见
672	建办质〔2004〕35号	关于加强大型公共建筑质量安全管理的通知
673	建质〔2005〕7号	关于印发《建设工程质量保证金管理暂行办法》的通知
674	建办〔2005〕89号	关于印发《建筑工程安全防护、文明施工措施费用及使用管理规定》的通知
675	建质〔2005〕108号	建设部关于印发《城市桥梁重大事故应急预案》的通知
676	建质〔2005〕109号	关于印发《建设系统破坏性地震应急预案》的通知

序号	文号	文件名称
677	建质〔2005〕133号	关于推进建设工程质量保险工作意见的通知
678	建质〔2005〕145号	关于印发《工程建设工法管理办法》的通知
679	建质〔2005〕184号	关于印发《建筑工程安全生产监督管理工作导则》的通知
680	建质〔2005〕228号	关于印发《滑坡崩塌地质灾害易发区城镇工程建设安全管理指南》的通知
681	建质函〔2005〕346号	关于印发建设工程质量检测机构资质证书式样和资质申请表式样的通知
682	建质〔2006〕25号	关于实施《建设工程质量检测管理办法》有关问题的通知
683	建质质函〔2005〕136号	关于印发《市政基础设施工程实体质量监督工作指南》的通知
684	建质〔2006〕18号	关于严格实施建筑施工企业安全生产许可证制度的若干补充规定
685	劳社部发〔2006〕44号	劳动和社会保障部　建设部关于做好建筑施工企业农民工参加工伤保险有关工作的通知
686	建办质〔2006〕57号	关于建立建设系统突发公共事件月报制度的通知
687	建质〔2006〕58号	关于进一步改善建筑业农民工作业、生活环境切实保障农民工职业健康的通知
688	建质〔2006〕110号	关于进一步加强建设系统安全事故快报工作的通知
689	建质〔2006〕132号	关于进一步健全工作机制落实建设系统安全生产工作责任制的通知
690	建质电〔2006〕4号	关于加强地铁建设安全管理工作的紧急通知
691	建质〔2006〕174号	关于进一步加强建筑业技术创新工作的意见
692	建质〔2006〕192号	关于印发《民用建筑工程节能质量监督管理办法》的通知
693	建质〔2006〕291号	关于印发《既有建筑幕墙安全维护管理办法》的通知
694	建质函〔2006〕161号	关于做好第五批全国工程勘察设计大师评选工作的通知
695	建质〔2007〕1号	关于加强大型公共建筑工程建设管理的若干意见
696	建质〔2007〕170号	关于加强建设系统防灾减灾工作的意见
697	建质电〔2007〕21号	关于加强地铁建设和运营安全管理工作的紧急通知
698	建质〔2007〕184号	关于印发《建设工程质量监督机构和人员考核管理办法》的通知
699	建质〔2007〕189号	关于建筑施工企业主要负责人、项目负责人和专职安全生产管理人员安全生产考核合格证书延期工作的指导意见
700	商改发〔2007〕205号	商务部、公安部、建设部、交通部、质检总局、环保总局关于在部分城市限期禁止现场搅拌砂浆工作的通知
701	建质〔2007〕223号	关于印发《绿色施工导则》的通知

序号	文号	文件名称
702	建质〔2007〕254号	关于印发《地铁及地下工程建设风险管理指南（试行）》的通知
703	建质〔2007〕255号	关于印发《建筑施工个人劳动保护用品使用管理暂行规定》的通知
704	建质〔2007〕257号	关于印发《关于进一步规范房屋建筑和市政工程生产安全事故报告和调查处理工作的若干意见》的通知
705	建安办函〔2007〕4号	关于加强既有建筑装修、改扩建质量安全监督管理的通知
706	建质函〔2007〕379号	关于印发建设工程质量监督机构考核证书和监督人员资格证书式样的通知
707	建质〔2008〕19号	关于印发《民用建筑节能工程质量监督工作导则》的通知
708	建质〔2008〕56号	关于印发《地震重点监视防御区建设系统抗震防灾工作要点》的通知
709	建质〔2008〕75号	关于印发《建筑施工特种作业人员管理规定》的通知
710	建质〔2008〕76号	关于印发《建筑起重机械备案登记办法》的通知
711	建质〔2008〕91号	关于印发《建筑施工企业安全生产管理机构设置及专职安全生产管理人员配备办法》
712	建质〔2008〕121号	关于印发《建筑施工企业安全生产许可证动态监管暂行办法》的通知
713	建质〔2008〕133号	关于进一步加强住宅装饰装修管理的通知
714	建质〔2008〕136号	关于加强汶川地震灾后恢复重建房屋建筑工程质量安全管理的通知
715	建质〔2008〕216号	关于印发《建筑工程设计文件编制深度规定》（2008年版）的通知
716	建质〔2008〕231号	关于加强工程勘察质量管理工作的若干意见
717	建质电〔2008〕118号	关于进一步加强地铁建设安全管理工作的紧急通知
718	建质〔2009〕21号	关于印发《住房城乡建设部事故灾难应对工作规程》的通知
719	建质〔2009〕22号	关于印发《住房城乡建设部安全生产管理委员会工作规则》的通知
720	建质〔2009〕42号	关于贯彻实施《防震减灾法》加强城乡建设抗震防灾工作的通知
721	建质〔2009〕55号	关于进一步加强建筑工程质量监督管理的通知
722	建质〔2009〕77号	关于切实做好全国中小学校舍安全工程有关问题的通知
723	建质〔2009〕87号	关于印发《危险性较大的分部分项工程安全管理办法》的通知
724	建质〔2009〕124号	关于发布《全国民用建筑工程设计技术措施》（2009年版）的通知
725	建质〔2009〕253号	关于印发《建筑节能工程施工技术要点》的通知
726	建质〔2009〕254号	关于印发《建设工程高大模板支撑系统施工安全监督管理导则》的通知
727	建质〔2009〕291号	关于做好住宅工程质量分户验收工作的通知

序号	文号	文件名称
728	建质〔2009〕296号	关于进一步做好建筑生产安全事故处理工作的通知
729	建质函〔2009〕136号	关于印发住房和城乡建设部向国务院报送安全生产事故信息暂行办法的通知
730	建质函〔2009〕284号	关于全国超限高层建筑工程抗震设防审查专家委员会换届的通知
731	建办质函〔2009〕313号	关于开展在建地铁工程监理人员质量安全培训工作的通知
732	建安〔2009〕1号	关于进一步规范住房和城乡建设系统安全生产重大及以上事故报告工作的通知
733	建质〔2010〕5号	关于印发《城市轨道交通工程安全质量管理暂行办法》的通知
734	建质〔2010〕52号	关于进一步做好全国中小学校舍安全工程有关工作的通知
735	建质〔2010〕70号	关于印发《市政公用设施抗震设防专项论证技术要点（室外给水、排水、燃气、热力和生活垃圾处理工程篇）》的通知
736	建质〔2010〕85号	关于进一步加强汶川地震灾后恢复重建工程质量管理的通知
737	建办质〔2010〕2号	关于印发《城市轨道交通工程质量安全联络员工作办法》的通知
738	建质〔2010〕109号	关于印发《超限高层建筑工程抗震设防专项审查技术要点》的通知
739	建质〔2010〕111号	关于做好房屋建筑和市政基础设施工程质量事故报告和调查处理工作的通知
740	建办〔2010〕126号	关于进一步加强城市地下管线保护工作的通知
741	建质〔2010〕159号	关于贯彻实施《房屋建筑和市政基础设施工程质量监督管理规定》的通知
742	建质〔2010〕164号	关于贯彻落实《国务院关于进一步加强企业安全生产工作的通知》的实施意见
743	建质〔2010〕170号	关于做好《建筑业10项新技术（2010）》推广应用的通知
744	建质〔2010〕215号	关于发布《房屋建筑和市政基础设施工程勘察文件编制深度规定》（2010年版）的通知
745	建质〔2011〕13号	关于印发《市政公用设施抗震设防专项论证技术要点（地下工程篇）》的通知
746	建质〔2011〕26号	关于进一步加强建筑工程使用钢筋质量管理工作的通知
747	建质〔2011〕30号	关于印发《市政公用设施抗震设防专项论证技术要点（城镇桥梁工程篇）》的通知
748	建质〔2011〕66号	关于印发《房市政工程生产安全和质量事故查处督办暂行办法》的通知
749	建质〔2011〕67号	关于印发《2011-2015年建筑业信息化发展纲要》的通知

序号	文号	文件名称
750	建质〔2011〕103号	关于印发《全国优秀工程勘察设计奖评选办法》的通知
751	建质〔2011〕111号	关于印发《建筑施工企业负责人及项目负责人施工现场带班暂行办法》的通知
752	建质〔2011〕141号	关于印发《城乡建设防灾减灾"十二五"规划》的通知
753	建质〔2011〕158号	关于印发《房屋市政工程生产安全重大隐患排查治理挂牌督办暂行办法》的通知
754	建办质〔2011〕46号	《关于进一步加强城市轨道交通工程安全质量管理的通知》
755	建质〔2012〕6号	关于贯彻落实《国务院关于坚持科学发展安全发展促进安全生产形势持续稳定好转的意见》的通知
756	建质〔2012〕15号	关于做好工程质量事故质量问题查处通报工作的通知
757	建质〔2012〕34号	关于印发公共租赁住房优秀设计方案汇编的通知
758	建质〔2012〕56号	关于印发《市轨道交通工程周边环境调查指南》的通知
759	建质〔2012〕86号	关于印发城市轨道交通工程质量安全检查指南（试行）的通知
760	安监总煤监〔2012〕153号	国家安全监管总局国家煤矿安全局国家发展改革委国家能源局住房城乡建设部关于印发加强煤矿建设安全管理规定的通知
761	建质函〔2012〕165号	住房城乡建设部关于印发第二届全国城市抗震防灾规划审查委员会组成人员名单的通知
762	建质抗函〔2012〕31号	关于印发《抗震防灾工作暨推广建筑隔震减震技术座谈会会议纪要》的通知
763	建质抗函〔2012〕63号	关于更新全国市政公用设施抗震专项论证专家库的函
764	建质〔2013〕4号	住房城乡建设部关于印发《房屋市政工程生产安全事故报告和查处工作规程》的通知
765	建质〔2013〕57号	住房城乡建设部关于发布市政公用工程设计文件编制深度规定（2013年版）的通知
766	建质〔2013〕84号	住房城乡建设部关于加强预拌混凝土质量管理工作的通知
767	建质〔2013〕87号	住房城乡建设部关于印发建筑工程施工图设计文件技术审查要点、市政公用工程施工图设计文件技术审查要点、岩土工程勘察文件技术审查要点的通知
768	建质〔2013〕92号	住房城乡建设部关于印发中国建筑技术政策（2013版）的通知
769	建质〔2013〕111号	住房城乡建设部关于实施《房屋建筑和市政基础设施工程施工图设计文件审查管理办法》有关问题的通知
770	建办质〔2013〕11号	住房城乡建设部办公厅关于开展建筑施工安全生产标准化工作的指导意见

序号	文号	文件名称
771	建办质〔2013〕13号	住房城乡建设部办公厅关于贯彻落实《国务院安委会关于进一步加强安全培训工作的决定》的实施意见
772	建办质函〔2013〕350号	住房城乡建设部办公厅关于下发中央管理的建筑施工企业安全生产许可行政审批项目的通知
773	建质安函〔2013〕24号	关于启用全国房屋市政工程生产安全事故信息报送及统计分析系统的通知
774	建科〔1999〕58号	关于印发《建设部科学技术委员会章程》的通知
775	建科〔2001〕31号	关于印发《建设领域信息化工作基本要点》的通知
776	建科〔2001〕72号	关于印发《建设部关于加强技术创新工作的指导意见》的通知
777	建科〔2002〕209号	关于印发《关于加强建筑涂料生产与应用管理工作的意见》的通知
778	建科〔2002〕222号	关于印发《建设部推广应用新技术管理细则》的通知
779	建科〔2003〕54号	关于印发《建设部专家委员会管理办法》的通知
780	建科〔2003〕150号	关于印发《建设部信息化工作管理办法》的通知
781	建科〔2003〕214号	关于印发《建设部专家委员会工作规则》的通知
782	建科〔2003〕237号	关于实施《夏热冬暖地区居住建筑节能设计标准》的通知
783	建科〔2004〕25号	关于印发《建设部建筑节能试点示范工程（小区）管理办法》的通知
784	建科〔2004〕72号	关于印发《建设事业技术政策纲要》的通知
785	建科〔2004〕87号	关于贯彻《国务院办公厅关于开展资源节约活动的通知》的意见
786	建科〔2004〕174号	关于加强民用建筑工程项目建筑节能审查工作的通知
787	建科函〔2004〕183号	关于印发《全国绿色建筑创新奖管理办法》的通知
788	建科〔2005〕55号	关于新建居住建筑严格执行节能设计标准的通知
789	建科〔2006〕61号	关于贯彻《国务院关于落实科学发展观加强环境保护的决定》的通知
790	建科〔2006〕76号	关于印发《小城镇建设技术政策》的通知
791	建科〔2006〕100号	关于印发《城市污水再生利用技术政策》的通知
792	建科〔2006〕213号	建设部、财政部关于推进可再生能源在建筑中应用的实施意见
793	建科〔2006〕231号	建设部关于贯彻《国务院关于加强节能工作的决定》的实施意见
794	建科〔2006〕319号	关于印发《建筑门窗节能性能标识试点工作管理办法》的通知
795	建办科〔2007〕26号	关于印发《建设部实施国家科技支撑计划项目管理办法（试行）》的通知
796	建科〔2007〕124号	关于印发《聚氨酯硬泡外墙外保温工程技术导则》的通知

序号	文号	文件名称
797	建设部公告第659号	建设部关于发布建设事业"十一五"推广应用和限制禁止使用技术（第一批）的公告
798	建科〔2007〕159号	关于印发《建设部关于落实〈国务院关于印发节能减排综合性工作方案的通知〉的实施方案》的通知
799	建科〔2007〕206号	关于印发《绿色建筑评价标识管理办法（试行）》的通知
800	建科〔2007〕205号	关于印发《绿色建筑评价技术细则（试行）》的通知
801	建科〔2007〕216号	关于印发《建设部"十一五"可再生能源建筑应用技术目录》的通知
802	建科〔2007〕245号	关于加强国家机关办公建筑和大型公共建筑节能管理工作的实施意见
803	建科〔2007〕249号	关于印发《国家机关办公建筑和大型公共建筑能源审计导则》的通知
804	建科〔2008〕80号	关于试行民用建筑能效测评标识制度的通知
805	建科〔2008〕89号	高等学校节约型校园建设管理与技术导则（试行）
806	建科〔2008〕90号	关于推进高等学校节约型校园建设进一步加强高等学校节能节水工作的意见
807	建科〔2008〕95号	关于推进北方采暖地区既有居住建筑供热计量及节能改造工作的实施意见
808	建科〔2008〕113号	关于印发《绿色建筑评价技术细则补充说明（规划设计部分）》的通知
809	建科〔2008〕114号	关于印发国家机关办公建筑和大型公共建筑能耗监测系统建设相关技术导则的通知
810	建科〔2008〕115号	关于印发《公共建筑室内温度控制管理办法》的通知
811	建科〔2008〕116号	关于印发《民用建筑节能信息公示办法》的通知
812	建科〔2008〕118号	关于印发《民用建筑能效测评标识技术导则（试行）》的通知
813	建科〔2008〕126号	关于印发《北方采暖地区既有居住建筑供热计量及节能改造技术导则（试行）》的通知
814	建科〔2008〕147号	关于加强建筑节能材料和产品质量监督管理的通知
815	建科〔2008〕221号	关于贯彻实施《民用建筑节能条例》的通知
816	建科〔2009〕109号	关于推进一二星级绿色建筑评价标识工作的通知（本文件附件为《一二星级绿色建筑评价标识管理办法》）
817	建科节函〔2009〕146号	关于印发《可再生能源建筑应用示范项目数据监测系统技术导则（试行）》的通知
818	建科〔2009〕149号	关于印发《城镇供水设施改造技术指南（试行）》的通知
819	建科〔2009〕163号	关于印发《高等学校校园建筑节能监管系统建设技术导则》及有关管理办法的通知

序号	文号	文件名称
820	建科函〔2009〕235号	关于印发《绿色建筑评价技术细则补充说明（运行使用部分）》的通知
821	建科〔2009〕261号	关于印发《北方采暖地区既有居住建筑供热计量及节能改造项目验收办法》的通知
822	建科〔2009〕290号	关于印发《住房和城乡建设部科学技术计划项目管理办法》的通知
823	建科〔2010〕31号	关于印发《民用建筑能耗和节能信息统计报表制度》的通知
824	建科〔2010〕73号	关于进一步加大工作力度确保完成"十一五"建筑节能任务的通知
825	建科〔2010〕84号	关于加大工作力度确保完成北方采暖地区既有居住建筑供热计量及节能改造工作任务的通知
826	建科〔2010〕90号	关于切实加强政府办公和大型公共建筑节能管理工作的通知
827	建科〔2010〕131号	关于印发《绿色工业建筑评价导则》的通知
828	建科〔2010〕168号	关于做好"城市水环境改善和饮用水安全保障"示范城市申报工作的通知
829	建科〔2010〕216号	关于印发《全国绿色建筑创新奖实施细则》和《全国绿色建筑创新奖评审标准》的通知
830	建科〔2005〕199号	关于印发《绿色建筑技术导则》的通知
831	建科〔2011〕112号	关于印发《建筑遮阳推广技术目录》的通知
832	第1338号公告	关于发布墙体保温系统与墙体材料推广应用和限制、禁止使用技术的公告
833	建办科〔2012〕47号	住房城乡建设部关于加强绿色建筑评价标识管理和备案工作的通知
834	建科〔2012〕76号	关于印发《绿色超高层建筑评价技术细则》的通知
835	建房改〔2000〕225号	关于加强对住房公积金建设项目贷款和单位贷款清理回收意见的通知
836	建房改〔2001〕35号	关于纠正住房公积金管理中心兴办经济实体、投资、参股问题的通知
837	建房改〔2002〕110号	关于严禁在住房公积金管理机构调整工作中发生违纪违法行为的通知
838	建房改〔2002〕149号	关于完善住房公积金决策制度的意见
839	建房改〔2002〕150号	关于住房公积金管理机构调整工作的实施意见
840	建金管〔2003〕70号	关于住房公积金管理中心职责和内部授权管理的指导意见
841	建金管函〔2003〕238号	关于转发铁道部《关于加快推进住房公积金管理机构调整工作的通知》的通知
842	建金管〔2004〕34号	关于印发《住房公积金行政监督办法》的通知
843	建金管〔2004〕122号	关于对使用住房公积金购买国债情况进行自查自纠的通知
844	建金管〔2005〕5号	关于住房公积金管理若干具体问题的指导意见

序号	文号	文件名称
845	建办金管〔2005〕18号	关于住房公积金有关利率政策调整的通知
846	建金管资函〔2005〕32号	关于对宁夏回族自治区建设厅请示住房公积金专户存储资金计息问题的批复
847	建金管函〔2005〕284号	关于请加快做好住房公积金管理机构调整工作的通知
848	建金管函〔2006〕9号	关于请组织对住房公积金购买国债中违法违规问题进行认真核查并严肃处理的通知
849	建金管函〔2006〕26号	关于转发《财政部关于印发〈住房公积金呆账核销管理暂行办法〉的通知》的通知
850	建金管〔2006〕52号	关于住房公积金管理几个具体问题的通知
851	建金管〔2006〕95号	关于因公外派人员住房公积金问题的通知
852	建金管〔2006〕104号	关于印发《关于个人住房公积金信用信息共享方案》的通知
853	建金管〔2006〕190号	关于切实贯彻《住房公积金条例》加强整改工作的通知
854	建金管〔2006〕324号	关于调整移交铁路行业住房公积金管理机构的通知
855	建金管资函〔2007〕17号	关于对《广东省建设厅关于对非本市户籍人员离开工作单位后支取个人住房公积金有关问题的请示》的回复
856	建办金管函〔2007〕312号	关于对住房公积金增值收益管理有关问题的复函
857	建保〔2008〕33号	关于在住房公积金管理中使用组织机构代码的通知
858	建保〔2008〕93号	关于印发《关于开展加强住房公积金管理专项治理工作的实施意见》的通知
859	建办保〔2008〕33号	关于抗震救灾中做好住房公积金工作的紧急通知
860	建办金函〔2009〕691号	关于进一步规范住房公基金统计数据报送工作的通知
861	建金〔2009〕160号	关于印发利用住房公积金贷款支持保障性住房建设试点工作实施意见的通知
862	建办金函〔2009〕1025号	关于大力开展住房公积金文明行业创建活动的通知
863	建金〔2010〕100号	关于做好利用住房公积金贷款支持保障性住房建设试点工作的通知
864	建金〔2010〕101号	关于印发《利用住房公积金支持保障性住房建设试点项目贷款管理办法》的通知
865	建金〔2010〕179号	关于规范住房公积金个人住房贷款政策有关问题的通知
866	建金〔2011〕9号	关于加强和改进住房公积金服务工作的通知

序号	文号	文件名称
867	建金〔2011〕170号	关于加强住房公积金廉政风险防控工作的通知
868	建金〔2012〕10号	关于进一步加强住房公积金监管工作的通知
869	建金〔2012〕36号	关于扩大利用住房公积金贷款支持保障性住房建设试点范围的通知
870	建金〔2012〕78号	关于进一步做好纠正住房公积金管理中心兴办经济实体、投资、参股问题的通知
871	建金〔2012〕130号	关于做好扩大利用住房公积金贷款支持保障性住房建设试点范围工作的通知
872	建金〔2012〕143号	关于开通12329住房公积金热线的通知
873	建办金函〔2012〕658号	住房公积金涉险资金清收工作的函
874	建综〔2001〕2号	关于印发《建设部执业资格收费管理办法（试行）》的通知
875	建综〔2001〕183号	关于印发《关于建设系统实施西部开发的工作意见》的通知
876	建综〔2001〕255号	关于印发城市建设统计指标解释的通知
877	建综〔2002〕253号	建设部 财政部关于废止《勘察设计行业专项事业经费管理办法》的通知
878	建办综〔2003〕33号	关于转发《国家发展改革委办公厅关于城建档案馆技术咨询服务收费性质问题的复函》的通知
879	建综〔2004〕91号	关于印发《建设部关于贯彻落实〈国务院关于进一步推进西部大开发的若干意见〉的意见》的通知
880	建综〔2004〕141号	关于进一步清理整顿建设系统统一着装的通知
881	建综〔2004〕169号	关于印发《建设部关于贯彻落实〈中共中央国务院关于实施东北地区等老工业基地振兴战略的若干意见〉的意见》的通知
882	建综〔2004〕181号	关于布置《建筑业企业主要指标月度快速调查制度（试行）》有关工作的通知
883	建综〔2005〕160号	建设部关于进一步做好清理市政公用设施拖欠工程款工作的意见
884	建综〔2005〕219号	关于落实国务院批准的《〈内地与香港关于建立更紧密经贸关系的安排〉补充协议二》和《〈内地与澳门关于建立更紧密经贸关系的安排〉补充协议二》有关事项的通知
885	建综〔2005〕155号	关于表彰全国建设统计信息工作先进单位和先进工作者的通报
886	建综〔2006〕212号	关于落实国务院批准的《〈内地与香港关于建立更紧密经贸关系的安排〉补充协议三》和《〈内地与澳门关于建立更紧密经贸关系的安排〉补充协议三》有关事项的通知
887	建综函〔2006〕144号	建设部关于落实内地与香港、澳门《关于建立更紧密经贸关系的安排》有关工作的通知

序号	文号	文件名称
888	建综〔2007〕207号	关于落实国务院批准的《〈内地与香港关于建立更紧密经贸关系的安排〉补充协议四》和《〈内地与澳门关于建立更紧密经贸关系的安排〉补充协议四》有关事项的通知
889	建综函〔2008〕264号	关于落实国务院批准的《〈内地与香港关于建立更紧密经贸关系的安排〉补充协议五》和《〈内地与澳门关于建立更紧密经贸关系的安排〉补充协议五》有关事项的通知
890	建计〔2009〕104号	关于落实国务院批准的《〈内地与香港关于建立更紧密经贸关系的安排〉补充协议六》的《〈内地与澳门关于建立更紧密经贸关系的安排〉补充协议六》有关事项的通知
891	建计函〔2009〕202号	关于继续执行《建筑业企业主要指标月度快速调查制度》有关工作的通知
892	建办综函〔2005〕29号	关于城镇公用事业附加征收问题的复函
893	建办综函〔2005〕120号	建设部关于对自来水水费滞纳金有关问题的复函
894	建计函〔2010〕300号	关于将新批准特、一级资质建筑企业纳入月度快速调查统计范围的通知
895	建计函〔2010〕184号	关于印发《住房和城乡建设部水体污染控制与治理科技重大专项资金管理暂行办法》的通知
896	建计函〔2010〕194号	关于指导督促物业服务企业支持配合做好人口普查工作的通知
897	建办计函〔2010〕248号	关于进一步做好建筑业企业主要指标月度快速调查统计工作的通知
898	建计〔2010〕115号	关于落实《〈内地与香港关于建立更紧密经贸关系的安排〉补充协议七》和《〈内地与澳门关于建立更紧密经贸关系的安排〉补充协议七》有关事项的通知
899	建外〔2011〕53号	《关于进一步规范与联合国人居署合作交流管理的通知》
900	建计〔2012〕150号	关于印发《关于加强和完善住房城乡建设统计工作的指导意见》的通知
901	建外〔2012〕24号	关于落实《〈内地与香港关于建立更紧密经贸关系的安排〉补充协议八》有关事项的通知
902	建外〔2012〕146号	住房城乡建设部关于落实内地与香港、澳门《〈关于建立更紧密经贸关系的安排〉补充协议九》有关事项的通知
903	(86)城建字第492号	关于基层施工技术员（工长）培训和颁发岗位证书的通知
904	(87)城干字第57号	关于实行建筑企业专业管理人员岗位职务培训制度的通知
905	建人〔1992〕61号	关于印发城市建设各行业第一批提前退休工种表的通知
906	建人〔2009〕123号	关于做好建筑业农民工技能培训示范工程工作的通知
907	建稽〔2006〕50号	建设部治理建设系统商业贿赂实施方案

序号	文号	文件名称
908	建稽〔2006〕187号	建设部关于开展派出规划督察员试点工作的通知
909	建稽〔2006〕193号	关于认真贯彻国办发〔2006〕37号文件加强防治商业贿赂工作的通知
910	建稽〔2007〕87号	关于开展房地产市场秩序专项整治的通知
911	建稽〔2007〕151号	关于深入推进建设系统治理商业贿赂专项工作的意见
912	建稽〔2007〕281号	关于印发《城乡规划监督检查证件管理规定》的通知
913	建办稽函〔2008〕34号	关于调整城乡规划监督检查证件有关内容的通知
914	建稽〔2008〕92号	关于印发《住房和城乡建设部城乡规划督察员管理暂行办法》的通知
915	建稽〔2009〕60号	关于加强稽查执法工作的若干意见
916	建稽〔2009〕86号	关于印发《住房和城乡建设部城乡规划督察员工作规程》的通知
917	建办稽函〔2009〕648号	关于开展利用卫星遥感技术辅助城乡规划督察工作的通知
918	建办稽函〔2009〕775号	关于增加呼和浩特等15个城市开展利用卫星遥感技术辅助城乡规划督察工作的通知
919	建稽〔2010〕4号	关于印发《建设领域违法违规行为稽查工作管理办法》的通知
920	建稽〔2010〕102号	关于试行住房公积金督察员制度的意见
921	建稽〔2010〕138号	关于开展2010年派驻城乡规划督察员工作的通知
922	建稽〔2010〕139号	关于印发《住房公积金督察员管理暂行办法》的通知
923	建稽〔2010〕153号	关于印发第五批部派城乡规划督察员派驻城市名单的通知
924	建稽〔2010〕218号	关于向三亚市派驻城乡规划督察员的通知
925	建办稽函〔2010〕261号	关于增加邯郸等8个城市开展利用卫星遥感技术辅助城乡规划督察工作的通知
926	(87)城办字第585号	城乡建设环境保护部、国家档案局关于印发《城市建设档案管理暂行办法》的通知
927	(89)建法字第79号	建设部关于印发部宣传信息工作暂行规定的通知
928	(89)建法字第261号	建设部关于印发部机关对外宣传报道工作管理办法的通知
929	建规〔1991〕583号	建设项目选址规划管理办法
930	建规〔1998〕69号	关于加强城市地下管线规划管理的通知
931	建规〔2002〕270号	《建设部关于加强国有土地使用权出让规划管理工作的通知》
932	建规〔2003〕94号	关于外商投资企业办理城市规划服务资格证书有关事项的通知
933	建规〔2003〕178号	关于进一步加强和规范各类开发区规划建设管理的通知

序号	文号	文件名称
934	建住房物〔2000〕8号	建设部关于修订全国物业管理示范住宅小区（大厦、工业区）标准及有关考评验收工作的通知
935	建住房〔2004〕155号	建设部关于印发《前期物业服务合同（示范文本）》的通知
936	建住房〔2004〕156号	建设部关于印发《业主临时公约（示范文本）》的通知
937	建建〔2001〕82号	关于印发《建筑业企业资质等级标准》的通知
938	建城〔1997〕21号	城市环境卫生质量标准
939	建城〔2006〕101号	关于修订《中国人居环境奖申报和评选办法》的通知
940	建村〔2000〕36号	关于发布《村镇规划编制办法（试行）》的通知
941	建金管〔2005〕123号	关于印发《住房公积金管理中心业务管理工作考核办法（试行）》的通知
942	建金管〔2007〕222号	关于进一步规范住房公积金管理信息公开工作的意见
943	(87) 城劳资字第545号	关于城乡建设系统实行技师聘任制的实施意见
944	(88) 城房字第22号	关于房管所（站）长等五个岗位实行岗位培训制度的通知
945	(90) 建才字第465号	关于实行市政工程施工企业专业管理人员岗位培训制度的通知
946	建才〔1991〕47号	关于房地产评估员等四个岗位实行岗位培训制度的通知
947	建人〔1991〕118号	关于印发《建筑业高级技师评聘试点办法》的通知
948	建教〔1992〕806号	关于印发《建设系统工人考核实施办法》的通知
949	建教〔1994〕267号	关于实行建筑安装企业专业管理人员岗位培训制度的通知
950	建教培〔1995〕27号	关于实行白蚁防治专业技术管理人员岗位培训制度的通知
951	建人〔1996〕88号	关于颁发木工等四十个《职业技能标准》的通知
952	建人〔1996〕89号	关于颁发木工等八个《职业资格鉴定规范》和《职业技能鉴定试题库》的通知
953	建人〔1996〕584号	关于颁发城市供水行业《职业技能标准》、《岗位鉴定规范》和《职业技能鉴定试题库》的通知
954	建教〔1997〕117号	关于印发《建设继续教育管理规定（试行）》的通知
955	建教〔1997〕156号	关于印发普通中等专业学校工业与民用建筑等十四个专业培养方案的通知
956	建教〔1997〕83号	关于印发《建筑业企业职工安全培训教育暂行规定》的通知
957	建人〔1998〕151号	关于颁发管道工等四个职业的《职业技能岗位鉴定规范》和《职业技能鉴定试题库》的通知

序号	文号	文件名称
958	建人教〔2000〕112号	关于颁发园林行业绿化工等6个"职业技能岗位标准、鉴定规范和试题库"的通知
959	建人教〔2001〕120号	关于颁发道路清扫工等11个岗位的《职业技能岗位标准》、《岗位鉴定规范》和《技能鉴定试题库》的通知
960	建人教〔2001〕197号	关于颁发市政行业筑路工等10工种的职业技能岗位鉴定规范和技能鉴定试题库的通知
961	建人教〔2002〕73号	关于建设行业生产操作人员实行职业资格证书制度有关问题的通知
962	建人教〔2002〕90号	关于颁发燃气行业燃气管道工等27个"职业技能岗位标准、鉴定规范和试题库"的通知
963	建人教〔2002〕118号	关于颁发起重机驾驶员等9个工种的《职业技能岗位鉴定规范》和《职业技能鉴定试题库》的通知
964	建人教〔2002〕216号	关于颁发古建彩画工等8个工种（岗位）的《职业技能岗位标准》、《职业技能岗位鉴定规范》和《职业技能鉴定试题库》的通知
965	建人〔2005〕63号	关于颁布木工等16个工种技师和6个工种高级技师《职业技能标准》、《职业技能鉴定规范》和《职业技能鉴定试题库》的通知
966	建人〔2011〕28号	关于印发中等职业教育专业指导委员会工作规则和第五届中等职业教育专业指导委员组成人员名单的通知
967	建人〔2012〕200号	关于深入推进建筑工地农民工业余学校工作的指导意见
968	建人〔2012〕19号	关于贯彻实施住房和城乡建设领域现场专业人员职业标准的意见
969	(89) 建才字第470号	关于印发实行建筑施工企业专业管理人员岗位培训制度的补充办法和建筑施工企业专业管理人员岗位合格证书管理暂行办法的通知
970	建法〔2002〕185号	关于印发《建设领域违法违规行为举报管理办法》的通知
971	建建〔2001〕166号	关于印发《建筑市场稽查暂行办法》的通知
972	建办稽〔2002〕19号	关于印发《建筑市场举报投诉受理工作管理办法》的通知

附件2:

决定废止的规范性文件目录

序号	文号	文件名称
1	建办〔2009〕145号	住房和城乡建设部关于印发《住房城乡建设部政府信息公开实施办法》的通知

序号	文号	文件名称
2	建法函〔2001〕88号	关于注销房产证是否属行政处罚问题的复函
3	建办法函〔2002〕592号	关于如何界定拆迁项目适用新老条例的复函
4	建办法函〔2003〕168号	关于被拆迁人选择拆迁补偿方式的复函
5	建办法函〔2003〕386号	关于对福建省建设厅执行国务院《特种设备安全监察条例》若干问题的请示的复函
6	建办法函〔2003〕451号	关于土地储备中涉及房屋拆迁有关问题的复函
7	建办法函〔2004〕128号	关于对拆迁人未在法定期间提出拆迁延期申请问题的复函
8	建办法函〔2004〕129号	关于对房屋拆迁管理部门能否作为拆迁人的函
9	建法〔2004〕154号	关于清理城市房屋拆迁有关地方性法规、规章中有关问题的通知
10	建办法函〔2008〕417号	关于对城市房屋拆迁资格认定是否属于城市房屋拆迁主管部门行政审批项目的复函
11	建规〔1998〕84号	关于做好城市规划工作促进住宅和基础设施建设的通知
12	建规〔1998〕93号	关于做好城市无障碍设施建设的通知
13	建规〔1998〕108号	关于加强省域城镇体系规划工作的通知
14	建规〔2001〕112号	关于印发"甲级城市规划编制单位技术装备及应用水平的基本要求"的通知
15	建规〔2008〕46号	关于做好住房建设规划与住房建设年度计划制定的指导意见
16	建规〔2009〕16号	住房和城乡建设部　监察部　关于成立房地产开发领域违规变更规划调整容积率问题专项治理工作领导小组及其办公室的通知
17	建规〔2009〕53号	住房和城乡建设部　监察部　关于对房地产开发中违规变更规划调整　容积率问题开展专项治理的通知
18	建标〔2003〕206号	建设部、财政部关于印发《建筑安装工程费用项目组成》的通知
19	建办标〔2001〕33号	关于组建《工程建设标准强制性条文》（房屋建筑部分）咨询委员会的通知
20	〔90〕建标字第408号	建设部关于调整我部标准管理单位和印发工作准则等四个文件的通知
21	建标〔2005〕124号	关于印发《"采用不符合工程建设强制性标准的新技术、新工艺、新材料核准"行政许可实施细则》的通知
22	建保〔2009〕91号	关于印发2009-2011年廉租住房保障规划的通知
23	建保〔2009〕139号	关于印发《城市低收入家庭保障统计报表制度》的通知
24	建保〔2009〕293号	关于印发《保障性安居工程统计报表制度》的通知

序号	文号	文件名称
25	建住房〔2000〕87号	关于贯彻《房地产开发企业资质管理规定》全面清理房地产开发企业、规范企业经营行为的通知
26	建住房〔2003〕234号	建设部关于印发《城市房屋拆迁估价指导意见》的通知
27	建住房〔2003〕252号	建设部关于印发《城市房屋拆迁行政裁决工作规程》的通知
28	建住房〔2004〕145号	建设部关于印发《城镇房屋拆迁管理规范化工作的指导意见（试行）》的通知
29	建住〔2005〕200号	建设部关于印发《城市房屋拆迁工作规程》的通知
30	建住房电〔2006〕145号	关于进一步加强住房建设规划工作的通知
31	建办房函〔2009〕533号	关于做好房屋登记审核人员确认工作有关问题的通知
32	建建〔2000〕44号	关于印发《建设工程委托监理合同（示范文本）》的通知
33	建办市函〔2009〕331号	关于工程设计资质证书更换新证有关问题的通知
34	建办市〔2007〕54号	关于建筑业企业项目经理资质管理制度向建造师执业资格制度过渡有关问题的补充通知
35	建市资函〔2009〕34号	关于工程设计专项资质换证工作的通知
36	建市函〔2010〕293号	关于报送2010年工程招标代理机构统计报表的通知
37	建办市〔2010〕46号	关于印发《建设工程企业资质评审专家管理办法》的通知
38	建设〔2001〕22号	关于颁发工程勘察资质分级标准和工程设计资质分级标准的通知
39	建设〔2001〕178号	关于印发《工程勘察、工程设计资质分级标准补充规定》的通知
40	建城函〔2006〕4号	关于开展创建国家园林县城活动的通知
41	建城字第439号	关于发布中国国家风景名胜区徽志的通知
42	建城〔1991〕107号	关于中国国家风景名胜区徽志使用办法的通知
43	建城〔1991〕546号	关于中国国家风景名胜区徽志设置问题的补充通知
44	建城容函〔2003〕3号	关于开展对城市生活垃圾处理厂（场）管理工作检查的通知
45	建办城函〔2005〕404号	关于印发《数字化城市管理模式试点实施方案》
46	建城容函〔2007〕38号	关于开展生活垃圾填埋场整改工作的通知
47	建办城函〔2007〕42号	关于加快推进数字化城市管理试点工作的通知
48	建办质〔2002〕17号	关于加强建筑工程室内环境质量管理的若干意见
49	建建〔1997〕330号	关于批准颁布《1996-2010年建筑技术政策》的通知
50	建质〔2003〕2号	岩土工程勘察文件审查要点（试行）、房屋建筑工程施工图设计文件审查要点（试行）、市政公用工程施工图设计文件审查要点（试行）

序号	文号	文件名称
51	建质〔2004〕16号	关于颁布《市政公用工程设计文件编制深度规定》的通知
52	建质〔2004〕203号	关于实施《房屋建筑和市政基础设施工程施工图设计文件审查管理办法》有关问题的通知
53	建质质函〔2005〕140号	关于印发《房屋建筑和市政基础设施工程施工图设计文件审查示范文本》的通知
54	建办质〔2006〕43号	关于通过统一网络平台上报建设系统安全事故的通知
55	建质〔2006〕302号	关于印发《全国优秀工程勘察设计奖评选办法》的通知
56	建质函〔2008〕6号	关于成立企国城市抗震防灾规划审查委员会的通知
57	建质函〔2009〕49号	关于公布国家市政公用设施抗震专项论证专家库名单的通知
58	建质〔2010〕32号	关于住房和城乡建设系统继续深入开展"安全生产年"活动的实施意见
59	建办质电〔2010〕37号	关于集中开展严厉打击建筑施工非法违法行为专项行动的通知
60	建质电〔2010〕53号	关于进一步加强建筑施工消防安全工作的通知
61	建办金管〔2003〕42号	关于加快建设全国住房公积金监督管理信息系统改造有关问题的通知
62	建金管〔2004〕173号	建设部关于印发《全国住房公积金监督管理信息系统管理暂行办法》的通知
63	建综〔2008〕96号	关于印发《北方地区城市集中供热管网改造规划》的通知
64	建综〔2008〕98号	住房和城乡建设部　国家发展和改革委员会　财政部关于印发《全国城市燃气管网改造规划》的通知
65	建办计函〔2009〕1007号	关于抓紧开展城市（县城）和村镇建设统计2009年年报和2010年上半年报及年快报工作的通知
66	建办计函〔2010〕496号	关于组织开展统计法和统计违法违纪行为处分规定贯彻执行情况大检查的通知
67	建办计函〔2010〕888号	关于做好城市（县城）和村镇建设统计2010年年报和2011年上半年报及年快报工作的通知
68	建综〔2005〕209号	关于印发《关于进一步加强建设统计信息工作的意见》的通知
69	建计〔1995〕507号	关于印发《关于中国建设机械协会等社团组织协助行业主管部门做好建设机械行业管理工作的意见》的通知
70	建计〔1995〕508号	关于印发《关于加强建设机械行业管理的若干意见》的通知
71	建计〔1996〕145号	关于机械式停车设备行业归口管理有关问题的通知
72	建教〔1994〕665号	关于印发《建设劳务资格鉴定和证书制度试行办法》的通知
73	建人〔1996〕512号	关于印发《建筑安装工程劳动保险费用管理办法》的通知

关于公布规范性文件清理结果的通知

京建法〔2013〕18 号

机关各处室、各直属事业单位，各区县住房城乡建设委（房管局），东城、西城区住房城市建设委，开发区建设局（房地局），各有关单位：

根据市政府办公厅《关于开展本市行政规范性文件清理工作的通知》（京政办函〔2013〕46 号），我委对 2012 年 12 月 31 日前由我委制发的现行有效的规范性文件进行了清理。现将清理结果公布如下：

我委共清理 655 件规范性文件，其中决定保留 580 件，决定废止 75 件，具体文件名称见附件。

本通知自发布之日起实施。

特此通知。

附件：1.《决定保留的行政规范性文件目录》（580 件）
　　　2.《决定废止的行政规范性文件目录》（75 件）

北京市住房和城乡建设委员会
2013 年 11 月 11 日

附件 1：

决定保留的行政规范性文件目录（580 件）

序号	文件号	颁布日期	文件名称
1	京建法〔2000〕606号	2000-12-25	关于印发《北京市建设工程专业与劳务分包承包交易管理规定(试行)》的通知
2	京建法〔2001〕240号	2001-5-10	关于加强有形建筑市场管理的若干规定
3	京建市〔2002〕244号	2002-4-30	转发建设部办公厅《关于在工程建设勘察设计、施工、监理中推行廉政责任书的通知》

序号	文件号	颁布日期	文件名称
4	京建法〔2003〕590号	2003-12-12	关于贯彻《国务院办公厅关于切实解决建设领域拖欠工程款问题的通知》的通知
5	京建办〔2004〕85号	2004-3-8	关于转发建设部《房屋建筑和市政基础设施工程施工分包管理办法》的通知
6	京建法〔2004〕238号	2004-6-3	关于印发《北京市有形建筑市场管理办法》的通知
7	京建法〔2004〕241号	2004-6-3	关于印发《关于培育和发展工程项目管理企业的若干规定》的通知
8	京建市〔2005〕306号	2005-4-13	关于贯彻实施《建设工程项目管理试行办法》的通知
9	京建法〔2006〕938号	2006-9-20	关于印发《关于工程建设保证担保的若干规定》的通知
10	京建市〔2006〕1267号	2006-12-13	关于实施《关于工程建设保证担保的若干规定》有关工作的通知
11	京建法〔2008〕134号	2008-8-3	关于进一步规范房地产开发项目工程保证担保的暂行办法
12	京建法〔2008〕138号	2008-8-16	北京市房屋建筑和市政基础设施工程施工合同管理办法（试行）
13	京建发〔2011〕130号	2011-3-31	北京市住房和城乡建设委员会关于进一步规范北京市房屋建筑和市政基础设施工程施工发包承包活动的通知
14	京建法〔2011〕21号	2011-11-17	关于贯彻执行《关于进一步规范北京市房屋建筑和市政基础设施工程施工发包承包活动的通知》有关问题的通知
15	京建法〔2012〕26号	2012-11-30	北京市住房和城乡建设委员会关于印发《北京市建筑施工总承包企业及注册建造师市场行为信用评价管理办法》的通知
16	京建工〔2004〕58号	2004-2-12	关于在昌平区沙河高教园区和房山区良乡高教园区进行建筑工程施工许可施行等行政管理事项分级管理试点的通知
17	京建法〔2004〕240号	2004-6-3	关于实施《北京市建筑工程施工许可办法》若干规定
18	京建法〔2006〕415号	2006-5-17	关于印发《北京市建设工程施工许可现场踏勘工作管理办法》的通知
19	京建工〔2006〕435号	2006-5-22	关于印发《北京市建筑工程重新申领、变更及补发施工许可证管理办法》
20	京建工〔2006〕436号	2006-5-24	关于进一步加强建筑工程施工许可管理工作的通知
21	京建工〔2008〕16号	2008-1-9	关于加快办理住宅项目行政审批手续的通知
22	京建法〔2011〕7号	2011-9-19	关于加快推进本市保障性住房项目开工建设的通知
23	京建法〔2012〕14号	2012-5-22	关于加强施工许可管理有关工作的通知

序号	文件号	颁布日期	文件名称
24	京建法〔2004〕239号	2004-6-3	关于印发《关于对发生质量安全重大责任事故和拒不执行本市清偿拖欠工程款计划的单位实行招标投标限制的若干规定》的通知
25	京建法〔2004〕540号	2004-9-13	关于加强城市园林绿化项目招标投标管理及有关事项的通知
26	京建法〔2007〕101号	2007-1-25	关于印发《关于加强建设工程材料设备采购的招标投标管理的若干规定》的通知
27	京建市〔2007〕1136号	2007-11-1	关于印发《北京市建设工程招标投标社会监督暂行办法》的通知
28	京建市〔2008〕641号	2008-10-5	关于印发《北京市工程建设项目招标代理机构及其从业人员动态监督管理暂行办法》的通知
29	京建市〔2008〕688号	2008-10-23	关于施行《北京市房屋建筑和市政基础设施工程招标投标活动投诉处理办法》的通知
30	京建市〔2008〕720号	2008-12-3	关于印发《北京市施工合同动态管理办法（试行）》的通知
31	京建市〔2009〕16号	2009-1-8	关于实施《北京市房屋建筑和市政基础设施工程施工总承包合同示范文本》的通知
32	京建法〔2011〕12号	2011-10-21	关于进一步加强和规范建设工程招标投标工作的通知
33	京建法〔2011〕23号	2011-11-28	关于印发《北京市轨道交通建设工程专家管理办法》的通知
34	京建法〔2012〕5号	2012-3-21	关于加强房屋建筑抗震节能综合改造工程招标投标管理工作的意见
35	京建法〔2012〕6号	2012-3-21	关于印发《北京市房屋建筑抗震节能综合改造工程设计单位合格承包人名册管理办法》、《北京市房屋建筑抗震节能综合改造工程设计单位合格承包人名册》的通知
36	京建法〔2012〕7号	2012-3-21	关于印发《北京市房屋建筑抗震节能综合改造工程施工监理单位合格承包人名册管理办法》、《北京市房屋建筑抗震节能综合改造工程施工单位合格承包人名册》、《北京市房屋建筑抗震节能综合改造工程监理单位合格承包人名册》的通知
37	京建法〔2012〕27号	2012-11-30	北京市住房和城乡建设委员会北京市发展和改革委员会关于印发《北京市建设工程施工综合定量评标办法（试行）》的通知
38	(90)京建定字第085号	1990-2-20	关于调整建筑施工企业教育费附加率的通知

序号	文件号	颁布日期	文件名称
39	京建造〔1996〕62号	1996-3-6	关于发行《北京工程造价信息》的通知
40	京建造〔1998〕329号	1998-10-09	北京市城乡建设委员会关于取消建材发展补充基金收费项目有关问题的通知
41	京建经〔2001〕664号	2001-11-16	北京市建设委员会关于颁发2001年《北京市建设工程预算定额》的通知
42	京建经〔2002〕115号	2002-3-4	关于取消建筑行业劳动保险统筹基金计取有关问题的通知
43	京建经〔2002〕116号	2002-3-4	关于执行《北京市建设工程预算定额》的有关规定
44	京建经〔2002〕117号	2002-3-4	关于北京市建设工程造价计价办法的通知
45	京建法〔2002〕243号	2002-4-30	关于贯彻执行建设部《建筑工程施工发包与承包计价管理办法》的通知
46	京建法〔2002〕870号	2002-12-4	北京市建设委员会关于实施2001年《北京市安装工程预算定额》的若干规定
47	京建经〔2003〕618号	2003-12-27	关于颁发2001年《北京市建设工程预算定额》地铁工程的通知
48	京建市〔2004〕991号	2004-12-31	关于颁发2004年《北京市建设工程概算定额》的通知
49	京建市〔2006〕197号	2006-3-15	关于颁发《北京市建设工程概算定额》（第十三册地铁工程）的通知
50	京建市〔2009〕24号	2009-1-7	关于贯彻实施《建设工程工程量清单计价规范》(GB50500-2008)的通知
51	京建市〔2009〕797号	2009-12-17	关于颁发2009年《北京市建设工程工期定额》和2009年《北京市房屋修缮工程工期定额》的通知
52	京建发〔2010〕255号	2010-5-10	关于贯彻执行2009年《北京市建设工程工期定额》和2009年《北京市房屋修缮工程工期定额》有关问题的通知
53	京建发〔2011〕206号	2011-5-9	关于印发《北京市建设工程造价管理暂行规定》的通知
54	京建发〔2011〕229号	2011-5-20	北京市住房和城乡建设委员会关于施行《北京市工程造价咨询企业及从业人员动态监督管理暂行办法》的通知
55	京建法〔2001〕616号	2001-10-23	关于印发《关于加强新建商品住宅家庭居室装饰装修管理若干规定（试行）》的通知
56	京建质〔2004〕101号	2004-3-22	关于贯彻《关于加强住宅工程质量管理的若干意见》的通知
57	京建质〔2005〕895号	2005-11-1	关于加强既有建筑幕墙工程维护管理的通知
58	京建质〔2005〕919号	2005-9-28	关于加强建设工竣工备案管理工作的通知

序号	文件号	颁布日期	文件名称
59	京建质〔2005〕999号	2005-11-14	住宅工程质量分户验收管理规定
60	京建质〔2006〕138号	2006-2-23	北京市建设工程施工质量投诉管理规定
61	京建质〔2008〕775号	2008-12-7	北京市建设工程质量检测机构资质及从业人员动态监督管理办法
62	京建质〔2009〕287号	2009-4-29	北京市建筑工程室内环境质量检测机构备案管理办法
63	京建质〔2009〕289号	2009-4-29	北京市建设工程见证取样和送检管理规定（试行）
64	京建质〔2009〕383号	2009-6-2	关于加强住宅工程质量分户验收管理工作的通知
65	京建发〔2010〕111号	2010-3-4	关于加强北京市建设工程质量施工现场管理工作的通知
66	京建发〔2010〕344号	2010-6-3	北京市建设工程质量检测管理规定
67	京建法〔2011〕8号	2011-11-16	关于进一步加强建设工程质量检测结果不合格情况报送工作的通知
68	京建法〔2011〕24号	2011-11-28	关于北京市房屋建筑和市政基础设施工程设置永久性标牌的通知
69	京建发〔2011〕90号	2011-2-28	关于统一全市建设工程质量检测标示样式及有关事项的通知
70	京建发〔2011〕183号	2011-4-25	北京市工程监理企业资质及人员资格动态监督管理办法
71	京建发〔2011〕188号	2011-4-29	关于修改《转发建设部〈关于建设行政主管部门对工程监理企业履行质量责任加强监督的若干意见的通知〉等6件文件部分条款的通知》
72	京建法〔2012〕28号	2012-12-27	北京市工程监理企业及注册监理工程师市场行为信用评价暂行管理办法
73	京建法〔2012〕29号	2012-12-30	北京市建设工程质量检测机构市场行为信用评价暂行管理办法
74	京建质〔2006〕662号	2006-7-24	关于印发《北京市建设工程安全质量网格式监督管理暂行规定》的通知
75	京建发〔2010〕745号	2010-12-22	北京市住房和城乡建设委员会关于印发《北京市轨道交通建设工程旁站监理管理规定（试行）》的通知
76	京建发〔2010〕746号	2010-12-22	北京市住房和城乡建设委员会关于印发《北京市轨道交通建设工程重要部位和环节施工前条件验收暂行办法》的通知
77	京建法〔2011〕3号	2011-8-8	北京市住房和城乡建设委员会关于印发《关于加强预拌混凝土生产使用管理的若干意见》的通知

序号	文件号	颁布日期	文件名称
78	京建施〔1994〕225号	1994-9-25	关于重新发布《北京市建筑施工企业安全生产责任制》的通知
79	京建法字〔1999〕1号	1999-1-30	北京市建设工程文明安全施工管理暂行规定及北京市建设工程施工现场文明安全施工补充标准
80	京建材〔1999〕488号	1999-12-8	北京市城乡建设委员会关于淘汰更新老旧型建筑施工起重机的通知
81	京建法〔2002〕888号	2002-11-12	关于印发《北京市工程建设安全生产行政责任规定》的通知
82	京建施〔2003〕382号	2003-7-21	关于颁发《北京市建设工程施工现场生活区设置和管理标准》的通知
83	京建法〔2004〕220号	2004-5-27	关于印发《北京市建设委员会实施〈建设工程安全生产管理条例〉办法》的通知
84	京建施〔2005〕802号	2005-8-8	关于转发《建筑工程安全防护、文明施工措施费用及使用管理规定》的通知
85	京建施〔2005〕844号	2005-8-29	关于加强安全生产监理工作的指导意见（试行）
86	京建施〔2005〕1115号	2005-12-8	北京市建设委员会关于印发《北京市建设工程夜间施工许可管理暂行规定》的通知
87	京建施〔2006〕88号	2006-2-8	《关于转发〈建筑工程安全防护、文明施工措施费用及使用管理规定〉的通知》的补充规定
88	京建施〔2006〕140号	2006-2-24	关于印发《北京市实施〈建筑工程安全生产监督管理工作导则〉办法》的通知
89	京建施〔2006〕256号	2006-3-28	关于发布《关于加强基础设施管线施工防护和拆除工程施工安全监督管理的若干规定》的通知
90	京建施〔2006〕439号	2006-5-11	关于进一步加强轨道交通建设工程安全质量管理的通知
91	京建施〔2006〕669号	2006-7-26	关于印发《北京市建设工程生产安全事故责任认定若干规定》的通知
92	京建施〔2006〕742号	2006-8-16	关于进一步加强建筑施工安全管理的紧急通知
93	京建施〔2006〕867号	2006-9-12	关于进一步加强建筑劳务分包企业安全生产管理的通知
94	京建施〔2006〕1008号	2006-10-23	关于加强市政工程施工安全生产管理的通知
95	京建施〔2006〕1033号	2006-10-25	关于开展占道作业施工现场围挡专项整治工作的通知
96	京建施〔2006〕1039号	2006-10-23	关于加强建设工程施工现场大模版工程施工安全管理的通知
97	京建施〔2007〕138号	2007-2-5	关于建立"农民工夜校"组织农民工安全培训工作的通知

序号	文件号	颁布日期	文件名称
98	京建施〔2007〕140号	2007-2-5	关于在全市建设工程施工现场实行建筑安全群众监督员制度的通知
99	京建施〔2007〕1258号	2007-12-5	关于印发《关于加强基础设施管线工程建设单位施工安全生产管理的若干规定》的通知
100	京建施〔2006〕566号	2006-6-30	关于加强高温天气建筑施工安全生产工作的通知
101	京建施〔2008〕368号	2008-6-4	关于印发《北京市建筑起重机械安全监督管理规定》的通知
102	京建施〔2008〕593号	2008-9-4	关于对本市建筑起重机械进行备案管理的通知
103	京建施〔2008〕608号	2008-9-16	关于加强奥运会后施工现场安全管理工作的通知
104	京建施〔2008〕651号	2008-10-8	关于在全市建设工程推行绿色施工的通知
105	京建施〔2009〕521号	2009-7-13	北京市住房和城乡建设委员会关于印发《北京市建设工程有限空间作业安全生产管理规定》的通知
106	京建施〔2009〕675号	2009-9-9	北京市住房和城乡建设委员会关于印发《北京市建筑施工高处作业吊篮安全监督管理规定》的通知
107	京建施〔2009〕838号	2009-12-18	北京市住房和城乡建设委员会关于印发《北京市建设工程现场施工安全监督工作规定》的通知
108	京建施〔2009〕841号	2009-12-18	北京市住房和城乡建设委员会关于印发《北京市实施〈危险性较大的分部分项工程安全管理办法〉规定》的通知
109	京建施〔2009〕889号	2009-12-18	北京市住房和城乡建设委员会北京市安全生产监督管理局关于印发《北京市建设工程施工现场生产安全事故及重大隐患处理规定》的通知
110	京建发〔2010〕195号	2010-4-20	北京市城乡建设委员会关于进一步加强建筑起重机械管理的通知
111	京建发〔2010〕281号	2010-5-24	关于进一步加强施工现场大模板施工安全管理的通知
112	京建发〔2010〕436号	2010-7-28	关于进一步规范建筑起重机械备案等工作的通知
113	京建法〔2011〕4号	2011-8-22	关于印发《关于加强盾构机安全使用管理的规定》的通知
114	京建法〔2012〕1号	2012-4-10	关于印发《北京市危险性较大的分部分项工程安全动态管理办法》的通知
115	京建法〔2012〕4号	2012-4-10	关于印发《北京市建设工程施工现场附着式升降脚手架安全使用管理办法》的通知
116	京建法〔2012〕8号	2012-4-23	关于加强工程监理单位施工现场质量安全岗位管理工作的通知

序号	文件号	颁布日期	文件名称
117	京建法〔2012〕16号	2012-6-12	关于进一步加强租赁建筑起重机械安全使用管理的通知
118	京建法〔2012〕20号	2012-7-26	关于将施工现场扬尘治理有关内容纳入《北京市建筑业企业违法违规行为记分标准》有关问题的通知
119	京建法〔2012〕24号	2012-9-26	关于实行附着式升降脚手架使用登记备案的通知
120	京建法〔2012〕25号	2012-11-27	关于轨道交通建设工程第三方监测工作有关要求的通知
121	京建管〔2002〕876号	2002-12-4	关于对主项为建筑装修装饰工程专业一级资质的承包企业可增项房屋建筑工程施工总承包二级及以下资质进行试点工作的有关规定的通知
122	京建法〔2007〕825号	2007-8-13	关于施行《北京市建筑业企业资质及人员资格动态监督管理暂行办法》的通知
123	京建管〔2007〕1323号	2007-12-20	关于做好建筑业企业资质管理及相关工作的通知
124	京建管〔2009〕595号	2009-8-10	关于明确建筑业企业资质证书变更办理程序的补充通知
125	京建管〔2009〕628号	2009-8-21	关于印发《北京市建筑业企业动态核查暂行办法》的通知
126	京建管〔2009〕845号	2009-11-21	关于进一步改进和规范建筑业企业资质审批工作的通知
127	京建管〔2009〕886号	2009-12-10	关于明确本市建设行政主管部门对燃气燃烧器具安装维修企业资质监管职责的通知
128	京建发〔2010〕249号	2010-5-7	关于印发《北京市预拌混凝土专业承包企业分站资质管理办法》的通知
129	京建法〔2011〕6号	2011-9-1	北京市住房和城乡建设委员会关于进一步加强北京市建筑业企业主要指标月度快速调查统计工作有关事项的通知
130	京建法〔2011〕14号	2011-10-24	北京市住房和城乡建设委员会关于规范建设工程企业资质（资格）核查工作有关事项的通知
131	京建发〔2011〕229号	2011-5-20	北京市住房和城乡建设委员会关于施行《北京市工程造价咨询企业及从业人员动态监督管理暂行办法》的通知
132	京建发〔2011〕258号	2011-5-24	北京市住房和城乡建设委员会关于发布《北京市建筑业企业违法违规行为记分标准》（2011版）的通知
133	京建发〔2011〕296号	2011-6-13	北京市住房和城乡建设委员会关于预拌商品混凝土专业承包企业办理资质升级、资质证书变更及分站设立手续有关问题的通知
134	京建材〔2005〕1095号	2005-11-16	关于严格执行《节水型生活用水器具》标准加快淘汰非节水型生活用水器具的通知
135	京建材〔2006〕72号	2006-1-29	关于加强施工用钢管、扣件使用管理的通知

序号	文件号	颁布日期	文件名称
136	京建法〔2007〕722号	2007-8-6	关于印发《北京市建设工程材料使用监督管理若干规定》的通知
137	京建材〔2008〕367号	2008-6-6	关于印发《北京市既有建筑节能改造项目管理办法》的通知
138	京建材〔2008〕426号	2008-6-27	关于在基建修缮工程和旧城房屋修缮改造中同步进行节能改造有关事项的通知
139	京建材〔2008〕564号	2008-8-20	关于试行民用建筑能效测评标识制度的通知
140	京建材〔2008〕718号	2008-11-7	关于加强民用建筑地板采暖工程塑料管材管件质量管理的通知
141	京建材〔2008〕725号	2008-11-12	关于转发住房和城乡建设部《民用建筑节能信息公示办法》的通知
142	京建材〔2009〕344号	2009-5-11	北京市住房和城乡建设委员会北京市规划委员会关于发布《北京市推广、限制、禁止使用的建筑材料目录管理办法》的通知
143	京建发〔2010〕117号	2010-3-14	关于印发《北京市建筑材料供应单位质量诚信评价管理暂行办法》的通知
144	京建发〔2010〕119号	2010-3-14	关于混凝土搅拌站绿色生产达标考核工作有关事项的通知
145	京建发〔2010〕566号	2010-9-28	关于印发《北京市产业化住宅部品使用管理办法（试行）》的通知
146	京建法〔2011〕27号	2011-12-30	关于印发《北京市既有非节能居住建筑供热计量及节能改造项目管理办法》的通知
147	京建法〔2012〕3号	2012-2-3	关于印发《北京市太阳能热水系统城镇建筑应用管理办法》的通知
148	京建法〔2005〕709号	2005-7-12	关于加强新建民用建筑工程执行建筑节能标准监督管理的通知
149	京建材〔2006〕223号	2006-4-17	关于在本市建设工程中使用预拌砂浆的通知
150	京建材〔2007〕897号	2007-8-21	关于本市建设工程中进一步禁止现场搅拌砂浆的通知
151	京建材〔2007〕972号	2007-9-21	关于加强民用建筑工程建筑节能专项验收备案工作的通知
152	京建材字〔2007〕5号	2007-11-29	关于实施民用建筑节能专项验收备案工作有关问题的通知
153	京建材〔2008〕240号	2008-3-13	关于印发《北京市贯彻〈民用建筑能耗统计报表制度〉实施办法》的通知
154	京建发〔2010〕109号	2010-3-03	关于转发住房和城乡建设部等四部委《关于进一步推进供热计量改革工作的意见》的通知

序号	文件号	颁布日期	文件名称
155	京建发〔2010〕615号	2011-10-26	关于进一步推广使用获得节能标识的建筑门窗的通知
156	京建发〔2011〕286号	2011-6-7	关于印发《北京市产业化住宅部品评审细则（试行）》的通知
157	京建法〔2011〕19号	2011-11-18	关于加强建设工程材料和设备采购备案工作的通知
158	京建法〔2011〕20号	2011-11-16	北京市住房和城乡建设委员会关于进一步加强建设工程使用钢筋质量管理的通知
159	京建法〔2012〕2号	2012-01-17	北京市住房和城乡建设委员会关于调整民用建筑节能专项验收备案行政管理事项的通知
160	京建法〔2012〕9号	2012-04-09	北京市住房和城乡建设委员会关于老旧小区综合改造工程外保温材料专项备案和使用管理有关事项的通知
161	京建法〔2012〕15号	2012-5-29	北京市住房和城乡建设委关于加快推进本市散装预拌砂浆应用工作的通知
162	京建法〔2004〕523号	2004-9-8	关于印发《中央和军队在北京地区建设项目计划管理办法》的通知
163	京建科教〔2004〕199号	2004-5-9	关于贯彻执行《建筑施工企业主要负责人、项目负责人和专职安全员生产管理人员安全生产考核管理暂行规定》的通知
164	京建法〔2004〕292号	2004-8-27	关于发布《关于贯彻建设部、劳动和社会保障部〈关于建设行业生产操作人员实行职业资格证书制度有关问题的通知〉的实施办法》的通知
165	京建科教〔2008〕275号	2008-4-29	关于印发《北京市建筑施工企业主要负责人、项目负责人和专职安全生产管理人员安全生产考核管理实施细则》的通知
166.	京建科教〔2008〕727号	2008-9-9	关于印发《北京市建筑施工特种作业人员考核管理实施细则》的通知
167	京建科教〔2008〕780号	2008-12-3	关于北京市开展注册监理工程师继续教育工作有关问题的通知
168	京建科教〔2009〕508号	2009-7-14	关于对《北京市二级建造师注册实施办法》部分条款修改的通知
169	京建科教〔2009〕708号	2009-10-15	关于印发《关于北京市建筑业企业负责人、项目负责人、专职安全员约谈、培训考核的若干规定》的通知
170	京建发〔2010〕251号	2010-4-20	关于北京市开展注册造价工程师继续教育工作的通知
171	京建发〔2011〕103号	2011-3-10	关于印发《北京市注册建造师执业管理办法（试行）》的通知

序号	文件号	颁布日期	文件名称
172	京建发〔2011〕255号	2011-5-25	北京市住房和城乡建设委员会关于加强外地来京建筑企业注册建造师在京执业活动管理的通知
173	京建法〔2011〕5号	2011-8-30	北京市注册建造师继续教育管理暂行办法
174	京建科字〔1990〕第081号	1990-4-4	关于发布《无粘结预应力混凝土结构体系（BUPC)设计与施工规程》的通知(DBJ01-7-90)
175	京建科字〔1992〕第289号	1992-6-11	关于启用"91SB"《建筑设备施工安装通用图集》的通知
176	京建法〔1997〕134号	1997-3-31	北京市城乡建设系统科技开发管理若干规定（试行）
177	京建科〔1997〕527号	1997-5-27	关于在建筑工程中使用（Besser）混凝土小型空心砌块的通知
178	京建科〔1998〕第220号	1998-7-15	关于发布北京市标准《混凝土承重小型空心砌块建筑施工技术规程（试行）》的通知
179	京建科〔1999〕第39号	1999-2-2	关于发布北京市标准《预制混凝土构件操作质量标准》的通知
180	京建科〔1999〕230号	1999-6-14	关于印发"预防混凝土工程碱集料反应技术管理规定（试行）"的通知
181	京建科〔2000〕77号	2000-2-21	关于发布北京市地方标准《北京市城市道路工程施工技术规程》的通知
182	京建科〔2001〕106号	2001-3-13	关于发布北京市地方标准《北京市城市桥梁工程施工技术规程》的通知
183	京建科〔2001〕184号	2001-4-12	关于发布《聚合物改性沥青复合胎防水卷材质量检验评定标准》等三项北京市标准的通知
184.	京建科〔2001〕185号	2001-4-12	关于转发建设部发布的《既有采暖居住建筑节能改造技术规程》的通知
185	京建科〔2001〕363号	2001-6-27	关于加强混凝土膨胀剂在工程建设中应用管理的有关问题的通知
186	京建科〔2001〕488号	2001-8-01	北京地区蒸压灰砂砖砌体结构设计与施工技术规程
187	京建科〔2002〕13号	2002-1-16	关于转发建设部《钢结构住宅建筑产业化技术导则》的通知
188	京建科〔2002〕84号	2002-2-21	关于发布北京市《工程建设监理规程》的通知
189	京建科〔2002〕237号	2002-4-28	关于发布《混凝土外加剂应用技术规程》的通知
190	京建科教〔2002〕314号	2002-5-24	关于印发《北京市路面沥青混凝土旧料再生利用管理办法（试行）》的通知

序号	文件号	颁布日期	文件名称
191	京建科教〔2002〕631号	2002-9-13	关于发布北京市标准《混凝土矿物掺合料应用技术规程》的通知
192	京建科教〔2002〕632号	2002-9-4	关于发布北京市标准《人工砂应用技术规程》的通知
193	京建科教〔2002〕880号	2002-12-10	关于发布北京市标准《建筑给水铜管管道工程技术规程》的通知
194	京建科教〔2002〕904号	2002-12-24	关于发布北京市标准《蒸压加气混凝土墙面抹灰施工技术规程》的通知
195	京建科教〔2003〕263号	2003-5-26	关于印发《北京建筑空调通风系统预防SARS确保安全使用应急管理措施实施细则》的通知
196	京建法〔2003〕376号	2003-7-16	关于印发《北京市建筑业新技术应用示范工程管理办法》的通知
197	京建科教〔2003〕485号	2003-12-4	关于发布北京市标准《细水雾灭火系统设计、施工及验收规范》《洁净气体灭火系统设计、施工及验收规范》《气溶胶灭火系统设计、施工及验收规范》的通知
198	京建科教〔2003〕527号	2003-11-5	关于发布北京市标准《回弹法、超声回弹综合法检测泵送混凝土强度技术规程》的通知
199	京建科教〔2003〕598号	2003-12-15	关于发布北京市标准《建筑安装分项工程施工工艺规程》的通知
200	京建科教〔2004〕35号	2004-2-5	关于发布北京市标准《建筑工程施工技术管理规程》的通知
201	京建科教〔2004〕72号	2004-2-24	关于发布北京市标准《砌体结构工程施工质量验收规程》的通知
202	京建科教〔2004〕210号	2004-5-19	关于发布北京市标准《供热与燃气管道工程施工安全技术规程》的通知
203	京建科教〔2004〕211号	2004-5-19	关于发布北京市标准《道路工程施工安全技术规程》的通知
204	京建科教〔2004〕212号	2004-5-19	关于发布北京市标准《桥梁工程施工安全技术规程》的通知
205	京建科教〔2004〕373号	2004-7-15	关于发布北京市标准《桥梁工程施工质量检验标准》的通知
206	京建科教〔2004〕374号	2004-7-15	关于发布北京市标准《城镇道路工程施工质量验收标准》的通知
207	京建科教〔2004〕375号	2004-7-15	关于发布北京市标准《排水管（渠）工程施工质量检验标准》的通知

序号	文件号	颁布日期	文件名称
208	京建科教〔2004〕556号	2004-9-22	关于发布北京市标准《民用建筑工程室内环境污染控制规程》的通知
209	京建科教〔2004〕561号	2004-9-23	关于发布北京市标准《全钢大模板应用技术规程》的通知
210	京建科教〔2004〕563号	2004-9-23	关于发布北京市标准《屋面防水施工技术规程》的通知
211	京建科教〔2004〕576号	2004-10-9	关于发布《地铁暗挖隧道注浆施工技术规程(试行)》的通知
212	京建科教〔2005〕5号	2005-1-5	关于北京市建筑业新技术应用示范工程申报执行验收有关工作的通知
213	京建科教〔2005〕381号	2005-4-26	关于发布北京市工程建设标准《市政基础设施工程暗挖施工安全技术规程》的通知
214	京建科教〔2005〕382号	2005-4-26	关于发布北京市工程建设标准《给水与排水工程施工安全技术规程》的通知
215	京建科教〔2005〕389号	2005-4-26	关于发布北京市标准《混凝土结构工程施工质量验收规程》的通知
216	京建科教〔2005〕583号	2005-6-15	关于发布北京市工程建设标准《预防混凝土结构工程碱集料反应规程》的通知
217	京建科教〔2005〕685号	2005-6-31	关于发布北京市工程建设标准《高密度聚乙烯排水管道工程施工与验收技术规程》的通知
218	京建科教〔2005〕849号	2005-9-1	关于发布北京市工程建设标准《预拌砂浆应用技术规程》的通知
219	京建科教〔2006〕321号	2006-4-20	关于发布北京市工程建设标准《厨房、厕浴间防水施工技术规程》的通知
220	京建科教〔2006〕418号	2006-5-19	关于转发建设部发布国家标准《民用建筑工程室内环境污染控制规范》局部修订的公告的通知
221	京建科教〔2006〕468号	2006-6-16	关于北京市农村劳动力向建筑业、房地产业转移培训、考核与就业工作的实施意见
222	京建科教〔2006〕745号	2006-8-16	关于废止《陶瓷砖外墙用复合胶粘剂应用技术规程》等三项工程建设标准的通知
223	京建科教〔2006〕746号	2006-8-16	关于转发建设部《关于批准〈既有建筑节能改造（一）〉等十二项国家建筑标准设计的通知》的通知
224	京建科教〔2006〕852号	2005-9-1	关于发布北京市地方标准《电磁感应法检测钢筋保护层厚度和钢筋直径技术规程》的通知
225	京建科教〔2006〕853号	2006-7-25	关于发布北京市地方标准《建筑排水柔性接口铸铁管技术规程》的通知

序号	文件号	颁布日期	文件名称
226	京建科教〔2006〕854号	2006-7-25	关于发布北京市地方标准《建筑工程施工组织设计管理规程》等标准的通知
227	京建科教〔2006〕855号	2006-9-14	关于发布北京市地方标准《建设工程施工现场安全资料管理规程》的通知
228	京建科教〔2006〕856号	2006-9-14	关于发布北京市地方标准《建设工程安全监理规程》的通知
229	京建科教〔2006〕1012号	2006-8-28	关于发布北京市地方标准《桥面防水工程技术规程》的通知
230	京建科教〔2006〕1048号	2006-8-28	关于发布北京市地方标准《既有居住建筑节能改造技术规程》的通知
231	京建科教〔2006〕1146号	2006-7-25	关于发布北京市地方标准《种植屋面防水施工技术规程》的通知
232	京建科教〔2006〕1147号	2006-7-25	关于发布北京市地方标准《地下室防水施工技术规程》的通知
233	京建法〔2007〕102号	2007-1-26	关于印发《北京市拟建重要建筑项目超限高层建筑工程抗震设防审查及"三新核准"审核管理办法》的通知
234	京建科教〔2007〕615号	2007-6-13	关于鼓励农民参与社会主义新农村工程建设的实施意见
235	京建科教〔2007〕639号	2007-7-2	关于转发建设部《关于加强农村建房质量安全管理工作的紧急通知》的通知
236	京建科教（2007）1158号	2007-11-12	关于印发《北京市建设工程施工降水管理办法》的通知
237	京建科教〔2007〕180号	2007-1-11	关于发布北京市地方标准《建筑施工测量技术规程》的通知
238	京建科教〔2007〕344号	2007-4-9	关于北京市工程建设标准《建筑内外墙涂料应用技术规程》局部修订的通知
239	京建科教〔2007〕705号	2007-7-20	关于发布北京市地方标准《轻骨料混凝土隔墙板施工技术规程》的通知
240	京建科教〔2007〕706号	2007-7-20	关于发布北京市地方标准《地铁工程监控量测技术规程》的通知
241	京建科教〔2007〕766号	2007-7-4	关于发布北京市地方标准《建筑基坑支护技术规程》的通知
242	京建科教〔2007〕1154号	2007-11-8	关于印发《北京旧城房屋修缮与保护技术导则》的通知
243	京建科教〔2008〕92号	2008-2-22	关于印发《北京市建设工程施工降水管理办法实施细则》的通知
244	京建科教〔2008〕265号	2008-4-23	关于发布北京市地方标准《民用建筑节能现场检验标准》（DB11/T555-2008）

序号	文件号	颁布日期	文件名称
245	京建科教〔2008〕266号	2008-4-23	关于发布北京市地方标准《墙体内保温施工技术规程（胶粉聚苯颗粒保温浆料玻纤网格布抗裂砂浆做法和增强粉刷石膏聚苯板做法）》（DB11/T537-2008）
246	京建科教〔2008〕267号	2008-4-23	关于发布北京市地方标准《市政基础设施长城杯工程质量评审标准》的通知
247	京建科教〔2008〕268号	2008-4-23	关于发布北京市地方标准《绿色施工管理规程》的通知
248	京建科教〔2008〕368号	2008-6-13	关于实施北京市地方标准《农村民居建筑抗震设计施工规程》（DB11/T536-2008）
249	京建科教〔2008〕554号	2008-8-13	关于发布北京市地方标准《钢管脚手架、模板支架安全选用技术规程》的通知（DB11/T583-2008）
250	京建科教〔2008〕555号	2008-8-13	关于发布北京市地方标准《长螺旋钻孔压灌混凝土后插钢筋笼灌注桩应用技术规程》的通知（DB11/T582-2008）
251	京建科教〔2008〕556号	2008-8-13	关于发布北京市地方标准《轨道交通地下工程防水技术规程》的通知（DB11/581-2008）
252	京建科教〔2008〕626号	2008-9-19	关于印发《北京市廉租房、经济适用房及两限房建设技术导则》的通知
253	京建科教〔2008〕772号	2008-12-5	关于发布北京市地方标准《施工现场塔式起重机检验规则》（DB11611-2008）
254	京建科教〔2009〕101号	2009-2-23	关于发布北京市地方标准《房屋结构安全鉴定标准》（DB11/T637-2009）
255	京建科教〔2009〕102号	2009-2-23	关于发布北京市地方标准《施工现场齿轮齿条式施工升降机检验规程》（DB11/T636-2009）
256	京建科教〔2009〕103号	2009-2-23	关于发布北京市地方标准《村镇住宅太阳能采暖应用技术规程》（DB11/635-2009）
257	京建科教〔2009〕104号	2009-2-23	关于发布北京市地方标准《房屋修缮工程工程量清单计价规范》（DB11/T638-2009）
258	京建科教〔2009〕458号	2009-6-8	关于发布北京市地方标准《外墙外保温技术规程（现浇混凝土模版内置保温板做法）》（DB11/T644-2009）
259	京建科教〔2009〕459号	2009-6-8	关于发布北京市地方标准《钢绞线网片—聚合物砂浆加固混凝土结构施工及验收规程》（DB11/T645-2009）
260	京建科教〔2009〕460号	2009-6-8	关于发布北京市地方标准《屋面保温隔热工程施工技术规程》（DB11/T643-2009）
261	京建科教〔2009〕461号	2009-6-8	关于发布北京市地方标准《预拌混凝土生产管理规程》（DB11/642-2009）

序号	文件号	颁布日期	文件名称
262	京建科教〔2009〕462号	2009-6-8	关于发布北京市地方标准《商品住宅工程质量保修规程》（DB11/641-2009）
263	京建科教〔2009〕833号	2009-11-20	关于印发《关于加强北京市村镇建筑工匠培训与使用管理工作的指导意见》的通知
264	京建发〔2010〕141号	2010-3-29	关于印发《关于产业化住宅项目实施面积奖励等优惠措施的暂行办法》的通知
265	京建发〔2010〕398号	2010-7-6	关于印发《北京市工程建设和房屋管理地方标准化工作管理办法》的通知
266	京建发〔2010〕442号	2010-6-28	关于印发《北京市抗震节能型农民住宅建设项目管理办法》的通知
267	京建发〔2010〕670号	2010-11-18	关于印发《北京市绿色建筑评价标识管理办法》的通知
268	京建法〔2011〕26号	2011-12-14	关于印发《北京市农民住宅抗震节能建设项目管理办法（2011-2012年）》的通知
269	京建法〔2011〕29号	2011-12-30	关于延续执行《关于产业化住宅项目实施面积奖励等优惠措施的暂行办法》的通知
270	京建管〔2006〕928号	2006-9-19	关于充分发挥解决农民工工资问题联运机制的作用确保建筑行业稳定的通知
271	京建管〔2008〕243号	2008-4-15	关于进一步完善劳务企业施工队长管理的通知
272	京建市〔2009〕662号	2009-9-1	关于加强北京市房屋建筑与市政基础设施工程劳务管理的通知
273	京建市〔2009〕610号	2009-8-17	关于印发《北京市房屋建筑和市政基础设施工程劳务分包合同管理暂行办法》的通知
274	京建市〔2009〕611号	2009-8-17	关于实施《北京市房屋建筑和市政基础设施工程劳务分包合同示范文本》的通知
275	京建管〔2001〕595号	2001-9-30	关于外地建筑业企业进京施工实行档案管理的通知
276	京建法〔2003〕588号	2003-12-12	关于进一步加强建设工程施工劳务分包和用工管理的通知
277	京建法〔2004〕121号	2004-4-1	北京市建设工程劳务管理若干规定
278	京建管〔2004〕795号	2004-11-12	关于进一步加强在京施工企业管理的通知
279	京国土房管市二〔2002〕1128号	2002-12-18	关于房地产经纪信用档案系统管理若干问题的通知
280	京建市一〔2004〕968号	2004-12-22	关于规范商品房预售方案和房屋测绘技术报告书等有关问题的通知

序号	文件号	颁布日期	文件名称
281	京建交〔2005〕100号	2005-2-1	关于北京市商品房预售合同实行网上签约和预售登记管理工作的通知
282	京建交〔2005〕704号	2005-7-7	关于评定北京市房地产估价机构资质等级的通知
283	京建科教〔2005〕1089号	2005-11-28	关于发布北京市工程建设标准《北京市房屋质量缺陷损失评估规程》的通知
284	京建交〔2005〕1105号	2005-12-12	关于北京市商品房现房买卖合同实行网上签约的通知
285	京建交〔2006〕334号	2006-4-24	关于加强本市商品房交易市场动态监管的通知
286	京建交〔2006〕333号	2006-4-25	关于规范商品房合同签约行为的通知
287	京建交〔2006〕455号	2006-5-30	关于进一步规范我市商品房预销售管理的通知
288	京建交〔2006〕971号	2006-9-4	关于办理商品房预售许可证内容变更有关问题的通知
289	京建交〔2007〕103号	2007-1-29	关于规范境外机构和境外个人购买商品房的通知
290	京建交〔2007〕173号	2007-2-28	转发建设部、中国人民银行关于加强房地产经纪管理规范交易结算资金账户管理有关问题的通知
291	京建法〔2007〕253号	2007-3-19	关于印发《北京市存量房交易结算资金账户管理暂行规定》的通知
292	京建交〔2007〕507号	2007-5-22	关于推行《北京市存量房屋买卖合同》示范文本的通知
293	京建交〔2007〕508号	2007-5-22	关于实行存量房买卖合同网上签约和信息公示有关问题的通知
294	京建交〔2007〕1045号	2007-10-8	关于为房地产开发项目办理在建工程抵押登记查询销售情况等有关问题的通知
295	京建权〔2007〕1192号	2007-12-1	关于商品房初始登记涉及楼外分摊部位有关问题的补充通知
296	京建交〔2007〕1254号	2007-12-25	关于办理预售许可延期有关问题的通知
297	京建交〔2007〕1325号	2007-12-24	关于规范本市商品房销售机构和销售人员管理的通知
298	京建交〔2007〕1358号	2008-1-8	关于对《北京市商品房预售合同》、《北京市商品房现房买卖合同》、《北京市存量房屋买卖合同》示范文本修订的通知
299	京建交〔2008〕33号	2008-1-18	关于建立房地产市场动态监管信息平台的通知
300	京建交〔2008〕273号	2008-4-29	关于实行商品房预售合同网上联机备案的通知
301	京建交〔2008〕299号	2008-5-9	关于修订《北京市房屋租赁合同》系列示范文本和实行租赁合同网上备案的通知
302	京建交〔2008〕308号	2008-5-14	关于印发《北京市房屋租赁代理资金监管暂行办法》的通知

序号	文件号	颁布日期	文件名称
303	京建交〔2008〕309号	2008-5-14	关于加强非居住房屋租赁合同登记备案工作有关问题的通知
304	京建交〔2008〕628号	2008-9-24	关于全面推行存量房买卖合同网上签约有关问题的通知
305	京建办〔2008〕732号	2008-11-26	北京市建设委员会关于公布北京市享受优惠政策住房平均交易价格的通知
306	京建交〔2009〕286号	2009-4-29	关于印发〈北京市房地产经纪机构及人员违法违规投诉处理管理规定〉的通知
307	京建交〔2009〕295号	2009-5-15	关于推荐使用房地产抵押估价报告示范文本的通知
308	京建交〔2009〕369号	2009-5-26	关于加强北京市房地产经纪机构备案管理的通知
309	京建交〔2009〕389号	2009-6-5	关于印发〈北京市房地产经纪人员职业资格注册管理办法〉的通知
310	京建交〔2009〕475号	2009-6-22	关于执行《北京市城市房地产转让管理办法》有关问题的通知
311	京建交〔2009〕533号	2009-7-17	关于规范售楼场所信息公示和加强销售人员管理有关问题的通知
312	京建交〔2009〕673号	2009-9-10	关于商品房预售许可转由区县受理、初审的通知
313	京建交〔2009〕870号	2009-12-4	关于商品房预售初审阶段有关物业管理事项核查工作的通知
314	京建发〔2010〕73号	2010-2-12	关于规范房地产经纪机构经营场所信息公示的通知
315	京建发〔2010〕223号	2010-4-30	关于落实同一家庭只能在本市新购买一套商品住房有关政策的通知
316	京建发〔2010〕265号	2010-5-14	关于加强酒店类项目销售管理有关问题的通知
317.	京建发〔2010〕406号	2010-7-7	关于落实商业性个人住房贷款中第二套住房认定标准有关问题的通知
318	京建发〔2010〕612号	2010-10-26	关于印发《北京市商品房预售资金监督管理暂行办法》的通知
319	京建发〔2010〕632号	2010-11-8	关于加强我市商品房预售方案管理的通知
320	京建发〔2010〕677号	2010-11-15	关于贯彻落实国家有关部门房地产市场宏观调控政策有关问题的通知
321	京建发〔2011〕65号	2011-2-16	北京市住房和城乡建设委员会关于落实本市住房限购政策有关问题的通知
322	京建发〔2011〕106号	2011-3-14	北京市住房和城乡建设委员会关于商品房预售方案执行中有关问题的补充通知
323	京建发〔2011〕192号	2011-5-4	关于加强部门联动，完善商业、办公类项目管理的通知

序号	文件号	颁布日期	文件名称
324	京建法〔2011〕22号	2011-11-22	北京市住房和城乡建设委员会北京市地方税务局关于公布本市享受优惠政策普通住房平均交易价格的通知
325	京建法〔2012〕12号	2012-6-29	关于进一步加强房屋买卖合同管理的通知
326	京建法〔2012〕13号	2012-5-11	关于进一步加强《北京工作居住证》核验工作的通知
327	京建住〔2007〕1129号	2007-11-5	关于印发北京市廉租住房、经济适用住房家庭收入、住房、资产准入标准的通知
328	京建住〔2007〕1175号	2007-11-13	关于印发《北京市经济适用住房购买资格申请审核及配售管理办法》的通知
329	京建住〔2007〕1176号	2007-11-13	关于印发《北京市城市廉租住房申请、审核及配租管理办法》的通知
330	京建住〔2007〕1213号	2007-11-26	关于调整北京市廉租住房租房补贴标准有关问题的通知
331	京建住〔2008〕223号	2008-4-9	关于印发《北京市限价商品住房购买资格申请审核及配售管理办法》的通知
332	京建住〔2008〕225号	2008-4-8	关于已购经济适用住房上市出售有关问题的通知
333	京建住〔2008〕226号	2008-4-8	关于印发北京市限价商品住房申购家庭收入、住房和资产准入标准及已购限价商品住房上市交易补交比例的通知
334	京建住〔2008〕376号	2008-6-2	关于调整租房补贴发放方式有关问题的通知
335	京建住〔2009〕65号	2009-2-2	关于印发《北京旧城历史文化街区房屋保护和修缮工作的若干规定（试行）》的通知
336	京建住〔2009〕96号	2009-2-25	关于城市低收入住房困难家庭申请廉租住房有关问题的通知
337	京建住〔2009〕255号	2009-4-15	关于已购经济适用住房上市出售具体问题的通知
338	京建住〔2009〕525号	2009-7-17	关于印发《北京市公共租赁住房管理办法（试行）》的通知
339	京建住〔2009〕536号	2009-7-17	关于廉租住房实物配租管理若干问题的通知
340	京建住〔2009〕925号	2009-12-31	关于廉租实物住房租金标准有关问题的通知
341	京建发〔2010〕72号	2010-2-21	关于贯彻国办发〔2010〕4号文件精神促进本市房地产市场平稳健康发展的实施意见
342	京建发〔2010〕206号	2010-4-20	关于进一步加强廉租住房、经济适用住房和限价商品住房申请资格审核管理有关工作的通知
343	京建发〔2010〕434号	2010-7-28	关于调整本市廉租住房家庭收入标准有关问题的通知
344	京建发〔2010〕523号	2010-9-13	关于加强廉租住房、经济适用住房和限价商品住房审核配租配售管理等问题的通知

序号	文件号	颁布日期	文件名称
345	京建发〔2010〕660号	2010-11-16	关于定向安置用房实行网上签约管理的通知
346	京建法〔2011〕9号	2010-9-13	关于首都功能核心区人口疏解对接安置房有关问题的通知
347	京建法〔2011〕17号	2011-11-2	关于印发《北京市国有土地上房屋征收与补偿中住房保障优先配租配售管理办法》的通知
348	京建法〔2011〕25号	2011-11-29	关于印发《北京市公共租赁住房申请、审核及配租管理办法》的通知
349	京建发〔2011〕227号	2011-5-17	关于贯彻落实公共租赁住房税收优惠政策有关问题的通知
350	京建法〔2012〕10号	2012-4-24	关于公共租赁住房租金补贴申请、审核、发放等有关问题的通知
351	京建法〔2012〕11号	2012-4-24	关于公共租赁住房租金补贴对象及租金补贴标准有关问题的通知
352	京房地评字〔1999〕656号	1999-6-20	北京市非住宅房屋拆迁评估技术标准
353	京国土房管拆字〔2000〕第148号	2000-8-3	关于确定本市城区和近郊区房屋拆迁补偿中经济适用住房均价的通知
354	京国土房管拆字〔2001〕606号	2001-6-27	关于危改试点项目拆迁中有关问题处理意见的通知
355	京国土房管拆字〔2001〕912号	2001-7-16	关于危改试点项目中拆除单位非住宅房屋改建成职工住房有关问题的通知
356	京国土房管拆字〔2001〕1147号	2001-11-16	关于印发《北京市房屋拆迁评估管理暂行规定》的通知
357	京国土房管拆字〔2001〕1177号	2001-11-23	关于加强城市房屋拆迁补偿安置资金使用监督的通知
358	京国土房管拆字〔2001〕1234号	2001-12-19	关于印发《北京市房屋拆迁评估规则（暂行）》的通知
359	京国土房管拆〔2002〕319号	2002-4-22	关于拆迁标准租私房有关问题的通知
360	京国土房管拆〔2002〕646号	2002-7-26	关于印发《北京市非住宅楼房估价技术规范》的通知
361	京国土房管拆〔2002〕1116号	2002-12-16	关于印发《北京市城市房屋拆迁裁决程序规定》的通知
362	京国土房管拆〔2003〕306号	2003-4-16	关于本市拆迁项目实行招投标管理的通知

序号	文件号	颁布日期	文件名称
363	京国土房管拆〔2003〕308号	2003-4-16	关于修订《北京市房屋拆迁单位管理办法》的通知
364	京国土房管拆〔2003〕778号	2003-9-4	关于市政、绿化及整治工程建设拆迁中如何确定规划容积率的批复
365	京国土房管拆〔2003〕808号	2003-9-11	关于发布《北京市房屋重置成新价评估技术标准》的通知
366	京国土房管拆〔2003〕986号	2003-11-17	关于延长拆迁期限有关问题的批复
367	京国土房管拆〔2003〕998号	2003-11-19	关于拆迁代管房屋有关问题的通知
368	京国土房管拆〔2003〕1010号	2003-11-24	关于转发《北京市人民政府关于做好房屋拆迁工作维护社会稳定的意见》的通知
369	京国土房管拆〔2003〕1018号	2003-11-25	关于拆迁标准租私房评估时确定容积率修正系数有关问题的批复
370	京建拆〔2005〕216号	2005-3-18	关于规范未完成拆迁建设项目转让中拆迁管理的通知
371	京建拆〔2005〕501号	2005-5-25	关于印发《北京市房屋拆迁评估技术鉴定办法》的通知
372	京建拆〔2005〕1001号	2005-11-2	关于拆迁范围内公有住房出售有关问题的批复
373	京建拆〔2005〕1006号	2005-11-8	关于加强拆迁现场房屋拆除施工管理的通知
374	京建拆〔2005〕1179号	2005-12-22	关于印发《北京市房屋拆迁单位工作守则》和《拆迁工作文明用语》的通知
375	京建拆〔2006〕36号	2006-1-10	关于加强拆迁减免契税审核工作的通知
376	京建拆〔2006〕573号	2006-7-10	关于印发《北京市房屋拆迁现场管理办法》的通知
377	京建拆〔2009〕431号	2009-6-11	关于进一步做好本市城市房屋拆迁安置和补偿工作的若干意见
378	京建拆〔2009〕439号	2009-6-15	关于加快办理1000亿元土地储备开发等重大项目拆迁审批手续的通知
379	京建拆〔2009〕450号	2009-6-18	关于批转北京房地产估价师和土地估价师协会《北京市城市住宅房屋拆迁市场评估技术方案》的通知
380	京建拆〔2009〕638号	2009-8-23	关于拆迁评估基准价格公示等有关问题的通知
381	京建函〔2009〕214号	2009-7-21	关于6月15日前启动的拆迁项目是否适用《关于进一步做好本市城市房屋拆迁安置补偿工作的若干意见》的批复
382	京国土房管拆〔2003〕666号	2003-7-28	关于印发《北京市集体土地房屋拆迁管理办法》实施意见的通知

序号	文件号	颁布日期	文件名称
383	京建法〔2011〕16号	2011-11-2	关于印发《北京市国有土地上房屋征收房地产价格评估机构选定办法》的通知
384	京建法〔2011〕17号	2011-11-2	关于印发《北京市国有土地上房屋征收与补偿中住房保障优先配租配售管理办法》的通知
385	京建法〔2011〕18号	2011-11-18	关于印发《北京市国有土地上房屋征收停产停业损失补偿暂行办法》的通知
386	京建法〔2012〕19号	2012-7-12	《关于国有土地上房屋征收与补偿中有关事项的通知》
387	京房地权字〔1998〕第473号	1998-5-26	关于加快办理出售公有住房权属审查、面积测算、买卖过户、登记发证手续有关问题的通知
388	京国土房管权字〔2000〕第681号	2000-12-15	关于印发办理在京中央和国家机关部级干部房改售房登记发证工作程序的通知
389	京国土房管权〔2002〕295号	2002-4-15	关于转发建设部《关于房屋建筑面积计算与房屋权属登记有关问题的通知》的通知
390	京国土房管权字〔2001〕1073号	2001-11-1	关于办理绿化隔离地区新村建设房屋权属登记的通知
391	京国土房管权〔2002〕477号	2002-6-6	关于房屋权属登记有关问题的通知
392	京国土房管权〔2002〕404号	2002-5-16	关于贯彻执行建设部《关于房屋建筑面积计算与房屋权属登记有关问题的通知》的补充通知
393	京国土房管权〔2002〕1109号	2002-12-13	关于室内机动车停车位销售、测绘、产权登记有关问题的通知
394	京国土房管法〔2003〕531号	2003-6-16	关于推进商品房测绘市场化有关试行规定的通知
395	京国土房管法〔2003〕1055号	2003-12-4	关于印发《房地产面积测绘合同示范文本》的通知
396	京国土房管权〔2004〕324号	2004-4-2	关于居民购买危改回迁房产权登记有关问题的通知
397	京建权〔2004〕379号	2004-7-19	关于房屋所有权发证有关问题的通知
398	京建权〔2004〕476号	2004-8-20	关于执行《关于房屋权属登记有关问题的通知》有关问题的通知
399	京国土房管法〔2004〕106号	2004-2-5	关于印发《房屋土地测绘技术报告书》使用文本的通知
400	京建市一〔2004〕968号	2004-12-22	关于规范商品房预售方案和房屋测绘技术报告书等有关问题的通知

序号	文件号	颁布日期	文件名称
401	京建交〔2005〕1117号	2005-12-8	关于规范用于房屋所有权初始登记的房产测绘成果管理的通知
402	京建权〔2005〕671号	2005-6-27	关于行政区划变更涉及房屋产权办理工作有关问题的通知
403	京建权〔2006〕484号	2006-5-31	关于印发《房改房售房备案工作规范（试行）》和《房改房权属登记工作规范（试行）》的通知
404	京建权〔2006〕540号	2006-6-16	关于房改房权属登记有关问题的通知
405	京建权〔2006〕972号	2006-10-2	关于规范房产测绘成果有关内容填写及变更的通知
406	京建权〔2006〕1219号	2006-12-11	转发建设部《房屋权属登记信息查询暂行办法》的通知
407	京建权〔2006〕1220号	2006-11-14	关于商品房销售及商品房配套用房转移登记有关问题的通知
408	京建权〔2007〕373号	2007-5-21	关于房屋权属登记面积有关问题的通知
409	京建权〔2007〕683号	2007-7-13	关于增加房屋登记表样式等有关问题的通知
410	京建权〔2007〕745号	2007-7-28	关于市房屋权属登记事务中心部分业务交由区县办理的通知
411	京建权〔2007〕1192号	2007-11-20	关于商品房初始登记涉及楼外分摊部位有关问题的补充通知
412	京建权〔2008〕222号	2008-4-7	转发市文物局《关于请依法办理国有不可移动文物产权转移的函》的通知
413	京建权〔2008〕545号	2008-6-12	关于商品房开发项目房屋登记面积测量有关问题的通知
414	京建权〔2008〕827号	2008-12-26	关于印发《房屋登记工作规范（试行）》的通知
415	京建权〔2009〕189号	2009-3-25	关于修订房屋登记表样式等有关问题的通知
416	京建权〔2009〕544号	2009-7-21	关于《关于修订房屋登记表样式等有关问题的通知》的补充通知
417	京建权〔2009〕918号	2009-10-14	关于贯彻执行《房屋面积测算技术规程》加强房屋面积测算管理工作的通知
418	京建权〔2009〕70号	2009-2-4	关于房屋登记专用章使用有关问题的通知
419	京建权〔2009〕71号	2009-2-6	关于取消批量限制、加快办理房屋抵押登记有关问题的通知
420	京建权〔2009〕177号	2009-3-24	关于金融机构办理房屋抵押登记有关问题的通知
421	京建权〔2009〕226号	2009-4-7	关于启用北京市住房和城乡建设委员会房屋登记专用章的通知
422	京建权〔2009〕372号	2009-4-24	关于房屋登记发证有关问题的通知
423	京建权〔2009〕456号	2009-6-24	关于房屋转移登记有关问题的通知
424	京建权〔2009〕712号	2009-9-30	关于加强空白房权属证书领用管理有关问题的通知

序号	文件号	颁布日期	文件名称
425	京建权〔2009〕865号	2009-12-3	关于协助人民法院等部门查询房屋登记信息有关事项的通知
426	京建权〔2009〕869号	2009-12-3	关于共有房屋登记有关问题的通知
427	京建权〔2009〕912号	2009-12-22	关于房屋登记涉及地价款收缴有关问题的通知
428	京建权〔2009〕926号	2009-12-30	关于规范房屋抵押贷款合同填写的通知
429	京建发〔2010〕1号	2010-1-4	关于历史遗留房地产开发项目房屋登记有关问题的通知
430	京建发〔2010〕106号	2010-3-3	关于《房屋登记工作规范（试行）》的补充通知
431	京建发〔2010〕237号	2010-5-4	关于已购经济适用住房上市出售有关问题的补充通知
432	京建发〔2010〕258号	2010-5-10	关于进一步加强房产测绘管理的通知
433	京建发〔2010〕647号	2010-11-16	关于加强已建成非住宅项目房屋分割登记管理有关问题的通知
434	京建发〔2010〕651号	2010-11-11	关于境外机构和境外个人办理房屋登记有关问题的通知
435	京建发〔2011〕140号	2011-4-6	关于落实我市住房限购政策做好房屋登记有关问题的通知
436	京建发〔2011〕315号	2011-6-28	关于加强房产测绘成果备案管理有关问题的通知
437	京建法（2012）17号	2012-6-18	关于规范房屋面积测算工作有关问题的通知
438	京建法〔2012〕23号	2012-9-21	关于落实我市住房限购政策进一步做好房屋登记有关问题的通知
439	市房改字〔1991〕第425号	1991-9-3	北京市人民政府房改办公室、北京市房地产管理局关于印发《北京市住房制度改革住宅租金暂行标准》的通知
440	京房管改字〔1992〕第480号	1992-9-17	北京市人民政府房改办公室、北京市房地产管理局关于做好职工购买公有住宅楼房工作的通知
441	〔92〕京房改办字第005号	1992-2-14	北京市人民政府房改办公室关于租住地方公房的军队离休干部、现役军人参加地方房改的通知
442	〔92〕京房改办字第63号	1992-8-21	北京市人民政府房改办公室关于城镇住宅合作社备案事项的通知
443	〔92〕京房改办字第77号	1992-10-15	北京市人民政府房改办公室关于中央在京党政机关及企事业单位房改方案审批权限等问题的通知
444	〔93〕京房改办字第056号	1993-4-22	北京市人民政府房改办公室关于售房工作中有关问题的补充通知
445	〔93〕京房改办字第129号	1993-10-7	北京市人民政府房改办公室关于出售公有住房中几个具体问题处理意见的通知

序号	文件号	颁布日期	文件名称
446	〔94〕京房改办字第054号	1994-10-28	北京市人民政府房改办公室关于1994年向职工出售公有住宅楼房的价格及有关政策的通知
447	〔95〕京房改办字第37号	1995-5-29	北京市人民政府房改办公室、北京市财政局关于建立住房公积金制度有关问题的规定
448	〔95〕京房改办字第39号	1995-5-30	北京市人民政府房改办公室、北京市财政局、北京市人事局关于行政机关和事业单位职工建立住房公积金有关问题的通知
449	〔95〕京房改办字第056号	1995-7-17	北京市人民政府房改办公室、北京市房地产管理局关于印发《关于购房职工调整住房等有关问题的试行规定》的通知
450	〔96〕京房改办字第003号	1996-1-15	北京市人民政府房改办公室、北京市人事局、北京市财政局、北京市统计局关于计发行政事业单位退休人员房租补贴工资收入基数的规定
451	〔96〕京房改办字第004号	1996-1-15	北京市人民政府房改办公室、北京市劳动局、北京市财政局、北京市统计局关于计发企业退休人员房租补贴工资收入基数的规定
452	〔96〕京房改办字第005号	1996-1-15	北京市人民政府房改办公室、北京市老干部局、北京市财政局、北京市统计局关于计发离休干部退休人员房租补贴工资收入基数的规定
453	〔96〕京房改办字第075号	1996-10-15	北京市人民政府房改办公室、北京市教育委员会关于印发《房改售房中对教师购房增加优惠的规定》的通知
454	〔96〕京房改办字第103号	1996-12-06	北京市人民政府房改办公室、北京市房屋土地管理局关于在房改售房方案审批中加强所售房屋产权审查的通知
455	〔97〕京房改办字第057号	1997-8-13	北京市人民政府房改办公室、北京市教育委员会关于执行《房管售房中对教师购房增加优惠的规定》有关问题的通知
456	〔97〕京房改办字第067号	1997-9-5	北京市人民政府房改办公室、北京市房屋土地管理局关于印发《关于城镇住房困难户购买安居住宅的产权等有关问题的规定》的通知
457	〔97〕京房改办字第071号	1997-9-27	北京市人民政府房改办公室、北京市房屋土地管理局关于印发《关于购房职工调整住房等有关问题的补充规定》的通知
458	京房地房字〔1997〕第946号	1997-11-26	北京市房屋土地管理局关于启用新的《北京市公有住宅租赁合同》的通知
459	（98）京房改办字第051号	1998-7-22	北京市人民政府房改办公室、北京市社会团体管理办公室关于加强区县住宅合作社管理的通知

序号	文件号	颁布日期	文件名称
460	(98) 京房改办字第149号	1998-5-29	北京市人民政府房改办公室、北京市房屋土地管理局关于公有住宅楼房出售中有关问题的紧急通知
461	(98) 京房改办字第178号	1998-8-13	北京市人民政府房改办公室、北京市房屋土地管理局关于按标准价给优惠办法购房的职工建立住房公积金的通知
462	(98) 京房改办字第179号	1998-8-13	北京市人民政府房改办公室、北京市房屋土地管理局关于出售公有住宅中复式住宅价格计算有关问题的通知
463	(99) 京房改办字第013号	1999-3-5	北京市人民政府房改办公室关于调整按标准价优惠办法购买住房的职工调换住房时原房计价有关规定的通知
464	京房改办字〔1999〕042号	1999-7-28	北京市人民政府房改办公室、北京市房屋土地管理局关于我市出售公有住宅楼房取消标准价后有关政策衔接问题的通知
465	京建开〔1999〕336号〔99〕京房改办字第106号	1999-8-26	北京市城乡建设委、北京市人民政府房改办公室、北京市房屋土地管理局、国务院机关事务管理局房地产局关于中央在京党政机关及所属企事业单位统建房改售房有关问题的通知
466	〔99〕京房改办字第129号	1999-10-18	北京市人民政府房改办公室、中共中央直属机关房改办公室、中央国家机关房改办公室、北京市房屋土地管理局、北京市物价局关于转发建设部《关于进一步推进现有公有住房改革的通知》
467	〔99〕京房改办字第148号	1999-11-11	北京市人民政府住房制度改革办公室、北京市房屋土地管理局、国务院机关事务管理局房地产管理司关于中央在京党政机关及所属企事业单位统建房改售房有关问题的补充通知
468	京国土房屋房字〔2000〕第267号	2000-4-18	北京市国土资源和房屋管理局、北京市人民政府房改办公室关于合居单元楼房、半地下室、地下室和无门窗装修的棚子计租问题的通知
469	〔2000〕京房改办字第080号	2000-3-1	北京市人民政府房改办公室、北京市财政局、北京市国土资源和房屋管理局、北京市物价局关于北京市提高公有住房租金增发补贴有关问题的通知
470	〔2000〕京房改办字第132号	2000-3-13	北京市人民政府房改办公室、北京市国土资源和房屋管理局、中央国家机关房改办公室、中共中央直属机关房改办公室关于北京公房租金计算方法等问题的通知
471	〔2000〕京房改办字第133号	2000-3-15	北京市人民政府房改办公室、中央国家机关房改办公室、中共中央直属机关房改办公室关于"两航"起义人员和享受100%退休费的高级专家公有住房租金减免暂行办法的通知

序号	文件号	颁布日期	文件名称
472	〔2000〕京房改办字第150号	2000-4-17	北京市人民政府房改办公室、北京市财政局、北京市人事局、北京市民政局、北京市劳动和社会保障局、北京市老干部局关于提高公有住房租金增发补贴落实减免政策中几个具体问题处理意见的通知
473	〔2000〕京房改办字第157号	2000-4-18	北京市人民政府房改办公室关于西藏内调人员按房改价购房申请办理优惠问题的通知
474	〔2000〕京房改办字第218号	2000-7-25	北京市人民政府房改办公室、北京市民政局关于革命烈士、因公牺牲军人或病故军人家庭房改购房夫妇工龄计算问题的通知
475	京国土房管改字〔2000〕第178号	2000-8-10	北京市国土资源和房屋管理局、北京市人民政府房改办公室关于房改售房若干问题的通知
476	京国土房管方字〔2000〕第302号	2000-9-19	北京市国土资源和房屋管理局、北京市人民政府房改办公室关于印发《关于调整出售公有住宅楼房调节系数的指导意见》的通知
477	京国土房管方字〔2000〕第484号	2000-11-27	北京市国土资源和房屋管理局、北京市人民政府房改办公室、北京市财政局、北京市地税局、北京市物价局、北京市城市建设综合开发办公室、北京市住房资金管理中心关于北京市城市危旧房改造有关问题的通知
478	京国土房管方字〔2000〕第478号	2000-11-12	北京市国土资源和房屋管理局、北京市人民政府房改办公室、北京市民政局、中央国家机关房改办公室、中共中央直属机关房改办公室关于做好2001年城镇公有住房租金减免工作的通知
479	京国土房管方字〔2000〕第696号	2000-12-25	北京市国土资源和房屋管理局、北京市人民政府房改办公室、北京市物价局、中央国家机关房改办、中共中央直属机关房改办关于2001年向职工出售公有住宅楼房的价格及有关政策的通知
480	京国土房管改字〔2001〕第586号	2001-6-18	北京市国土资源和房屋管理局、北京市人民政府住房制度改革办公室关于单位按市场价向职工出售公有住房有关问题的通知
481	京国土房管改字〔2001〕第915号	2001-9-12	北京市国土资源和房屋管理局、北京市人民政府住房制度改革办公室关于城镇居民购买安居住房产权办理等有关问题的通知
482	京国土房管方字〔2001〕第1027号	2001-10-21	北京市国土资源和房屋管理局、北京市人民政府房改办公室、北京市财政局、北京市总工会关于印发《北京市进一步深化国有企业住房制度改革加快解决职工住房问题的指导意见》的通知

序号	文件号	颁布日期	文件名称
483	京国土房管方字〔2001〕第1281号	2001-12-20	北京市国土资源和房屋管理局、北京市人民政府住房制度改革办公室关于印发《北京市职工购买拆迁范围内公有住宅平房、简易楼房、筒子楼管理办法》的通知
484	京国土房管方字〔2001〕第1286号	2001-12-21	北京市国土资源和房屋管理局、北京市人民政府住房制度改革办公室关于印发《北京市职工购买拆迁范围内公有住宅平房、简易楼房、筒子楼补充规定》的通知
485	〔2001〕京房改办字第016号	2001-2-27	北京市人民政府房改办公室关于办理单位降低缴存比例、缓交住房公积金手续有关问题的通知
486	〔2001〕京房改办字第118号	2001-8-28	北京市人民政府房改办公室关于办理单位降低缴存比例、缓缴住房公积金手续有关问题的补充通知
487	京国土房管方字〔2002〕第173号	2002-3-5	北京市国土资源和房屋管理局、北京市人民政府住房制度改革办公室、北京市财政局、北京市住房资金管理中心关于发放本市按标准租金出租私房承租人住房补贴或提租补贴有关问题的通知
488	京国土房管方字〔2002〕第606号	2002-7-15	北京市国土资源和房屋管理局、北京市人民政府住房制度改革办公室关于农转居人员购买安置住房有关问题的通知
489	京国土房管方〔2003〕20号	2003-1-9	北京市国土资源和房屋管理局、北京市人民政府房改办公室、北京市总工会、北京市发展计划委员会、北京市财政局、北京市建设委员会、北京市住房资金管理中心关于印发《关于加快解决国有企业住房困难职工住房问题促进企业稳定的若干意见》的通知
490	京国土房管改〔2003〕431号	2003-5-22	北京市国土资源和房屋管理局、北京市人民政府住房制度改革办公室关于再次延长农转居人员购买安置住房政策执行期限的通知
491	〔2003〕京房改办字第020号	2003-1-1	北京市人民政府住房制度改革办公室、北京市国土资源和房屋管理局、北京市物价局、中央国家机关房改办、中共中央直属机关房改办关于2003年向职工出售公有住房的价格及政策的通知
492	（2003）京房改办字第078号	2003-9-8	北京市人民政府住房制度改革办公室、北京市国土资源和房屋管理局、北京市财政局、北京市人事局、北京市监察局、北京市老干部局、北京市住房资金管理中心关于北京市机关事业单位职工住房补贴计发及有关纪律规定等问题的通知
493	（2003）京房改办字第079号	2003-9-8	北京市人民政府住房制度改革办公室、北京市国土资源和房屋管理局、北京市财政局、北京市地方税务局、北京市住房资金管理中心关于北京市住房补贴资金管理有关问题的通知

序号	文件号	颁布日期	文件名称
494	〔2004〕京房改办字第258号	2004-12-01	北京市人民政府住房制度改革办公室、北京市人事局、北京市财政局、北京市老干部局、北京市监察局、北京市住房资金管理中心北京市行政机关和与财政有经费缴拨关系事业单位住房补贴发放中有关问题的补充通知
495	〔2004〕京房改办字第276号	2004-12-01	北京市人民政府住房制度改革办公室、北京市人事局、北京市财政局、北京市老干部局、北京市监察局、北京市住房资金管理中心关于2004年北京市机关事业单位职工住房补贴申报工作安排及有关问题的通知
496	〔2006〕京房改办字第035号	2006-4-7	北京市人民政府住房制度改革办公室、北京市监察局、北京市财政局、北京市人事局、北京市审计局、北京市老干部局、北京市住房资金管理中心关于专项检查我市行政机关事业单位职工住房补贴工作落实情况的通知
497	〔2006〕京房改办字第059号	2006-4-21	北京市人民政府住房制度改革办公室、北京市建设委员会关于协助在京中央和国家机关做好按经济适用住房价格出售住房工作的通知
498	京房改办〔2006〕243号	2006-12-31	北京市人民政府住房制度改革办公室、北京市人事局、北京市财政局、北京市老干部局、北京市监察局、北京市住房资金管理中心关于北京市机关事业单位职工住房补贴调查工作安排及有关问题的通知
499	京房改办〔2007〕4号	2007-1-1	北京市人民政府住房制度改革办公室、北京市财政局、北京市住房资金管理中心关于按房改政策出售住房售房款存储使用等有关问题的通知
500	京房改办〔2007〕58号	2007-5-10	北京市人民政府住房制度改革办公室关于开展北京市市级机关事业单位未达标职工住房补贴调查工作及落实退休无房老职工住房补贴有关问题的通知
501	京房改办〔2007〕256号	2007-11-27	北京市人民政府住房制度改革办公室、北京市财政局、北京市人事局、北京市住房公积金管理中心关于提高我市行政事业单位住房公积金缴存比例有关问题的通知
502	京建改〔2008〕776号	2008-12-03	北京市建设委员会、北京市人民政府住房制度改革办公室、北京市财政局、北京市国土资源局关于职工参加集资合作建房超标面积部分缴纳地价款等有关问题的通知
503	京建改〔2009〕95号	2009-2-18	北京市建设委员会、北京市人民政府住房制度改革办公室关于集资合作建房项目房屋登记面积测量有关问题的通知
504	京建改〔2009〕196号	2009-3-5	北京市建设委员会、北京市人民政府住房制度改革办公室关于办理集资合作建房售房备案和房屋登记有关问题的通知
505	京房改办〔2009〕20号	2009-1-16	北京市人民政府住房制度改革办公室、北京市民政局关于加强北京市城镇住宅合作社管理工作有关问题的通知

序号	文件号	颁布日期	文件名称
506	京房改办〔2009〕155号	2009-6-05	北京市人民政府住房制度改革办公室、北京市财政局、北京市人力资源和社会保障局、北京市监察局、北京市老干部局、北京市住房资金管理中心关于2009年北京市机关事业单位在职无房老职工住房补贴复核、补报工作安排及有关问题的通知
507	京房改办〔2009〕156号	2009-6-05	北京市人民政府住房制度改革办公室、北京市财政局、北京市审计局、北京市住房资金管理中心关于进一步加强机关事业单位售房款管理等有关问题的通知
508	京建发〔2010〕97号	2010-2-25	北京市住房和城乡建设委员会、北京市人民政府住房制度改革办公室、北京市财政局、北京市人力资源和社会保障局关于贯彻落实住房和城乡建设部、总政治部、总后勤部《关于妥善解决转业复员及其他地方人员使用军队住房有关问题的通知》的通知
509	京房改办〔2011〕91号	2011-7-18	北京市人民政府住房制度改革办公室、北京市财政局、北京市人力资源和社会保障局、北京市住房资金管理中心关于北京市市级机关事业单位住房补贴申报等有关问题的通知
510	京建房〔2005〕503号	2005-5-25	关于印发北京市城镇房屋防汛管理办法的通知
511	京建房〔2006〕719号	2006-8-7	关于进一步做好北京市平改坡工程规划设计工作的意见
512	京建房〔2007〕100号	2007-1-26	关于加强本市公有住宅电梯管理的通知
513	京建房〔2009〕917号	2009-12-26	关于加强住宅装饰装修活动中擅自变动建筑主体和承重结构违法行为监督执法的通知
514	京建发〔2010〕272号	2010-5-19	关于印发《北京市住宅专项维修资金使用审核标准》的通知
515	京建发〔2010〕426号	2010-7-23	关于进一步做好城镇房屋建筑白蚁防治工作的通知
516	京建发〔2010〕590号	2010-10-11	关于印发《关于北京市既有多层住宅增设电梯的若干指导意见》的通知
517	京建发〔2011〕207号	2011-5-12	北京市住房和城乡建设委员会关于印发《北京市房屋建筑安全评估与鉴定管理办法》的通知
518	京建发〔2011〕268号	2011-5-31	关于印发北京市《房屋建筑使用说明书》示范文本的通知
519	京建发〔2011〕277号	2011-5-31	北京市住房和城乡建设委员会关于印发《北京市房屋建筑安全鉴定工作导则》的通知
520	京建发〔2011〕316号	2011-6-27	北京市住房和城乡建设委员会关于印发《北京市房屋建筑安全评估技术导则》的通知
521	京建法〔2011〕13号	2011-10-20	北京市住房和城乡建设委员会北京市规划委员会关于房屋建筑抗震节能综合改造住宅试点项目规划手续办理意见的通知

序号	文件号	颁布日期	文件名称
522	京建法〔2011〕15号	2011-11-3	关于房屋建筑抗震节能综合改造增层及增加面积有关问题的通知
523	京建法〔2012〕5号	2012-3-21	关于加强房屋建筑抗震节能综合改造工程招标投标管理工作的意见
524	京建法〔2012〕6号	2012-3-21	关于印发《北京市房屋建筑抗震节能综合改造工程设计单位合格承包人名册管理办法》、《北京市房屋建筑抗震节能综合改造工程设计单位合格承包人名册》的通知
525	京建法〔2012〕7号	2012-3-21	关于印发《北京市房屋建筑抗震节能综合改造工程施工监理单位合格承包人名册管理办法》、《北京市房屋建筑抗震节能综合改造工程施工单位合格承包人名册》、《北京市房屋建筑抗震节能综合改造工程监理单位合格承包人名册》的通知
526	京建法〔2012〕18号	2012-6-21	关于印发《关于加快简易住宅楼改造的实施意见（试行）》的通知
527	京建法〔2012〕21号	2012-7-20	关于印发《北京市房屋建筑安全管理员管理办法（试行）》的通知
528	京建法〔2012〕22号	2012-8-9	关于房屋建筑抗震节能综合改造工程增加面积部分费用收取有关问题的通知
529	京建开〔2000〕387号	2000-9-4	北京市建设委员会关于转发建设部《房地产开发企业资质管理规定》的通知
530	京建法〔2007〕99号	2007-1-26	关于印发《北京市新建商品住宅小区住宅与市政公用基础设施、公共服务设施同步交付使用管理暂行办法》的通知
531	京建开〔2007〕371号	2007-4-19	关于房地产开发企业申请延续暂定资质证书有效期有关问题的通知
532	京建开〔2007〕660号	2007-7-10	关于贯彻《北京市新建商品住宅小区住宅与市政公用基础设施、公共服务设施同步交付使用管理暂行办法》有关问题的通知
533	京建开〔2007〕1152号	2007-11-7	关于进一步加强房地产开发企业资质管理的通知
534	京建开〔2007〕1228号	2007-11-27	关于房地产开发企业不得拒绝购房人选择住房公积金贷款购房有关事宜的紧急通知
535	京建开〔2008〕441号	2008-7-7	关于印发《北京市房地产开发企业资质动态监督管理暂行办法》的通知
536	京建开〔2008〕755号	2008-11-25	关于启动北京市房地产开发项目手册信息系统进一步加强房地产开发行业服务与管理的通知

序号	文件号	颁布日期	文件名称
537	京建开〔2009〕122号	2009-3-3	关于新设立房地产开发企业暂定资质核定（含设立备案）审批有关工作的通知
538	京建开〔2009〕242号	2009-4-10	关于房地产开发企业资质证书变更有关问题的通知
539	京建开〔2009〕542号	2009-7-17	关于转发住房和城乡建设部《关于完善房地产开发企业一级资质核定工作的通知》的通知
540	京建开〔2009〕867号	2009-12-3	关于房地产开发企业资质审批职能下放的通知
541	京建发〔2011〕197号	2011-5-5	关于完善建设方案管理工作的通知
542	京国土房管物字〔2001〕208号	2001-3-13	北京市国土资源和房屋管理局关于明确房改售房的物业管理收费口径的通知
543	京国土房管物〔2003〕848号	2003-9-25	北京市国土资源和房屋管理局《关于印发〈北京市物业管理招标投标办法〉的通知》
544	京建物〔2006〕30号	2006-2-8	北京市建设委员会北京市发展和改革委员会关于按房改政策出售公有住房和安居（康居）住房物业服务费缴纳问题的通知
545	京建物〔2006〕221号	2006-3-16	关于业主委员会开立专项维修资金管理账户等有关问题的通知
546	京建物〔2006〕579号	2006-6-20	北京市建设委员会《关于加强专项维修资金账户管理有关问题的通知》
547	京建物〔2008〕473号	2008-7-7	北京市建设委员会关于网上办理物业服务企业资质核准等事项的通知
548	京建物〔2008〕821号	2008-12-30	北京市建设委员会《关于加强住宅专项维修资金管理有关问题的通知》
549	京建物〔2009〕513号	2009-7-14	关于印发售后公有住房住宅专项维修资金使用审核工作程序性规定的通知
550	京建物〔2009〕858号	2009-12-1	关于住宅专项维修资金交存、过户及房屋权属登记有关问题的通知
551	京建物〔2009〕836号	2009-11-10	关于印发《北京市住宅专项维修资金管理办法》的通知
552	京建发〔2010〕58号	2010-2-11	关于规范我市物业服务企业晋升资质等级核定工作的通知
553	京建发〔2010〕340号	2010-6-13	关于印发《北京市物业管理行业专家管理办法》的通知
554	京建发〔2010〕383号	2010-6-26	关于印发《北京市物业服务第三方评估监理管理办法》的通知
555	京建发〔2010〕391号	2010-7-07	关于印发《北京市物业项目承接查验评估规范（试行）》《北京市物业服务费用评估规范（试行）》等文件的通知

序号	文件号	颁布日期	文件名称
556	京建发〔2010〕506号	2010-9-4	关于《北京市物业管理办法》实施中若干问题的通知
557	京建发〔2010〕507号	2010-9-4	北京市住房和城乡建设委员会关于印发《北京市物业管理示范项目考评管理办法》及《北京市物业管理示范项目考评标准及评分细则》的通知
558	京建发〔2010〕545号	2010-9-29	关于试行使用北京市业主决定共同事项公共决策平台的通知
559	京建发〔2010〕573号	2010-9-29	关于发布北京市物业服务评估监理机构备案程序的通知
560	京建发〔2010〕603号	2010-10-12	北京市住房和城乡建设委员会关于印发《北京市物业项目交接管理办法》的通知
561	京建发〔2010〕636号	2010-11-5	关于发布《北京市住宅区临时管理规约制定规范》和《北京市住宅区临时管理规约》（示范文本）的通知
562	京建发〔2010〕658号	2010-11-15	北京市住房和城乡建设委员会关于印发《北京市物业服务企业信用信息管理办法》的通知
563	京建发〔2010〕622号	2010-10-27	关于修订《北京市前期物业服务合同》等示范文本的通知
564	京建发〔2010〕721号	2010-12-9	北京市住房和城乡建设委员会关于印发《北京市物业服务合同备案程序》的通知
565	京建发〔2010〕758号	2010-12-27	北京市住房和城乡建设委员会关于印发《物业服务项目收支情况报告撰写规范》和《物业服务项目收支情况报告示范文本》的通知
566	京建发〔2010〕739号	2010-12-30	关于印发《北京市住宅区业主大会和业主委员会指导规则》的通知
567	京建发〔2010〕761号	2010-12-30	关于印发《业主委员会备案单》、《印章刻制证明》、《物业管理区域变更申请书及确认书》的通知
568	京建发〔2010〕762号	2010-12-30	关于印发《北京市住宅区管理规约》、《北京市住宅区业主大会议事规则》、《北京市住宅区首次业主大会会议召开方案》和《北京市住宅区首次业主大会会议筹备组工作报告》制定规范和示范文本的通知
569	京建法〔2011〕2号	2011-8-10	北京市住房和城乡建设委员会关于进一步规范物业服务评估监理活动有关问题的通知
570	京建法〔2011〕11号	2011-9-21	印发《关于推进住宅区业主大会建设的意见》的通知
571	京国土房管市二〔2002〕139号	2002-2-21	北京市国土资源和房屋管理局关于实施《关于解决本市按照标准租金出租私有房屋问题的若干意见》有关问题的通知
572	京国土房管市二〔2002〕364号	2002-5-09	北京市国土资源和房屋管理局、北京市财政局、北京市住房资金管理中心关于标准租私房提租后困难单位职工申请租金补贴等有关问题的通知

序号	文件号	颁布日期	文件名称
573	京国土房管市二〔2002〕410号	2002-5-20	北京市国土资源和房屋管理局、北京市住房资金管理中心关于标准租私房提租后困难单位职工申请租金补贴等有关问题的补充通知
574	京国土房管市二〔2003〕338号	2003-4-29	北京市国土资源和房屋管理局关于印发《关于推进本市标准租私房工作中有关搬出安置问题的意见》的通知
575	京国土房管市二〔2003〕765号	2003-9-05	北京市国土资源和房屋管理局关于印发《关于推进本市标准租私房工作中有关搬出安置问题的意见》补充意见的通知
576	京国土房管市二〔2003〕838号	2003-9-24	北京市国土资源和房屋管理局、北京市财政局、北京市住房资金管理中心关于标准租私房承租人搬出安置工作程序及购房委托贷款补贴发放办法的通知
577	京国土房管市二〔2003〕920号	2003-10-27	北京市国土资源和房屋管理局关于做好危改拆迁和文保区标准租私房承租人搬出安置工作补充意见的通知
578	京国土房管市二〔2003〕977号	2003-11-14	北京市国土资源和房屋管理局北京、北京市落实私房政策办公室关于标准租私房认定口径的通知
579	京国土房管市二〔2003〕1020号	2003-11-26	北京市国土资源和房屋管理局关于做好2003年12月1日起标准租私房按照房屋租赁指导价提租及租金补贴发放工作有关问题的通知
580	京建发〔2011〕216号	2011-5-16	关于印发《关于规范北京市住房和城乡建设系统行政处罚裁量权的规定》的通知

附件2:

决定废止的行政规范性文件目录（75 件）

序号	文件号	颁布日期	文件名称
1	京建法〔2011〕28号	2011-12-30	关于印发《北京市建筑施工总承包企业及注册建造师市场行为评价管理暂行办法》的通知
2	京建法〔2005〕1号	2005-1-1	北京市建设委员会关于在朝阳区进行建筑工程施工许可等行政管理事项分级管理试点的通知
3	京建质〔2004〕970号	2004-12-24	关于对本市室内空气质量检测单位备案管理的通知
4	京建法〔2005〕598号	2005-6-10	关于印发《北京市建设工程质量监督工作规定》的通知
5	京建法〔2006〕1000号	2006-10-16	关于市政基础设施工程实行市和区县建委两级监管的通知

序号	文件号	颁布日期	文件名称
6	京建质〔2009〕379号	2009-5-20	关于建设工程质量检测机构资质证书延期的通知
7	京建施〔2003〕1号	2003-1-14	关于颁发《北京市建设工程施工现场安全防护标准》的通知
8	京建施〔2003〕2号	2003-1-14	关于颁发《北京市建设工程施工现场场容卫生标准》的通知
9	京建施〔2003〕3号	2003-1-14	关于颁发《北京市建设工程施工现场环境保护标准》的通知
10	京建施〔2003〕4号	2003-1-14	关于颁发《北京市建设工程施工现场保卫消防标准》的通知
11	京建施〔2006〕888号	2006-9-14	关于印发《北京市秋冬季建筑施工工地、拆迁工地和新建市政道路及配套管线工地现场控制扬尘污染工作方案》的通知
12	京建法〔2007〕241号	2007-3-14	关于印发《北京市建设工程施工现场监督协管员管理办法（试行）》的通知
13	京建施〔2007〕803号	2007-8-9	关于切实加强建设工程高处坠落和触电事故防范工作的紧急通知
14	京建发〔2010〕343号	2010-6-18	北京市住房和城乡建设委员会关于修订建筑施工企业安全生产许可证核发程序性规定有关内容的通知
15	京建法〔2003〕461号	2003-9-18	关于印发《北京市外商投资建筑企业资质管理办法（试行）》的通知
16	京建监〔1996〕145号	1996-4-25	《北京市工程建设监理管理办法》实施细则
17	京建管〔2001〕611号	2001-10-12	《关于委托北京供电公司专家对本市供用电施工企业资质预审的通知》
18	京建管〔2009〕206号	2009-4-1	关于新设立建设工程企业中执业资格人员申报及认定工作的通知
19	京建材字〔2005〕11号	2005-7-20	关于北京市建筑工程材料供应备案管理有关问题的严正声明
20	京建材〔2007〕1162号	2007-11-9	关于建设工程材料供应备案管理有关事项的通知
21	京建科〔1997〕128号	1997-03-28	关于发布《增强石膏空心条板轻隔墙施工技术规程》等2项北京市标准的通知
22	京建科〔1997〕387号	1997-09-11	关于发布北京市标准《冷轧扭钢筋混凝土结构技术规程》的通知
23	京建科〔1997〕425号	1997-10-5	关于印发北京市标准《冬期混凝土综合蓄热法施工成熟度控制养护规程》的通知
24	京建科〔2000〕350号	2000-8-10	关于发布北京市地方标准《低温热水地板辐射供暖应用技术规程》
25	京建科教〔2002〕531号	2002-7-25	关于印发《北京市建筑工程地方技术标准管理规定》的通知

序号	文件号	颁布日期	文件名称
26	京建科教〔2003〕262号	2003-5-26	关于发布北京市标准《市政基础设施工程资料管理规程》的通知
27	京建科教〔2003〕477号	2003-9-28	关于发布北京市标准《北京市建设工程质量检测监管信息系统数据标准》的通知
28	京建科教〔2003〕362号	2003-7-14	关于发布北京市标准《外墙内保温施工技术规程》(增强水泥聚苯复合保温板做法)、《外墙内保温施工技术规程》(增强石膏聚苯复合保温板做法)的通知
29	京建科教〔2002〕728号	2002-10-21	关于印发《外墙外保温技术规程》(现浇混凝土模板内置保温板做法)的通知
30	京建科教〔2003〕10号	2003-1-27	关于印发北京市标准《建筑工程资料管理规程》的通知
31	京建科教〔2003〕361号	2003-7-14	关于发布北京市标准《干拌砂浆应用技术规程(试行)》的通知
32	京建科教〔2004〕749号	2004-11-5	关于发布北京市工程建设标准《外墙外保温施工技术规程》(外墙聚合物水泥聚苯保温板做法)的通知
33	京建科教〔2005〕429号	2005-5-10	关于发布北京市工程建设标准《绿色建筑评估标准》的通知
34	京建科教〔2005〕852号	2005-9-1	关于发布北京市工程建设标准《建设工程施工现场临建房屋技术规程》(轻型钢结构部分)的通知
35	京建材〔2006〕1186号	2006-12-21	关于印发《北京市农民住宅建筑节能墙改示范项目管理办法》的通知
36	京建科教〔2007〕397号	2007-4-24	关于发布北京市地方标准《外墙外保温施工技术规程(胶粉聚苯颗粒复合型外墙外保温系统)》的通知
37	京建科教〔2007〕559号	2007-3-6	关于发布北京市地方标准《太阳能热水系统施工技术规程》的通知
38	京建科教〔2008〕553号	2008-8-13	关于发布北京市地方标准《外墙外保温施工技术规程(聚苯板玻纤网格布聚合物砂浆做法)》的通知(DB 11/T 584-2008)
39	京房地拆字〔1999〕第1225号	1999-12-7	关于印发《〈北京市城市房屋拆迁施工现象防治扬尘污染管理规定〉的实施细则》的通知
40	京国土房管拆字〔2001〕1142号	2001-11-15	关于公布北京市城市房屋拆迁评估机构名录的通知
41	京国土房管拆〔2002〕62号	2002-1-16	关于拆迁当事人申请复核评估结果时限要求的答复意见
42	京国土房管拆〔2002〕280号	2002-4-10	关于城市房屋拆迁中必须给被拆迁人拆迁补偿协议原件的紧急通知

序号	文件号	颁布日期	文件名称
43	京国土房管拆〔2002〕318号	2002-4-21	关于公布第二批北京市城市房屋拆迁评估机构名录的通知
44	京国土房管拆〔2002〕1025号	2002-11-21	关于公布第三批北京市城市房屋拆迁评估机构名录的通知
45	京国土房管拆〔2002〕1167号	2002-12-27	关于本市城市房屋拆迁评估中基准地价有关问题的批复
46	京国土房管拆〔2003〕278号	2003-4-9	关于《北京市城市房屋拆迁补助费有关规定》执行中有关问题的通知
47	京国土房管拆〔2003〕777号	2003-9-10	关于修改并重新印发《〈北京市城市房屋拆迁管理办法〉实施意见》的通知
48	京国土房管拆〔2003〕860号	2003-9-24	关于开展全面清理整顿拆迁市场秩序工作的通知
49	京国土房管拆〔2003〕861号	2003-9-28	关于贯彻落实市政府办公厅《转发国务院办公厅关于认真做好城镇房屋拆迁工作维护社会稳定文件的通知》加强国庆期间房屋拆迁工作的紧急通知
50	京国土房管拆〔2003〕870号	2003-9-30	关于印发《拆迁项目招投标操作规程》的通知
51	京国土房管拆〔2003〕1001号	2003-11-19	关于确定拆迁公告中搬迁期限的批复
52	京国土房管拆〔2004〕12号	2004-1-5	关于怀柔区房屋拆迁重置成新价分值的批复
53	京国土房管拆〔2004〕208号	2004-3-1	关于转发建设部《城市房屋拆迁行政裁决工作规程》做好城市房屋行政强制拆迁工作的通知
54	京国土房管拆〔2004〕248号	2004-3-15	关于转发建设部《城市房屋拆迁估价指导意见》进一步做好房屋拆迁估价工作的通知
55	京国土房管拆〔2004〕270号	2004-3-19	转发宣武区国土房管局《关于在我区拆迁工作人员中开展"五员"教育活动的通知》的通知
56	京国土房管拆〔2004〕310号	2004-4-1	关于本市城市房屋拆迁裁决有关问题的补充通知
57	京国土房管拆〔2004〕498号	2004-5-11	关于进一步明确朝阳区局部地区房屋拆迁评估土地级别边界的批复
58	京国土房管拆〔2004〕543号	2004-5-18	关于朝阳区国土房管局《关于〈城市房屋拆迁估价指导意见〉中被拆迁人明确公示意见应有时限规定的请示》的批复
59	京建拆〔2005〕974号	2005-10-26	关于本市房屋拆迁实行项目负责人制度的通知
60	京建拆〔2005〕1132号	2005-12-12	关于拆迁评估报告有效期问题的批复

序号	文件号	颁布日期	文件名称
61	京建拆〔2006〕145号	2006-2-24	关于转发建设部《城市房屋拆迁工作规程》的通知
62	京建拆〔2006〕1045号	2006-11-13	关于印发《北京市房屋拆迁前期工作指导意见》的通知
63	京房京管字(1991)第503号	1991-11-07	北京市房地产管理局关于启用《公有住宅租赁合同》的通知
64	京房管字(1995)第172号	1995-04-05	北京市房地产管理局关于启用《北京市公有住宅租赁合同》的通知
65	京建物〔2005〕691号	2005-7-5	北京市建设委员会关于《进一步加强北京市住宅专项维修资金归集管理工作》的公告
66	京房修字〔1992〕第586号	1992-11-20	关于贯彻落实北京市人民政府《关于加强城镇私有危险房屋修缮管理的通知》的通知
67	京房修字〔1993〕第386号	1993-7-5	关于印发《直管住宅楼房售后维修管理暂行规定》的通知
68	京房修字〔1994〕第353号	1994-8-3	关于严格执行城镇房屋倒塌事故报告制度的通知
69	京房修字〔1994〕第493号	1994-9-20	关于下发《北京市二级房屋安全鉴定站承接装饰楼房安全鉴定的规定》的通知
70	京房地修字〔1998〕1047号	1998-10-14	关于城镇居民住宅配电设施改造工程向承租人收取工料费的通知
71	京房地修字〔1999〕1215号	1999-11-25	关于城镇居民住宅配电设施改造工程向承租人收取工料费的补充通知
72.	京国土房管房字〔2000〕第438号	2000-10-27	北京市城近郊区危旧房屋改造区域确认标准（暂行）
73	京建法〔2009〕106号	2009-2-26	关于发布《北京市建设和房屋管理行政许可管理事项程序性规定（2009版）的通知》
74	京建发〔2010〕325号	2010-6-9	关于调整新设立建筑业企业中二级注册建造师申报及审批流程的通知
75	京建法〔2010〕480号	2010-8-23	北京市住房和城乡建设委员会关于调整二级建造师注册流程的通知